다시 태어남과
행복한 삶

다시 태어남과 행복한 삶

초 판 1쇄 발행	2023년 10월 19일
개정판 1쇄 발행	2025년 9월 1일

발 행	엎드림 출판사
지은이	이택기
편 집	Up Dream 편집팀
펴낸곳	Up Dream
등 록	제2021-000013호
주 소	17557 경기도 안성시 공도읍 심교길 24-5

값 28,000원
ISBN 979-11-990160-2-6 03230

이책은 저작권법에 의하여 보호를 받는 저작물이므로 무단 전재와 복사를 금합니다.

본서가 진정한 행복이 무엇인지 진지하게 되돌아보는 계기를 제공했으면 하는 바람이다

다시 태어남과 행복한 삶

이택기 지음

인생은 고해(苦海)가 아니다
인생은 어린 아이가 세상에서 가장 든든한 아버지의 손을 잡고
집을 향해 걸어가는 행복한 여정이다

프롤로그

성경은 인간의 현세의 삶뿐만 아니라 죽음과 죽음 이후의 문제에 대해 직접적이고 구체적으로 다루고 있고, 진정한 평안과 행복이 무엇인지에 대한 해답을 제시하고 있는 유일한 성서(聖書)이다. 단 한 권의 책으로 내가 어디에서 와서 어디로 가는지에 대한 해답을 얻을 수 있는 것은 하나님이 우리에게 주신 가장 큰 축복이다.

기독교는 하나님과 예수님에 대한 믿음과 소망, 하나님과 이웃에 대한 사랑, 믿음과 소망과 사랑의 결과물인 구원과 영생이 전부이고 믿음을 위해 거창한 성경 지식이 필요한 것도 아니다. 그러나 많은 사람이 성경을 한 번도 제대로 읽어보지 않고 주위에서 흔히 볼 수 있는 무늬만 교회인 교회와 무늬만 기독교인인 기독교인들을 보고 성경과 기독교에 대해 많은 오해를 하는 것이 현실이고 이는 매우 안타까운 일이다.

필자도 한때는 기독교에 대한 오해로 인본주의 입장에서 기독교를 비판하였다. 그러나 감사하게도 서서히 오해가 풀리면서 기독교에 관심을 가지게 되었고 결국에는 하나님을 믿게 되었다.

필자가 신학을 전공하지 않아 신학적 깊이는 없을 수 있지만 기독교에 대한 불신, 관심, 연단과 믿음의 단계를 모두 경험한 필자가 그 과정에서 사고(思考)한 내용을 공유하고 같이 묵상해보는 시간을 갖는 것도 나름대로 의미가 있겠다는 생각이 들어 본서를 쓰게 되었다.

사실 책을 쓰기 시작할 때만 해도 책을 마무리할 수 있을 것이라는 확신이 없었다. 그러나 감사하게도 하나님이 주시는 지혜로 틀이 잡혀갔고 책을 마무리할 수 있게 되었다. 3년에 걸쳐 틈틈이 책을 쓰면서 생각이 정리되었고 많은 은혜를 받았다. 되돌아보면 하나님이 필자에게 많은 은혜를 주시려고 책을 쓰게 하신 것 같아 감사할 뿐이다. 본서로 인해 단 한 명이라도 성경과 기독교에 대한 오해를 풀고 하나님과 예수님을 믿음으로 다시 태어나, 현세에서 하나님과 함께하는 행복한 새로운 삶을 살아가고 내세에서 천국 영생의 삶을 살았으면 하는 바람이다.

본서는 1편에서는 행복한 삶이란 무엇인가와 관련하여 다시 태어남과 행복에 대하여, 2편에서는 다시 태어나기 위해서는 하나님과 예수님에 대한 믿음이 필요한바 기독교의 핵심 내용임에도 믿기 어려운 주제인 천지창조, 노아의 홍수, 성령으로 잉태하신 예수님의 동정녀 출생 및 십자가 죽음과 부활에 대하여, 3편에서는 믿음에 방해가 되는 기독교에 대한 오해에 대하여, 4편과 5편에서는 기독교가 어떠한 내용의 종교인지에 대하여, 6편에서는 하나님과 예수님을 믿음으로 다시 태어난 사람이 행복한 새로운 삶을 살기 위해 현세에서 추구해야 할 삶의 자세에 대하여, 마지막으로 7편에서는 죽음이 무엇이고 육체적 죽음을 어떻게 준비하고 받아들일 것인지에 대하여 다루고 있다.

본서에서 다루고 있는 주제들은 독자 여러분이 어떤 종교를 가지고 있든지 앞으로 어떤 종교를 선택하든지 인생에 있어서 한 번쯤은 진지하게 고민해 볼 가치가 있는 주제들이라는 점에서 본서가 적어도 독자 여러분이 한 번 정도는 인생을 되돌아볼 기회를 제공하는 의미가 있다고 본다.

본서가 광범위한 주제를 다루다 보니 불가피하게 중복되어 언급되는 내용이 있으나 중복되는 부분은 중요한 부분이고 여러 번 반복하여 보는 것도 의미가 있겠다는 판단에서 참조형식으로 처리하지 않고 반복하여 기술하였다. 그리고 성경 구절의 게재와 관련하여 책의 분량 면에서 고민하였으나 필자의 백 마디 말보다 성경 한 구절이 더 은혜가 되고 강력한 힘을 가졌다는 점을 고려하여 기본적인 성경 구절은 게재하였으니 될 수 있으면 게재된 성경 구절이라도 꼭 읽어 주시기 바란다.

성경은 방대한 책이기는 하나 창세기 1장부터 3장, 요한계시록 21장, 22장은 성경의 시작과 끝이라 할 수 있고 창세기 4장부터 요한계시록 20장까지는 괄호로 묶을 수 있다. 창세기 4장부터 요한계시록 20장까지는 선악과 명령을 따르지 아니하여 단절된 인간과 하나님과의 관계 및 상실한 에덴 동산의 회복을 위한 하나님의 역사(役事)와 회복의 방법, 이와 관련한 믿음의 선진(先進)들의 신앙 간증을 주요 내용으로 한다. 따라서 성경을 읽음에 있어서 성경의 시작과 끝인 창세기 1장, 2장, 3장과 요한계시록 21장, 22장을 항상 염두(念頭)에 두고 누가 어떻게 새 하늘과 새 땅, 새 예루살렘에 들어갈 수 있는지에 대한 해답을 창세기 4장부터 요한계시록 20장까지 에서 찾으면 된다.

본서도 3편 3장 3절부터 5편 23장까지를 괄호로 묶을 수 있다. 독자 여러분이 3편 3장 3절부터 5편 23장까지를 읽음에 있어 기독교가 과연 다른 종교와 본질적으로 동일한 것인지와 기독교의 구원이 다른 종교가 말하는 구원과 동일한 것인지에 대해 나름대로 답을 찾는다는 목적의식을 가지고 읽어 주셨으면 하는 바람이다.

기독교가 세상의 많은 종교 중의 하나인지에 대해서는 견해가 다양하다. 본서에서는 종교의 정의가 매우 다양하고 본서가 종교학 서적이 아니라는 점에서 편의상 기독교를 종교로 분류하고 이에 대한 자세한 검토는 생략한다. 다만 기독교를 종교로 분류하든지 아니하든지 기독교는 유일신 하나님을 믿는 종교로 구원과 영생이라는 문제를 직접적이고 구체적으로 다룬다는 점에서 다른 종교와는 차원이 다르다는 점은 명확하다.

마지막으로 본서가 세상에 나오기까지 많은 도움을 주신 아버지 같은 장인어른인 성지현 목사님에게 감사드리고 사랑의 마음을 전해드린다.

본서가 열매 맺는 한 알의 밀알이 되기를 기도하면서…

"심는 이나 물 주는 이는 아무 것도 아니로되 오직 자라게 하시는 이는 하나님 뿐이니라"(고전 3:7)

2023년을 시작하면서
이택기

추천사

오늘날 전 세계적으로 기독교가 위기를 맞고 있다. 교인이 해마다 줄고 교회수가 줄어가고 있다. 코로나 전염병으로 인해 교인 30%가 줄었다고 한다. 뿐 아니라 교회나 교인들의 신앙이 열정이 없고 힘이 없다. 그러니까 자연스럽게 세속화되어 가고 이단이 창궐한다.

이유가 무엇인가? 가장 중요한 것이 성경을 모르고 확실한 신앙관이 정립되지 못한 까닭이다. 그러한 현실을 절감한 저자가 평신도의 위치에서 성경에 입각한 신앙과 교리의 내용을 쉽게 설명하고 성경구절을 많이 인용해서 말씀을 뒷받침한 본서가 읽는 이들에게 신앙의 확신과 신앙생활에 활력을 갖게 하리라고 믿는다.

신앙인들의 삶이 성경에 입각한 신앙적 인생관, 가치관, 처세관, 내세관이 정립되어야 한다. 말세에는 신앙이 변질되고 시들어 간다고 했다.

누가복음 18장 8절에 보면 예수님이 "…인자가 올 때에 세상에서 믿음을 보겠느냐"라고 말씀하셨다. 성도들이 본서를 읽으면 신앙관이 정립되고 신앙생활에 힘이 생기리라 믿는다.

예산침례교회
성지현 목사

개정판을 내면서

　필자가 초판을 쓰면서 마음에 걸린 부분이 "눈에 보이지 않는 심판은 자각증상 없이 암세포가 자라나 결국에는 손을 쓸 수 없는 상태가 되는 것처럼 치명적인 결과를 가져온다. 건강검진을 통해 암을 발견하듯이 나의 부귀영화가 어디에서 온 것이고 왜 내게 주어진 것인지, 내게 주어진 부귀영화를 제대로 사용하고 있는지, 영원히 살 것처럼 부귀영화만 쫓고 있는 것은 아닌지 진지하게 되돌아볼 필요가 있다"이다.

　필자가 초판을 쓸 때 건강검진을 해보지 않았기 때문에 건강검진을 통해 암을 발견하듯이 자신을 되돌아볼 필요가 있다는 내용이 마음에 걸린 것이다. 그러나 개정판을 씀에 있어서는 위 부분이 마음에 걸릴 필요가 없어졌다. 개정판을 쓰면서 암 진단을 받아 건강검진의 필요성과 중요성을 절실히 느꼈고, 죽음이란 단어도 현실적으로 진지하게 생각해 보는 소중한 시간이 주어졌기 때문이다.

개정판이 나오기 까지 5년여의 시간이 걸렸다, 필자는 5년여의 시간 동안 43세에 필자를 낳아 주신 어머니의 2년여의 투병 생활과 죽음, 필자의 3번의 크고 작은 수술, 암진단과 항암 치료 등 많은 일을 겪었다. 5년여의 시간은 다사다난한 시간이었고, 세상적 의미의 형통과는 거리가 먼 시간이었다. 하지만 필자에게 5년여의 시간은 전능하신 하나님 아버지와 좀 더 친해지는 시간이었고, 하나님과 많은 추억을 쌓은 감사하고 소중한 형통의 시간이었다.

본서가 나의 부귀영화가 어디에서 온 것이고 왜 내게 주어진 것인지, 내게 주어진 부귀영화를 제대로 사용하고 있는지, 영원히 살 것처럼 부귀영화만 쫓고 있는 것은 아닌지, 죽음이 무엇인지, 진정한 행복이 무엇인지 진지하게 되돌아보는 계기를 제공했으면 하는 바람이다.

성경을 비과학적이고 허무맹랑한 책이라고 말하는 사람들이 많다. 이는 인간의 지식과 사고 수준을 기준으로 성경을 판단한 결과이다. 인간의 지식과 사고 수준이 어느 정도인지 진지하게 되돌아볼 필요가 있다. 인간들이 훌륭하다고 자부하는 과학은 새로운 생명을 탄생시키기는커녕 암도 치료하지 못하는 수준이다.

비과학적인 것과 과학이 설명하지 못하는 것은 명확히 구분해야 한다. 하나님의 천지창조, 예수님의 동정녀 출생과 부활, 성경에 등장하는 기적과 표적 등은 인간의 지식과 사고 수준으로 설명하지 못할 뿐이지 비과학적이거나 허무맹랑한 것이 아니다. 성경(십자가의 도)이 믿지 아니하는 사람들에게는 미련한 것이지만 믿는 사람들에게는 하나님의 능력이다.

본서의 2편 2장과 4장을 씀에 있어서는 한국창조과학회의 연구 결과에 도움을 받았다. 한국창조과학회에 지면으로나마 감사의 인사를 드린다. 하나님의 천지창조와 노아의 홍수는 성경에서 매우 중요한 의미가 있다. 특히 하나님의 천지창조에 대한 믿음은 기독교의 시작이자 끝이다. 창조과학의 하나님의 천지창조와 노아의 홍수에 대한 연구 결과는 하나님의 천지창조와 노아의 홍수에 대한 이해와 믿음으로 나아가는데 있어 도움이 된다고 본다.

창조과학은 성경에 대한 접근 방법이나 해석 방법의 차이에서 오는 기독교인들의 비판이나 자연과학자들의 비판을 받고 있으나, 창조과학이 성경을 이해하고 믿는데 있어 많은 기여를 하고 있다는 점을 부인할 수 없다.

인생은 고해(苦海)가 아니다. 인생은 어린 아이가 세상에서 가장 든든한 아버지의 손을 잡고 집을 향해 걸어가는 행복한 여정이다.

2025년 5월에
이택기

차례 _____

- 프롤로그
- 추천사
- 개정판을 내면서

제1편

행복한 삶이란 무엇인가? _19

1장 다시 태어남과 행복
2장 전능하신 하나님 아버지의 자녀
3장 전능하신 하나님 아버지의 자녀로서 누리는 행복
4장 맺는말

제2편

노아의 홍수, 예수님의 출생과 부활, 하나님의 천지창조는 역사적 사실 _59

1장 들어가는 말
2장 노아의 홍수는 역사적 사실이다
3장 예수님의 출생, 권능(기적, 표적) 행하심과 부활은 역사적 사실이다
4장 인간과 천지 만물은 하나님이 창조하신 것이다

제3편

기독교에 대한 기본적인 이해와 기독교에 대한 오해 _121

1장 들어가는 말
2장 불교와 기독교에 대한 기본적인 이해
3장 기독교에 대한 오해

제4편

기독교의 기본내용(진리) _151

1장 들어가는 말
2장 믿음
3장 믿음과 소망
4장 믿음과 소망과 사랑
5장 구원과 영생
6장 맺는말

제5편

기독교에서 문제가 되는 주제에 대한 단상(斷想) _203

1장 들어가는 말
2장 하나님과 예수님과 성령은 누구인가?
3장 하나님의 형상대로
4장 선악과 명령
5장 선과 악

6장 죄
7장 방주 안으로 들어가라
8장 복(福)
9장 아브라함의 믿음
10장 우상 숭배
11장 우리는 언제 야곱에서 이스라엘이 되는가?
12장 가나안 땅은 누가 들어갈 수 있는가?
13장 십일조
14장 구약의 제사
15장 주일(主日)과 안식일
16장 예배
17장 예수님의 이름으로 기도합니다
18장 행위(한)대로, 상급(賞給)
19장 좁은 문
20장 말세(末世)
21장 구원의 예정, 구원의 취소
22장 천 년 왕국
23장 천국, 새 하늘과 새 땅, 새 예루살렘
24장 맺는말-종교다원주의에 대하여

제6편

다시 태어난 삶을 어떻게 살아갈 것인가? _383

1장 들어가는 말
2장 재물이나 사회적 지위(명예)는 우리가 획득하는 것이 아니라, 하나님으로부터 우리에게 주어지는 것이라는 믿음을 가져라

3장 탐심을 잘 관리하라
4장 부지런하게 살아라
5장 기도의 습관을 들여라
6장 마음(생각)과 말을 잘 관리하라
7장 먼저 이해관계를 초월하여 즐거이 베풀어라
8장 남을 평가하기 전에 먼저 자기를 살펴라
9장 합력하여 선을 이루기 위해, 하나님의 뜻대로 부르심을 받은 존재라는 소명 의식을 가지고 살아라
10장 예수님과 같은 존재로 살다 가자
11장 맺는말-내 삶이 형통할 때와 내 삶이 부정되는 것 같이 곤고할 때

제7편

새로운 세상으로 – 죽음에 대하여 _449

1장 들어가는 말
2장 영적 죽음에 대하여
3장 육체적 죽음에 대하여
4장 맺는말

제8편

맺으면서 _493

제1편

행복한 삶이란 무엇인가?

1장
다시 태어남과 행복

1절 – 행복의 의미

행복한 삶과 죽음의 문제는 인간에게는 영원한 숙제이다. 인간은 평생 행복한 삶을 위하여 노력하고 변화를 꾀하다가 죽는다. 인간은 행복한 삶을 위해 부귀영화를 향해 달려가고, 수행이나 명상을 하고, 전원생활 등을 찾아 나선다. 문제는 인간이 각자도생의 정신으로 살아가면서 이루는 부귀영화, 수행이나 명상, 전원생활 등이 행복의 문제를 근본적으로 해결하지 못한다는 것이다. 행복의 사전적 의미는 '생활(인생)에서 충분한 만족과 기쁨을 느끼어 흐뭇함이나 그러한 상태'이다. 행복의 사전적 의미에서 핵심 단어는 생활(인생), 만족, 기쁨이다.

전도서의 전도자(솔로몬)는 인생의 해답을 찾기 위해 쾌락, 술, 부귀영화 등 세상적인 것을 모두 다 동원해 보았지만 세상적인 것에서 인생의 해답을 찾지 못하고(전 2:1-11), "그 후에 내가 생각해 본즉 내 손으로 한 모든 일과 내가 수고한 모든 것이 다 헛되어 바람을 잡는 것이며 해 아래에서 무익한 것이로다"(전 2:11)라는 고백을 한다.

전도자가 누구보다도 많은 부귀영화를 누렸고(왕상 4:20-28), 지혜가 뛰어났고(왕상 4:29-34), 후궁이 칠백 명이 있었다(왕상 11:3)는 점을 고려하면 전도자의 고백은 매우 의외이다. 모든 인간이 부귀영화를 위해 각자도생의 정신으로 물불 가리지 않고 살아가고 있다는 점에서 전도자의 고백은 교훈하는 바가 크다.

전도자가 세상적인 것에서 인생의 해답을 찾기 위해 노력한 것은 내가 내 능력과 노력으로 무엇이든지 할 수 있다는 교만과 부귀영화를 하나님의 자리에 놓는 탐심에 기인한 것이다.

교만은 인간으로 하여금 내 능력과 노력으로 무엇이든지 할 수 있다는 자기 최면을 걸면서 살아가게 한다. 인간이 자기 뜻을 이루지 못한 경우 좌절과 분노와 허무가 찾아오고, 자기 뜻을 이룬 경우에도 순간은 만족과 기쁨이 있지만 시간이 지나면 탐심에 기초한 불만족과 허무가 찾아온다.

탐심은 인간으로 하여금 계속 구하기만 하게 하고 만족이 없는 삶을 살아가게 한다. "은을 사랑하는 자는 은으로 만족하지 못하고 풍요를 사랑하는 자는 소득으로 만족하지 아니하나니 이것도 헛되도다"(전 5:10)라는 말씀은 탐심을 잘 설명해준다.

인간은 육체적 죽음을 피할 수 없고, 육체적 죽음에 대한 두려움은 본능적이고 강력한 두려움이다. 인간이 육체적 죽음에 대한 해답을 찾지 못한다면 진정한 마음의 자유와 평안, 만족과 기쁨을 누릴 수 없다.

진정한 행복은 생활(인생)을 누가 주관하는지, 진정한 마음의 자유와 평안, 만족과 기쁨이 무엇이고 어디에서 오는지, 형통과 고난의 의미, 육체적 죽음에 대한 해답을 찾았을 때 가능하다. 전도자는 인생의 해답을 찾기 위해 쾌락, 술, 부귀영화 등 세상적인 것을 모두 다 동원해 보았지만 세상적인 것에서는 해답을 찾지 못하고(전 2:1-11), 결국 하나님을 경외하는 것에서 해답을 찾았다(전 12:13).

생활(인생)을 누가 주관하는지, 진정한 마음의 자유와 평안, 만족과 기쁨이 무엇이고 어디에서 오는지, 형통과 고난의 의미, 육체적 죽음에 대한 해답은 하나님과 예수님을 믿음으로 다시 태어나 하나님의 자녀로 살아갈 때 찾을 수 있다. 하나님은 하나님과 예수님을 믿음으로 다시 태어난 사람에게 하나님의 자녀가 되는 권세와 현세와 내세에서의 구원과 영생을 약속하셨다(요 1:12-13, 3:3-6, 16, 11:25-26; 고후 5:17).

하나님이 약속하신 구원과 영생의 열매는 현세에서 마음의 자유와 평안, 감사와 자족과 기쁨, 형통 등이고(창 39:2-3; 신 6:1-9, 28:1-6, 29:9; 수 1:7; 시 1:1-6; 전 8:1; 마 5:1-12, 11:28-30; 요 14:27, 15:10-12; 롬 5:1-5; 빌 4:4-7, 11-13; 골 3:15; 약 1:2-4), 내세에서 천국 영생이다(고전 15:19-23; 계 20:6, 11-15, 21:1-8).

"수고하고 무거운 짐 진 자들아 다 내게로 오라 내가 너희를 쉬게 하리라 나는 마음이 온유하고 겸손하니 나의 멍에를 메고 내게 배우라 그리하면 너희 마음이 쉼을 얻으리니 이는 내 멍에는 쉽고 내 짐은 가벼움이라 하시니라" (마 11:28-30)

"영접하는 자 곧 그 이름을 믿는 자들에게는 하나님의 자녀가 되는 권세를 주셨으니 이는 혈통으로나 육정으로나 사람의 뜻으로 나지 아니하고 오직 하나님께로부터 난 자들이니라" (요 1:12-13)

"하나님이 세상을 이처럼 사랑하사 독생자를 주셨으니 이는 그를 믿는 자마다 멸망하지 않고 영생을 얻게 하려 하심이라" (요 3:16)

"예수께서 이르시되 나는 부활이요 생명이니 나를 믿는 자는 죽어도 살겠고 무릇 살아서 나를 믿는 자는 영원히 죽지 아니하리니 이것을 네가 믿느냐" (요 11:25-26)

"평안을 너희에게 끼치노니 곧 나의 평안을 너희에게 주노라 내가 너희에게 주는 것은 세상이 주는 것과 같지 아니하리니 너희는 마음에 근심하지도 말고 두려워하지도 말라" (요 14:27)

"그런즉 누구든지 그리스도 안에 있으면 새로운 피조물이라 이전 것은 지나갔으니 보라 새 것이 되었도다" (고후 5:17)

"주 안에서 항상 기뻐하라 내가 다시 말하노니 기뻐하라 너희 관용을 모든 사람에게 알게 하라 주께서 가까우시니라 아무 것도 염려하지 말고 다만 모든 일에 기도와 간구로, 너희 구할 것을 감사함으로 하나님께 아뢰라 그리하면 모든 지각에 뛰어난 하나님의 평강이 너희 마음과 생각을 지키시리라" (빌 4:4-7)

"내가 궁핍하므로 말하는 것이 아니니라 어떠한 형편에든지 나는 자족하기를 배웠노니 나는 비천에 처할 줄도 알고 풍부에 처할 줄도 알아 모든 일 곧 배부름과 배고픔과 풍부와 궁핍에도 처할 줄 아는 일체의 비결을 배웠노라 내게 능력 주시는 자 안에서 내가 모든 것을 할 수 있느니라"(빌 4:11-13)

"그리스도의 평강이 너희 마음을 주장하게 하라 너희는 평강을 위하여 한 몸으로 부르심을 받았나니 너희는 또한 감사하는 자가 되라"(골 3:15)

2절 – 다시 태어남의 의미

하나님과 예수님을 믿음으로 하나님의 자녀로 다시 태어난다고 해서 현세에서 육체가 다시 태어나는 것이 아니라는 점에서 다시 태어남은 이해하기 어려운 면이 있다. 바리새인이자 산헤드린 공회원인 니고데모조차도 예수님의 "사람이 거듭나지 아니하면 하나님의 나라를 볼 수 없다"(요 3:3)라는 말씀의 의미를 이해하지 못하여, "사람이 늙으면 어떻게 날 수 있사옵나이까 두 번째 모태에 들어갔다가 날 수 있사옵나이까"(요 3:4)라는 말을 하였다.

다시 태어남은 선해진다거나 도덕적인 사람이 되는 차원의 문제가 아니다. 다시 태어남은 하나님과 예수님을 믿음으로 새로운 피조물인 하나님의 자녀가 되는 것이다(요 1:12-13; 고후 5:17). 다시 태어남은 하나님과 예수님에 대한 믿음으로 시작하여 물세례와 성령세례, 성령 충만을 통해 완성된다.

다시 태어남으로 인해 일상의 삶 속에서 하나님 나라를 볼 수 있고, 하나님 나라에 들어가 참여할 수 있다(요 3:3-6). 다시 태어난 사람은 하나님의 자녀라는 신분을 자각하고, 하나님과 예수님 안에서 하나님의 자녀에 걸맞은 삶을 살아간다(마 5:3-16; 요 15:1-12; 롬 12:1-2; 엡 4:21-24).

하나님의 자녀라는 신분의 취득과 신분에 대한 자각은 믿음과 소망의 대상을 세상, 사람, 현세에서 하나님과 예수님, 하나님의 주권과 역사(役事)하심, 죽음 저 너머로 변하게 하고, 탐심과 교만을 감사와 자족과 기쁨, 겸손과 사랑으로 변하게 한다(시 16:1-11, 62:5-8; 고전 15:19-23; 히 11:13-16). 위와 같은 변화로 인해 세상이 주는 마음의 자유와 평안과는 차원이 다른 전능하신 하나님 아버지가 은혜로 주시는 진정한 마음의 자유와 평안을 누릴 수 있게 된다.

"나의 영혼아 잠잠히 하나님만 바라라 무릇 나의 소망이 그로부터 나오는도다 오직 그만이 나의 반석이시요 나의 구원이시요 나의 요새이시니 내가 흔들리지 아니하리로다 나의 구원과 영광이 하나님께 있음이여 내 힘의 반석과 피난처도 하나님께 있도다 백성들아 시시로 그를 의지하고 그의 앞에 마음을 토하라 하나님은 우리의 피난처시로다"(시 62:5-8)

"그러므로 형제들아 내가 하나님의 모든 자비하심으로 너희를 권하노니 너희 몸을 하나님이 기뻐하시는 거룩한 산 제물로 드리라 이는 너희가 드릴 영적 예배니라 너희는 이 세대를 본받지 말고 오직 마음을 새롭게 함으로 변화를 받아 하나님의 선하시고 기뻐하시고 온전하신 뜻이 무엇인지 분별하도록 하라"(롬 12:1-2)

"만일 그리스도 안에서 우리가 바라는 것이 다만 이 세상의 삶뿐이면 모든 사람가운데 우리가 더욱 불쌍한 자이리라 그러나 이제 그리스도께서 죽은 자 가운데서 다시 살아나사 잠자는 자들의 첫 열매가 되셨도다 사망이 한 사람으로 말미암았으니 죽은 자의 부활도 한 사람으로 말미암는도다 아담 안에서 모든 사람이 죽은 것 같이 그리스도 안에서 모든 사람이 삶을 얻으리라 그러나 각각 자기 차례대로 되리니 먼저는 첫 열매인 그리스도요 다음에는 그가 강림하실 때에 그리스도에게 속한 자요"(고전 15:19-23)

"진리가 예수 안에 있는 것 같이 너희가 참으로 그에게서 듣고 또한 그 안에서 가르침을 받았을진대 너희는 유혹의 욕심을 따라 썩어져 가는 구습을 따르는 옛사람을 벗어 버리고 오직 너희 심령이 새롭게 되어 하나님을 따라 의와 진리의 거룩함으로 지으심을 받은 새 사람을 입으라"(엡 4:21-24)

"이 사람들은 다 믿음을 따라 죽었으며 약속을 받지 못하였으되 그것들을 멀리서 보고 환영하며 또 땅에서는 외국인과 나그네임을 증언하였으니 그들이 이같이 말하는 것은 자기들이 본향 찾는 자임을 나타냄이라 그들이 나온 바 본향을 생각하였더라면 돌아갈 기회가 있었으려니와 그들이 이제는 더 나은 본향을 사모하니 곧 하늘에 있는 것이라 이러므로 하나님이 그들의 하나님이라 일컬음을 부끄러워하지 아니하시고 그들을 위하여 한 성을 예비하셨느니라"(히 11:13-16)

사람들은 하나님과 예수님을 믿어 다시 태어난다고 해서 육체적으로 죽지 않는 것이 아니고, 그다지 부귀영화를 누리는 것 같지 않고, 사후의 세계는 어차피 죽어봐야 안다는 등의 이유로 하나님과 예수님을 믿지 않는다.

사람이 하나님의 존재를 믿지 않는 것은 하나님의 부존재를 믿는 것과 같다. 하나님이 없다는 것을 믿을 만한 특별한 증거는 있는가? 내 마음대로 살지 못한다는 이유로 하나님의 존재를 부담스러워하거나 믿기 싫어하는 것은 아닌가? 내 지식과 사고 수준으로 이해가 되지 않고 믿어지지 않는다는 이유로 하나님이 없다고 믿고 싶은 것은 아닌가?

하나님이 우리에게 주신 성경과 하나님이 창조하신 인간과 천지 만물이 하나님이 존재한다는 중요한 증거이다(창 1:1-31; 요 5:39; 롬 1:18-20; 딤후 3:16; 벧후 1:21). 인간과 천지 만물을 창조하였음을 선포하고, 자기가 말(예언, 약속)한 것을 기록하게 하여 말한 것이 그대로 이루어지는지 지켜보게 하고, 말한 것이 그대로 이루어지도록 모든 것을 주관하는 존재는 하나님이 유일하시다(신 18:21-22; 사 40:12-26, 41:21-24; 마 1:21-23).

"태초에 하나님이 천지를 창조하시니라 하나님이 자기 형상 곧 하나님의 형상대로 사람을 창조하시되 남자와 여자를 창조하시고"(창 1:1, 27)

"네가 마음속으로 이르기를 그 말이 여호와께서 이르신 말씀인지 우리가 어떻게 알리요 하리라 만일 선지자가 있어 여호와의 이름으로 말한 일에 증험도 없고 성취함도 없으면 이는 여호와께서 말씀하신 것이 아니요 그 선지자가 제 마음대로 한 말이니 너는 그를 두려워하지 말지니라"(신 18:21-22)

"나 여호와가 말하노니 너희 우상들은 소송하라 야곱의 왕이 말하노니 너희는 확실한 증거를 보이라 장차 당할 일을 우리에게 진술하라 이전 일이 어떠한 것도 알게 하라 우리가 마음에 두고 그 결말을 알아보리라 혹 앞으로 올 일을 듣게 하며 뒤에 올 일을 알게 하라 그리하면 너희가 신들인 줄 우리가 알리라 또 복을 내리든지 재난을 내리든지 하라 우리가 함께 보고 놀라리라 보라 너희는 아무것도 아니며 너희 일은 허망하며 너희를 택한 자는 가증하니라"(사 41:21-24)

"너희가 성경에서 영생을 얻는 줄 생각하고 성경을 연구하거니와 이 성경이 곧 내게 대하여 증언하는 것이니라"(요 5:39)

"하나님의 진노가 불의로 진리를 막는 사람들의 모든 경건치 않음과 불의에 대하여 하늘로부터 나타나나니 이는 하나님을 알 만한 것이 그들 속에 보임이라 하나님께서 이를 그들에게 보이셨느니라 창세로부터 그의 보이지 아니하는 것들 곧 그의 영원하신 능력과

신성이 그가 만드신 만물에 분명히 보여 알려졌나니 그러므로 그들이 핑계하지 못할지니라"(롬 1:18-20)

"모든 성경은 하나님의 감동으로 된 것으로 교훈과 책망과 바르게 함과 의로 교육하기에 유익하니"(딤후 3:16)

"예언은 언제든지 사람의 뜻으로 낸 것이 아니요 오직 성령의 감동하심을 받은 사람들이 하나님께 받아 말한 것임이라"(벧후 1:21)

2장
전능하신 하나님 아버지의 자녀

하나님과 예수님을 믿음으로 다시 태어나는 것은 새로운 피조물인 하나님의 자녀가 되는 것이라는 점에서 개개인에게는 천지창조 못지않게 중요한 의미가 있다. 하나님과의 관계가 단절되면 죄의 종이 되어 죄의 지배를 받게 된다(요 8:31-36; 롬 6:16-23, 8:1-17).

성경이 죄의 종과 대비시키고 있는 것은 하나님의 자녀(아들)이다. 성경에서 신분은 죄의 종과 하나님의 자녀(아들)만이 존재한다고 볼 수 있다(요 1:12-13, 8:34; 롬 8:14; 계 21:7). 다시 태어남과 하나님의 자녀가 가지는 의미를 제대로 이해하기 위해서는 전능하신 하나님과 하나님 아버지가 가지는 의미를 이해하는 것이 필요하다.

1절 – 전능하신 하나님

전능하신 하나님은 인간과 천지 만물을 창조하시고 인간의 생사화복을 주관하시는 신실하신 공의의 하나님이시다(창 1:1-31, 17:1; 신 7:9, 32:39; 대상 29:10-19; 시 89:1-18, 139:1-24; 눅 12:4-5; 행 17:24-27).

하나님은 인간의 구원과 영생을 약속하셨고, 예수님은 이를 확증하여 주시기 위해 인간의 몸으로 오셔서 십자가에서 돌아가시고 부활하셨다(창 3:15; 마 1:21; 요 1:14, 3:16; 행 1:3; 고전 15:16-17, 20-23). 하나님은 예수님의 십자가 죽음과 부활로 인간을 죄에서 구원하여 주시고 사망에서 생명으로 옮겨 주셨다.

만일 하나님이 인간의 생사를 주관하시는 분이 아니고 내세와 부활이 없다면, 하나님과 예수님을 믿는 것처럼 어리석고 불쌍한 일이 없고 현세가 전부인 것처럼 나만을 위해 먹고 마시며 살아도 된다(고전 15:19-20, 32-34). 반면에 하나님이 인간의 생사를 주관하시고 내세와 부활이 있다면, 하나님과 예수님을 믿지 않아 영생을 누리지 못하는 것처럼 어리석고 불쌍한 일이 없다.

"그런즉 너는 알라 오직 네 하나님 여호와는 하나님이시요 신실하신 하나님이시라 그를 사랑하고 그의 계명을 지키는 자에게는 천 대까지 그의 언약을 이행하시며 인애를 베푸시되"(신 7:9)

"우주와 그 가운데 있는 만물을 지으신 하나님께서는 천지의 주재시니 손으로 지은 전에 계시지 아니하시고 또 무엇이 부족한 것처럼 사람의 손으로 섬김을 받으시는 것이 아니니 이는 만민에게 생명과 호흡과 만물을 친히 주시는 이심이라 인류의 모든 족속을 한 혈통으로 만드사 온 땅에 살게 하시고 그들의 연대를 정하시며 거주의 경계를 한정하셨으니 이는 사람으로 혹 하나님을 더듬어 찾아 발견하게 하려 하심이로되 그는 우리 각 사람에게서 멀리 계시지 아니하도다"(행 17:24-27)

"만일 죽은 자가 다시 살아나는 일이 없으면 그리스도도 다시 살아나신 일이 없었을 터이요 그리스도께서 다시 살아나신 일이 없으면 너희의 믿음도 헛되고 너희가 여전히 죄 가운데 있을 것이요"(고전 15:16-17)

"내가 사람의 방법으로 에베소에서 맹수와 더불어 싸웠다면 내게 무슨 유익이 있으리요 죽은 자가 다시 살아나지 못한다면 내일 죽을 터이니 먹고 마시자 하리라 속지 말라 악한 동무들은 선한 행실을 더럽히나니 깨어 의를 행하고 죄를 짓지 말라 하나님을 알지 못하는 자가 있기로 내가 너희를 부끄럽게 하기 위하여 말하노라"(고전 15:32-34)

사람들은 악인들의 번성함을 보고 전능하신 공의의 하나님에 대해 많은 오해를 한다. 위와 같은 오해는 오래 참으시는 하나님의 속성과 하나님의 심판에 대한 이해 부족에서 기인한다. 악인들이 번성하고 악인들에 대한 하나님의 심판이 없는 것처럼 보이는 것은 한 명이라도 더 회개하여 돌아오기를 바라시고 오래 참으시는 하나님의 속성 때문이지, 악인들에 대한 하나님의 심판이 없기 때문이 아니다(겔 18:23, 33:10-11; 딤전 1:16; 벧후 3:8-9). 성경은 악인의 형통은 일시적이며 결국 파멸과 심판에 이르는 것을 명확히 한다(시 37:1-40, 73:1-28; 마 25:46; 계 21:6-8, 22:14-15).

성경은 악인의 형통을 부러워하지 말고 하나님의 자녀 된 도리를 다할 것을 권면한다(대하 31:21; 시 128:2; 잠 24:1, 29). 성경이 말하는 심판은 눈에 보이는 심판도 있지만 정욕대로 더러움에 내버려 두거나 부끄러운 욕심에 내버려 두거나 상실한 마음대로 내버려 두는 눈에 보이지 않는 심판도 있다(요 3:18; 롬 1:24, 26, 28). 눈에 보이지 않는 심판은 자각증상 없이 암세포가 자라나 결국에는 손을 쓸 수 없는 상태가 되는 것처럼 치명적인 결과를 가져온다.

탐심에 끌려다니는 삶 자체가 이미 심판받은 삶일 수도 있다는 점에서, 내가 돈을 잘 벌고 높은 사회적 지위에 있다고 해서 좋아하기만 할 일은 아니다(시 37:1-40). 건강검진을 통해 암을 발견하듯이 나의 부귀영화가 어디에서 온 것이고 왜 내게 주어진 것인지, 내게 주어진 부귀영화를 제대로 사용하고 있는지, 영원히 살 것처럼 부귀영화만 쫓고 있는 것은 아닌지 진지하게 되돌아볼 필요가 있다.

"주 여호와의 말씀이니라 내가 어찌 악인이 죽는 것을 조금인들 기뻐하랴 그가 돌이켜 그 길에서 떠나 사는 것을 어찌 기뻐하지 아니하겠느냐"(겔 18:23)

"너는 그들에게 말하라 주 여호와의 말씀이니라 나의 삶을 두고 맹세하노니 나는 악인이 죽는 것을 기뻐하지 아니하고 악인이 그의 길에서 돌이켜 떠나 사는 것을 기뻐하노라 이스라엘 족속아 돌이키고 돌이키라 너희 악한 길에서 떠나라 어찌 죽고자 하느냐 하셨다 하라"(겔 33:11)

"그를 믿는 자는 심판을 받지 아니하는 것이요 믿지 아니하는 자는 하나님 독생자의 이름을 믿지 아니하므로 벌써 심판을 받은 것이니라"(요 3:18)

"또한 그들이 마음에 하나님 두기를 싫어하매 하나님께서 그들을 그 상실한 마음대로 내버려 두사 합당하지 못한 일을 하게 하셨으니"(롬 1:28)

"그러나 내가 긍휼을 입은 까닭은 예수 그리스도께서 내게 먼저 일체 오래 참으심을 보이사 후에 주를 믿어 영생을 얻는 자들에게 본이 되게 하려 하심이라"(딤전 1:16)

"사랑하는 자들아 주께는 하루가 천 년 같고 천 년이 하루 같다는 이 한 가지를 잊지 말라 주의 약속은 어떤 이들이 더디다고 생각하는 것 같이 더딘 것이 아니라 오직 주께서는 너희를 대하여 오래 참으사 아무도 멸망하지 아니하고 다 회개하기에 이르기를 원하시느니라"(벧후 3:8-9)

욥의 "주께서는 못 하실 일이 없사오며 무슨 계획이든지 못 이루실 것이 없는 줄 아오니 무지한 말로 이치를 가리는 자가 누구니이까 나는 깨닫지도 못한 일을 말하였고 스스로 알 수도 없고 헤아리기도 어려운 일을 말하였나이다 내가 말하겠사오니 주는 들으시고 내가 주께 묻겠사오니 주여 내게 알게 하옵소서 내가 주께 대하여 귀로 듣기만 하였사오나 이제는 눈으로 주를 뵈옵나이다 그러므로 내가 스스로 거두어들이고 티끌과 재 가운데에서 회개하나이다"(욥 42:2-6)라는 고백은 전능하신 하나님과 관련하여 교훈하는 바가 크다.

2절 – 하나님 아버지

하나님 아버지는 인애와 긍휼과 사랑의 하나님으로 부모가 자녀를 보살펴 주듯이 믿는 자들을 보호해 주신다(신 32:10-12; 시 17:6-9, 23:1-6, 27:1-14, 103:8-18, 145:8-9; 사 31:5; 마 6:30-33). 특히 하나님은 죽음의 순간에도 믿는 자들과 함께해 주신다(롬 8:37-39).

"두려워하지 말라 내가 너와 함께함이라 놀라지 말라 나는 네 하나님이 됨이라 내가 너를 굳세게 하리라 참으로 너를 도와 주리라 참으로 나의 의로운 오른손으로 너를 붙들리라"(사 41:10), "오직 시온이 이르기를 여호와께서 나를 버리시며 주께서 나를 잊으셨다 하였거니와 여인이 어찌 그 젖 먹는 자식을 잊겠으며 자기 태에서 난 아들을 긍휼히 여기지 않겠느냐 그들은 혹시 잊을지라도 나는 너를 잊지 아니할 것이라 내가 너를 내 손바닥에 새겼고 너의 성벽이 항상 내 앞에 있나니"(사 49:14-16)라는 말씀은 하나님의 보호하심과 사랑을 잘 설명해준다.

"여호와께서 그를 황무지에서, 짐승이 부르짖는 광야에서 만나시며 호위하시며 보호하시며 자기의 눈동자 같이 지키셨도다 마치 독수리가 자기의 보금자리를 어지럽게 하며 자기의 새끼 위에 너풀거리며 그의 날개를 펴서 새끼를 받으며 그의 날개 위에 그것을 업는 것 같이 여호와께서 홀로 그를 인도하셨고 그와 함께 한 다른 신이 없었도다"(신 32:10-12)

"오늘 있다가 내일 아궁이에 던져지는 들풀도 하나님이 이렇게 입히시거든 하물며 너희일까보냐 믿음이 작은 자들아 그러므로 염려하여 이르기를 무엇을 먹을까 무엇을 마실까 무엇을 입을까 하지 말라 이는 다 이방인들이 구하는 것이라 너희 하늘 아버지께서 이 모든 것이 너희에게 있어야 할 줄을 아시느니라 그런즉 너희는 먼저 그의 나라와 그의 의를 구하라 그리하면 이 모든 것을 너희에게 더하시리라"(마 6:30-33)

"그러나 이 모든 일에 우리를 사랑하시는 이로 말미암아 우리가 넉넉히 이기느니라 내가 확신하노니 사망이나 생명이나 천사들이나 권세자들이나 현재 일이나 장래 일이나 능력이나 높음이나 깊음이나 다른 어떤 피조물이라도 우리를 우리 주 그리스도 예수 안에 있는 하나님의 사랑에서 끊을 수 없으리라"(롬 8:37-39)

하나님은 우리의 필요를 아시고 필요를 채워주시는 분이다. 재물과 사회적 지위(명예)는 물론이고 재물과 사회적 지위(명예)를 얻을 능력도 하나님이 주신 것이다(창 12:1-4, 39:2-3, 21, 23, 41:37-41; 출 35:30-31; 신 8:16-18, 28:1-6; 마 6:30-33).

하나님이 재물이나 사회적 지위(명예)를 주시는 중요한 기준 중의 하나는 하나님의 말씀을 듣고 이를 지켜 행하는 것인지와 탐심이라는 우상에서 자유롭게 되었는지이다(약 4:1-3; 요일 3:21-24). 이는 복을 받을 만한 그릇이 준비되어 있을 때 복을 주어야만 그 복이 하나님이 주신 것임을 알게 되어 감사하며 기뻐할 수 있고, 하나님이 우리에게 주신 재물과 사회적 지위(명예)를 주신 목적에 맞게 하나님의 영광을 위하여 사용할 수 있게 되어(마 5:13-16; 눅 16:1-13, 19:1-9), 우리에게 해가 되지 않기 때문이다(잠 16:25; 전 5:13; 눅 12:13-21; 딤전 6:6-12).

"여호와께서 유다 지파 훌의 손자요 우리의 아들인 브살렐을 지명하여 부르시고 하나님의 영을 그에게 충만하게 하여 지혜와 총명과 지식으로 여러 가지 일을 하게 하시되"(출 35:30-31)

"네 조상들도 알지 못하던 만나를 광야에서 네게 먹이셨나니 이는 다 너를 낮추시며 너를 시험하사 마침내 네게 복을 주려 하심이었느니라 그러나 네가 마음에 이르기를 내 능력과 내 손의 힘으로 내가 이 재물을 얻었다 말할 것이라 네 하나님 여호와를 기억하라 그가 네게 재물 얻을 능력을 주셨음이라 이같이 하심은 네 조상들에게 맹세하신 언약을 오늘과 같이 이루려 하심이니라"(신 8:16-18)

"내가 해 아래에서 큰 폐단 되는 일이 있는 것을 보았나니 곧 소유

주가 재물을 자기에게 해가 되도록 소유하는 것이라"(전 5:13)

"그러나 자족하는 마음이 있으면 경건은 큰 이익이 되느니라 우리가 세상에 아무 것도 가지고 온 것이 없으매 또한 아무것도 가지고 가지 못하리니 우리가 먹을 것과 입을 것이 있은즉 족한 줄로 알 것이니라 부하려 하는 자들은 시험과 올무와 여러 가지 어리석고 해로운 욕심에 떨어지나니 곧 사람으로 파멸과 멸망에 빠지게 하는 것이라 돈을 사랑함이 일만 악의 뿌리가 되나니 이것을 탐내는 자들은 미혹을 받아 믿음에서 떠나 많은 근심으로써 자기를 찔렀도다 오직 너 하나님의 사람아 이것들을 피하고 의와 경건과 믿음과 사랑과 인내와 온유를 따르며 믿음의 선한 싸움을 싸우라 영생을 취하라 이를 위하여 네가 부르심을 받았고 많은 증인 앞에서 선한 증언을 하였도다"(딤전 6:6-12)

"너희 중에 싸움이 어디로부터 다툼이 어디로부터 나느냐 너희 지체 중에서 싸우는 정욕으로부터 나는 것이 아니냐 너희는 욕심을 내어도 얻지 못하여 살인하며 시기하여도 능히 취하지 못하므로 다투고 싸우는도다 너희가 얻지 못함은 구하지 아니하기 때문이요 구하여도 받지 못함은 정욕으로 쓰려고 잘못 구하기 때문이라"(약 4:1-3)

　　하나님은 사랑하는 자를 연단하기 위하여 징계하고 시험하기도 하시지만(욥 23:10; 전 7:14; 히 12:5-8; 약 1:2-18), 감당할 시험만을 허락하시고 시험당할 즈음에 피할 길을 준비하셔서 우리로 능히 감당하게 하신다(고전 10:13). 하나님의 징계가 없으면 하나님의 자녀가 아니고 징계가 당시에는 즐거워 보이지 않고 슬퍼 보이나 징계로 말미암아 연단을 받은 후에는 의와 평강의 열매를 맺고 순금같이 되어 나온다 (욥 23:10; 히 12:5-8). 위와 같은 이유로 우리는 환난 중에도 인내할 수 있고, 환난 중에 인내하면 인내는 우리를 연단하고, 연단이 된 우리는 환난 중에도 소망할 수 있게 된다(롬 5:3-5; 약 1:2-4).

> "그러나 내가 가는 길을 그가 아시나니 그가 나를 단련하신 후에는 내가 순금같이 되어 나오리라"(욥 23:10)
>
> "다만 이뿐 아니라 우리가 환난 중에도 즐거워하나니 이는 환난은 인내를, 인내는 연단을, 연단은 소망을 이루는 줄 앎이로다 소망이 우리를 부끄럽게 하지 아니함은 우리에게 주신 성령으로 말미암아 하나님의 사랑이 우리 마음에 부은 바 됨이니"(롬 5:3-5)
>
> "사람이 감당할 시험 밖에는 너희가 당한 것이 없나니 오직 하나님은 미쁘사 너희가 감당하지 못할 시험 당함을 허락하지 아니하시고 시험 당할 즈음에 또한 피할 길을 내사 너희로 능히 감당하게 하시느니라"(고전 10:13)
>
> "내 형제들아 너희가 여러 가지 시험을 당하거든 온전히 기쁘게 여기라 이는 너희 믿음의 시련이 인내를 만들어 내는 줄 너희가 앎이라 인내를 온전히 이루라 이는 너희로 온전하고 구비하여 조금도 부족함이 없게 하려 함이라"(약 1:2-4)

하나님의 연단을 이해하는데 도움이 되는 대표적인 성경 인물이

요셉과 모세이다. 요셉과 모세도 하나님의 연단 과정을 거치기 전에는 우리와 같이 부족한 점이 많았다. 요셉은 애굽에 종으로 팔려가기 전에는 타인에 대한 사랑과 배려가 없는 교만한 사람이었다(창 37:2, 5-11). 모세는 이스라엘 사람의 원수를 갚기 위한 목적이 있기는 하였지만 좌우를 살펴 사람 없음을 보고 애굽 사람을 쳐죽여 모래 속에 감출 만큼 자신의 혈기를 다스리지 못하는 사람이었다(출 2:12).

하나님은 요셉과 모세의 연단을 위해 야곱의 아들 중 야곱이 가장 사랑하는 아들이었던 요셉을 애굽에 종으로 팔려 가 2년 동안 억울한 옥살이를 하게 하셨고(창 37:28, 39:1, 41:1), 애굽의 왕자로 세상 누구보다도 호화롭게 살았던 모세는 나이 사십에 이스라엘 자손을 돌볼 생각이 나 애굽 사람으로부터 압제를 받는 이스라엘 자손을 위하여 원수를 갚기 위해 애굽 사람을 쳐죽였으나 오히려 이 일로 인해 자신의 목숨을 구하기 위해 애굽 왕자의 자리를 버리고 미디안 광야로 도주하게 하여 광야에서 40년 동안 양 떼를 치게 하셨다.

하나님의 연단 과정을 거친 요셉은 하나님이 주신 은총과 지혜로 애굽의 통치자가 되어 출애굽의 기초를 다졌고(창 45:5, 50:20; 행 7:10), 모세는 모세의 나이 80세에 하나님의 부르심을 받아 출애굽 사명을 감당하고 하나님으로부터 온유하고 충성된 사람이라는 칭찬을 듣는 사람이 되었다(출 7:7; 민 12:3, 7; 행 7:20-45).

3장
전능하신 하나님 아버지의 자녀로서 누리는 행복

1절 – 하나님의 자녀됨으로 인한 변화

하나님과 예수님을 믿음으로 다시 태어나 하나님의 자녀가 된 사람은 전능하신 하나님 아버지에 대한 믿음과 믿음에 기초한 소망으로 인해 재물과 사회적 지위(명예), 삶과 죽음에 대해 획기적인 생각의 변화를 가져온다.

 1) 하나님이 우리의 필요를 아시고 필요를 채워주시며 재물과 사회적 지위(명예)는 물론이고 재물과 사회적 지위(명예)를 얻을 능력도 하나님이 주신 것임을 알게 되어, 내게 주신 재물과 사회적 지위(명예)를 내 능력과 노력으로 이루었다는 교만 대신 감사함으로 하나

님이 주신 목적에 맞게 하나님의 영광을 위해 사용할 수 있게 된다 (마 5:13-16; 눅 12:13-21, 16:1-13, 19:1-9).

2) 하나님은 우리를 연단하기 위하여 징계하고 시험하기도 하시지만(욥 23:10; 전 7:14; 히 12:5-8; 약 1:2-18), 감당할 시험만을 허락하시고 시험당할 즈음에 피할 길을 준비하셔서 우리로 능히 감당하게 하신다는 것을 알게 되어(고전 10:13), 어떠한 고난이 닥쳐와도 고난에 숨겨진 하나님의 뜻을 분별하여 하나님이 주시는 새 힘을 얻어 앞에 있는 푯대를 향해 달려갈 수 있게 된다(사 40:27-31; 빌 3:12-14).

3) 하나님이 약속하신 구원과 영생에 대한 믿음과 믿음에 기초한 소망으로 인해, 육체적 죽음을 영과 육의 분리일 뿐 단절이나 끝이 아닌 다른 존재로 새롭게 태어나는 다른 형태의 삶으로의 변화로 이해할 수 있게 되어, 육체적 죽음을 두려움의 대상이 아니라 준비해야 할 대상으로 받아들이게 된다(고전 15:44, 53; 고후 4:16-18, 5:1-10). 나아가 현세의 삶을 하나님과 동행하는 나그네처럼 살아가게 되고, 하늘에 있는 더 나은 본향(천국)을 고대하면서 평안하게 죽음을 맞이하게 된다(대상 29:15; 시 39:12; 행 6:15, 7:55-56; 롬 8:38-39; 히 11:13-16; 계 22:14).

2절 – 하나님의 자녀로서 누리는 행복

1. 마음의 자유와 평안

1) 하나님과 예수님을 믿음으로 다시 태어나 하나님의 자녀가

되면, 하나님이 우리의 마음과 생각을 주장하시도록 내어 맡길 수 있고, 내가 어떠한 환경에 처해있을지라도 외적 환경을 초월해서 은혜로 주어지는 마음의 자유와 평안을 누릴 수 있다(시 16:1-11, 23:1-6; 전 8:1; 마 11:28-30; 막 4:35-41; 요 8:31-36, 14:27; 롬 12:12; 빌 4:4-7; 골 3:15). 마음의 자유와 평안은 모든 것이 형통함에서 오는 자유와 평안이 아니다. 인생의 풍랑 속에서도 외적 환경을 초월하여 하나님과 예수님 안에서 누리는 자유와 평안이다.

다윗의 "여호와여 내 마음이 교만하지 아니하고 내 눈이 오만하지 아니하오며 내가 큰 일과 감당하지 못할 놀라운 일을 하려고 힘쓰지 아니하나이다 실로 내가 내 영혼으로 고요하고 평온하게 하기를 젖 뗀 아이가 그의 어머니 품에 있음 같게 하였나니 내 영혼이 젖 뗀 아이와 같도다 이스라엘아 지금부터 영원까지 여호와를 바랄지어다"(시 131:1-3)라는 고백은 하나님이 은혜로 주시는 마음의 자유와 평안을 잘 설명해준다.

> "수고하고 무거운 짐 진 자들아 다 내게로 오라 내가 너희를 쉬게 하리라 나는 마음이 온유하고 겸손하니 나의 멍에를 메고 내게 배우라 그리하면 너희 마음이 쉼을 얻으리니 이는 내 멍에는 쉽고 내 짐은 가벼움이라 하시니라"(마 11:28-30)
>
> "소망 중에 즐거워하며 환난 중에 참으며 기도에 항상 힘쓰며"(롬 12:12)
>
> "주 안에서 항상 기뻐하라 내가 다시 말하노니 기뻐하라 너희 관용

을 모든 사람에게 알게 하라 주께서 가까우시니라 아무 것도 염려하지 말고 다만 모든 일에 기도와 간구로, 너희 구할 것을 감사함으로 하나님께 아뢰라 그리하면 모든 지각에 뛰어난 하나님의 평강이 그리스도 예수 안에서 너희 마음과 생각을 지키시리라"(빌 4:4-7)

"그리스도의 평강이 너희 마음을 주장하게 하라 너희는 평강을 위하여 한 몸으로 부르심을 받았나니 너희는 또한 감사하는 자가 되라"(골 3:15)

2) 하나님의 자녀로서 누리는 마음의 자유와 평안은 세상, 죄, 죽음으로부터의 자유와 평안으로 세상이 주는 것과 차원이 다르다(마 6:19-34; 요 8:31-36, 14:27; 롬 6:15-23). 진정한 마음의 자유와 평안은 하나님과 예수님 안에 거하여, 구원과 영생에 대한 믿음과 소망을 가지고, 하나님에게 모든 것을 내어 맡기고 하나님의 인도하심을 따라 행할 때 하나님이 은혜로 주신다.

3) 하나님이 우리의 필요를 아시고 필요를 채워주시며 재물과 사회적 지위(명예)는 물론이고 재물과 사회적 지위(명예)를 얻을 능력도 하나님이 주신 것이라는 믿음은, 하나님의 청지기 신분과 사명을 자각하게 하고 나에게 주어진 재물과 사회적 지위(명예)에 대한 하나님의 뜻을 분별하여 탐심과 교만으로부터 자유할 수 있게 한다(마 5:13-16; 눅 12:13-21, 16:1-13, 19:1-9).

하나님 안에서 누리는 마음의 자유와 평안은 하나님의 뜻을 분별하여 하나님의 청지기 신분과 사명을 자각하고 순종할 때 가능하다. 청지기 사명에 기초한 부지런함은 마음의 자유와 평안을 위해서 필수적인 요소이다(잠 13:4; 벧전 4:10-11).

> "게으른 자는 마음으로 원하여도 얻지 못하나 부지런한 자의 마음은 풍족함을 얻느니라"(잠 13:4)

2. 감사와 기쁨

1) 하나님과 예수님을 믿음으로 다시 태어나 하나님의 자녀가 되면, 하나님이 우리의 필요를 아시고 필요를 채워주시며 우리의 재물과 사회적 지위(명예)뿐만 아니라 재물과 사회적 지위(명예)를 얻을 능력도 하나님이 주신 것임을 알게 되어, 내게 주신 재물과 사회적 지위(명예)에 대해 감사할 수 있고 외적 환경을 초월하여 감사하며 기뻐할 수 있다(합 3:16-19; 빌 4:4-7, 11-13).

2) 감사와 기쁨은 세상적인 감사 거리나 기뻐할 일이 있을 때에만 하는 것이 아니라, 하나님과 예수님 안에서 어떤 상황에서든지 범사에 감사하고 항상 기뻐하는 것이다. 범사에 감사하고 항상 기뻐하는 것은 하나님이 바라시는 하나님의 명령이자 뜻이다. 범사에 감사하고 항상 기뻐할 수 있는 비결은 항상 하나님과 예수님 안에 거하며 쉬지 않고 기도하는 것이다. 물론 항상 하나님과 예수님 안에 거하며 쉬지 않고 기도하는 것은 영적 싸움의 문제로 쉬운 일은 아니다(엡 6:10-20; 벧전 5:8-9). 기도와 간구를 통해 감사와 기쁨을 선택하고 습관화해야 한다(요 15:4-5, 10-12; 롬 12:12; 빌 4:4-7; 살전 5:16-18).

> "소망 중에 즐거워하며 환난 중에 참으며 기도에 항상 힘쓰며"(롬 12:12)
>
> "항상 기뻐하라 쉬지 말고 기도하라 범사에 감사하라 이것이 그리스도 예수 안에서 너희를 향하신 하나님의 뜻이니라"(살전 5:16-18)

3) 기도는 하나님과의 인격적인 은밀한 교제(대화)로 나를 하나님의 뜻에 맞게 조율하게 해준다. 예수님의 "내 아버지여 만일 할 만하시거든 이 잔을 내게서 지나가게 하옵소서 그러나 나의 원대로 마시옵고 아버지의 원대로 하옵소서"(마 26:39)라는 기도는 하나님의 뜻에 조율하는 것이 무엇인지 잘 설명해준다. 하나님의 뜻에 조율된 우리는 변하여 순금같이 되어 나오고, 하나님은 하나님의 뜻에 조율된 기도와 간구에 대해 하나님의 때에 하나님의 방법으로 응답해 주신다(욥 23:10; 시 105:19, 139:17-18; 전 3:1, 11; 사 55:8-9; 마 6:30-33; 갈 6:9; 약 4:1-3).

> "범사에 기한이 있고 천하 만사가 다 때가 있나니"(전 3:1)
>
> "하나님이 모든 것을 지으시되 때를 따라 아름답게 하셨고 또 사람들에게는 영원을 사모하는 마음을 주셨느니라 그러나 하나님이 하시는 일의 시종을 사람으로 측량할 수 없게 하셨도다"(전 3:11)

3. 자족

하나님과 예수님을 믿음으로 다시 태어나 하나님의 자녀가 되면, 하나님의 보호하심에 대한 믿음과 하나님의 은혜에 대한 감사로 자족하는 삶을 살아간다. 자족은 하나님의 보호하심에 대한 믿음과 하나님의 은혜에 대한 감사가 있을 때 가능하다(시 23:1-6; 빌 4:11-13). 자족은 경건 생활에 큰 유익이 된다(딤전 6:6-10).

만족의 사전적 의미는 '모자람이 없이 충분하고 넉넉함'이다. 자족은 만족과 구별되고 일반적으로 '자기의 분수에 안분하고 만족하는 것'으로 이해된다. 성경에서의 자족은 자기의 분수를 알고 만족하는 것에 그치는 것이 아니라, 하나님의 섭리와 뜻을 분별하여 모든 일과 상황에서 하나님의 섭리와 뜻을 인정하는 데까지 나아가야 한다.

바울의 "내가 궁핍하므로 말하는 것이 아니니라 어떠한 형편에든지 나는 자족하기를 배웠노니 나는 비천에 처할 줄도 알고 풍부에 처할 줄도 알아 모든 일 곧 배부름과 배고픔과 풍부와 궁핍에도 처할 줄 아는 일체의 비결을 배웠노라 내게 능력 주시는 자 안에서 내가 모든 것을 할 수 있느니라"(빌 4:11-13)라는 고백은 자족을 잘 설명해준다.

> "그러나 자족하는 마음이 있으면 경건은 큰 이익이 되느니라 우리가 세상에 아무 것도 가지고 온 것이 없으매 또한 아무 것도 가지고 가지 못하리니 우리가 먹을 것과 입을 것이 있은즉 족한 줄로 알 것이니라 부하려 하는 자들은 시험과 올무와 여러 가지 어리석고 해로운 욕심에 떨어지나니 곧 사람으로 파멸과 멸망에 빠지게 하는 것이라 돈을 사랑함이 일만 악의 뿌리가 되나니 이것을 탐내는 자

들은 미혹을 받아 믿음에서 떠나 많은 근심으로써 자기를 찔렀도다"(딤전 6:6-10)

4. 형통

하나님은 하나님과 예수님을 믿음으로 다시 태어난 하나님의 자녀에게 형통의 복을 약속하셨다(창 12:1-4, 26:3-4, 39:2-3; 신 6:1-9, 28:1-6, 29:9; 수 1:7; 대상 22:3; 시 1:1-6). 형통의 사전적 의미는 '모든 일이 뜻과 같이 잘되어 감'이다. 성경적 의미의 형통은 모든 일이 내 뜻대로 잘되는 것이 아니라 하나님의 계획안에서 하나님의 뜻대로 잘되는 것이다. 탐심에 끌려다니는 삶 자체가 이미 심판받은 삶일 수도 있다는 점에서, 내가 돈을 잘 벌고 높은 사회적 지위에 있다고 해서 좋아하기만 할 일은 아니다(시 37:1-40).

하나님이 계획하신 고난은 외적으로는 고난처럼 보이지만 형통의 과정이자 일부이다. 이를 잘 설명해주는 것이 요셉의 형통이다(창 39:1-41:57). 성경은 요셉이 누명을 쓰고 감옥에 갇혀 있는 상황조차도 형통이라는 단어를 쓰고 있다. 요셉의 "당신이 나를 이곳에 팔았다고 해서 근심하지 마소서 한탄하지 마소서 하나님이 생명을 구원하시려고 나를 당신들보다 먼저 보내셨나이다"(창 45:5), "당신들은 나를 해하려 하였으나 하나님은 그것을 선으로 바꾸사 오늘과 같이 많은 백성의 생명을 구원하게 하시려 하셨나니"(창 50:20)라는 고백은 성경이 말하는 형통을 잘 설명해준다.

전능하신 하나님 아버지에 대한 믿음과 믿음에 기초한 소망은 고난의 상황에서도 하나님의 뜻을 잘 분별하여 소명을 자각하고 하나님이 주시는 새 힘을 얻어 푯대를 향해 나아가게 한다(사 40:27-31; 빌 3:12-14).

"야곱아 어찌하여 네가 말하며 이스라엘아 네가 이르기를 내 길은 여호와께 숨겨졌으며 내 송사는 내 하나님에게서 벗어난다 하느냐 너는 알지 못하였느냐 듣지 못하였느냐 영원하신 하나님 여호와, 땅 끝까지 창조하신 이는 피곤하지 않으시며 곤비하지 않으시며 명철이 한이 없으시며 피곤한 자에게는 능력을 주시며 무능한 자에게는 힘을 더하시나니 소년이라도 피곤하며 곤비하며 장정이라도 넘어지며 쓰러지되 오직 여호와를 앙망하는 자는 새 힘을 얻으리니 독수리가 날개치며 올라감 같을 것이요 달음박질하여도 곤비하지 아니하겠고 걸어가도 피곤하지 아니하리로다"(사 40:27-31)

"내가 이미 얻었다 함도 아니요 온전히 이루었다 함도 아니라 오직 내가 그리스도 예수께 잡힌 바 된 그것을 잡으려고 달려가노라 형제들아 나는 아직 내가 잡은 줄로 여기지 아니하고 오직 한 일 즉 뒤에 있는 것은 잊어버리고 앞에 있는 것을 잡으려고 푯대를 향하여 그리스도 예수 안에서 하나님이 위에서 부르신 부름의 상을 위하여 달려가노라"(빌 3:12-14)

3절 _ 바울의 변화에서 얻는 행복한 삶에 대한 힌트

하나님과 예수님에 대한 믿음과 믿음에 기초한 소망이 가져오는 획기적인 변화를 잘 설명해주는 대표적인 인물이 바울이다. 우리는 바울의 변화에서 진정한 행복이 무엇인지에 대한 힌트를 얻을 수 있다.

이스라엘의 엘리트이고 바리새인 중의 바리새인으로서 기독교인들을 죽이는 데까지 앞장섰던 바울이(행 22:3-4)

> "나는 유대인으로 길리기아 다소에서 났고 이 성에서 자라 가말리엘의 문하에서 우리 조상들의 율법의 엄한 교훈을 받았고 오늘 너희 모든 사람처럼 하나님께 대하여 열심이 있는 자라 내가 이 도를 박해하여 사람을 죽이기까지 하고 남녀를 결박하여 옥에 넘겼노니"(행 22:3-4)

대제사장들로부터 권한을 위임받아 기독교인들을 잡으러 다메섹으로 가던 중, 부활하신 예수님을 만나고 부활에 대한 믿음과 소망을 가진 이후에(행 26:13-18)

> "왕이여 정오가 되어 길에서 보니 하늘로부터 해보다 더 밝은 빛이 나와 내 동행들을 둘러 비추는지라 우리가 다 땅에 엎드러지매 내가 소리를 들으니 히브리말로 이르되 사울아 사울아 네가 어찌하여

나를 박해하느냐 가시채를 뒷발질하기가 네게 고생이니라 내가 대답하되 주님 누구시니이까 주께서 이르시되 나는 네가 박해하는 예수라 일어나 너의 발로 서라 내가 네게 나타난 것은 곧 네가 나를 본 일과 장차 내가 네게 나타날 일에 너로 종과 증인을 삼으려 함이니 이스라엘과 이방인들에게서 내가 너를 구원하여 그들에게 보내어 그 눈을 뜨게 하여 어둠에서 빛으로, 사탄의 권세에서 하나님께로 돌아오게 하고 죄 사함과 나를 믿어 거룩하게 된 무리 가운데서 기업을 얻게 하리라 하더이다"(행 26:13-18)

전혀 다른 새 사람이 되어 세상적인 것을 모두 내려놓고 아래와 같은 고백을 한다.

"그리스도께서 죽은 자 가운데서 다시 살아나셨다 전파되었거늘 너희 중에서 어떤 사람들은 어찌하여 죽은 자 가운데서 부활이 없다 하느냐 만일 죽은 자의 부활이 없으면 그리스도도 다시 살아나지 못하셨으리라 그리스도께서 만일 다시 살아나지 못하셨으면 우리가 전파하는 것도 헛것이요 또 너희 믿음도 헛것이며 또 우리가 하나님의 거짓 증인으로 발견되리니 우리가 하나님이 그리스도를 다시 살리셨다고 증언하였음이라 만일 죽은 자가 다시 살아나는 일이 없으면 하나님이 그리스도를 다시 살리지 아니하셨으리라 만일 죽은 자가 다시 살아나는 일이 없으면 그리스도도 다시 살아나신 일이 없었을 터이요 그리스도께서 다시 살아나신 일이 없으면 너희의 믿음도 헛되고 너희가 여전히 죄 가운데 있을 것이요 또한 그리스도 안에서 잠자는 자도 망하였으리니 만일 그리스도 안에서 우리의 바라는 것이 다만 이 세상의 삶뿐이면 모든 사람 가운데 우리가 더욱 불쌍한 자이리라 그러나 이제 그리스도께서 죽은 자 가운데서 다시 살아나사 잠자는 자들의 첫 열매가 되셨도다 사망이 한 사람으로 말미암았으니 죽은 자의 부활도 한 사람으로 말미암는도다 아담 안에서 모든 사람이 죽은 것 같이 그리스도 안에서 모든 사람이 삶을 얻으리라"(고전 15:12-22)

"그러나 무엇이든지 내게 유익하던 것을 내가 그리스도를 위하여 다 해로 여길뿐더러 또한 모든 것을 해로 여김은 내 주 그리스도 예수를 아는 지식이 가장 고상하기 때문이라 내가 그를 위하여 모든 것을 잃어버리고 배설물로 여김은 그리스도를 얻고 그 안에서 발견되려 함이니 내가 가진 의는 율법에서 난 것이 아니요 오직 그리스도를 믿음으로 말미암은 것이니 곧 믿음으로 하나님께로부터 난 의라 내가 그리스도와 그 부활의 권능과 그 고난에 참여함을 알고자 하여 그의 죽으심을 본받아 어떻게 해서든지 죽은 자 가운데서 부활에 이르려 하노니"(빌 3:7-11)

"주 안에서 항상 기뻐하라 내가 다시 말하노니 기뻐하라 너희 관용을 모든 사람에게 알게 하라 주께서 가까우시니라 아무 것도 염려하지 말고 다만 모든 일에 기도와 간구로, 너희 구할 것을 감사함으로 하나님께 아뢰라 그리하면 모든 지각에 뛰어난 하나님의 평강이 그리스도 예수 안에서 너희 마음과 생각을 지키시리라"(빌 4:4-7)

"내가 궁핍하므로 말하는 것이 아니니라 어떠한 형편에든지 나는 자족하기를 배웠노니 나는 비천에 처할 줄도 알고 풍부에 처할 줄도 알아 모든 일 곧 배부름과 배고픔과 풍부와 궁핍에도 처할 줄 아는 일체의 비결을 배웠노라 내게 능력 주시는 자 안에서 내가 모든 것을 할 수 있느니라"(빌 4:11-13)

"누가 철학과 헛된 속임수로 너희를 사로잡을까 주의하라 이것은 사람의 전통과 세상의 초등학문을 따름이요 그리스도를 따름이 아니니라 그 안에는 신성의 모든 충만이 육체로 거하시고 너희도 그 안에서 충만하여졌으니 그는 모든 통치자와 권세의 머리시라"(골 2:8-10)

"나를 능하게 하신 그리스도 예수 우리 주께 내가 감사함은 나를 충성되이 여겨 내게 직분을 맡기심이니 내가 전에는 비방자요 박해자요 폭행자였으나 도리어 긍휼을 입은 것은 내가 믿지 아니할 때에 알지 못하고 행하였음이라 우리 주의 은혜가 그리스도 예수 안에 있는 믿음과 사랑과 함께 넘치도록 풍성하였도다 미쁘다 모든 사람이 받을 만한 이 말이여 그리스도 예수께서 죄인을 구원하시려고 세상에 임하셨다 하였도다 죄인 중에 내가 괴수니라 그러나 내가 긍휼을 입은 까닭은 예수 그리스도께서 내게 먼저 일체 오래 참으심을 보이사 후에 주를 믿어 영생 얻는 자들에게 본이 되게 하려 하심이라 영원하신 왕 곧 썩지 아니하고 보이지 아니하고 홀로 하나이신 하나님께 존귀와 영광이 영원무궁하도록 있을지어다 아멘"(딤전 1:12-17)

위와 같이 새 사람이 된 바울은 결국 아래와 같은 유언을 남기고, 로마 황제 네로에 의해 목이 잘리는 순교를 당한다.

"하나님 앞과 살아 있는 자와 죽은 자를 심판하실 그리스도 예수 앞에서 그가 나타나실 것과 그의 나라를 두고 엄히 명하노니 너는 말씀을 전파하라 때를 얻든지 못 얻든지 항상 힘쓰라 범사에 오래 참음과 가르침으로 경책하며 경계하며 권하라 때가 이르리니 사람이 바른 교훈을 받지 아니하며 귀가 가려워서 자기의 사욕을 따를 스승을 많이 두고 또 그 귀를 진리에서 돌이켜 허탄한 이야기를 따르리라 그러나 너는 모든 일에 신중하여 고난을 받으며 전도자의 일을 하며 네 직무를 다하라 전제와 같이 내가 벌써 부어지고 나의 떠날 시각이 가까웠도다 나는 선한 싸움을 싸우고 나의 달려갈 길을 마치고 믿음을 지켰으니 이제 후로는 나를 위하여 의의 면류관이 예비되었으므로 주 곧 의로우신 재판장이 그 날에 내게 주실 것이며 내게만 아니라 주의 나타나심을 사모하는 모든 자에게도니라"(딤후 4:1-8)

4장
맺는말

　인간은 누구나 행복한 삶을 원하고 평생 행복을 추구하다가 죽는다. 진정한 행복은 생활(인생)을 누가 주관하는지, 진정한 마음의 자유와 평안, 만족과 기쁨이 무엇이고 이는 어디에서 오는지, 형통과 고난의 의미, 육체적 죽음에 대한 해답을 얻었을 때 누릴 수 있다.

　진정한 행복에 대한 해답은 하나님과 예수님을 믿음으로 영적으로 다시 태어나 하나님과 예수님 안에서 하나님의 자녀로 살아가는 것이다. 다시 태어남은 믿음과 소망의 대상을 세상, 사람, 현세에서 하나님과 예수님, 하나님의 주권과 역사(役事)하심, 죽음 저 너머로 변하게 하고, 이는 탐심과 교만을 감사와 자족과 기쁨, 겸손과 사랑으로 변하게 한다. 위와 같은 변화로 인해 세상이 주는 마음의 자유와 평안과는 차원이 다른 전능하신 하나님 아버지가 은혜로 주시는 마음의 자유와 평안을 누릴 수 있게 된다.

다시 태어남의 방법이자 징표는 하나님과 예수님을 믿고 경외하는 것이다. 믿음은 들음에서 나며 들음은 말씀으로 말미암는다(롬 10:17). 하나님을 경외하는 것이 지식과 지혜의 근본이고 사람의 본분이다(시 111:10; 잠 1:7, 9:10; 전 12:13). 하나님을 경외함에는 하나님을 아는 지식과 지혜가 필요하다. 하나님을 아는 지식과 지혜가 가장 고상한 지식이고 지혜이다(빌 3:7-8). 하나님을 아는 지식과 지혜는 신학적인 전문지식까지 요하는 것은 아니지만, 적어도 하나님의 천지창조, 성령으로 잉태하신 예수님의 동정녀 출생과 부활, 기독교의 기본 진리(내용)에 대한 지식과 지혜는 필요하다.

제2편

노아의 홍수, 예수님의 출생과 부활, 하나님의 천지창조는 역사적 사실

1장
들어가는 말

　기독교는 하나님, 하나님의 천지창조, 성령으로 잉태하신 예수님의 동정녀 출생과 부활, 예수님의 권능(기적, 표적) 행하심, 구원과 영생, 천국을 믿는 종교이고 믿음으로 다시 태어나는 종교이다. 하나님, 하나님의 천지창조, 성령으로 잉태하신 예수님의 동정녀 출생과 부활, 예수님의 권능(기적, 표적) 행하심, 구원과 영생, 천국에 대한 믿음은 기독교의 핵심으로 이에 대한 믿음이 없다면 교회에 출석하고 종교적 열심이 있어도 무늬만 기독교인이다.

　하나님, 하나님의 천지창조, 성령으로 잉태하신 예수님의 동정녀 출생과 부활, 예수님의 권능(기적, 표적) 행하심, 천국은 3차원의 세계에 살고 있는 인간의 지식과 사고 수준을 넘어서는 문제로 믿기 어려운 것이 사실이다. 기독교는 믿기 어려운 사실을 믿을 것을 요구하고 믿지 않으면 구원받지 못한다고 하는 종교로, 인간을 참 난감하게 하는 종교이다.

다행히도 하나님, 하나님의 천지창조, 성령으로 잉태하신 예수님의 동정녀 출생과 부활, 예수님의 권능(기적, 표적) 행하심, 천국을 믿음에 있어 도움이 되는 역사적 사건이 있다. 바로 그 역사적 사건이 노아의 홍수이다. 노아의 홍수도 전 지구적인 대홍수로 하나님, 하나님의 천지창조, 성령으로 잉태하신 예수님의 동정녀 출생과 부활, 예수님의 권능(기적, 표적) 행하심, 천국 못지않게 믿기 어려운 사건이지만 노아의 홍수에 대한 과학적인 설명이 어느 정도 가능하다. 나아가 예수님의 권능(기적, 표적) 행하심과 부활은 약 2,000년 전의 일로서 다수의 목격자가 있고 관련 성경 기록이 많이 있다.

노아의 홍수가 믿어진다면 창세기 1장을 믿는데 많은 도움이 된다. 예수님의 권능(기적, 표적) 행하심과 부활이 믿어진다면 예수님의 성령으로 잉태하심과 동정녀 출생, 하나님의 천지창조도 같은 차원의 문제로서 얼마든지 믿을 만하다.

수학이나 물리학에서도 인간이 살아가고 있는 3차원의 세계를 넘어서는 차원의 세계가 있다는 점을 일반적으로 인정한다. 하나님이 존재하신다면 3차원의 세계를 넘어서는 차원의 존재임은 확실하다. 그렇다면 하나님, 하나님의 천지창조, 성령으로 잉태하신 예수님의 동정녀 출생과 부활, 예수님의 권능(기적, 표적) 행하심, 천국 등은 3차원의 세계에 속해있고 3차원에 한정된 경험과 지식을 기초로 사고하는 인간에게만 믿기 어려울 뿐이지 하나님에게는 얼마든지 가능한 일이다.

    이하에서는 이해와 설명의 편의를 위해 노아의 홍수, 예수님의 권능(기적, 표적) 행하심과 부활, 예수님의 성령으로 잉태하심과 동정녀 출생, 하나님의 천지창조 순서로 살펴보기로 한다.

2장
노아의 홍수는 역사적 사실이다

1절 – 노아의 홍수는 무엇이고, 왜 발생하였나?

노아의 홍수는 구약성경 창세기에 기록된 BC 2,500년경에 발생한 전 지구적인 대홍수로 하나님이 인간의 죄악이 세상에 가득함과 그의 마음으로 생각하는 모든 계획이 항상 악할 뿐임을 보시고, 인간과 지상의 모든 생물을 멸망시키기 위해 40일 밤낮 동안 비를 내려 지구 전체를 물로 가득 채운 홍수이다. 노아의 홍수로 인간과 지상의 모든 생물이 죽었으나, 하나님의 말씀에 순종하여 방주에 들어간 노아와 그의 가족과 지상의 생물만이 살아남았다(창 6:1-8:22).

하나님은 "그가 또한 영으로 가서 옥에 있는 영들에게 선포하시니라 그들은 전에 노아의 날 방주를 준비할 동안 하나님이 오래 참고 기다리실 때에 복종하지 아니하던 자들이라 구원을 얻은 자가 몇 명뿐이니 겨우 여덟 명이라"(벧전 3:19-20)라는 말씀에서 알 수 있듯이, 노아가 방주를 제작한 기간인 약 120년 동안 다양한 방식으로 심판을 경고하시고 회개를 명령하셨다. 그러나 당시의 사람들은 지금의 우리와 같이 "조상들이 잔 후로부터 만물이 처음 창조될 때와 같이 그냥 있다"(벧후 3:4)라는 교만으로 하나님의 경고를 무시하였고, 결국 하나님의 홍수심판이 이루어졌다.

2절 – 노아의 홍수가 가지는 의미

인간의 지식과 사고 수준으로는 인간이 하나님의 천지창조를 믿는 것은 매우 어려운 문제이다. 다행히도 하나님은 경험하거나 이해되는 것만을 믿는 인간을 위해 하나님의 천지창조를 믿는데 도움이 되는 힌트를 주셨다. 하나님이 주신 힌트 중의 하나가 바로 노아의 홍수이다. 물론 노아의 홍수도 인간의 상상을 뛰어넘는 전 지구적인 대규모의 홍수로 믿기 어려운 것이 사실이다. 그러나 노아의 홍수와 매우 유사한 기록이 모든 대륙에 걸쳐 많이 존재하고, 관련 성경 기록이 놀라울 정도로 과학적이고, 노아의 홍수를 인정할 수 있는 자연과학적 근거도 풍부하다는 점에서 충분히 믿을 만한 사건이다.

노아의 홍수에 대한 성경 기록 중 홍수에 동원된 물과 관련된 부분(창 7:10-12, 19-20)이 이해되고 믿어진다면, 창세기 1장 중 물과 관련된 부분(창 1:2, 6-7, 9-10)에 대한 설명이 가능하고 얼마든지 믿을 수 있다. 나아가 창세기 1장 중 지구상의 물과 관련된 부분이 설명되면 창세기 1장 전체를 믿는데 많은 도움이 된다.

노아의 홍수는 당시의 사람들에게는 비극이었지만 노아의 홍수 이후의 사람들에게는 믿음으로 나아감에 있어 많은 도움이 되는 중요한 사건이다.

"무화과나무의 비유를 배우라 그 가지가 연하여지고 잎사귀를 내면 여름이 가까운 줄을 아나니 이와 같이 너희도 이 모든 일을 보거든 인자가 가까이 곧 문 앞에 이른 줄 알라 내가 진실로 너희에게 말하노니 이 세대가 지나가기 전에 이 일이 다 일어나리라 천지는 없어질지언정 내 말은 없어지지 아니하리라 그러나 그 날과 그 때는 아무도 모르나니 하늘의 천사들도, 아들도 모르고 오직 아버지만 아시느니라 노아의 때와 같이 인자의 임함도 그러하리라 홍수 전에 노아가 방주에 들어가던 날까지 사람들이 먹고 마시고 장가 들고 시집가고 있으면서 홍수가 나서 그들을 다 멸하기까지 깨닫지 못하였으니 인자의 임함도 이와 같으리라 그 때에 두 사람이 밭에 있으매 한 사람은 데려가고 한 사람은 버려둠을 당할 것이요 두 여자가 맷돌질을 하고 있으매 한 사람은 데려가고 한 사람은 버려둠을 당할 것이니라 그러므로 깨어 있으라 어느 날에 너희 주가 임할는지 너희가 알지 못함이니라"(마 24:32-42)라는 말씀에서 알 수 있듯이, 예수님은 노아의 홍수를 직접 언급하셨고 예수님의 재림도 노아의 때와 같이 갑자기 임할 것임을 말씀하셨다.

3절 – 노아의 홍수는 실제로 발생한 전 지구적인 대홍수이다

1. 노아의 홍수와 관련된 성경 기록 등

1) 성경은 하나님이 역사(役事)하신 역사(歷史)를 기록한 성서(聖書)이자 인류역사상 가장 중요한 역사서(歷史書)이다(신 18:21-22; 딤후 3:16; 벧후 1:21). 단지 노아의 홍수가 인간의 지식과 사고 수준으로 선뜻 이해하기 어렵다는 이유만으로 성경의 역사서로서의 가치를 부인할 수 없다. 아래에서 살펴보는 바와 같이 노아의 홍수와 관련한 성경 기록은 충분히 과학적이고 믿을 만하다.

창세기가 약 3,500년 전에 기록되었다는 점과 기록 당시의 과학 수준을 고려할 때, 방주의 규모나 현대 선박공학에 비추어 보아도 완벽한 선체 비율, 노아의 홍수 당시 물의 근원 중의 하나인 '큰 깊음의 샘'은 창세기 저자 개인의 과학 지식에 기초하여 기록되기 불가능한 내용이다. 위와 같은 성경 기록이 가능한 것은 성경 창세기가 하나님의 계시를 따라 하나님이 주신 지혜로 기록된 책이기 때문이다. 그리고 노아의 홍수가 만들어 낸 이야기라면 방주의 모양을 그럴듯하게 묘사하지 직사각형 박스(Box) 모양의 잠수함구조로 볼품없게 묘사하지 않았을 것이다.

노아의 홍수와 관련된 방주의 모양과 선체 비율, 큰 깊음의 샘에 대해서는 아래 4항에서 살펴보기로 한다.

"네가 마음속으로 이르기를 그 말이 여호와께서 이르신 말씀인지

"우리가 어떻게 알리요 하리라 만일 선지자가 있어 여호와의 이름으로 말한 일에 증험도 없고 성취함도 없으면 이는 여호와께서 말씀하신 것이 아니요 그 선지자가 제 마음대로 한 말이니 너는 그를 두려워하지 말지니라"(신 18:21-22)

"모든 성경은 하나님의 감동으로 된 것으로 교훈과 책망과 바르게 함과 의로 교육하기에 유익하니"(딤후 3:16)

"예언은 언제든지 사람의 뜻으로 낸 것이 아니요 오직 성령의 감동하심을 받은 사람들이 하나님께 받아 말한 것임이라"(벧후 1:21)

2) 노아의 홍수와 유사한 홍수 이야기는 약 4,000년 전에 기록된 길가메시의 서사시에 기록되어 있고, 모든 대륙에 걸쳐 많은 기록이 있다. 노아의 홍수와 유사한 기록이 모든 대륙에 걸쳐 많이 존재하는 점을 근거로 성경도 많은 기록 중 하나에 불과하다고 보아 노아의 홍수를 단순한 전설로 보는 사람들이 있다. 그러나 노아의 홍수와 유사한 기록이 모든 대륙에 걸쳐 많이 존재하는 것은 노아의 후손들이 바벨탑 사건 이후 모든 대륙에 흩어져 살면서 노아의 홍수에 대해 보고 들은 것을 기록으로 남겼기 때문이다(창 11:8-9).

"여호와께서 거기서 그들을 온 지면에 흩으셨으므로 그들이 그 도시를 건설하기를 그쳤더라 그러므로 그 이름을 바벨이라 하니 이는 여호와께서 거기서 온 땅의 언어를 혼잡하게 하셨음이니라 여호와께서 거기서 그들을 온 지면에 흩으셨더라"(창 11:8-9)

3) 한자는 하나하나의 글자가 일정한 뜻을 나타내는 대표적인 표의문자로 기원이 약 4,000년 전이다. 한자 船(선)을 분석해 보면 노아의 홍수가 단순히 허구가 아님을 알 수 있다. 한자 船(선)은 舟(배), 八(8), 口(사람)가 합쳐져서 만들어진 단어로 八(8명)의 口(사람)이 탄 舟(배), 즉 노아의 가족 8명이 탄 방주를 의미하는 것으로 해석할 수 있다. 약 4,000년 전에 한자 船(선)을 조어(造語)할 당시, 당시의 사람들이 노아의 홍수에 대해 알고 있었고 이를 고려하여 한자 船(선)을 조어하였음을 알 수 있다.

2. 노아의 홍수와 같은 전 지구적인 대격변적 사건이 없었다면 현재의 세계 인구가 약 80억 명인 것을 설명할 수 없다.

이스라엘 민족은 야곱의 가족 70여명이 애굽(이집트)에 이주한 때로부터 약 430년이 지난 후인 BC 1,430년경 출애굽 하였다. 이스라엘 민족이 출애굽 할 당시의 인구가 이십 세 이상으로 싸움에 나갈 만한 장정을 기준으로 약 60만 명이었다(창 47:27; 출 12:37, 40-41; 민 1:45-46). 위와 같은 역사적 사실로부터 노아의 홍수 이후의 인구증가율을 어느 정도 예상할 수 있다.

진화론자들은 노아의 홍수를 부정하고 어느 날 갑자기 지구상에 단세포 미생물이 생겨나서 우연히 진화를 거듭하여 현재 지구상의 생명체를 이루었고 인간에까지 이르렀다고 주장한다. 진화론자들이 인간의 직계 조상으로 주장하는 호모사피엔스를 기준으로 하여, 이때로부터 인구를 계산하여 보면 인구증가율을 아무리 낮게 잡아도 현재의 세계 인구 약 80억 명에 대한 설명이 불가능하다. 진화론자들의 주장대로라면 지구는 이미 좁아서 인간이 살 수 없는 곳이 되었을 것이다.

창조과학자 김명현 교수는 "50만 년전 2명의 인간이 존재하였고 2명의 인간이 4명으로 불어나는데 500년이 걸리는 것을 전제로 하여 계산한 현재 세계 인구는 10의 300제곱이다"라고 하고, "사람의 크기를 대략 시체를 넣는 관 내부 사이즈라고 했을 때, 지구만한 공을 사람으로 채워넣으려면 10의 21제곱의 사람이 필요하다"라고 한다. 반면에 노아의 홍수가 BC 2,500년경에 발생하였고 당시 생존자가 8명임을 전제로 인구를 계산하면 현재의 세계 인구 약 80억 명에 대한 설명이 가능하다. 한국창조과학회(2005년)는 "노아의 가족 8명, 연 인구증가율 0.5%, 한 사람당 평균 수명 40년, 한 가정에 2.5명의 자녀 출산을 전제로 노아의 홍수 이후의 인구를 계산한 결과는 약 50억-60억 명이다"라고 한다.

3. 노아의 홍수와 같은 전 지구적인 대격변적 사건이 있었다는 점은 빙하기의 도래에서 알 수 있다

노아의 홍수를 가능하게 했던 전 지구적인 화산폭발과 지진, 다량의 물로 인한 지구환경 변화로 인해 노아의 홍수 이후에 빙하기가 도래하였다. 노아의 홍수로 인한 지구환경 변화와 노아의 홍수 이후에 계속된 화산폭발과 지진 등의 지질학적 활동으로 인해 호수나 바다는 수온이 높아 증발이 활성화되었고, 땅과 대기는 화산재들이 태양 빛을 차단하여 상대적으로 서늘한 환경이 되어 빙하기를 만들어 낼 환경이 조성되었다. 이는 호수효과(차갑고 건조한 공기 덩어리가 따뜻한 호수 또는 바다를 지나면서 둘 사이의 온도 차에 의해 눈구름이 형성되어 눈이 내리는 현상)가 광범위하게 발생하였다고 보면 된다. 참고로 빙하기란 대륙 빙하(빙상)가 상대적으로 많이 확장되어 한랭한 기후를 나타내는 기간을 의미하는 것이지 전 지구가 동토의 땅이 되는 것을 의미하는 것은 아니다.

노아의 홍수 이후에 빙하기라는 기후변화가 있었다는 성경적인 근거는 에덴 동산과 욥기의 주인공인 욥이 살았던 우스 지역은 현재의 중동지역으로 볼 수 있는데, 노아의 홍수 이전 에덴 동산은 옷을 입지 않고 지낼 정도로 온난한 기후이었으나 노아의 홍수 이후의 기록인 욥기에는 빙하시대를 추정할 수 있는 성경 기록이 상당 부분 존재한다는 점에서 찾을 수 있고(창 3:7, 36:4, 20; 욥 2:11, 6:16, 9:30, 12:23, 24:19, 37:6, 9-10, 38:22, 29-30 등), 지질학적 근거는 남극과 북극에서 온난한 지역에서만 자라는 아열대 활엽수잎 화석과 대형 초식동물인 맘모스 화석 등이 발견된다는 점에서 찾을 수 있다.

빙하기라는 기후변화와 관련되는 대표적인 사건이 바로 성경에 기록된 바벨탑 사건(창 11:1-10)이다. 바벨탑 사건은 하나님이 노아의 홍수 이후에 다시 교만해진 인간이 "생육하고 번성하며 땅에 충만하라"(창 9:1, 7)라는 하나님의 명령을 따르지 않고, "우리의 이름을 내고 온 지면에 흩어짐을 면하자"(창 11:4)라는 불순종의 행동을 하여 빙하기라는 자연환경의 변화를 통해 강제로 인간을 흩으신 사건이다. 노아의 홍수 이후에 발생한 빙하기에 노아의 후손들이 상대적으로 살기 좋은 곳을 찾아 흩어지면서 현재와 같이 대륙별 인구분포가 이루어졌다(욥 12:23-25).

"민족들을 커지게도 하시고 다시 멸하기도 하시며 민족들을 널리 퍼지게도 하시고 다시 끌려가게도 하시며 만민의 우두머리들의 총명을 빼앗으시고 그들을 길 없는 거친 들에서 방황하게 하시며 빛 없이 캄캄한 데를 더듬게 하시며 취한 사람 같이 비틀거리게 하시느니라"(욥 12:23-25)

화산폭발이 기후변화에 미치는 영향을 이해하는데 도움이 되는 대표적인 사례가 1815년에 발생한 인도네시아 탐보라(Tambora) 화산폭발이다. 화산폭발의 경우 이산화황을 분출하게 되고 분출된 이산화황은 태양광을 흡수하게 되어 대류권 온도가 내려가게 된다. 탐보라 화산의 분출 기둥은 약 43㎞나 되었으며 내뿜은 이산화황의 양은 최대 100메가톤이나 되었다.

위와 같은 대규모 화산폭발로 인해 당시 세계 평균기온이 섭씨 0.4도-0.7도나 내려갔고, 전 세계적인 이상 저온현상으로 인해 막대한 인명 및 식량 피해가 발생했다. 조선왕조실록에도 순조 16년(1816년)에 이상 저온현상으로 인한 흉작과 기근으로 막대한 인명 및 식량 피해가 발생했다는 기록이 있다. 위 화산폭발로 인해 그다음 해에 미국과 유럽에는 여름이 찾아오지 않았고, 특히 미국 동부 해안의 평균 기온은 약 4도 낮아졌으며 6월에도 눈이 내리고 호수가 얼어붙었으며 8월에는 서리가 내려 그해 농사지은 옥수수를 수확하지 못했다. 위와 같은 이상 저온현상은 약 17년 동안 계속되어 많은 유럽 사람이 상대적으로 피해가 적은 미국으로 이주했고, 미국 동부지역 사람들도 서부로 이주하여 서부 개척이 가속화되었다.

4. 방주의 선체 비율은 현재의 선박 기술에 비추어 보아도 과학적이고, 방주에 들어간 생물을 충분히 실을 수 있는 규모이다

1) 방주(方舟, 네모난 모양의 배)는 내부가 3층으로 구분되어 있고 윗부분이 덮여있는 직사각형 박스(Box) 모양이다. 방주는 항해가 아닌 홍수에 대비하여 만들어졌기 때문에 윗부분이 덮여있는 잠수함구조로 되어 있다(창 6:14-16). 만일 노아의 홍수가 만들어 낸 이야기라면 적어도 방주를 위와 같이 직사각형 박스(Box) 모양의 잠수함구조로 볼품없게 묘사하지 않았을 것이다.

노아는 하나님이 지시하신 크기와 구조로 방주를 만들었는데 방주는 길이가 삼백 규빗(=약 135m, 1규빗=약 45cm), 너비가 오십 규빗(=약 22.5m), 높이가 삼십 규빗(=약 13.5m)으로 약 20,000톤급의 대형 선박이다. 한국창조과학회(2005년)는 "현재 지구상에 존재하는 동물을 약 17,600종(포유류 3,500종, 조류 8,600종, 파충류와 양서류 5,500종), 동물들의 평균 크기를 양(羊)으로 보고 이를 전제하여 계산하면 노아의 방주는 약 12만 마리의 동물을 실을 수 있는 정도의 크기이다"라고 한다.

2) 하나님이 지시하신 크기와 구조로 제작된 방주의 선체 비율

(길이가 너비의 6배, 길이가 높이의 10배)은 현재의 선박 기술에 비추어 보아도 놀라운 정도로 과학적이다. 1890년경 건조된 미국 전함 U.S.S 오레곤호는 방주와 같은 설계(선체) 비율을 적용하여 건조되었는데, 오레곤호는 지금까지 건조된 선박 중 가장 견고한 선박으로 평가받고 있다.

한국창조과학회 의뢰로 1992년 6월경 대덕연구단지 선박 해양연구소에서 시행한 노아의 방주 모형 안전성 테스트 결과에 의하면, "방주는 파도의 높이가 43m 이내에서는 파랑 안정성에 문제가 없다"라고 한다. 미국 선급협회(ABS)의 '선급 선체의 건조와 기계설비 규정'에 의하면, "방주와 같은 규모와 구조의 선박에 물이 넘쳐 들어오려면 파도의 높이가 40m 이상이어야 한다"라고 한다.

특히 노아의 방주와 같은 목선은 선체강도 등의 문제로 인해 길이 60m, 1,000톤 이상의 규모는 건조하기 어렵다. 선박 역사상 가장 큰 목선은 1,859년 건조된 아드리아틱호(길이 108m, 무게 3,670톤) 이다. 약 4,500년 전에 선박 건조 기술상 건조가 어렵고 완벽한 선체 비율을 가진 대형 목선인 방주를 하나님의 계시와 하나님이 주신 지혜가 아닌 단순히 노아의 개인적인 지식과 기술로 만들었다는 것은 상상하기 어렵다. 무엇보다도 거대한 방주를 120년에 걸쳐 만들었음에도 단 한 번에 성공적으로 건조하였다는 것은 더욱 놀라운 일이다. 노아의 방주는 하나님이 노아가 방주를 만들 수 있도록 노아에게 지혜와 총명과 지식을 주셨기 때문에 가능하였다고 보아야 한다(출 35:30-31).

"여호와께서 유다 지파 훌의 손자요 우리의 아들인 브살렐을 지명하여 부르시고 하나님의 영을 그에게 충만하게 하여 지혜와 총명과 지식으로 여러 가지 일을 하게 하시되"(출 35:30-31)

5. 노아의 홍수가 있었다는 자연과학적 근거

1) 오호스델살라도호(해발 6,890m, 칠레), 창체호(해발 6,216m, 중국 티베트), 남초호(해발 4,718m, 중국), 반호(해발 1,640m, 터키) 등과 같이 각 대륙의 고지대에 존재하는 염호(鹽湖, salt lake), 안데스산맥 해발 3,653m에 존재하는 볼리비아 우유니 소금 사막, 세계에서 가장 높은 에베레스트산에서 무수히 발견되는 물고기와 대합조개 등의 화석은 노아의 홍수와 같은 전 지구적인 엄청난 규모의 물의 증가와 지각변동이 아니고는 설명하기 어렵다. 노아의 홍수와 관련한 엄청난 규모의 물의 증가와 지각변동에 대해서는 아래 6항에서 살펴보기로 한다.

사실 찰스 다윈(Charles Darwin)도 비글호 항해 기간(1,831년-1,836년) 동안 탐험을 위해 안데스산맥을 넘을 때 해발 3,300m의 산 중턱에서 대합조개 화석이 나온 것을 확인하였다. 그러나 다윈은 고지대에서 발견한 대합조개 화석을 그 당시의 지질학자였던 라이엘(Charles Lyell)이 지질학 원리(Principles of Geology)에서 주장한 "지구의 역사는 매우 오래되었으며, 대륙과 산은 오랜 기간에 걸쳐 바다에서 융기하여 생겨났고, 또 오랜 기간에 걸쳐 바다로 함몰하거나 침식되어 없어지기도 하고, 위와 같이 지구를 변화시키는 현상이 현재에도 계속 일어나고 있다"라는 내용을 받아들여 의도적으로 노아의 홍수와 연관시키지 않았다.

2) 진화론은 현재와 같은 지구 생명체의 존재를 오랜 시간에 걸친 진화의 결과로 보는 이론으로, 하나님의 천지창조와 노아의 홍수를 부정한다. 진화론은 화석이나 퇴적층이 형성되기 위해서는 오랜 시간이 필요하다고 보고, 화석이나 퇴적층을 진화의 주된 근거로 든다. 그러나 일반적인 조건에서는 생물이 죽게 되면 화석화가 아니라 부패와 분해가 먼저 일어나기 때문에 아무리 오랜 세월이 흘러도 화석이 만들어지기 어렵다. 특히 먹이를 삼키지도 못하고 먹이를 문 상태로 죽어버린 물고기 화석, 팔팔하게 헤엄치는 상태의 물고기 화석, 급속한 퇴적으로 공기가 차단되지 않고는 장시간 흙 속에서 제 모양을 유지할 수 없는 곤충이나 해파리나 식물의 화석 등은 더욱 만들어지기 어렵다.

화석이나 퇴적층은 오랜 시간에 걸쳐 형성된 것이 아니라, 노아의 홍수같이 급격한 지각변동을 수반한 전 지구적인 홍수 때 흙더미의 급속한 퇴적으로 형성된 것이다. 화석은 노아의 홍수를 가능하게 한 급격한 지각변동에 의해 단시간 내에 형성된 것이기 때문에 진화론자들이 주장하는 진화의 순서인 지질연대표대로 층이 형성되지 않았고, 나아가 모든 생물이 고르게 화석으로 존재하는 것이 아니라 생물 화석의 99% 이상이 해양생물의 화석이다.

해양생물의 화석이 대부분을 차지하는 것은 노아의 홍수 당시의 급격한 지각변동으로 인한 저탁류 현상(수중 퇴적물의 중력류의 일종이며, 모래·흙을 많이 함유한 고밀도의 흐름으로, 해저 사면에 퇴적한 물질이 지진 등을 계기로 사면을 따라 떨어질 때 보이는 현상)에 의해 화석이 형성되었기 때문이다. 진화론자들의 주장과 같이 화석이 오랜 기간에 걸쳐 서서히 형성된 것이라면 해양생물이 생물 화석의 99% 이상을 차지하는 일은 없었을 것이다.

6. 어떻게 전 지구적인 홍수가 가능한가?

1) 노아의 홍수 당시 전 지구적인 홍수가 가능할 만큼의 많은 양의 물이 하늘과 땅에 존재했다. 노아의 홍수 당시 지구를 덮은 물의 양을 가늠할 수 있는 성경 기록은 "물이 땅에 더욱 넘치매 천하의 높은 산이 다 잠겼더니 물이 불어서 십오 규빗이나 오르니 산들이 잠긴지라"(창 7:20-21)이다. 위 성경 기록에 의하면 당시 물이 가장 놓은 산봉우리 위로 15 규빗(=약 6.75m, 1규빗=약 45㎝)이나 더 불어날 정도의 많은 물이 동원되었다. 위와 같은 엄청난 양의 물이 어떻게 가능할 수 있었을까? 천지창조 당시 지구에는 궁창 위의 물과 궁창 아래의 물이 있었다(창 1:2, 6-7, 9-10, 7:11-12).

궁창 위의 물은 노아의 홍수 이전에는 현재의 하늘과는 달리 지구의 대기권에 두꺼운 수증기층이 있었던 것으로 이해하면 된다. 지구의 대기권에 있었던 두꺼운 수증기층으로 인해 지구로 들어온 햇빛은 산란(散亂)되어 지구 전체적으로 온난한 기후를 이루었고(창 3:7), 우주에서 날아오는 자외선 등 해로운 물질이 차단되어 건강에 아주 이로운 최적의 환경이 만들어졌다.

위와 같은 사실은 남극과 북극에서 온난한 지방에서만 자라는 아열대 활엽수잎 화석과 대형 초식동물인 맘모스 화석 등이 발견된 다는 점과 인간의 수명이 노아의 홍수 이전에는 900세 전후이지만 (창 5:1-32), 이후에는 200세 전후로(창 6:3, 11:10-26), 현재는 100세 전후로 단축되었다는 점에서 알 수 있다.

궁창 아래의 물은 지상의 물과 지구의 지각이나 맨틀(지구의 지각과 외핵 사이의 부분)에 존재하는 물이다. 맨틀은 지구 전체 부피의 약 80%를 차지하는데 이 맨틀에 많은 양의 물이 존재한다. 맨틀에 존재하는 물의 양에 대해서는 과학자들에 따라 차이는 있지만 지구 해양의 1.5배-4배 정도의 물이 있다고 본다.

> "땅이 혼돈하고 공허하며 흑암이 깊음 위에 있고 하나님의 영은 수면 위에 운행하시니라"(창 1:2)
>
> "하나님이 이르시되 물 가운데에 궁창이 있어 물과 물로 나뉘라 하시고 하나님이 궁창을 만드사 궁창 아래의 물과 궁창 위의 물로 나뉘게 하시니 그대로 되니라"(창 1:6-7)
>
> "하나님이 이르시되 천하의 물이 한 곳으로 모이고 뭍이 드러나라 하시니 그대로 되니라 하나님이 뭍을 땅이라 부르시고 모인 물을 바다라 부르시니 하나님이 보시기에 좋았더라"(창 1:9-10)
>
> "노아가 육백 세 되던 해 둘째 달 곧 그 달 열이렛날이라 그 날에 큰 깊음의 샘들이 터지며 하늘의 창문들이 열려 사십 주야를 비가 땅에 쏟아졌더라"(창 7:11-12)

2) 어떻게 하늘과 땅의 물이 전 지구를 덮을 수 있었나?

"그날에 큰 깊음의 샘들이 터지며 하늘의 창문들이 열려 사십 주야를 비가 땅에 쏟아졌더라"(창 7:11-12)라는 말씀에서 알 수 있듯이, 궁창 위의 물이 40일간 쏟아졌다. 궁창 위의 물이 40일간 쏟아진 사실은 지구의 대기권 환경 변화로 인한 지구의 기후변화와 인간의 수명 단축에서 근거를 찾을 수 있다(창 5:1-32, 6:3, 11:10-26).

노아의 홍수 전에는 궁창 위의 물로 인해 지구로 들어온 햇빛이 산란(散亂)되어 지구 전체적으로 온난한 기후를 이루었고 우주에서 날아오는 자외선 등 해로운 물질이 차단되어 건강에 아주 이로운 환경이었다. 그러나 노아의 홍수 때 두꺼운 수증기가 비로 내려 현재와 같은 기후변화와 인간의 생존환경 변화가 생겼다. 생존환경의 변화로 인해 인간의 수명이 노아의 홍수 이전에는 900세 전후이지만(창 5:1-32), 이후에는 200세 전후로(창 6:3, 11:10-26), 현재는 100세 전후로 단축되었다.

'큰 깊음의 샘들이 터진 것'은 지구 맨틀에서의 엄청난 폭발로 인한 강력한 조산운동과 지진과 화산분출을 통해 이루어진 것이다. 1950년대 발견된 대서양을 가르는 길이 74,000km의 해령(해저 산맥)은 이를 잘 설명해준다. 노아의 홍수 당시 지구의 지각과 상부 맨틀에서 각각 터져 나온 큰 깊음의 샘들의 압력은 최소한 수천 기압으로 추정되고, 엄청난 압력으로 인해 엄청난 지각변동이 수반된 것이다.

미국 국방성 핵물리학 연구소장 브라운(W. Brown) 박사는 "지질학적 증거에 의하면 과거의 어느 시기에 지하수층들의 충돌로 엄청난 폭발이 있었는데, 그 위력은 수소폭탄 수십억 개가 한꺼번에 터진 정도의 위력으로 그 위력에 의해 지구는 지각변동이 일어났으며, 대륙이 시속 60km 정도의 속도로 무섭게 이동했다. 뒤이어 엄청난 조산 활동과 격변적 퇴적작용이 일어났다"라고 한다.

4절 – 맺는말

노아의 홍수는 화산폭발과 지진 등 전 지구적인 격변으로 인해 하늘과 땅에 존재한 물이 모두 동원된 대홍수로 과학적인 설명이 가능한 홍수이다. 국지적이나마 화산폭발과 지진으로 인한 쓰나미의 위력을 알 수 있는 최근의 대표적인 예로 2011년 일본에서 발생한 지진과 쓰나미, 2018년 인도네시아에서 발생한 지진과 쓰나미, 2022년에 발생한 통가 해저 화산폭발 등을 들 수 있다. 만일 위와 같은 지진과 화산폭발과 쓰나미가 땅과 바다에서 전 지구적으로 동시에 발생하였다면 그 위력은 상상할 수 없을 정도일 것이다.

　진화론은 과학을 내세워 하나님의 천지창조를 부정하는 이론으로 과학의 영역을 넘어 무신론적 종교의 기초를 제공하기도 한다. 진화론자들은 노아의 홍수가 여러 가지 면에서 진화론에 대한 비판의 근거를 제공하기 때문에 노아의 홍수를 부정한다. 그러나 위에서 살펴본 바와 같이 노아의 홍수는 실제로 발생하였고, 과학적으로 설명이 가능한 홍수이다.

　노아의 홍수는 당시의 사람들에게는 엄청난 비극이었지만, 현재를 살아가는 우리에게는 BC 2,500년경 있었던 하나님의 심판을 교훈 삼아 앞으로 어떻게 살아갈 것인지 다시 한번 생각하게 하는 의미가 있는 사건이다.

　우리는 약 120년에 걸쳐 방주를 만드는 노아를 비웃었던 당시의 사람들처럼, "먼저 이것을 알지니 말세에 조롱하는 자들이 와서 자기의 정욕을 따라 행하며 조롱하여 이르되 주께서 강림하신다는 약속이 어디 있느냐 조상들이 잔 후로부터 만물이 처음 창조될 때와 같이 그냥 있다 하니 이는 하늘이 옛적부터 있는 것과 땅이 물에서 나와 물로 성립된 것도 하나님의 말씀으로 된 것을 그들이 일부러 잊으려 함이로다"(벧후 3:3-5)라는 교만으로 용감하게 살아가고 있는 것은 아닌지 되돌아볼 필요가 있다.

3장
예수님의 출생, 권능(기적, 표적) 행하심과 부활은 역사적 사실이다

1절 – 들어가는 말

예수님은 성령으로 잉태하사 동정녀 마리아에게 나시고 3년 반의 사역 기간에 죽은 자를 살리시는 등 많은 권능(기적, 표적)을 행하셨다. 그리고 십자가에 못 박혀 죽으시고 장사한 지 사흘 만에 죽은 자 가운데서 다시 살아나셨다. 예수님의 성령으로 잉태하심과 동정녀 출생, 예수님의 권능(기적, 표적) 행하심, 십자가 죽음과 부활은 천지창조 못지않게 중요한 사건인 동시에 인간의 지식과 사고 수준으로는 믿기 어려운 차원의 문제이다.

다행히도 예수님의 권능(기적, 표적) 행하심, 십자가 죽음과 부활은 약 2,000년 전에 있었던 역사적 사실로 설명이 가능하다. 예수님의 권능(기적, 표적) 행하심과 부활이 설명이 가능한 역사적 사실이라면, 같은 차원의 문제인 예수님의 성령으로 잉태하심과 동정녀 출생도 얼마든지 가능하고 믿을 만한 사실이 된다. 이하에서는 먼저 예수님의 권능(기적, 표적) 행하심과 부활이 과연 역사적 사실인지 살펴보고, 다음으로 예수님의 성령으로 잉태하심과 동정녀 출생에 대해 살펴보기로 한다.

2절 - 예수님의 권능(기적, 표적) 행하심과 부활은 역사적 사실이다

1. 예수님의 권능(기적, 표적) 행하심은 역사적 사실이다

1) 성경은 예수님의 권능(기적, 표적) 행하심에 대한 대표적인 객관적 증거이다.

예수님에 대한 가장 중요하고 대표적인 증거가 바로 성경이다. 성경은 하나님이 역사(役事)하신 역사(歷史)를 기록한 성서(聖書)이자 인류역사상 가장 중요한 역사서(歷史書)이다(신 18:21-22; 딤후 3:16; 벧후 1:21). 성경도 "너희가 성경에서 영생을 얻는 줄 생각하고 성경을 연구하거니와 이 성경이 곧 내게 대하여 증언하는 것이니라"(요 5:39)라고 하여 성경이 예수님에 대한 중요한 증거임을 명확히 하고 있다.

모세가 약 3,500년 전에 창세기, 신명기 등에서 약 1,500년 후의 일인 예수님의 성령으로 잉태하심과 동정녀 출생, 십자가 죽음과 부활을 기록하고 있다(창 2:9, 3:15, 12:7, 13:15, 17:8, 22:1-19; 민 21:8-9; 신 18:15-22 등).

모세 이후에도 약 1,000년에 걸쳐 30여 명의 저자가 일관되고 모순 없이 예수님의 성령으로 잉태하심과 동정녀 출생, 십자가 죽음과 부활에 대해 기록하고 있다. 이후 예수님의 성령으로 잉태하심과 동정녀 출생, 십자가 죽음과 부활에 대한 성경 기록은 모두 성취되었다. 위와 같은 점을 고려하면 예수님에 대한 성경 기록이 단순히 성경 저자의 개인적인 지식이나 능력에 의한 것이 아니라, 하나님의 계시(啓示)와 성령의 감동으로 기록되었음을 알 수 있다(딤후 3:16; 벧후 1:21).

"모세를 믿었더라면 또 나를 믿었으리니 이는 그가 내게 대하여 기록하였음이라 그러나 그의 글도 믿지 아니하거든 어찌 내 말을 믿겠느냐"(요 5:46)라는 말씀에서 알 수 있듯이, 예수님은 모세의 예수님에 대한 기록의 진실성을 인정하셨다.

> "모든 성경은 하나님의 감동으로 된 것으로 교훈과 책망과 바르게 함과 의로 교육하기에 유익하니"(딤후 3:16)
>
> "예언은 언제든지 사람의 뜻으로 낸 것이 아니요 오직 성령의 감동하심을 받은 사람들이 하나님께 받아 말한 것임이라"(벧후 1:21)

누가복음의 저자 누가는 "우리 중에 이루어진 사실에 대하여 처음부터 목격자와 말씀의 일꾼 된 자들이 전하여 준 그대로 내력을 저술하려고 붓을 든 사람이 많은지라 그 모든 일을 근원부터 자세히 미루어 살핀 나도 데오빌로 각하에게 차례대로 써 보내는 것이 좋은 줄 알았노니 이는 각하가 알고 있는 바를 더 확실하게 하려 함이로라"(눅 1:1-4)라고 하여 누가복음의 기록 목적을 명확히 적고 있다. 누가복음의 수신자인 '데오빌로 각하'의 의미에 대해 데오빌로를 실제 인물로 각하를 고위직의 호칭으로 이해한다면 누가복음의 신뢰성은 더 강해진다. 각하로 불릴만한 고위직 인물에게 허위 사실을 써 보내지는 않았을 것이기 때문이다. 또한 성경은 "네가 마음속으로 이르기를 그 말이 여호와께서 이르신 말씀인지 우리가 어떻게 알리요 하리라 만일 선지자가 있어 여호와의 이름으로 말한 일에 증험도 없고 성취함도 없으면 이는 여호와께서 말씀하신 것이 아니요 그 선지자가 제 마음대로 한 말이니 너는 그를 두려워하지 말지니라"(신 18:21-22)라고 하여 성경의 진실성에 대해 자신 있게 말하고 있다.

2) 성경이 기록하고 있는 예수님의 권능(기적, 표적) 행하심의 내용과 이에 대한 상식적 검토

예수님은 목수인 아버지를 일찍 여의고 이스라엘의 외진 어촌마을인 갈릴리 지역에서 목수를 하다가 30세부터 약 3년 반 동안 본격적으로 사역을 하시고 십자가에서 돌아가셨다. 예수님은 3년 반의 사역 기간에 많은 병자의 병을 고쳐주고(마 4:23-24, 8:3, 13, 9:7 등), 귀신을 쫓아내고(마 8:32, 12:22, 17:18 등), 죽은 자를 살리는(마 9:25; 요 11:43-44 등) 등 많은 권능을 행하셨다. 예수님이 많은 권능을 행하신 것은 이를 통하여 그가 하나님의 아들임을 증거하고 예수님을 믿게 하기 위함이다(요 2:11, 5:36).

예수님이 귀신 들린 사람에게서 귀신을 쫓아낸 것에 대해 예수님과 바리새인들 사이에 예수님이 귀신을 쫓아낸 것이 사탄을 힘입

은 것인지 아니면 성령을 힘입은 것인지 다툼이 있었던 것을 보면 (막 3:20-30), 예수님이 권능을 행하신 것은 사실이고 이에 대한 목격자가 많았음을 알 수 있다.

당시 예수님이 많은 권능을 행하셨음은 "고향으로 돌아가사 그들의 회당에서 가르치시니 그들이 놀라 이르되 이 사람의 지혜와 이런 능력이 어디서 났느냐. 이는 그 목수의 아들이 아니냐 그 어머니는 마리아, 그 형제들은 야고보, 요셉, 시몬, 유다라 하지 않느냐"(마 13:54-55)라는 말씀에서도 잘 알 수 있다.

특히 대제사장들과 바리새인들이 예수님이 죽은 나사로를 살린 장면을 목격한 많은 사람이 예수님을 믿게 되자 위기의식을 느껴 예수님을 죽일 것을 결정한 것을 보면(요 11:19, 45, 53), 예수님이 죽은 나사로를 살린 사건은 당시 사회적으로 매우 중요한 사건이면서 널리 알려진 사건임에 틀림이 없다. 그리고 흥미로운 점은 제사장들과 바리새인들이 예수님을 십자가에 못 박고 예수님을 믿는 기독교인들을 심하게 박해하였지만, 예수님의 권능 행하심을 기록한 성경 기록에 대해 그 내용을 부인하거나 반박하는 내용의 기록을 남겨놓지 않았다는 것이다. 이는 예수님의 권능 행하심을 기록한 성경 기록이 사실임을 뒷받침하는 중요한 근거이다.

3) 바울과 베드로가 일으킨 기적에 비추어 보아도 예수님의 권능(기적, 표적) 행하심이 사실임을 알 수 있다.

바울은 박수 엘루마의 눈을 멀게 했다(행 13:11). 앉은뱅이를 일으켰다(행 14:8-10). 귀신을 쫓아냈다(행 16:18). 죽은 유두고를 살렸다(행

20:9-12). 보블리오의 부친의 열병을 고쳤다(행 28:8). 심지어 사람들이 바울이 쓰던 물건들을 가져다가 병자에게나 귀신들린 자에게 얹었을 때 병이 나았고, 귀신이 떠나기도 하였다(행 19:11-12). 베드로는 못 걷게 된 사람을 고쳤다(행 3:6-8). 중풍병자 애니아를 고쳤다(행 9:32-35). 도르가(다비다)를 살렸다(행 9:36-43).

2. 예수님의 부활은 역사적 사실이다

1) 성경은 하나님이 역사(役事)하신 역사(歷史)를 기록한 인류역사상 가장 중요한 역사서(歷史書)로 예수님의 부활에 대한 가장 중요하고 대표적인 객관적 증거이다.

2) 예수님의 부활에 대한 예언과 그 성취

수많은 선지자가 예수님 출생 약 1,500년 전부터 이미 예수님의 부활에 대해 예언하였고(창 3:15, 22:1-19; 시 16:9-11; 욘 1:17, 2:10; 마 12:39-40; 히 11:19), 예수님도 십자가에서 돌아가시기 전에 제자들에게 십자가에서 돌아가실 것과 3일 만에 부활하실 것을 세 차례 말씀하셨다(마 16:1-4, 21, 17:22-23, 20:17-19). 위와 같은 수많은 선지자의 예언과 예수님의 말씀은 그대로 실현되었다(마 28:1-10; 막 16:1-8; 눅 24:1-12; 요 20:1-10; 행 1:2-9).

3) 예수님의 제자들과 바울의 근본적인 변화로부터 예수님의 부활이 역사적 사실임을 알 수 있다.

(가) 예수님이 십자가에서 돌아가시기 전에 제자들에게 십자가에서 돌아가실 것과 3일 만에 부활하실 것을 말씀하셨지만 제자들

은 그 의미를 제대로 이해하지 못했다(요 16:16-22). 그리고 예수님의 "보라 너희가 다 각각 제 곳으로 흩어지고 나를 혼자 둘 때가 오나니 벌써 왔도다"(요 16:32)라는 말씀과 같이, 예수님이 대제사장들과 바리새인들이 보낸 군대에 체포되었을 때 제자들은 모두 예수님을 버리고 도망갔다(마 26:56; 막 14:50).

위와 같이 믿음이 부족했던 제자들은 예수님의 부활과 하늘로 올라가심을 목격하고 성령을 받은 후에는, 전혀 다른 사람이 되어 복음을 전하다 순교를 당하거나 섬에서 유배 생활을 하다가 죽음을 맞이했다(마 28:1-10; 행 1:5-11, 2:1-13).

(나) 이스라엘의 엘리트이고 바리새인 중의 바리새인으로서 기독교인들을 죽이는 데까지 앞장섰던 바울이

> "나는 유대인으로 길리기아 다소에서 났고 이 성에서 자라 가말리엘의 문하에서 우리 조상들의 율법의 엄한 교훈을 받았고 오늘 너희 모든 사람처럼 하나님께 대하여 열심이 있는 자라 내가 이 도를 박해하여 사람을 죽이기까지 하고 남녀를 결박하여 옥에 넘겼노니"(행 22:3-4)

대제사장들로부터 권한을 위임받아 기독교인들을 체포하기 위해 다메섹으로 가던 중,

> "나도 나사렛 예수의 이름을 대적하여 많은 일을 행하여야 될 줄 스

스로 생각하고 예루살렘에서 이런 일을 행하여 대제사장들에게서 권한을 받아 가지고 많은 성도를 옥에 가두며 또 죽일 때에 내가 찬성 투표를 하였고 또 모든 회당에서 여러 번 형벌하여 강제로 모독하는 말을 하게 하고 그들에 대하여 심히 격분하여 외국 성에까지 가서 박해하였고 그 일로 대제사장들의 권한과 위임을 받고 다메섹으로 갔나이다"(행 26:9-12)

부활하신 예수님을 만나고

"왕이여 정오가 되어 길에서 보니 하늘로부터 해보다 더 밝은 빛이 나와 내 동행들을 둘러 비추는지라 우리가 다 땅에 엎드러지매 내가 소리를 들으니 히브리말로 이르되 사울아 사울아 네가 어찌하여 나를 박해하느냐 가시채를 뒷발질하기가 네게 고생이니라 내가 대답하되 주님 누구시니이까 주께서 이르시되 나는 네가 박해하는 예수라 일어나 너의 발로 서라 내가 네게 나타난 것은 곧 네가 나를 본 일과 장차 내가 네게 나타날 일에 너로 종과 증인을 삼으려 함이니 이스라엘과 이방인들에게서 내가 너를 구원하여 그들에게 보내어 그 눈을 뜨게 하여 어둠에서 빛으로, 사탄의 권세에서 하나님께로 돌아오게 하고 죄 사함과 나를 믿어 거룩하게 된 무리 가운데서 기업을 얻게 하리라 하더이다"(행 26:13-18)

전혀 다른 새 사람이 되어 아래와 같은 고백을 한다.

"그리스도께서 죽은 자 가운데서 다시 살아나셨다 전파되었거늘 너희 중에서 어떤 사람들은 어찌하여 죽은 자 가운데서 부활이 없다 하느냐 만일 죽은 자의 부활이 없으면 그리스도도 다시 살아나지 못하셨으리라 그리스도께서 만일 다시 살아나지 못하셨으면 우리가 전파하는 것도 헛것이요 또 너희 믿음도 헛것이며 또 우리가 하나님의 거짓 증인으로 발견되리니 우리가 하나님이 그리스도를 다시 살리셨다고 증언하였음이라 만일 죽은 자가 다시 살아나는 일이 없으면 하나님이 그리스도를 다시 살리지 아니하셨으리라 만일 죽은 자가 다시 살아나는 일이 없으면 그리스도도 다시 살아나신 일이 없었을 터이요 그리스도께서 다시 살아나신 일이 없으면 너희의 믿음도 헛되고 너희가 여전히 죄 가운데 있을 것이요 또한 그리스도 안에서 잠자는 자도 망하였으리니 만일 그리스도 안에서 우리의 바라는 것이 다만 이 세상의 삶뿐이면 모든 사람 가운데 우리가 더욱 불쌍한 자이리라 그러나 이제 그리스도께서 죽은 자 가운데서 다시 살아나사 잠자는 자들의 첫 열매가 되셨도다 사망이 한 사람으로 말미암았으니 죽은 자의 부활도 한 사람으로 말미암는도다 아담 안에서 모든 사람이 죽은 것 같이 그리스도 안에서 모든 사람이 삶을 얻으리라"(고전 15:12-22)

"그러나 무엇이든지 내게 유익하던 것을 내가 그리스도를 위하여 다 해로 여길뿐더러 또한 모든 것을 해로 여김은 내 주 그리스도 예수를 아는 지식이 가장 고상하기 때문이라 내가 그를 위하여 모든 것을 잃어버리고 배설물로 여김은 그리스도를 얻고 그 안에서 발견되려 함이니 내가 가진 의는 율법에서 난 것이 아니요 오직 그리스도를 믿음으로 말미암은 것이니 곧 믿음으로 하나님께로부터 난 의라 내가 그리스도와 그 부활의 권능과 그 고난에 참여함을 알고자 하여 그의 죽으심을 본받아 어떻게 해서든지 죽은 자 가운데서 부활에 이르려 하노니"(빌 3:7-11)

위와 같이 새 사람이 된 바울은 결국 아래와 같은 유언을 남기고, 로마 황제 네로에 의해 목이 잘리는 순교를 당한다.

"하나님 앞과 살아 있는 자와 죽은 자를 심판하실 그리스도 예수 앞에서 그가 나타나실 것과 그의 나라를 두고 엄히 명하노니 너는 말씀을 전파하라 때를 얻든지 못 얻든지 항상 힘쓰라 범사에 오래 참음과 가르침으로 경책하며 경계하며 권하라 때가 이르리니 사람이 바른 교훈을 받지 아니하며 귀가 가려워서 자기의 사욕을 따를 스승을 많이 두고 또 그 귀를 진리에서 돌이켜 허탄한 이야기를 따르리라 그러나 너는 모든 일에 신중하여 고난을 받으며 전도자의 일을 하며 네 직무를 다하라 전제와 같이 내가 벌써 부어지고 나의 떠날 시각이 가까웠도다 나는 선한 싸움을 싸우고 나의 달려갈 길을 마치고 믿음을 지켰으니 이제 후로는 나를 위하여 의의 면류관이 예비되었으므로 주 곧 의로우신 재판장이 그날에 내게 주실 것이며 내게만 아니라 주의 나타나심을 사모하는 모든 자에게도니라"(딤후 4:1-8)

(다) 위에서 살펴본 바와 같이 예수님을 버리고 도망갔던 제자들과 누구보다도 앞장서서 예수 믿는 자들을 박해하였던 바울이 예수님을 증거하기 위해 목숨도 아끼지 않는 사람으로 변하게 된 것은 부활하신 예수님을 만나고 성령을 받은 이후이다.

예수님의 제자들과 바울은 예수님의 부활을 목격하고 자신들의 부활과 영생을 확신하였기 때문에 목숨까지도 아끼지 않는 사람으로 변한 것이다. 예수님의 제자들과 바울의 근본적인 변화와 순교는 예수님의 부활이 역사적 사실이라는 점에 대한 매우 중요한 근거가 될 수 있다. 특히 바울은 부활에 대하여 '예수님의 부활이 기독교의 핵심이고, 예수님의 부활이 사실이 아니라면 기독교가 헛것이요 기독교인들은 불쌍한 사람들이다'라는 확신에 찬 고백을 하기에까지 이른다(고전 15:12-22).

3절 – 성령으로 잉태하신 예수님의 동정녀 출생은 역사적 사실이다

성경은 예수님의 성령으로 잉태하심과 동정녀 출생에 대한 가장 중요한 증거이다. 수많은 선지자는 예수님 출생 약 1,500년 전부터 이미 예수님의 성령으로 잉태하심과 동정녀 출생을 예언하였고(창 3:15, 12:3, 49:10; 신 18:15-22; 사 7:14, 9:7; 겔 34:23; 미 5:2; 행 3:20-23), 예수님은 실제로 성령으로 잉태하여 동정녀 마리아에게서 나셨다(마 1:18-25; 눅 2:1-7).

예수님 출생의 신비는 가나안 혼인 잔치에서 예수님 어머니 마리아의 "그의 어머니가 하인들에게 이르되 너희에게 무슨 말씀을 하시든지 그대로 하라 하니라"(요 2:5)라는 말에서도 엿볼 수 있다.

예수님의 성령으로 잉태하심과 동정녀 출생은 인간의 지식과 사고 수준으로는 천지창조 못지않게 믿기 어려운 차원의 문제이지만, 예수님의 권능(기적, 표적) 행하심 및 부활이 역사적 사실인 이상 예수님의 권능(기적, 표적) 행하심 및 부활과 같은 차원의 문제인 예수님의 성령으로 잉태하심과 동정녀 출생도 충분히 가능하고 믿을 만한 사실이다.

4절 – 예수님은 왜 인간의 몸으로 오셔서 십자가에서 돌아가시고, 부활하셨나?

1. 예수님은 왜 인간의 몸으로 오셔서 십자가에서 돌아가셨나?

1) 하나님은 구약 시대의 동물 제사를 통해 예수 그리스도의 십자가 죽음을 통한 구원계획을 예정하셨고, 예수님은 인간의 구원을 위해 말씀이 육신이 되어 우리 가운데 오셨다(창 3:15; 신 21:22-23; 시 22:1-18; 마 1:21; 요 1:14; 갈 4:3-5). 예수님은 죄가 없으신 분이기 때문에 흠 없는 속죄양이 되기에 충분하셨고(레 1:3-4, 22:17-25; 요 1:29), 십자가에서 몸을 희생제물로 바침으로 인간을 죄(사망)에서 구원해 주셨다(사 53:7-12; 롬 5:8-10; 고후 5:15, 21).

"내가 너로 여자와 원수가 되게 하고 네 후손도 여자의 후손과 원수가 되게 하리니 여자의 후손은 네 머리를 상하게 할 것이요 너는 그의 발꿈치를 상하게 할 것이니라 하시고"(창 3:15)

"아들을 낳으리니 이름을 예수라 하라 이는 그가 자기 백성을 그들의 죄에서 구원할 자이심이라 하니라"(마 1:21)

"말씀이 육신이 되어 우리 가운데 거하시매 우리가 그의 영광을 보니 아버지 독생자의 영광이요 은혜와 진리가 충만하더라"(요 1:14)

"우리가 아직 죄인 되었을 때에 그리스도께서 우리를 위하여 죽으심으로 하나님께서 우리에 대한 자기의 사랑을 확증하셨느니라 그러면 이제 우리가 그의 피로 말미암아 의롭다 하심을 받았으니 더욱 그로 말미암아 진노하심에서 구원을 받을 것이니 곧 우리가 원수 되었을 때에 그의 아들의 죽으심으로 말미암아 하나님과 화목하게 되었은즉 화목하게 된 자로서는 더욱 그의 살아나심으로 말미암아 구원을 받을 것이니라"(롬 5:8-10)

"그가 모든 사람을 대신하여 죽으심은 살아 있는 자들로 하여금 다시는 그들 자신을 위하여 살지 않고 오직 그들을 대신하여 죽었다가 다시 살아나신 이를 위하여 살게 하려 함이라"(고후 5:15)

"하나님이 죄를 알지도 못하신 이를 우리를 대신하여 죄로 삼으신 것은 우리로 하여금 그 안에서 하나님의 의가 되게 하려 하심이라"(고후 5:21)

"이와 같이 우리도 어렸을 때에 이 세상의 초등학문 아래에 있어서 종노릇 하였더니 때가 차매 하나님이 그 아들을 보내사 여자에게서 나게 하시고 율법 아래에 나게 하신 것은 율법 아래에 있는 자들을 속량하시고 우리로 아들의 명분을 얻게 하려 하심이라"(갈 4:3-5)

2) 예수님은 직접 경험하지 않고는 믿지 못하고 믿지 아니하려는 인간들에게 육체적 죽음과 부활을 직접 보여 주심으로써 한 명이라도 더 믿게 하기 위해 인간의 몸으로 오셨다(히 2:14-18).

"자녀들은 혈과 육에 속하였으매 그도 또한 같은 모양으로 혈과 육을 함께 지니심은 죽음을 통하여 죽음의 세력을 잡은 자 곧 마귀를 멸하시며 또 죽기를 무서워하므로 한평생 매여 종 노릇 하는 모든 자들을 놓아 주려 하심이니 이는 확실히 천사들을 붙들어 주려 하심이 아니요 오직 아브라함의 자손을 붙들어 주려하심이라 그러므로 그가 범사에 형제들과 같이 되심이 마땅하도다 이는 하나님의 일에 자비하고 신실한 대제사장이 되어 백성의 죄를 속량하려 하심이라 그가 시험을 받아 고난을 당하셨은즉 시험 받는 자들을 능히 도우실 수 있느니라"(히 2:14-18)

3) 예수님은 인간이 하나님의 형상을 따라 살아가는 삶이 어떠한 것인지를 보여 주시기 위해 인간의 몸으로 오셨다. 예수님이 모범을 보이신 삶의 모습은 온유와 겸손과 사랑이다(마 11:28-30; 요 13:34; 골 3:10). 온유란 하나님을 경외하고 그의 도를 지키는 것이고(시 37:1-11; 엡 4:21-24), 겸손은 예수님이 만왕의 왕으로 오셨지만 군림하는 왕이

아니라 낮아지고 섬기며 죽기까지 우리를 사랑하신 왕으로 오셨다는 것에서 의미를 찾을 수 있다 (사 53:1-12; 마 20:26-28; 요 13:14-15; 빌 2:6-9).

"수고하고 무거운 짐 진 자들아 다 내게로 오라 내가 너희를 쉬게 하리라 나는 마음이 온유하고 겸손하니 나의 멍에를 메고 내게 배우라 그리하면 너희 마음이 쉼을 얻으리니 이는 내 멍에는 쉽고 내 짐은 가벼움이라 하시니라"(마 11:28-30)

"너희 중에는 그렇지 않아야 하나니 너희 중에 누구든지 크고자 하는 자는 너희를 섬기는 자가 되고 너희 중에 으뜸이 되고자 하는 자는 너희의 종이 되어야 하리라 인자가 온 것은 섬김을 받으려 함이 아니라 도리어 섬기려 하고 자기 목숨을 많은 사람의 대속물로 주려 함이니라"(마 20:26-28)

"그는 근본 하나님의 본체시나 하나님과 동등됨을 취할 것으로 여기지 아니하시고 오히려 자기를 비워 종의 형체를 가지사 사람들과 같이 되셨고 사람의 모양으로 나타나사 자기를 낮추시고 죽기까지 복종하셨으니 곧 십자가에 죽으심이라 이러므로 하나님이 그를 지극히 높여 모든 이름 위에 뛰어난 이름을 주사"(빌 2:6-9)

2. 예수님은 왜 부활하셨나?

1) 하나님은 예수님의 십자가 죽음으로 인간을 죄(사망)에서 구원하여 생명으로 옮겨 주셨고, 예수님은 이를 확증하여 주시기 위해 부활하셨다 (행 17:30-31; 롬 6:20-23; 고전 15:16-17, 20-23).

"알지 못하던 시대에는 하나님이 간과하셨거니와 이제는 어디든지 사람에게 다 명하사 회개하라 하셨으니 이는 정하신 사람으로 하여금 천하를 공의로 심판할 날을 작정하시고 이에 그를 죽은 자 가운데서 다시 살리신 것으로 모든 사람에게 믿을 만한 증거를 주셨음이니라 하니라"(행 17:30-31)

"너희가 죄의 종이 되었을 때에는 의에 대하여 자유로웠느니라 너희가 그 때에 무슨 열매를 얻었느냐 이제는 너희가 그 일을 부끄러워하나니 이는 그 마지막이 사망임이라 그러나 이제는 너희가 죄로부터 해방되고 하나님께 종이 되어 거룩함에 이르는 열매를 맺었나니 그 마지막은 영생이라 죄의 삯은 사망이요 하나님의 은사는 그리스도 예수 우리 주 안에 있는 영생이니라"(롬 6:20-23)

"만일 죽은 자가 다시 살아나는 일이 없으면 그리스도도 다시 살아나신 일이 없었을 터이요 그리스도께서 다시 살아나신 일이 없으면 너희의 믿음도 헛되고 너희가 여전히 죄 가운데 있을 것이요"(고전 15:16-17)

"그러나 이제 그리스도께서 죽은 자 가운데서 다시 살아나사 잠자는 자들의 첫 열매가 되셨도다 사망이 한 사람으로 말미암았으니 죽은 자의 부활도 한 사람으로 말미암는도다 아담 안에서 모든 사람이 죽은 것 같이 그리스도 안에서 모든 사람이 삶을 얻으리라 그러나 각각 자기 차례대로 되리니 먼저는 첫 열매인 그리스도요 다음에는 그가 강림하실 때에 그리스도에게 속한 자요"(고전 15:20-23)

2) 예수님은 육체적 죽음 이후의 영생을 확증하여 우리를 거듭나게 하고 산 소망을 가지게 하기 위해 부활하셨다(벧전 1:3-4). 우리는 예수님의 부활로 인해 육체적 죽음 이후 하나님께서 준비하신 신령한 몸을 덧입게 되기를 소망할 수 있고, 소망을 힘입어 현세에서 하나님과 예수님 안에 거하는 영생의 삶을 살아갈 수 있다(고전 15:16-20, 53-54; 고후 5:1-5).

우리가 현세에서 육체적 죽음 이후의 영생을 위해 할 수 있는 것은 현세에서 영생의 삶을 살아가는 것이다. 현세에서 영생의 삶을 살아가지 못한다면 육체적 죽음 이후의 영생이 허락되지 않는다(계 20:6, 21:6-8). 현세에서의 영생은 하나님과 예수님을 믿음으로 다시 태어나 하나님의 자녀가 되어(요 1:12-13, 3:3-6; 롬 8:30; 고전 6:11), 하나님과 예수님 안에서 하나님이 약속하신 복을 누리고 열매 맺는 거룩한 삶을 살아가는 것이다(신 30:1-20; 시 1:1-6, 23:1-6; 마 5:3-12, 7:15-20; 요 1:12-13, 3:16, 5:39, 6:54-56, 8:31-32, 11:25-26, 14:27, 15:1-12, 17:3; 엡 2:1-6; 벧전 1:13-25; 요일 2:1-6, 4:11-16).

> "하나님이 세상을 이처럼 사랑하사 독생자를 주셨으니 이는 그를 믿는자마다 멸망하지 않고 영생을 얻게 하려 함이라"(요 3:16)
> "이 썩을 것이 썩지 아니할 것을 입겠고 이 죽을 것이 죽지 아니함을 입으리로다 이 썩을 것이 반드시 썩지 아니할 것을 입고 이 죽을 것이 죽지 아니함을 입을 때에는 사망을 삼키고 이기리라고 기록된 말씀이 이루어지리라"(고전 15:53-54)

"만일 땅에 있는 우리의 장막 집이 무너지면 하나님께서 지으신 집 곧 손으로 지은 것이 아니요 하늘에 있는 영원한 집이 우리에게 있는 줄 아느니라 참으로 우리가 여기 있어 탄식하며 하늘로부터 오는 우리 처소로 덧입기를 간절히 사모하노라 이렇게 입음은 우리가 벗은 자들로 발견되지 않으려 함이라 참으로 이 장막에 있는 우리가 짐진 것 같이 탄식하는 것은 벗고자 함이 아니요 오히려 덧입고자 함이니 죽을 것이 생명에 삼킨 바 되게 하려 함이라 곧 이것을 우리에게 이루게 하시고 보증으로 성령을 우리에게 주신 이는 하나님이시니라"(고후 5:1-5)

"우리 주 예수 그리스도의 아버지 하나님을 찬송하리로다 그의 많으신 긍휼대로 예수 그리스도를 죽은 자 가운데서 부활하게 하심으로 말미암아 우리를 거듭나게 하사 산 소망이 있게 하시며 썩지 않고 더럽지 않고 쇠하지 아니하는 유업을 잇게 하시나니 곧 너희를 위하여 하늘에 간직하신 것이라"(벧전 1:3-4)

"이 첫째 부활에 참여하는 자들은 복이 있고 거룩하도다 둘째 사망이 그들을 다스리는 권세가 없고 도리어 그들이 하나님과 그리스도의 제사장이 되어 천 년 동안 그리스도와 더불어 왕 노릇 하리라"(계 20:6)

"또 내게 말씀하시되 이루었도다 나는 알파와 오메가요 처음과 마지막이라 내가 생명수 샘물을 목마른 자에게 값없이 주리니 이기는 자는 이것들을 상속으로 받으리라 나는 그의 하나님이 되고 그는 내 아들이 되리라 그러나 두려워하는 자들과 믿지 아니하는 자들과 흉악한 자들과 살인자들과 음행하는 자들과 점술가들과 우상 숭배

자들과 거짓말하는 모든 자들은 불과 유황으로 타는 못에 던져지리니 이것이 둘째 사망이라"(계 21:6-8)

5절 – 맺는말

예수님의 성령으로 잉태하심과 동정녀 출생, 예수님의 권능(기적, 표적) 행하심과 부활은 하나님의 천지창조와 같은 차원의 문제들이다. 예수님의 성령으로 잉태하심과 동정녀 출생, 예수님의 권능(기적, 표적) 행하심과 부활이 역사적 사실이라면 천지창조도 가능한 영역의 문제가 된다. 하나님의 천지창조는 인간의 지식과 사고 수준으로 이해할 수 없을 뿐이지 얼마든지 가능한 영역의 문제로서 믿을 수 있고 믿어야 하는 문제이다.

4장
인간과 천지 만물은 하나님이 창조하신 것이다

1절 – 들어가는 말

"태초에 하나님이 천지를 창조하시니라"(창 1:1)라는 말씀에 대한 믿음은 기독교의 전부라 해도 과언이 아니다. 창세기 1장에 대한 믿음은 성경 말씀의 세계로 들어가는 열쇠이고, 성경 말씀이 활자에 그치는 것이 아니라 살아 있고 활력이 있는 말씀이 되게 한다(히 4:12).

하나님과 하나님의 천지창조에 대한 믿음은 인생관, 세계관, 종교(신앙)관을 구분 짓는 중요한 기준이 된다. 하나님과 하나님의 천지창조에 대한 믿음은 기독교 신앙의 출발점이고 하나님 경외하는 것을 가능하게 한다. 하나님과 하나님의 천지창조에 대한 믿음이 없다면 교회에 출석하고 아무리 종교적 열심이 있다 하여도 기독교인이라 할 수 없다.

인간과 천지 만물의 기원은 중요하면서도 심오한 문제이지만 답은 의외로 간단하다. 진화(進化)가 아니라면 창조(創造)이다.

2절 – 창조론과 진화론의 내용

1. 무신론적 진화론, 빅뱅이론

우주와 지구와 지구 생명체가 약 45억-150억 년 전에 시작이 되었다는 견해로, 우주에 존재하는 모든 에너지와 물질이 작은 점(특이점)에 갇혀 있다가 우연히 대폭발(빅뱅)로 인해 오늘날의 우주로 진화하여 태양부터 모든 우주의 별들이 질서 정연하게 자리를 잡았고, 어느 날 갑자기 우연히 지구상에 단세포 미생물이 생겨나서 우연히 진화를 거듭하여 현재 지구상의 생명체를 이루었고 인간에까지 이르렀다는 견해이다.

찰스 다윈(Charles Darwin)이 1859년에 종의 기원에서 주장한 진화론은 하나님의 천지창조를 부인하는 것으로서 무신론적 진화론으로 볼 수 있다.

2. 유신론적 진화론

하나님이 처음에 진화의 시초가 되는 물질을 만든 점은 인정하나, 그 이후부터는 진화라고 하는 우연히 일어나는 과정을 통해 오랜 시간에 걸쳐 인간과 천지 만물이 형성되었다는 견해이다. 위 견해는 하나님의 천지창조와 진화론이 모순되는 것이 아니라고 한다.

3. 간극이론(재창조론)

창세기 1장 1절과 2절 사이에 수십억 년의 시간적 간격이 있다는 견해로, 창세기 1장 1절은 최초의 창조이며 하나님께서 수십억 년 전에 아담 이전의 종족과 천사들을 만드셨는데 사탄의 반역으로 인해 하나님께서 물로 지구를 덮었기 때문에 창세기 1장 2절처럼 지구가 비어있게 되었고, 이후 창세기 1장 3절 이하와 같이 다시 창조가 이루어졌다는 견해이다. 위 견해는 베드로후서 3장 3절-13절을 재창조를 설명하는 것으로 이해하고, 특히 베드로후서 3장 6절을 노아의 홍수와 무관하다고 본다.

4. 창조론

1) 하나님이 인간과 천지 만물을 창조하셨다는 견해로, 하나님이 역사(役事)하신 역사(歷史)를 기록한 성서(聖書)이자 인류역사상 가장 중요한 역사서(歷史書)인 성경을 근거로 한다. 창조론은 24시간 하루인 6일을 사용하여 천지창조를 하였다는 견해와 24시간 하루가 아닌 긴 시간의 하루인 6일을 사용하여 천지창조를 하였다는 견해로 나뉜다. 다만 위 두 견해 모두 성경에 기록된 족보와 인간의 수명과 현재의 세계 인구 등을 근거로 인간이 창조된 것은 약 6,000년 전으로 보는 것이 일반적이다. 전자의 견해는 성경 구절을 문자 그대

로 해석하는 견해로 안식일에 대한 설명이 쉽다는 장점이 있다. 후자의 견해는 "사랑하는 자들아 주께는 하루가 천 년 같고 천 년이 하루 같다는 이 한 가지를 잊지 말라"(벧후 3:8), "주께서 나의 날을 한 뼘 길이만큼 되게 하시매 나의 일생이 주 앞에는 없는 것 같사오니 사람은 그가 든든히 서 있는 때에도 진실로 모두가 허사뿐이니이다"(시 39:5), "주의 목전에는 천 년이 지나간 어제 같으며 밤의 한 순간 같을 뿐임이니이다"(시 90:4) 등의 말씀을 근거로 한다.

2) 인간의 지식과 사고 수준으로는 24시간 하루인 6일을 사용하여 천지창조를 하였다는 견해는 긴 시간의 하루인 6일을 사용하여 천지창조를 하였다는 견해보다 더 믿기 어려운 면이 있기는 하다. 그러나 하나님이 시간과 공간을 초월하는 전지전능한 창조주라면 창조에 필요한 시간의 길이는 아무런 문제가 되지 않는다고 볼 수 있다.

진화론은 우주와 지구의 나이를 약 45억-150억 년이라는 매우 긴 시간으로 주장하고 있으나, 우주와 지구의 나이를 측정하는 현대 과학 수준과 기술이 과연 믿을 만한 것인지 의문이다. 무엇보다도 우주와 지구의 최초 상태 및 기원에 대해서 명확하게 알 수 없어 지구와 우주의 나이를 측정하는 기준 자체가 불명확하다. 따라서 진화론의 우주와 지구의 나이와 관련한 주장은 명확히 한계가 있다.

3) 인간의 기원이 약 6,000년 전이라는 점도 인간의 기원이 약 300만 년 전이라는 진화론에 기초한 주장이 교과서에 실리는 등 부지불식간에 영향을 미친 관계로 믿음에 있어 어려움이 있다. 그러나 인간의 기원이 약 300만 년 전이라는 진화론에 기초한 주장은 이를

인정할 만한 특별한 과학적 근거가 없다.

　우리는 인간의 기원을 약 300만 년 전이라고 하는 진화론에 기초한 주장에 익숙해져 있어 6,000년을 짧은 시간으로 쉽게 생각한다. 그러나 예를 들어 우리가 오래된 국가라고 생각하는 삼국시대도 BC 1세기경 시작되었다는 점을 고려하면 6,000년이라는 시간은 결코 짧은 시간이 아니다.

　톰센(C.J. Thomsen)이 1836년 인간이 사용한 도구의 양식을 기준으로 석기 시대, 청동기 시대, 철기 시대로 구분하였고, 러벅(John Lubbock)이 1865년 석기 시대를 구석기 시대, 신석기 시대로 구분하였다. 고고학자나 역사학자들은 구석기 시대 약 300만-약 1만 년, 신석기 시대 약 BC 1만 년, 청동기 시대 약 BC 3,500년, 철기 시대 약 BC 1,300년으로 본다. 위와 같은 점을 종합하면 인간은 약 300만 년 동안 돌만 도구로 사용해 왔다고 보아야 한다. 그러나 이는 인간의 지적 능력과 예술적 능력 등을 고려할 때 상식적으로 이해하기 어렵다. 인류의 세계 4대 문명인 메소포타미아 문명, 이집트 문명, 인더스 문명, 황하 문명의 기원은 BC 4,000년-BC 3,000년경이다. 인간의 지적 능력과 예술적 능력 등을 고려할 때, 300만 년 전에 이미 존재한 인간이 BC 4,000년경에 이르러서야 뒤늦게 문명이 발생하였다고 보는 것은 비상식적이다. 오히려 문명의 시작은 인간의 시작과 역사를 같이 한다고 보아야 한다.

　인간은 "하나님이 땅의 짐승을 그 종류대로, 가축을 그 종류대로, 땅에 기는 모든 것을 그 종류대로 만드시니 하나님이 보시기에 좋았더라 하나님이 이르시되 우리의 형상을 따라 우리의 모양대로 우리가 사람을 만들고 그들로 바다의 물고기와 하늘의 새와 가축과 온 땅과 땅에 기는 모든 것을 다스리게 하자 하시고 하나님이 자기 형상 곧 하나님의 형상대로 사람을 창조하시되 남자와 여자를 창조하시고 하나님이 그들에게 복을 주시며 하나님이 그들에게 이르시되 생육하고 번성하여 땅에 충만하라, 땅을 정복하라, 바다의 물고기와 하늘의 새와 땅에 움직이는 모든 생물을 다스리라 하시니라"(창 1:25-28), "여호와 하나님이 흙으로 각종 들짐승과 공중의 각종 새를 지으시고 아담이 무엇이라고 부르나 보시려고 그것들을 그에게로 이끌어 가시니 아담이 각 생물을 부르는 것이 곧 그 이름이 되었더라 아담이 모든 가축과 공중의 새와 들의 모든 짐승에게 이름을 주니라 아담이 돕는 배필이 없으므로"(창 2:19-20)라는 말씀에서 알 수 있듯이, 창조될 당시 상당한 정도의 지식과 지혜가 있었고 인간의 최초 문명은 인간의 시작과 역사를 같이 한다고 볼 수 있다. 하나님이 아담을 창조하셨다면 창조 당시 아담의 신체 상태와 지식 수준은 인간이 갓 태어났을 때의 상태와 수준은 아니었을 것으로 보는 것이 지극히 상식적이다.

4) 하나님은 첫째 날 시간과 공간(우주)과 지구를 창조하셨고 생명의 근원인 땅과 물과 빛을 창조하셨다. 그리고 공간(우주)의 운행 법칙으로 지구의 자전과 중력의 법칙을 정하셨다(창 1:1-5; 욥 26:7). 과학은 중력의 법칙을 인정하지만 중력의 근원에 대해서는 설명하지 못한다. 모세가 약 3,500년 전에 창세기 1장을 기록할 수 있었던 것

은 하나님의 계시와 하나님이 주신 지혜가 있었기 때문이다(출 35:30-31). 약 3,500년 전의 과학 수준을 고려할 때, 하나님의 계시와 하나님이 주신 지혜가 없었다면 창세기 1장은 기록하기 어려운 내용이다.

5) 지구상 물의 기원에 대해서 과학은 이를 명확하게 설명하지 못한다. 과학은 물이 있는 소행성 또는 혜성이 오랜 시간에 걸쳐 지구와 충돌하여 지구에 물이 생긴 것으로 추정하는 견해, 태양풍이 지구 표면에 수소이온들을 충돌시킴으로써 지구 토양의 광물들이 물을 얻었을 것으로 추정하는 견해 등이 있는 정도이다. 그러나 소행성 또는 혜성과의 충돌과 태양풍의 영향은 지구에 한정된 것이 아니라 전 우주적인 현상이고 풍부한 물이 존재하는 것은 지구가 유일하다는 점을 고려할 때 위와 같은 견해들은 설득력이 없다.

6) 하나님은 첫째 날 빛, 셋째 날 풀과 채소와 나무, 넷째 날 광명체를 창조하셨다. 위와 같은 창조의 순서에 대하여는 빛을 광명체의 빛만으로 이해하고 풀과 채소와 나무의 성장에 빛이 필요하다는 것을 이유로 의문이 제기된다. 그러나 첫째 날의 빛은 입자이자 파동으로 전자기적 에너지의 모든 영역이고 모든 형태를 활성화시키는 포괄적이며 근본적인 에너지이다. 첫째 날 창조된 빛은 셋째 날 창조된 풀과 채소와 나무의 에너지원이 충분히 될 수 있다.

하나님은 첫째 날 모든 에너지의 근원인 빛(히브리어 ore, light)을 창조하셨고, 넷째 날 발광하는 광명체(히브리어 maw ore, light giver)를 창조하셨다. 첫째 날 창조된 빛이 없었으면 광명체나 광명체가 발하는 빛의 존재도 불가능하다. 대표적인 예로 태양은 주로 헬륨(전체 질량의 약 24%)과 수소(전체 질량의 약 74%)로 구성되어 있다. 첫째 날의 빛이 먼저 없었다면 헬륨과 수소의 결합이나 작용은 불가능하여 태양의 존재도 불가능하다.

하나님이 넷째 날 광명체를 만드신 것은 빛(에너지) 공급을 위한 것보다는 징조와 계절과 날과 해를 이루게 하기 위한 것으로 볼 수 있다(창 1:14-18). 첫째 날 빛 창조, 셋째 날 풀과 채소와 나무의 창조, 넷째 날 광명체 창조 순서는 아무런 문제가 없고 오히려 과학적이다.

3절 – 각 견해에 대한 검토

1. 진화론과 유신론적 진화론에 대한 검토

1) 찰스 다윈(Charles Darwin)이 1859년 종의 기원을 출간할 당시 다윈의 진화론은 과학적 근거에서 시작된 것이 아니다. 다윈은 인본주의와 유물론과 자연주의 사상에 기초하여 하나님의 천지창조를 부정하기 위한 사고(思考)의 과정에서 진화론을 만들어 냈다.

위와 같은 점은 진화에 필요한 '오랜 시간'을 설명하고자 하는 각종 연대측정법(방사성 동위원소 연대측정법, 칼륨 연대측정법 등)이 1900년 초 중반에서야 등장하였다는 점에서 잘 알 수 있다. 물론 각종 연대측정법은 많은 문제점을 가지고 있어 연대측정법에 기초한 연대측정 결과를 인정하는데도 많은 문제점과 한계가 있다.

진화론이 우주 기원의 근거로 주장하는 우주 기원 가설인 빅뱅 우주론도 타당성은 별론으로 하고 러시아 수학자 알렉산드르 프리드만이 1920년에 최초로 주장하였다. 다윈은 다윈의 생각에 진화에는 많은 시간이 필요해 보였기 때문에 별다른 과학적 근거도 없이 지구와 우주의 나이를 아주 많게 잡은 것이다.

그레고어 멘델(Gregor Mendel)의 유전법칙이 1865년에 발표되었다. 프리드리히 미셔(Friedrich Miescher)가 DNA를 처음 발견한 것이 1869년이고 DNA 연구가 본격적으로 이루어진 것은 1900년 이후이다. 찰스 다윈은 1859년 종의 기원을 출간할 당시 유전이나 DNA에 대한 아무런 지식도 없이 진화를 주장하였다. 진화론이 진화의 중요한 근거로 드는 유인원 관련 주장이 처음 등장한 것은 1856년 네안데르탈인이고, 본격화 된 것은 다윈이 종의 기원을 출간한 1859년 이후이다. 진화론자들이 주장하는 유인원 중 자바원인(1891년)과 필트다운인(1912년)과 네브라스카인(1917년)은 허구임이 밝혀져 미국 교과서에서 삭제되었고, 네안데르탈인(1856년), 오스트랄로피테쿠스(1925년) 등에 대해서는 신빙성에 많은 의문이 제기되고 있다.

2) 진화론은 근본적으로 진화의 전제가 되는 최초 생명체의 기원에 대해 설명하지 못한다. 진화론은 우주와 지구와 지구 생명체의 기원을 설명하기 위해 특이점(우주에 존재하는 모든 에너지와 물질이 갇혀 있는 작은 점)과 단세포 미생물을 주장의 근거로 삼고 있다. 그러나 다윈이 진화론을 주장할 당시는 물론이고 현재도 이를 과학적으로 설명하지 못하고 있다.

진화론은 과학을 내세우며 등장하였지만 "진화의 전제가 되는 특이점과 단세포 미생물이 우연히 생겼고 우연히 진화의 과정을 거쳐 우주와 지구와 지구 생명체가 생겼다"라고 하여, 우주와 지구와 지구 생명체의 기원에 대한 과학적인 설명 대신 믿음을 요구하고 있다. 진화론은 과학이 아니라 과학을 가장한 믿음의 이론이고 무신론적 종교로도 볼 수 있다. 증명 대신 믿음을 요구하는 이론은 더 이상 과학이 아니다.

3) '생물은 자연적으로 우연히 무기물로부터 발생한 것'이라는 자연발생설은 다윈의 진화론에 큰 영향을 미쳤다. 그러나 자연발생설은 1862년 루이 파스퇴르(Louis Pasteur)의 생명속생설에 의해 부정되었다. 자연발생설이 파스퇴르에 의해 부정된 이후 스탠리 밀러(Stanley L. Miller)는 1952년 원시 대기에 존재할 것으로 예상되는 무기물로부터 유기물이 합성될 것인지에 대한 실험을 진행하였다.

밀러의 실험은 지구상 최초의 생명체가 어떻게 나타났는가를 규명하기 위한 것이었다. 밀러는 자기가 원하는 실험 결과를 얻기 위하여 지구의 원시 대기에 산소가 없는 것으로 가정을 하여 실험을 진행하였다. 밀러는 대기 중 산소가 존재하면 아미노산이 생성되더라도 산화되어 사라지기 때문에 산소가 없는 것으로 가정한 것이다. 그러나 1994년 스페인에서 열린 '생명의 기원'이라는 주제의 학술대회에서 밀러의 실험이 '원시 지구의 대기 상태를 반영한 것이 아니다'라는 이유로 밀러의 실험은 폐기되었다. 밀러도 1996년 자신의 실험이 '원시 지구의 대기 상태를 반영한 것은 아니다'라고 고백하였다. 나아가 밀러가 인위적으로 조건을 만들어 실험을 진행하였지만 실험에서 생성된 것은 독극물인 타르 85%, 유기산 13%, 아미노산 2% 이었고, 생성된 아미노산은 생명체를 이루는 단백질로 사용될 수 없는 것이었다.

4) 진화론은 진화의 전제가 되는 다른 종으로의 진화나 유전정보 증가(추가) 등을 설명하지 못한다. 지금까지 발견된 화석을 살펴보면 현재 존재하는 생물체와 아무런 차이가 없고, 무엇보다도 중간단계의 화석이 없다. 진화론은 교통수단이 발달하지 않아 이동이 어렵고 정보교환이 어려운 시대에는 조금이나마 주장에 귀를 기울이게 할 수 있었지만, 이동이 쉬워지고 인터넷 등이 발달한 현재에 있어서는 한계에 다다른 것이다.

5) 찰스 다윈은 위 1)에서 살펴본 바와 같이, 1859년 종의 기원을 출간할 당시 유전이나 DNA에 대한 아무런 지식도 없이 진화를 주장하였다. 과학의 발전으로 인하여 과거에 알지 못하던 DNA와 세포와 인체의 신비가 날로 드러나고 있고 DNA와 세포와 인체는 신비 그 자체이다. 신비 그 자체인 인체가 단세포 미생물로부터 진화되었다고 보는 것이 상식적이고 합리적인지, 아니면 설계(창조)자에 의해 완전한 상태로 설계(창조)된 것으로 보는 것이 더 상식적이고 합리적인지 진지하게 생각해 보시기 바란다.

6) 진화론은 사람만이 영적 존재이고 종교(신앙)가 있다는 점을 설명하지 못한다. 이에 대해 진화론은 사람은 동물들과는 달리 뇌의 전두엽이 발달하여 사람에게 종교(신앙)가 생겨났다는 정도의 설명을 한다. 그러나 진화론의 논리대로라면 진화는 모든 생명체에 열려

있고 일부 동물들(특히 유인원)은 오히려 사람보다 더 전두엽이 발달할 가능성이 얼마든지 있다는 점에서 사람만이 영적 존재이고 종교(신앙)가 있다는 점을 설명하는데 한계가 있다.

성경은 하나님이 하나님의 형상대로 사람을 창조하시고 종류대로 생물을 창조하여 사람과 생물을 다른 차원의 존재로 창조하셨고 사람에게만 영원을 사모하는 마음을 주셨다는 점을 명확히 하고 있다(창 1:25, 27; 전 3:11).

> "하나님이 땅의 짐승을 그 종류대로, 가축을 그 종류대로, 땅에 기는 모든 것을 그 종류대로 만드시니 하나님이 보시기에 좋았더라"(창 1:25)
>
> "하나님이 자기 형상 곧 하나님의 형상대로 사람을 창조하시되 남자와 여자를 창조하시고"(창 1:27)
>
> "하나님이 모든 것을 지으시되 때를 따라 아름답게 하셨고 또 사람들에게는 영원을 사모하는 마음을 주셨느니라 그러나 하나님이 하시는 일의 시종을 사람으로 측량할 수 없게 하셨도다"(전 3:11)

7) 지구에 생명체가 존재하는 것을 가능하게 하는 지구로부터 태양 및 달과의 거리, 지구의 산소농도와 같은 완벽한 지구환경, 수많은 별이 질서를 유지하면서 조화를 이루는 것 등은 자연발생적으로 우연히 이루어진 것으로 보기보다는 설계(창조)자에 의해 설계(창조)되었다고 보는 것이 더 상식적이고 합리적이다(욥 38:31-33; 시 148:3-6; 렘 31:35; 암 5:8; 롬 1:19-20).

"네가 묘성을 매어 묶을 수 있으며 삼성의 띠를 풀 수 있겠느냐 너는 별자리들을 각각 제 때에 이끌어 낼 수 있으며 북두성을 다른 별들에게로 이끌어 갈 수 있겠느냐 네가 하늘의 궤도를 아느냐 하늘로 하여금 그 법칙을 땅에 베풀게 하겠느냐"(욥 38:31-33)

"해와 달아 그를 찬양하며 밝은 별들아 다 그를 찬양할지어다 하늘의 하늘도 그를 찬양하며 하늘 위에 있는 물들도 그를 찬양할지어다 그것들이 여호와의 이름을 찬양함은 그가 명령하시므로 지음을 받았음이로다 그가 또 그것들을 영원히 세우시고 폐하지 못할 명령을 정하셨도다"(시 148:3-6)

"여호와께서 이와 같이 말씀하셨느니라 그는 해를 낮의 빛으로 주셨고 달과 별들을 밤의 빛으로 정하였고 바다를 뒤흔들어 그 파도로 소리치게 하나니 그의 이름은 만군의 여호와니라"(렘 31:35)

"묘성과 삼성을 만드시며 사망의 그늘을 아침으로 바꾸시고 낮을 어두운 밤으로 바꾸시며 바닷물을 불러 지면에 쏟으시는 이를 찾으라 그의 이름은 여호와시니라"(암 5:8)

"이는 하나님을 알 만한 것이 그들 속에 보임이라 하나님께서 이를 그들에게 보이셨느니라 창세로부터 그의 보이지 아니하는 것들 곧 그의 영원하신 능력과 신성이 그가 만드신 만물에 분명히 알려졌나니 그러므로 그들이 핑계하지 못할지니라"(롬 1:19-20)

8) "하나님이 이르시되 하늘의 궁창에 광명체들이 있어 낮과 밤을 나뉘게 하고 그것들로 징조와 계절과 날과 해를 이루게 하라"(창

1:14)라는 말씀에서 알 수 있듯이, 하나님은 해와 달과 별을 만드시고 이를 통해 낮과 밤, 징조와 계절, 날과 해를 이루게 하셨다. 위와 같은 일이 자연발생적으로 가능한 것일까?

하나님은 낮과 밤을 만드시고 인간의 생체리듬을 이에 맞춰 인간을 창조하셨다. 식물, 동물, 균류, 심지어 박테리아까지 포함하는 모든 생명체에서 생화학적, 생리학적, 행동학적 흐름이 거의 24시간 주기로 나타난다.

9) 지구의 자전축은 약 23.5도가 기울어져 있다. 지구 자전축의 기울기는 지구의 공전궤도, 기후, 지형 등에 영향을 미친다, 지구의 자전축이 약 23.5도가 기울어져 있어 사계절이 가능하고 극단적인 기후 현상이 발생하지 않는다. 지구의 자전축이 23.5도가 기울어진 원인에 대해 과학은 정확한 이유를 제시하지 못하고, 대규모 천체 충돌에 의해 기울어진 것이 지금까지 유지되고 있는 것으로 추정하는 정도이다. 지구의 자전축이 천체 충돌에 의해 우연히 지구 생명체의 생존을 가능하게 하는 약 23.5도의 기울기로 기울어져 있는 것일까?

10) 진화론은 하나님의 천지창조와 노아의 홍수를 부정하고, 현재와 같은 생명체가 존재하는 것을 오랜 시간에 걸친 진화의 결과로 본다. 진화론은 화석이나 퇴적층이 형성되기 위해서는 오랜 시간이 필요하다고 보고 이를 진화의 주된 근거로 든다. 그러나 화석이나 퇴적층은 오랜 시간에 걸쳐 형성된 것이 아니라, 노아의 홍수같이 급격한 지각변동을 수반한 전 지구적인 홍수 때 흙더미의 급속한 퇴적으로 형성된 것이다.

일반적인 조건에서 생물이 죽게 되면 화석화가 아니라 부패와 분해가 먼저 일어나기 때문에 화석이 만들어지기 어렵다. 특히 먹이를 삼키지도 못하고 먹이를 문 상태로 죽어버린 물고기 화석, 팔팔하게 헤엄치는 상태의 물고기 화석, 급속한 퇴적으로 공기가 차단되지 않고는 장시간 흙 속에서 제 모양을 유지할 수 없는 곤충이나 해파리나 식물의 화석 등은 더욱 만들어지기 어렵다. 화석은 노아의 홍수를 가능하게 한 급격한 지각변동에 의해 단시간 내에 형성된 것이기 때문에 진화론자들이 주장하는 진화의 순서인 지질연대표대로 층이 형성되지 않았고, 나아가 모든 생물이 고르게 화석으로 존재하는 것이 아니라 해양생물의 화석이 생물 화석의 99% 이상이다.

해양생물의 화석이 대부분을 차지하는 것은 노아의 홍수 당시의 급격한 지각변동으로 인한 저탁류 현상(수중 퇴적물의 중력류의 일종이며, 모래·흙을 많이 함유한 고밀도의 흐름으로, 해저 사면에 퇴적한 물질이 지진 등을 계기로 사면을 따라 떨어질 때 보이는 현상)에 의해 화석이 형성되었기 때문이다. 진화론자들의 주장과 같이 화석이 오랜 기간에 걸쳐 서서히 형성된 것이라면 해양생물이 생물 화석의 99% 이상을 차지하는 일은 없었을 것이다.

11) 결론적으로 진화론과 진화론에 기초를 둔 유신론적 진화론은 과학을 내세우면서 등장하였지만 전혀 과학적이지 않다. 하나님이 종류대로 생명체를 만드셨고 하나님의 형상대로 사람을 창조하셨다는 점에서 진화론과 진화론에 기초를 둔 유신론적 진화론은 받아들이기 어렵다. 진화론은 과학이 아닌 무신론적 종교로 볼 수 있다. 진화론은 세상의 초등학문으로 말세 현상의 하나이다(골 2:6-8; 딤후 4:2-5; 벧후 3:3-6).

진화론은 하나님과 하나님의 천지창조를 부정한다는 점에서 언뜻 보면 인간 중심적인 것처럼 보이지만, 오히려 하나님과 하나님의 천지창조를 부정하기 위해 하나님의 형상대로 존귀하게 영적인 존재로 창조된 인간을 동물들보다 진화가 조금 더 된 것에 불과한 단순한 생명체의 일부로 전락시키고 있다. 하나님은 하나님의 형상대로 사람을 창조하시고 종류대로 생물을 창조하여 사람과 생물을 다른 차원의 존재로 창조하셨고 사람에게만 영원을 사모하는 마음을 주셨다(창 1:25, 27; 전 3:11).

"그러므로 너희가 그리스도 예수를 주로 받았으니 그 안에서 행하되 그 안에 뿌리를 박으며 세움을 받아 교훈을 받은 대로 믿음에 굳게 서서 감사함을 넘치게하라 누가 철학과 헛된 속임수로 너희를 사로잡을까 주의하라 이것은 사람의 전통과 세상의 초등학문을 따름이요 그리스도를 따름이 아니니라"(골 2:6-8)

"너는 말씀을 전파하라 때를 얻든지 못 얻든지 항상 힘쓰라 범사에 오래 참음과 가르침으로 경책하며 경계하며 권하라 때가 이르리니 사람이 바른 교훈을 받지 아니하며 귀가 가려워서 자기의 사욕을 따를 스승을 많이 두고 또 그 귀를 진리에서 돌이켜 허탄한 이야기를 따르리라 그러나 너는 모든 일에 신중하여 고난을 받으며 전도자의 일을 하며 네 직무를 다하라"(딤후 4:2-5)

"먼저 이것을 알지니 말세에 조롱하는 자들이 와서 자기의 정욕을 따라 행하며 조롱하여 이르되 주께서 강림하신다는 약속이 어디 있느냐 조상들이 잔 후로부터 만물이 처음 창조될 때와 같이 그냥 있다 하니 이는 하늘이 옛적부터 있는 것과 땅이 물에서 나와 물로 성립된 것도 하나님의 말씀으로 된 것을 그들이 일부러 잊으려 함이로다"(벧후 3:3-6)

2. 간극이론(재창조론)에 대한 검토

간극이론은 하나님의 천지창조를 인정하기는 하나 지구의 나이가 약 45억 년이라는 진화론의 주장을 의식한 나머지 지구의 나이가 약 45억 년이라는 점에 맞춰 성경해석을 하는 견해이다. 필자 개인적으로는 간극이론은 진화론을 의식한 무리한 해석으로 보여 받아들이기 어렵다.

4절 – 맺는말

하나님의 천지창조가 진리임에도 이를 믿지 못하는 것은 하나님의 천지창조가 인간의 지식과 사고 수준을 넘어서는 차원의 문제로서 이해하기 어렵기 때문이다. 하나님의 천지창조를 믿는데 도움이 되는 대표적인 사건이 노아의 홍수, 성령으로 잉태하신 예수님의 동정녀 출생, 예수님의 권능(기적, 표적) 행하심과 부활이다.

노아의 홍수와 성령으로 잉태하신 예수님의 동정녀 출생, 예수님의 권능(기적, 표적) 행하심과 부활이 역사적 사실임은 위에서 살펴본 바와 같다. 성령으로 잉태하신 예수님의 동정녀 출생과 부활은 하나님의 천지창조와 같은 차원의 문제로, 예수님의 부활이 역사적인 사실인 이상 성령으로 잉태하신 예수님의 동정녀 출생과 하나님의 천지창조는 얼마든지 가능하고 믿을 만한 사실이다.

진화론은 과학을 내세우면서 등장하였지만 과학적 기초에서 시작된 것이 아니고 전혀 과학적이지 않다. 진화론은 우주와 지구와 지구 생명체의 기원에 대한 과학적인 설명 대신 믿음을 요구하고 있다. 진화론은 과학이 아니라 과학을 가장한 믿음의 이론이다. 설명과 증명 대신 믿음을 요구하는 이론은 더 이상 과학이 아니다. 진화론은 하나님의 천지창조를 부정하기 위하여 인본주의와 유물론과 자연주의 사상에 기초를 둔 다윈의 상상이 만들어 낸 이론이다.

하나님을 믿기 싫은 사람에게는 인본주의와 유물론과 자연주의에 사상적 기초를 둔 진화론이 매력적으로 보이고 하나님의 천지창조와 이를 기록한 성경은 허황된 것으로 보일 수 있다. 인간이 믿음의 이론인 진화론을 과학으로 믿고 싶은 것은 거추장스럽고 귀찮아 보이는 하나님을 부정하는 논리를 제공하기 때문이다. 진화와 창조의 중간은 없다. 인간과 천지 만물이 진화의 결과가 아니라면, 바로 하나님이 창조하신 것이다. 한 번 정도는 진화론을 객관적으로 냉정하게 살펴보는 시간을 가져보시길 바란다.

인간이 다른 동물들보다 조금 더 진화된 것에 불과하고 죽음으로 모든 것이 끝나는 단순한 생명체인가? 아니면 하나님의 형상대로 창조된 인격적이고 영적인 존재인가? 한 번 정도는 진지하게 묵상해 보시길 바란다. 창세로부터 하나님의 영원하신 능력과 신성이 그가 만드신 만물에 분명히 보여 알려졌는바, 하나님과 하나님의 천지 창조를 믿지 않으려 할 수는 있지만 그 선택에 대해 핑계는 대지 못할 문제이다(롬 1:18-23).

예수님의 "너는 나를 본 고로 믿느냐 보지 못하고 믿는 자들은 복 되도다"(요 20:29)라는 말씀과 욥의 "주께서는 못 하실 일이 없사오며 무슨 계획이든지 못 이루실 것이 없는 줄 아오니 무지한 말로 이치를 가리는 자가 누구니이까 나는 깨닫지도 못한 일을 말하였고 스스로 알 수도 없고 헤아리기도 어려운 일을 말하였나이다 내가 말하겠사오니 주는 들으시고 내가 주께 묻겠사오니 주여 내게 알게 하옵소서 내가 주께 대하여 귀로 듣기만 하였사오나 이제는 눈으로 주를 뵈옵나이다 그러므로 내가 스스로 거두어들이고 티끌과 재 가운데에서 회개하나이다"(욥 42:2-6)라는 고백은 진지하게 묵상해 볼 필요가 있다.

> "하나님의 진노가 불의로 진리를 막는 사람들의 모든 경건하지 않음과 불의에 대하여 하늘로부터 나타나나니 이는 하나님을 알 만한 것이 그들 속에 보임이라 하나님께서 이를 그들에게 보이셨느니라 창세로부터 그의 보이지 아니하는 것들 곧 그의 영원하신 능력과 신성이 그가 만드신 만물에 분명히 보여 알려졌나니 그러므로 그들이 핑계하지 못할지니라 하나님을 알되 하나님을 영화롭게도 아니하며 감사하지도 아니하고 오히려 그 생각이 허망하여지며 미련한 마음이 어두워졌나니 스스로 지혜 있다 하나 어리석게 되어 썩어지지 아니하는 하나님의 영광을 썩어질 사람과 새와 짐승과 기어다니는 동물 모양의 우상으로 바꾸었느니라"(롬 1:18-23)

제3편

기독교에 대한 기본적인 이해와 기독교에 대한 오해

1장
들어가는 말

　세상에 수많은 종교가 있지만 우리나라의 경우를 보면 수행 종교인 불교와 하나님이라는 유일신을 믿는 기독교가 대표적이다. 불교는 대표적인 수행 종교로 인간을 '자신의 괴로움을 자신의 노력과 의지로 해결할 수 있는 능력과 가능성을 가진 존재'로 보는 인본주의적인 종교이다. 불교는 자기중심적인 인간의 본능에 부합하는 수행 종교이다 보니 교리상 다른 종교에 대해 배타적이지는 않다. 반면에 기독교는 하나님과 예수님에 대한 믿음을 요구하는 종교로 어느 종교보다 사랑을 강조하는 종교이지만, 유일신 교리로 인해 하나님과 예수님을 인정하지 아니하는 다른 종교를 인정할 수 없는 특수성이 있다.

　불교는 인간 중심적인 종교로서 포용적인 종교이고, 기독교는 하나님에 대한 절대복종과 헌금이나 강요하는 배타적인 종교라는 주장이 타당한 것일까? 이하에서는 먼저 불교와 기독교의 기본적인 교리에 대해 살펴보고, 다음으로 기독교에 대한 오해에 대해서 살펴보기로 한다.

2장
불교와 기독교에 대한 기본적인 이해

1절 – 불교에 대한 기본적인 이해

불교는 '인생은 고해(苦海)이나 부처님의 가르침을 따라 수행하면 부처와 같이 성불(成佛)할 수 있다'라는 내용을 핵심으로 하는 수행종교이다. 불교는 인간을 '자신의 괴로움을 자신의 노력과 의지로 해결할 수 있는 능력과 가능성을 가진 존재이지 신에게 의존하는 나약한 존재가 아니다'라고 이해하는데서 출발한다.

불교는 수행을 통해 욕심을 버리고 자신을 비워나가면 마음의 참된 안식을 가질 수 있고 열반에 들어갈 수 있다고 본다. 인간을 자신의 괴로움을 자신의 노력과 의지로 해결할 수 있는 능력과 가능성을 가진 존재로 이해하는 불교는 자기중심적인 인간에게는 매우 매력적으로 보일 수 있다.

그러나 불교의 근본적인 문제는 누구나 수행을 통해 성불할 가능성은 있지만, 열심히 수행한다고 해도 아무나 성불할 수 있는 것은 아니고 깨달음을 얻어야만 성불할 수 있다는 데에서 발생한다. 불교는 수행의 과정은 고행의 길이고 성불이 매우 어렵다는 점을 인정한다.

불교는 언뜻 보면 누구나 성불할 수 있다는 희망을 주는 종교로 보이지만, 성불은 험난한 수행 과정을 거쳐야 하고 설령 수행 과정을 거쳐도 누구나 성불할 수 있는 것이 아니라는 점에서, 실질은 인간에게 무거운 수행의 짐만 지우는 종교로 볼 수 있다.

필자는 성불했다고 할 수 있는 기준이 무엇인지, 설령 성불했다고 하더라도 구체적으로 성불이 어떤 의미가 있는 것인지 이해하기 어렵다. 나아가 무엇보다도 과연 인간이 불교에서 말하는 성불의 경지에 도달할 수 있는 능력이 있는 존재인지 의문이다.

성철스님은 "生平欺狂男女群(생평기광남녀군) 彌天罪業過須彌(미천죄업과수미) 活陷阿鼻恨萬端(활함아비한만단) 一輪吐紅掛碧山(일륜토홍괘벽산)"라는 내용의 유언을 남기셨다. 위 유언에 대한 해석은 다양할 수 있어 각자의 해석에 맡기고자 한다. 다만 필자의 해석으로는 성철스님이 성불을 한 것 같지는 않고 불교에서 말하는 극락세계를 가시지는 못한 것 같다. 만일 성철스님이 성불하지 못했다면 성철스님이 수행을 게을리해서 성불하지 못한 것일까?

2절 – 기독교에 대한 기본적인 이해

1) 기독교는 인간이 부족하고 연약하여 수행이라는 인간적 행위나 노력으로는 의롭다고 인정받을 인간이 없다는 것에서 출발한다. 인간은 하나님과 예수님을 믿음으로 하나님의 은혜로 의롭다고 인정받을 수 있다(롬 3:20, 28). 기독교는 "수고하고 무거운 짐 진 자들아 다 내게로 오라 내가 너희를 쉬게 하리라 나는 마음이 온유하고 겸손하니 나의 멍에를 메고 내게 배우라 그리하면 너희 마음이 쉼을 얻으리니 이는 내 멍에는 쉽고 내 짐은 가벼움이라 하시니라"(마 11:28-30)라는 말씀에서 알 수 있듯이, 인간에게 수행의 짐을 지우는 대신 오히려 수행의 짐에서 자유롭게 해주는 종교이다.

예수님은 형제에게 노(怒)하거나 욕설하는 것도 살인이라고 말씀하셨고(마 5:21-22), 음욕을 품고 여자를 보는 것도 마음에 이미 간음한 것이라고 말씀하셨다(마 5:28). 불법(佛法)도 위와 같은 예수님의 말씀과 마찬가지일 것이다. 불교의 불법이든 기독교의 율법이든 죄를 깨닫게 하는 기능을 할 뿐이고, 인간의 능력(수행)으로 이를 완전하게 실천하는 것은 불가능하다. 인간의 능력(수행)으로 성불의 경지에 이르는 것은 불가능하다고 보는 것이 솔직한 고백이 아닌가 싶다.

"율법의 행위로 그의 앞에 의롭다 하심을 얻을 육체가 없나니 율법으로는 죄를 깨달음이니라"(롬 3:20)

"그러므로 사람이 의롭다 하심을 얻는 것은 율법의 행위에 있지 않

고 믿음으로 되는 줄 우리가 인정하노라"(롬 3:28)

2) 내려놓음은 모든 종교에서 등장하는 단어이다. 기독교 외의 종교에서는 내려놓음을 욕심을 버리는 것, 무소유, 자신을 비우는 것 등의 의미로 이해하고 이를 위해 수행이나 명상을 강조한다. 기독교의 내려놓음은 인간이 하나님의 자녀이자 피조물이라는 신분을 자각하고 이를 인정하는 데에서 출발한다. 인간이 하나님의 자녀이자 피조물이라는 신분을 자각하고 이를 인정하지 않는다면, 교회에 출석하고 종교 생활을 하여도 다른 종교에서의 내려놓음과 아무런 차이가 없다.

기독교의 내려놓음은 혈과 육을 상대하는 것이 아니라 악한 영들을 상대하는 것으로, 인간의 수행이나 명상으로 해결할 수 있는 차원의 문제가 아니다. 오직 기도와 성령의 간구를 통해서만 가능하다(단 10:12-14; 막 9:28-29; 눅 22:31-32; 롬 8:26-27; 엡 6:10-18; 빌 4:4-7; 벧전 5:7-8).

기도는 하나님과의 인격적인 은밀한 교제(대화)로 나를 하나님의 뜻에 맞게 조율해 가는 것이다. 나를 하나님의 뜻에 조율해 가는 과정을 통해 나를 지배하는 탐심과 교만은 감사와 자족과 기쁨, 겸손과 사랑으로 변하고 모든 지각에 뛰어난 하나님의 평강이 우리의 마음과 생각을 지켜주신다(시 16:1-11; 전 8:1; 마 11:28-30; 요 14:27; 롬 5:1-5; 빌 4:4-7, 11-13; 골 3:15).

기독교의 내려놓음은 단순히 욕심을 버리거나 자신을 비우는 것에 그치는 것이 아니다. 그 빈 자리를 하나님과 예수님과 성령으로 채워 성령 충만, 즉 성령의 지배를 받는 데까지 나아가야 한다. 우리가 처절한 수행을 통해 자신을 비우고 내려놓아도 그 빈자리를 탐심과 교만보다 더 강한 하나님과 예수님과 성령으로 채우지 않으면 탐심과 교만이 다시 그 빈자리를 채운다(눅 11:21-26).

"강한 자가 무장을 하고 자기 집을 지킬 때에는 그 소유가 안전하되 더 강한 자가 와서 그를 굴복시킬 때에는 그가 믿던 무장을 빼앗고 그의 재물을 나누느니라 나와 함께 하지 아니하는 자는 나를 반대하는 자요 나와 함께 모으지 아니하는 자는 헤치는 자니라 더러운 귀신이 사람에게서 나갔을 때에 물 없는 곳으로 다니며 쉬기를 구하되 얻지 못하고 이에 이르되 내가 나온 내 집으로 돌아가리라 하고 가서 보니 그 집이 청소되고 수리되었거늘 이에 가서 저보다 더 악한 귀신 일곱을 데리고 들어가서 거하니 그 사람의 나중 형편이 전보다 더 심하게 되느니라"(눅 11:21-26).

3) 탐심과 교만은 자기중심적인 인간에게 있어 가장 본질적이고 강력한 본능이다. 탐심은 인간으로 하여금 계속 구하기만 하게 하고 만족이 없는 삶을 살아가게 한다. "은을 사랑하는 자는 은으로 만족하지 못하고 풍요를 사랑하는 자는 소득으로 만족하지 아니하나니 이것도 헛되도다"(전 5:10)라는 말씀은 탐심을 잘 설명해준다. 교만은 인간으로 하여금 내 능력과 노력으로 무엇이든지 할 수 있다는 자기최면을 걸면서 살아가게 한다.

불교는 혼자의 힘으로 빠져나올 수 없는 탐심과 교만의 늪에 빠진 사람이 혼자의 힘으로 빠져나올 수 있다는 생각으로, 옆에 구해 줄 존재가 있음에도 손을 내밀지 않고 혼자의 힘으로 빠져나오기 위해 필사적으로 발버둥을 치는 종교이다.

반면에 기독교는 탐심과 교만의 늪에서 혼자의 힘으로 빠져나올 수 없음을 인정하고 스스로 손을 내밀어 옆에 있는 존재(하나님)의 손을 잡으면, 옆에 있는 존재(하나님)가 탐심과 교만의 늪에서 빠져나오게 도와줄 뿐만 아니라 더러워진 몸까지 씻겨주고 편안한 휴식과 휴식처를 제공해 주는 종교이다(시 23:1-6, 30:1-12, 40:1-17; 마 11:28-30; 눅 15:11-24; 요 1:12-13, 3:16, 14:27; 계 21:1-8).

4) 기독교는 하나님과 예수님을 믿음으로 하나님의 자녀로 다시 태어나는 종교로 영적 죽음과 육체적 죽음의 문제, 현세와 내세에서의 구원과 영생의 문제를 다루는 종교이다. 하나님은 하나님과 예수님을 믿음으로 다시 태어난 사람에게 하나님의 자녀가 되는 권세와 현세와 내세에서의 구원과 영생을 약속하셨다(요 1:12-13, 3:3-7, 16, 11:25-26; 고후 5:17).

하나님이 약속하신 구원과 영생의 열매는 현세에서 마음의 자유와 평안, 감사와 자족과 기쁨, 형통 등이고(창 39:2-3; 신 6:1-9, 28:1-6, 29:9; 수 1:7; 시 1:1-6; 전 8:1; 마 5:1-12, 11:28-30; 요 14:27, 15:10-12; 롬 5:1-5; 빌 4:4-7, 11-13; 골 3:15; 약 1:2-4), **내세에서 천국 영생이다**(고전 15:19-23; 계 20:6, 11-15, 21:1-8).

바울의 "만일 죽은 자가 다시 살아나는 일이 없으면 그리스도도 다시 살아나신 일이 없었을 터이요 그리스도께서 다시 살아나신 일이 없으면 너희의 믿음도 헛되고 너희가 여전히 죄 가운데 있을 것이요 또한 그리스도 안에서 잠자는 자도 망하였으리니 만일 그리스도 안에서 우리의 바라는 것이 다만 이 세상의 삶뿐이면 모든 사람 가운데 우리가 더욱 불쌍한 자이리라 그러나 이제 그리스도께서 죽은 자 가운데서 다시 살아나사 잠자는 자들의 첫 열매가 되셨도다"(고전 15:16-20), "내가 사람의 방법으로 에베소에서 맹수와 더불어 싸웠다면 내게 무슨 유익이 있으리요 죽은 자가 다시 살아나지 못한다면 내일 죽을 터이니 먹고 마시자 하리라"(고전 15:32)라는 고백은 기독교의 본질을 잘 설명해준다.

"또 내가 새 하늘과 새 땅을 보니 처음 하늘과 처음 땅이 없어졌고 바다도 다시 있지 않더라 또 내가 보매 거룩한 성 새 예루살렘이 하나님께로부터 하늘에서 내려오니 그 준비한 것이 신부가 남편을 위하여 단장한 것 같더라 내가 들으니 보좌에서 큰 음성이 나서 이르되 보라 하나님의 장막이 사람들과 함께 있으매 하나님이 그들과 함께 계시리니 그들은 하나님의 백성이 되고 하나님은 친히 그들과 함께 계셔서 모든 눈물을 그 눈에서 닦아 주시니 다시는 사망이 없고 애통하는 것이나 곡하는 것이나 아픈 것이 다시 있지 아니하리니 처음 것들이 다 지나갔음이러라 보좌에 앉으신 이가 이르시되 보라 내가 만물을 새롭게 하노라 하시고 또 이르시되 이 말은 신실하고 참되니 기록하라 하시고 또 내게 말씀하시되 이루었도다 나는 알파와 오메가요 처음과 마지막이라 내가 생명수 샘물을 목마른 자에게 값없이 주리니 이기는 자는 이것들을 상속으로 받으리라 나는 그의 하나님이 되고 그는 내 아들이 되리라 그러나 두려워하는 자들과 믿지 아니하는 자들과 흉악한 자들과 살인자들과 음행하는 자들과 점술가들과 우상 숭배자들과 거짓말하는 모든 자들은 불과 유황으로 타는 못에 던져지리니 이것이 둘째 사망이라"(계 21:1-8)

3장
기독교에 대한 오해

1절 - 들어가는 말

기독교는 하나님과 예수님을 믿음으로 다시 태어나 하나님의 자녀가 되는 종교로 영적 죽음과 육체적 죽음의 문제, 현세와 내세에서의 구원과 영생의 문제를 다루는 종교이다. 하나님은 하나님과 예수님을 믿음에 있어 특별한 희생이나 많은 성경 지식을 요구하지 않으신다. 그럼에도 많은 사람이 기독교에 대해 비판적이고 반감이 있다. 기독교에 대한 반감은 상당 부분 기독교에 대한 오해에서 비롯된 것이다. 기독교에 대한 오해로 인해 생사화복을 주관하시는 하나님을 제대로 알지 못하여 믿지 못하는 것처럼 안타까운 일이 없다.

2절 – 기독교는 폐쇄적이고 배타적인 종교가 아니다

기독교는 하나님과 예수님을 믿음으로 다시 태어나 하나님의 자녀가 되어 구원을 받고 영생을 누리는 종교이다. 구원과 영생에 이르는 유일한 방법은 하나님과 예수님을 알고 믿는 것이다(요 1:12-13, 3:16-21, 17:3). 기독교가 어느 종교보다 사랑의 종교임에도 배타적으로 보이는 것은 기독교가 인간과 천지 만물의 시작, 영적 죽음과 육체적 죽음, 육체적 죽음 이후의 문제 등 인간에 대한 근본적인 문제를 직접적이고 구체적으로 다루고 있는 유일한 종교이고, 구원과 영생을 위해 하나님과 예수님에 대한 믿음을 요구하기 때문이다.

인간의 지식과 지혜로는 하나님을 알지 못하므로 전도의 방식으로 하나님의 말씀을 전하다 보니, 믿음으로 하나님과 예수님을 받아들이지 못하는 사람들의 눈에는 십자가의 도와 전도가 어리석게 보이고 기독교가 다른 종교에 대해 배타적인 것처럼 보인다(행 1:8; 고전 1:18, 21, 2:14).

반면에 기독교 외의 다른 종교들이 포용적인 것처럼 보이는 것은 인간과 천지 만물의 시작, 영적 죽음과 육체적 죽음, 육체적 죽음 이후의 문제 등 인간에 대한 근본적인 문제를 직접적이고 구체적으로 다루지 않고 명쾌한 해답을 주는 것이 아니기 때문에, 다른 종교와 대립이 생길 이유와 필요가 없기 때문이다.

기독교와 다른 종교는 서로 차원을 달리하는 것이지 배타성이나 우열의 문제가 아니다. 기독교가 배타적이라는 것은 기독교에 대한 가장 대표적인 오해이다. 기독교에 대한 비판 중 대표적인 것이 종교다원주의이다. 종교다원주의는 모든 종교는 상대적이며 본질적으로 동일하고, 기독교도 다양한 종교 중의 하나에 불과하며 기독교 외의 다른 종교에도 구원이 있다는 견해이다.

필자는 기독교와 다른 종교가 어떤 점에서 본질적으로 동일하다는 것인지, 과연 기독교의 구원과 종교다원주의가 말하는 구원이 동일한 것인지 의문이다. 종교다원주의에 대해서는 5편 24장에서 살펴보기로 한다.

독자 여러분이 여기부터 5편 23장까지를 읽음에 있어, 기독교가 과연 다른 종교와 본질적으로 동일한 것인지와 기독교의 구원이 다른 종교가 말하는 구원과 동일한 것인지에 대해 나름대로 답을 찾는다는 목적의식을 가지고 읽어 주셨으면 하는 바람이다.

"오직 성령이 너희에게 임하시면 너희가 권능을 받고 예루살렘과 온 유대와 사마리아와 땅 끝까지 이르러 내 증인이 되리라 하시니라"(행 1:8)

"십자가의 도가 멸망하는 자들에게는 미련한 것이요 구원을 받은 우리에게는 하나님의 능력이라"(고전 1:18)

"하나님의 지혜에 있어서는 이 세상이 자기 지혜로 하나님을 알지 못하므로 하나님께서 전도의 미련한 것으로 믿는 자들을 구원하시기를 기뻐하셨도다"(고전 1:21)

기독교가 배타적이라는 비판을 듣는 것은 유일신 교리 때문이기도 하지만, 기독교인들의 율법주의적인 왜곡된 선민의식과 이에 기한 바람직하지 못한 행동도 큰 비중을 차지한다. 기독교는 하나님과 이웃에 대한 사랑이 전부이다(출 20:1-17; 마 20:25-28, 22:34-40; 요 13:31-35; 고전 13:1-12).

하나님은 하나님을 믿는다면서 믿는 사람을 믿음에서 떠나게 하거나 믿지 아니하는 사람을 믿게 하는 데에서 멀어지게 하는 사람을 강하게 질책하신다(마 18:6-7). 무늬만 교회인 교회와 무늬만 기독교인인 기독교인을 보고 기독교를 비판하고 평가하는 데는 신중해야 한다(마 7:15-27; 눅 18:9-14).

> "누구든지 나를 믿는 이 작은 자 중 하나를 실족하게 하면 차라리 연자 맷돌이 그 목에 달려서 깊은 바다에 빠뜨려지는 것이 나으니라 실족하게 하는 일들이 있음으로 말미암아 세상에 화가 있도다 실족하게 하는 일이 없을 수는 없으나 실족하게 하는 그 사람에게는 화가 있도다"(마 18:6-7)
>
> "예수께서 제자들을 불러다가 가라사대 이방인의 집권자들이 저희를 임의로 주관하고 그 고관들이 그들에게 권세를 부리는 줄을 너희가 알거니와 너희 중에는 그렇지 않아야 하나니 너희 중에 누구든지 크고자 하는 자는 너희를 섬기는 자가 되고 너희 중에 누구든지 으뜸이 되고자 하는 자는 너희의 종이 되어야 하리라 인자가 온 것은 섬김을 받으려 함이 아니라 도리어 섬기려 하고 자기 목숨을

많은 사람의 대속물로 주려 함이니라"(마 20:25-28)

3절 - 기독교는 어느 종교보다도 인간을 위한 종교이다

불교는 인간을 자신의 괴로움을 자신의 노력과 의지로 해결할 수 있는 능력과 가능성을 가진 존재로 이해한다. 불교는 인본주의적인 종교로 언뜻 보면 인간 중심적이고 매력적으로 보일 수 있다. 문제는 불교가 수행을 통한 성불을 목표로 하는 종교이지만 성불은 험난한 수행 과정을 거쳐야 하고, 설령 수행 과정을 거쳐도 누구나 성불하는 것은 아니라는 것이다. 불교는 오히려 인간에게 수행의 짐을 지우는 수행 엘리트를 위한 종교라 할 수 있고, 인간을 위한 종교가 아니다.

반면에 하나님은 수행이나 율법의 행위로는 의롭다는 것을 인정받을 수 있는 인간이 없다는 것을 아시고 수행의 짐을 지우는 대신 하나님과 예수님에 대한 '믿음' 만을 요구하신다(롬 3:20, 28). 하나님은 하나님과 예수님을 믿는 자에게 하나님의 자녀가 되는 권세를 주시고(요 1:12-13), 부모가 자녀를 위해 무거운 짐을 대신 져주는 것처럼 우리의 무거운 짐을 대신 져주시고(마 11:28-30), 부모가 자녀의 필요를 알고 필요한 것을 공급해 주는 것처럼 우리의 필요를 아셔서 필요한 것을 공급해 주신다(마 6:30-33). 다만 인간이 탐심과 교만으로 인해 하나님이 주신 은혜를 은혜로 여기지 못하고 감사함으로 자족하지 못할 뿐이다.

하나님은 가출한 자녀의 부모가 자녀가 돌아오기를 밤낮으로 기다리는 것처럼, 우리가 하나님과 예수님을 믿어 하나님의 자녀가 되기를 밤낮으로 기다리고 계신다(겔 33:11; 눅 15:11-24; 딤전 1:16). 심지어 하나님은 죽음의 순간에도 우리와 함께해 주신다(행 6:5, 15, 7:55-56; 롬 8:38-39).

"너는 그들에게 말하라 주 여호와의 말씀이니라 나의 삶을 두고 맹세하노니 나는 악인이 죽는 것을 기뻐하지 아니하고 악인이 그의 길에서 돌이켜 떠나 사는 것을 기뻐하노라 이스라엘 족속아 돌이키고 돌이키라 너희 악한 길에서 떠나라 어찌 죽고자 하느냐 하셨다 하라"(겔 33:11)

"또 이르시되 어떤 사람에게 두 아들이 있는데 그 둘째가 아버지에게 말하되 아버지여 재산 중에서 내게 돌아올 분깃을 내게 주소서 하는지라 아버지가 그 살림을 각각 나눠 주었더니 그 후 며칠이 안 되어 둘째 아들이 재물을 다 모아 가지고 먼 나라에 가 거기서 허랑방탕하여 그 재산을 낭비하더니 다 없앤 후 그 나라에 크게 흉년이 들어 그가 비로소 궁핍한지라 가서 그 나라 백성 중 한 사람에게 붙여 사니 그가 그를 들로 보내어 돼지를 치게 하였는데 그가 돼지 먹는 쥐엄 열매로 배를 채우고자 하되 주는 자가 없는지라 이에 스스로 돌이켜 이르되 내 아버지에게는 양식이 풍족한 품꾼이 얼마나 많은가 나는 여기서 주려 죽는구나 내가 일어나 아버지에게 가서 이르기를 아버지 내가 하늘과 아버지께 죄를 지었사오니 지금부터는 아버지의 아들이라 일컬음을 감당하지 못하겠나이다 나를 품꾼의 하나로 보소서 하리라 하고 이에 일어나서 아버지께로 돌아가니라 아직도 거리가 먼데 아버지가 그를 보고 측은히 여겨 달려가 목을 안고 입을 맞추니 아들이 이르되 아버지 내가 하늘과 아버지께 죄를 지었사오니 지금부터는아버지의 아들이라 일컬음을 감당하지 못하겠나이다 하나 아버지는 종들에게 이르되 제일 좋은 옷을 내어다가 입히고 손에 가락지를 끼우고 발에 신을 신기라 그리고 살진 송아지를 끌어다가 잡으라 우리가 먹고 즐기자 이 내 아들은 죽었다가 다시 살아났으며 내가 잃었다가 다시 얻었노라 하니 그들이 즐거워하더라"(눅 15:11-24)

"내가 확신하노니 사망이나 생명이나 천사들이나 권세자들이나 현재 일이나 장래 일이나 능력이나 높음이나 깊음이나 다른 어떤 피조물이라도 우리를 우리 주그리스도 예수 안에 있는 하나님의 사랑에서 끊을 수 없으리라"(롬 8:38-39)

4절 - 기독교는 인간과 천지 만물의 시작, 인간의 사후(死後)에 대한 설명이 가능한 유일한 종교이다

불교에서 윤회의 인정 여부에 대해서 다툼이 있으나, 윤회를 인정한다면 불교도 언뜻 보기에는 인간의 시작과 사후의 문제를 다루고 있다고 볼 수도 있다. 그러나 윤회란 "인간이 죽어도 그 번뇌와 업(業)에 따라 육도(六道)[지옥도(地獄道), 아귀도(餓鬼道), 축생도(畜生道), 아수라도(阿修羅道), 인도(人道), 천도(天道)]의 세상에서 생사를 거듭한다"라는 것으로, 윤회를 인정하여도 인간의 시작과 사후의 문제에 대해서는 '인간은 윤회 과정에서 현세에 인간으로 태어났고 수행을 열심히 하다 죽으면 육도(六道) 중 하나로 환생하지만 무엇으로 환생할지 모르고 다만 성불하면 윤회의 사슬에서 벗어나 영원한 극락에 들어간다'라는 정도의 설명만이 가능하다.

그렇다면 불교는 윤회의 전제가 되는 인간과 천지 만물의 시작은 설명하지 못한다고 볼 수 있고, 죽음 이후의 문제를 다루고는 있지만 정작 죽어서 육도(六道) 중 어떤 것으로 환생하게 될지 모르는 상태에서 죽음을 맞이하게 되고 죽음 이후의 문제를 누가 어떠한 내용으로 주관하는지에 대한 구체적인 답은 주지 못한다.

반면에 기독교는 인간과 천지 만물의 시작은 하나님의 창조로 인한 것이고(창 1:1-31), 하나님과 예수님을 믿음으로 다시 태어난 사람은 육체적으로는 죽어도 육체적 죽음 이후에 신령하고 온전한 새로운 생명의 몸을 덧입고 둘째 사망의 심판을 받지 않는 영생을 누린다는 점을 명확히 한다(단 12:1-3; 마 25:46; 요 3:16, 11:25-26, 14:1-3; 롬 6:19-23; 고전 15:19-20, 50-57; 고후 5:1-5; 계 20:6, 11-15, 21:6-8). 기독교는 인간과 천지 만물의 시작, 영적 죽음과 육체적 죽음, 육체적 죽음 이후의 문제를 하나님이 모두 주관하신다는 점을 직접적이고 구체적으로 명확하게 설명한다.

"예수께서 이르시되 나는 부활이요 생명이니 나를 믿는 자는 죽어도 살겠고. 무릇 살아서 나를 믿는 자는 영원히 죽지 아니하리니 이것을 네가 믿느냐"(요 11:25-26)

"너희는 마음에 근심하지 말라 하나님을 믿으니 또 나를 믿으라 내 아버지의 집에 거할 곳이 많도다 그렇지 않으면 너희에게 일렀으리라 내가 너희를 위하여 거처를 예비하러 가노니 가서 너희를 위하여 거처를 예비하면 내가 다시 와서 너희를 내게로 영접하여 나 있는 곳에 너희도 있게 하리라"(요 14:1-3)

"만일 그리스도 안에서 우리가 바라는 것이 다만 이 세상의 삶뿐이면 모든 사람 가운데 우리가 더욱 불쌍한 자이리라 그러나 이제 그리스도께서 죽은자 가운데서 다시 살아나서 잠자는 자들의 첫 열매가 되셨도다"(고전 15:19-20)

5절 – 기독교인은 완전한 존재가 아니라 하나님을 믿음으로 완전해지기 위해 노력하는 존재이다

하나님 앞에서 율법의 행위로 의롭다는 것을 인정받을 수 있는 사람은 없다(롬 3:20). 기독교인들은 완벽한 사람들이 아니라 자신의 부족함을 인정하고 하나님과 예수님 안에서 하나님의 말씀대로 살아가려고 노력하는 사람들이다. 주위에서 보이는 눈에 거슬리는 무늬만 교회인 교회와 무늬만 기독교인인 기독교인을 보고 기독교를 폄

훼할 것이 아니라, 적어도 기독교가 무엇인지 정확히 알고 기독교에 대해 비판과 평가를 해야 한다(마 7:1-5; 눅 6:39-45).

단순히 교회에 출석한다고 해서 기독교인이 되는 것이 아니고 기독교인에게 합당한 열매를 맺어야 한다(마 5:13-16, 7:15-23; 눅 6:46-49). 비판의 대상이 되는 교회나 기독교인은 기독교인에게 합당한 열매가 없는 경우일 것이다.

성경은 "여호와께서 말씀하시되 너희의 무수한 제물이 내게 무엇이 유익하뇨 나는 숫양의 번제와 살진 짐승의 기름에 배불렀고 나는 수송아지나 어린 양이나 숫염소의 피를 기뻐하지 아니하노라 너희가 내 앞에 보이러 오니 이것을 누가 너희에게 요구하였느냐 내 마당만 밟을 뿐이니라"(사 1:11-12), "만군의 여호와가 이르노라 너희가 내 제단 위에 헛되이 불사르지 못하게 하기 위하여 너희 중에 성전 문을 닫을 자가 있었으면 좋겠도다 내가 너희를 기뻐하지 아니하며 너희가 손으로 드리는 것을 받지도 아니하리라"(말 1:10), "누구든지 나를 믿는 이 작은 자 중 하나를 실족하게 하면 차라리 연자 맷돌이 그 목에 달려서 깊은 바다에 빠뜨려지는 것이 나으니라 실족하게 하는 일들이 있음으로 말미암아 세상에 화가 있도다 실족하게 하는 일이 없을 수는 없으나 실족하게 하는 그 사람에게는 화가 있도다"(마 18:6-7), "경건의 모양은 있으나 경건의 능력은 부인하니 이같은 자들에게서 네가 돌아서라"(딤후 3:5), "깨끗한 자들에게는 모든 것이 깨끗하나 더럽고 믿지 아니하는 자들에게는 아무 것도 깨끗한 것이 없고 오직 그들의 마음과 양심이 더러운지라 그들이 하나님을 시인하나 행위로는 부인하니 가증한 자요 복종하지 아니하는 자요 모든 선한 일을 버리는 자니라"(딛 1:15-16)라는 말씀에서 알 수 있듯이, 기독교인에게 합당한 열매가 없는 무늬만 기독교인인 기독교인들의 문제점을 지적하고 있다.

"너희는 세상의 소금이니 소금이 그 맛을 잃으면 무엇으로 짜게 하리요 후에는 아무 쓸데 없어 다만 밖에 버려져 사람에게 밟힐 뿐이니라 너희는 세상의 빛이라 산 위에 있는 동네가 숨겨지지 못할 것이요 사람이 등불을 켜서 말 아래에 두지 아니하고 등경 위에 두나니 이러므로 집 안 모든 사람에게 비치느니라 이같이 너희 빛이 사람 앞에 비치게 하여 그들로 너희 착한 행실을 보고 하늘에 계신 너희 아버지께 영광을 돌리게 하라"(마 5:13-16)

"비판을 받지 아니하려거든 비판하지 말라 너희가 비판하는 그 비판으로 너희가 비판을 받을 것이요 너희가 헤아리는 그 헤아림으로 너희가 헤아림을 받을 것이니라 어찌하여 형제의 눈 속에 있는 티는 보고 네 눈 속에 있는 들보는 깨닫지 못하느냐 보라 네 눈 속에 들보가 있는데 어찌하여 형제에게 말하기를 나로 네 눈 속에 있는 티를 빼게 하라 하겠느냐 외식(外飾)하는 자여 먼저 네 눈 속에서 들보를 빼어라 그 후에야 밝히 보고 형제의 눈 속에서 티를 빼리라"(마 7:1-5)

"거짓 선지자들을 삼가라 양의 옷을 입고 너희에게 나아오나 속에는 노략질하는 이리라 그들의 열매로 그들을 알지니 가시나무에서 포도를 또는 엉겅퀴에서 무화과를 따겠느냐 이와 같이 좋은 나무마다 아름다운 열매를 맺고 못된 나무가 나쁜 열매를 맺나니 좋은 나무가 나쁜 열매를 맺을 수 없고 못된 나무가 아름다운 열매를 맺을 수 없느니라 아름다운 열매를 맺지 아니하는 나무마다 찍혀 불에 던져지느니라 이러므로 그들의 열매로 그들을 알리라 나더러 주여 주여 하는 자마다 다 천국에 들어갈 것이 아니요 다만 하늘에 계신 내 아버지의 뜻대로 행하는 자라야 들어가리라 그 날에 많은 사람이 나더러 이르되 주여 주여 우리가 주의 이름으로 선지자 노릇하며 주의 이름으로 귀신을 쫓아 내며 주의 이름으로 많은 권능을 행하지 아니하였나이까 하리니 그 때에 내가 그들에게 밝히 말하되 내가 너희를 도무지 알지 못하니 불법을 행하는 자들아 내게서 떠나가라 하리라"(마 7:15-23)

"너희는 나를 불러 주여 주여 하면서도 어찌하여 내가 말하는 것을 행하지 아니하느냐 내게 나아와 내 말을 듣고 행하는 자마다 누구와 같은 것을 너희에게 보이리라 집을 짓되 깊이 파고 주추를 반석 위에 놓은 사람과 같으니 큰 물이 나서 탁류가 그 집에 부딪치되 잘 지었기 때문에 능히 요동하지 못하게 하였거니와 듣고 행하지 아니하는 자는 주추 없이 흙 위에 집 지은 사람과 같으니 탁류가 부딪치매 집이 곧 무너져 파괴됨이 심하니라 하시니라"(눅 6:46-49)

6절 – 기독교는 헌금(십일조)을 강요하는 종교가 아니다

헌금은 십일조와 십일조 외의 봉헌물로 나누어 볼 수 있다. 십일조는 문자적으로는 소득의 10분의 1을 하나님께 드리는 것으로 이해할 수 있으나, 단순히 소득의 10분의 1을 드리는 것 이상의 의미가 있다. 성경적으로 숫자 1은 가장 좋은 것, 처음, 첫째의, 대표성 등의 의미가 있고, 숫자 10은 전체, 완전한 등의 의미가 있다. 십일조는 전체 소득 중에서 가장 좋은 것이나 처음 것을 나머지 소득을 대표해서 하나님께 드리는 것이다(레 27:26, 30).

십일조는 모든 소득이 하나님으로부터 온 것임을 인정하여 하나님보다 물질을 우선시하지 아니하겠다는 신앙고백으로, 탐심이라는 우상 숭배를 멀리하겠다는 의지의 표현이고 정의와 긍휼의 실천이다(신 14:22-29; 마 6:30-33, 23:23).

헌금(십일조)은 성직자들의 생계를 뒷받침하고 교회를 유지하며 선교와 사회적 섬김 활동을 위해 사용된다(신 14:26-29). 헌금 자체는 아무런 문제가 없다. 문제는 교회가 헌금을 어떻게 사용하는지, 헌금을 하는 사람이 어떠한 마음으로 헌금을 하는지이다. 하나님은 즐거이 내는 자발적인 헌금을 원하시고(출 25:2; 신 8:17-18; 마 6:8, 24, 30-33; 고후 9:6-11), 마음의 중심을 보신다(마 6:21, 24; 눅 18:10-14, 21:1-4).

기독교가 헌금(십일조)을 강요하는 종교로 오해를 받는 것은, 예를 들면 십일조를 하면 십일조로 낸 돈의 여러 배로 되돌려 주신다는 등의 일부 교회와 기독교인들의 기복신앙적인 잘못된 헌금에 대한 이해에서 기인한다. 헌금을 단순히 복을 받는 수단으로 생각하는 순간 교회는 종교사업이 되고 헌금은 복채가 될 위험성이 생긴다. 하나님은 헌금하는 사람의 마음을 보시고 형식에 치우치거나 본말이 전도된 헌금 생활을 질책하신다(사 1:11-12; 말 1:10; 마 23:23; 눅 21:1-4).

기독교에서 헌금은 하나님과 이웃에 대한 사랑의 실천과 훈련을 위한 신앙 및 재정 교육이다(신 14:22-29; 마 6:24). 헌금은 하나님이 우리의 필요를 아셔서 필요를 채워주시는 분이시고 재물은 물론이고 재물 얻을 능력도 하나님이 주신 것이라는 믿음에서, 감사함으로 자발적으로 드리는 것이지 단지 복 받기 위한 목적이나 기복적 신앙에 기초한 헌금 강요에 따라 드리는 것이 아니다(신 8:17-18; 고후 9:6-11). 올바르고 건전한 십일조는 탐심을 해결할 수 있는 현실적이고 중요한 방법이다. 십일조에 대한 보다 구체적인 내용은 5편 13장에서 살펴보기로 한다.

교회 중에 오해받을 만한 교회도 있고 기독교인 중에 복채를 내듯이 헌금을 하는 사람도 있으나, 이를 일반화하는 것은 받아들이기 어렵다. 종교단체 중에서 기독교단체가 사회봉사나 기부 등 나눔 생활에서 가장 활발하다는 점은 중요하고 존중받아야 한다. 헌금을 가지고 기독교를 비판하기에 앞서 나는 얼마나 나눔의 생활을 잘하고 있는지 되돌아볼 문제이다.

"이스라엘 자손에게 명령하여 내게 예물을 가져오라 하고 내는 자가 기쁜 마음으로 내게 바치는 모든 것을 너희는 받을지니라"(출

25:2)

"네 하나님 여호와를 기억하라 그가 네게 재물 얻을 능력을 주셨음이라 이같이 하심은 네 조상들에게 맹세하신 언약을 오늘과 같이 이루려 하심이니라"(신 8:18)

"여호와께서 말씀하시되 너희의 무수한 제물이 내게 무엇이 유익하뇨 나는 숫양의 번제와 살진 짐승의 기름에 배불렀고 나는 수송아지나 어린 양이나 숫염소의 피를 기뻐하지 아니하노라 너희가 내 앞에 보이러 오니 이것을 누가 너희에게 요구하였느냐 내 마당만 밟을 뿐이니라"(사 1:11-12)

"만군의 여호와가 이르노라 너희가 내 제단 위에 헛되이 불사르지 못하게 하기 위하여 너희 중에 성전 문을 닫을 자가 있었으면 좋겠도다 내가 너희를 기뻐하지 아니하며 너희가 손으로 드리는 것을 받지도 아니하리라"(말 1:10)

"한 사람이 두 주인을 섬기지 못할 것이니 혹 이를 미워하고 저를 사랑하거나 혹 이를 중히 여기고 저를 경히 여김이라 너희가 하나님과 재물을 겸하여 섬기지 못하느니라"(마 6:24)

"화 있을진저 외식하는 서기관들과 바리새인들이여 너희가 박하와 회향과 근채의 십일조는 드리되 율법의 더 중한 바 정의와 긍휼과 믿음은 버렸도다 그러나 이것도 행하고 저것도 버리지 말아야 할지니라"(마 23:23)

7절 – 맺는말

기독교는 기독교 교리에 대한 이해 부족과 하나님의 뜻에 따라 영과 진리로 드리는 진정한 예배는 뒷전인 무늬만 교회인 교회와 무늬만 기독교인인 기독교인으로 인해 많은 오해와 비판을 받는 것이 현실이고 이는 매우 안타까운 일이다.

기독교와 다른 종교는 서로 차원을 달리하는 것이지 배타성이나 우열의 문제가 아니다. 기독교가 배타적이라는 비판은 기독교에 대한 가장 대표적인 오해이고, 믿음으로 하나님과 예수님을 받아들이지 못하는 사람들의 눈에 전도가 다른 종교에 대해 배타적으로 보일 뿐이다.

"너는 말씀을 전파하라 때를 얻든지 못 얻든지 항상 힘쓰라 범사에 오래 참음과 가르침으로 경책하며 경계하며 권하라 때가 이르리니 사람이 바른 교훈을 받지 아니하며 귀가 가려워서 자기의 사욕을 따를 스승을 많이 두고 또 그 귀를 진리에서 돌이켜 허탄한 이야기를 따르리라"(딤후 4:2-4)라는 말씀에서 알 수 있듯이, 기독교에 대한 오해와 비판은 이상한 일이 아니다.

열심으로는 교회를 박해하고 율법의 의로는 흠이 없다고 말할 만큼 자신이 넘쳤던 바울은 예수님의 십자가 죽음과 부활을 경험하고 부활하신 예수님을 만나고 성령을 받은 이후에, "그러나 무엇이든지 내게 유익하던 것을 내가 그리스도를 위하여 다 해로 여길뿐더러 또한 모든 것을 해로 여김은 내 주 그리스도 예수를 아는 지식이 가장 고상하기 때문이라 내가 그를 위하여 모든 것을 잃어버리고 배설물로 여김은 그리스도를 얻고 그 안에서 발견되려 함이니 내가 가진 의는 율법에서 난 것이 아니요 오직 그리스도를 믿음으로 말미암은 것이니 곧 믿음으로 하나님께로부터 난 의라"(빌 3:7-9), "누가 철학과 헛된 속임수로 너희를 사로잡을까 주의하라 이것은 사람의 전통과 세상의 초등학문을 따름이요 그리스도를 따름이 아니니라"(골 2:8)라는 고백을 하였다. 바울의 위와 같은 고백은 기독교를 오해하고 비판하는 사람에게 교훈하는 바가 크다.

제4편

기독교의 기본내용(진리)

1장
들어가는 말

기독교의 기본내용(진리)이 무엇인지는 견해가 다양하지만 믿음, 소망, 사랑, 믿음·소망·사랑의 열매인 구원과 영생이 기독교의 기본내용(진리)이라 할 수 있다(마 22:34-40; 요 3:16; 고전 13:13; 벧전 1:9).

> "하나님이 세상을 이처럼 사랑하사 독생자를 주셨으니 이는 그를 믿는 자마다 멸망하지 않고 영생을 얻게 하려 하심이라"(요 3:16)
>
> "믿음, 소망, 사랑, 이 세 가지는 항상 있을 것인데 그 중의 제일은 사랑이라"(고전 13:13)
>
> "믿음의 결국 곧 영혼의 구원을 받음이라"(벧전 1:9)

2장
믿음

1절 – 무엇을 믿어야 하나?

1) "전능하사 천지를 만드신 하나님 아버지를 내가 믿사오며 그 외아들 우리 주 예수 그리스도를 믿사오니 이는 성령으로 잉태하사 동정녀 마리아에게 나시고 본디오 빌라도에게 고난을 받으사 십자가에 못 박혀 죽으시고 장사한 지 사흘 만에 죽은자 가운데서 다시 살아나시며 하늘에 오르사, 전능하신 하나님 우편에 앉아 계시다가 저리로서 산 자와 죽은 자를 심판하러 오시리라 성령을 믿사오며, 거룩한 공회와 성도가 서로 교통하는 것과 죄를 사하여 주시는 것과 몸이 다시 사는 것과 영원히 사는 것"(사도신경)을 믿는 것이다.

2) 하나님은 자기를 찾는 자에게 상(복) 주시는 이심을 믿어야 한

다(창 12:1-4, 15:1; 시 1:1-6; 잠 22:4; 마 5:1-12; 히 11:6). 하나님이 주시는 상 (복)에 대해서는 5편 8장에서 자세히 살펴보기로 한다.

"복 있는 사람은 악인들의 꾀를 따르지 아니하며 죄인들의 길에 서지 아니하며 오만한 자들의 자리에 앉지 아니하고 오직 여호와의 율법을 즐거워하여 그의 율법을 주야로 묵상하는도다 그는 시냇가에 심은 나무가 철을 따라 열매를 맺으며 그 잎사귀가 마르지 아니함 같으니 그가 하는 모든 일이 다 형통하리로다 악인들은 그렇지 아니함이여 오직 바람에 나는 겨와 같도다 그러므로 악인들은 심판을 견디지 못하며 죄인들이 의인들의 모임에 들지 못하리로다 무릇 의인들의 길은 여호와께서 인정하시나 악인들의 길은 망하리로다"(시 1:1-6)

"겸손과 여호와를 경외함의 보상은 재물과 영광과 생명이니라"(잠 22:4)

"믿음이 없이는 하나님을 기쁘시게 하지 못하나니 하나님께 나아가는 자는 반드시 그가 계신 것과 또한 자기를 찾는 자들에게 상 주시는 이심을 믿어야 할지니라"(히 11:6)

2절 – 구원의 조건인 믿음을 어떻게 이해할 것인가?

구원의 조건에 대해서는 구원은 오직 믿음만 있으면 된다는 '믿음 구원론'과 믿음 외에 행위까지 필요하다는 '행위 구원론'이 있다. 구원의 조건에 대한 믿음 구원론과 행위 구원론은 믿음을 어떻게 이해하느냐에 따라 표현 방식의 차이로 볼 수도 있다.

믿음은 "영접하는 자 곧 그 이름을 믿는 자들에게는 하나님의 자녀가 되는 권세를 주셨으니"(요 1:12)라는 말씀에서 알 수 있듯이, 하나님과 예수님을 영접[迎(맞이하다), 接(사귀다)]하는 것이다. 영접은 단순히 손님을 맞이하는 것에서 나아가 맞이한 손님과 진심으로 사귀거나 교제하는 데까지 나아가는 것이다.

믿음은 하나님 및 예수님과의 관계 문제이다. 믿음은 포도나무의 가지처럼 포도나무인 예수님으로부터 분리되지 않고 붙어 있는 것, 즉 예수님 안에 거하는 것이다. 예수님 안에 거하는 것은 하나님의 말씀이 내면화되어 내 살과 피가 되고, 하나님과 이웃을 사랑하라는 계명을 실천하는 것이다(요 6:53-56; 요 15:1-12; 요일 4:12-16). 포도나무인 예수님과 분리되지 않는다면 포도나무에서 다른 열매가 열리는 일은 없고, 포도는 자연스럽게 많이 열릴 것이다(마 7:15-20; 요 15:1-5; 롬 6:20-23).

믿음은 하나님 및 예수님과의 관계 문제로서 믿음 구원론과 행위 구원론은 같은 의미를 다르게 표현한 표현 방식의 차이이다. 믿음은 단순한 내적 확신의 문제가 아니다. 믿음은 입증되어야 한다. 믿음과 믿음의 열매인 행위는 분리될 수 없다. 믿음에 기초한 행위와 열매가 없는 믿음은 죽은 믿음이다(약 2:14-26).

예수님의 "이러므로 그들의 열매로 그들을 알리라 나더러 주여 주여 하는 자마다 다 천국에 들어갈 것이 아니요 다만 하늘에 계신 내 아버지의 뜻대로 행하는 자라야 들어가리라 그 날에 많은 사람이 나더러 이르되 주여 주여 우리가 주의 이름으로 선지자 노릇 하며 주의 이름으로 귀신을 쫓아 내며 주의 이름으로 많은 권능을 행하지 아니하였나이까 하리니 그 때에 내가 그들에게 밝히 말하되 내가 너희를 도무지 알지 못하니 불법을 행하는 자들아 내게서 떠나가라 하리라"(마 7:20-23)라는 말씀은 믿음과 구원을 이해하는데 도움이 된다.

"나는 참 포도나무요 내 아버지는 농부라 무릇 내게 붙어 있어 열매를 맺지 아니하는 가지는 아버지께서 그것을 제거해 버리시고 무릇 열매를 맺는 가지는 더 열매를 맺게 하려 하여 그것을 깨끗하게 하시느니라 너희는 내가 일러준 말로 이미 깨끗하여졌으니 내 안에 거하라 나도 너희 안에 거하리라 가지가 포도나무에 붙어 있지 아니하면 스스로 열매를 맺을 수 없음 같이 너희도 내 안에 있지 아니하면 그러하리라 나는 포도나무요 너희는 가지라 그가 내 안에, 내가 그 안에 거하면 사람이 열매를 많이 맺나니 나를 떠나서는 너희가 아무것도 할 수 없음이라"(요 15:1-5)

"내가 아버지의 계명을 지켜 그의 사랑 안에 거하는 것 같이 너희도 내 계명을 지키면 내 사랑 안에 거하리라 내 계명은 곧 내가 너희를 사랑한 것 같이 너희도 서로 사랑하라 하는 이것이니라"(요 15:10, 12)

"내 형제들아 만일 사람이 믿음이 있노라 하고 행함이 없으면 무슨 유익이 있으리요 그 믿음이 능히 자기를 구원하겠느냐"(약 2:14)

"영혼 없는 몸이 죽은 것 같이 행함이 없는 믿음은 죽은 것이니라"(약 2:26)

믿음은 말씀을 들음에서 나며 기도와 성령의 간구를 통해 생긴다(사 55:6-7; 겔 36:26; 마 7:7-8; 롬 8:26-27, 10:17). 믿음은 바라는 것들의 실상이요 보이지 않는 것들의 증거로서, 우리로 하여금 모든 세계가 하나님의 말씀으로 지어진 줄을 알게 한다(히 11:1-3).

믿음은 하나님의 열심과 은혜의 결과이다. 믿음이 하나님의 열심과 은혜의 결과라는 점은 아브라함과 야곱 등의 믿음이 장성해 가는 과정과 "이와 같이 성령도 우리의 연약함을 도우시나니 우리는 마땅히 기도할 바를 알지 못하나 오직 성령이 말할 수 없는 탄식으로 우리를 위하여 친히 간구하시느니라 마음을 살피시는 이가 성령의 생각을 아시나니 이는 성령이 하나님의 뜻대로 성도를 위하여 간구하심이니라"(롬 8:26-27)라는 말씀이 잘 설명해준다.

"너희는 여호와를 만날 만할 때에 찾으라 가까이 계실 때에 그를 부르라 악인은 그의 길을, 불의한 자는 그의 생각을 버리고 여호와께로 돌아오라 그리하면 그가 긍휼히 여기시리라 우리 하나님께로 돌아오라 그가 너그럽게 용서하시리라"(사 55:6-7)

"그러므로 믿음은 들음에서 나며 들음은 그리스도의 말씀으로 말미암았느니라"(롬 10:17)

인간은 하나님의 형상을 따라 자유의지를 가진 존재로 창조되었다는 점에서 하나님과 어떠한 관계를 맺을지는 각자의 선택에 달려있다. 우리가 하나님에 대한 믿음을 선택할 것인지는 자유이지만, "너희가 성경에서 영생을 얻는 줄 생각하고 성경을 연구하거니와 이 성경이 곧 내게 대하여 증언하는 것이니라"(요 5:39)와 "이는 하나님을 알 만한 것이 그들 속에 보임이라 하나님께서 이를 그들에게 보이셨느니라 창세로부터 그의 보이지 아니하는 것들 곧 그의 영원하신 능력과 신성이 그가 만드신 만물에 분명히 보여 알려졌나니 그러므로 그들이 핑계하지 못할지니라"(롬 1:19-20)라는 말씀에서 알 수 있듯이, 성경이 우리에게 선물로 주어졌고 천지 만물이 우리 앞에 있는 이상 하나님을 믿지 아니하는 선택에 대해 핑계는 대지 못할 문제이다.

3장
믿음과 소망

소망이란 무엇을 바라고 바라는 것이 어떻게 이루어지는지의 문제이다. 소망은 희망과 혼용되어 사용되기도 하지만 소망과 희망은 구별해야 한다. 기독교에서의 소망은 단순한 희망이나 기대가 아니라 전능하신 하나님 아버지에 대한 믿음으로, 모든 일에 기도와 간구로 구하는 것을 감사함으로 하나님께 아뢰고 행함과 기뻐함으로 인내하며 기다리는 것이다(롬 8:23-27; 빌 4:4-7).

믿음은 바라는 것들의 실상이요 보이지 아니하는 것들의 증거로서 보이지 아니하는 것들에 대한 소망을 가능하게 한다(롬 5:1-5, 8:23-25, 15:13; 히 11:1-3). 소망이 없는 믿음은 믿음이 아니고, 믿음에 기초하지 않은 소망은 성경이 말하는 소망이 아닌 단순한 기대(희망)에 불과하다. 행함과 열매가 없는 믿음이 죽은 믿음인 것처럼 행함과 열매가 없는 소망은 죽은 소망이다.

　우리의 필요를 아시고 필요를 채워주시는 하나님에 대한 믿음이 있기에 하나님 안에서 소망할 수 있고 소망으로 인해 환난 중에도 인내하고 기뻐하고 감사할 수 있다(시 16:1-11; 롬 5:1-5, 12:12, 15:13; 빌 4:11-13; 약 1:2-4). 나아가 믿음과 소망이 있기에 무엇을 하든지 어떠한 환경에서든지 하나님이 공급하시는 힘으로 하는 것같이 할 수 있다(사 40:27-31; 벧전 4:11).

"그러므로 우리가 믿음으로 의롭다 하심을 받았으니 우리 주 예수 그리스도로 말미암아 하나님과 화평을 누리자 또한 그로 말미암아 우리가 믿음으로 서 있는 이 은혜에 들어감을 얻었으며 하나님의 영광을 바라고 즐거워하느니라 다만 이뿐 아니라 우리가 환난 중에도 즐거워하나니 이는 환난은 인내를, 인내는 연단을, 연단은 소망을 이루는 줄 앎이로다 소망이 우리를 부끄럽게 하지 아니함은 우리에게 주신 성령으로 말미암아 하나님의 사랑이 우리 마음에 부은 바 됨이니"(롬 5:1-5)

"소망 중에 즐거워하며 환난 중에 참으며 기도에 항상 힘쓰며"(롬 12:12)

"소망의 하나님이 모든 기쁨과 평강을 믿음 안에서 너희에게 충만하게 하사 성령의 능력으로 소망이 넘치게 하시기를 원하노라"(롬 15:13)

"내 형제들아 너희가 여러 가지 시험을 당하거든 온전히 기쁘게 여기라 이는 너희 믿음의 시련이 인내를 만들어 내는 줄 너희가 앎이

라 인내를 온전히 이루라 이는 너희로 온전하고 구비하여 조금도 부족함이 없게 하려 함이라"(약 1:2-4)

인간이 바라는 것은 살아서 부귀영화를 누리다가 죽어서 평안하게 좋은 곳으로 가는 것이다. 기독교 외의 다른 종교는 생전의 문제인 부귀영화에 대해서 다루고 있고 이는 구함의 대상이나, 죽음과 죽음 이후의 문제에 대해서는 직접적이고 구체적으로 다루지 않는다. 그리고 구하는 것의 이루어짐은 각자도생의 문제로 본다.

반면에 기독교에서는 생전의 문제인 부귀영화는 물론이고 죽음과 죽음 이후의 문제도 소망의 대상이고(롬 8:23-25; 고전 15:19-22), 소망이 이루어짐은 각자도생의 문제가 아니라 하나님으로부터 온다고 본다(시 42:5, 62:5-8; 롬 15:13).

세상적인 관점에서는 부귀영화는 인간의 능력과 노력에 의해 획득하는 것으로 보지만, 성경은 부귀영화는 물론이고 부귀영화를 얻을 능력도 하나님이 주시는 것임을 명확히 한다(창 26:12-13; 출 35:30-31; 민 14:28; 신 8:16-18, 28:1-6; 시 62:5-8; 마 6:30-33, 7:7-8; 약 4:1-3). 부귀영화가 어디에서 오는지의 문제에 대한 관점은 부귀영화에 대한 우리의 태도와 직결되는 매우 중요한 문제이다. 이에 대해서는 6편 2장, 3장에서 자세히 살펴보기로 한다.

"네 조상들도 알지 못하던 만나를 광야에서 네게 먹이셨나니 이는 다 너를 낮추시며 너를 시험하사 마침내 네게 복을 주려 하심이었느니라 그러나 네가 마음에 이르기를 내 능력과 내 손의 힘으로 내가 이 재물을 얻었다 말할 것이라 네 하나님 여호와를 기억하라 그가 네게 재물 얻을 능력을 주셨음이라 이같이 하심은 네 조상들에게 맹세하신 언약을 오늘과 같이 이루려 하심이니라"(신 8:16-18)

"나의 영혼아 잠잠히 하나님만 바라라 무릇 나의 소망이 그로부터 나오는도다 오직 그만이 나의 반석이시오 나의 구원이시오 나의 요새이시니 내가 흔들리지 아니하리로다 나의 구원과 영광이 하나님께 있음이여 내 힘의 반석과 피난처도 하나님께 있도다 백성들아 시시로 그를 의지하고 그의 앞에 마음을 토하라 하나님은 우리의 피난처시로다"(시 62:5-8)

"구하라 그리하면 너희에게 주실 것이요 찾으라 그리하면 찾아낼 것이요 문을 두드리라 그리하면 너희에게 열릴 것이니 구하는 이마다 받을 것이요 찾는 이마다 찾아낼 것이요 두드리는 이에게는 열릴 것이니라"(마 7:7-8)

"만일 그리스도 안에서 우리가 바라는 것이 다만 이 세상의 삶뿐이면 모든 사람 가운데 우리가 더욱 불쌍한 자이리라 그러나 이제 그리스도께서 죽은 자 가운데서 다시 살아나사 잠자는 자들의 첫 열매가 되셨도다 사망이 한 사람으로 말미암았으니 죽은 자의 부활도 한 사람으로 말미암는도다 아담 안에서 모든 사람이 죽은 것 같이 그리스도 안에서 모든 사람이 삶을 얻으리라"(고전 15:19-22)

믿음과 소망은 장성해 가는 것이고 장성해 가야만 한다. 믿음과 소망이 그리스도의 장성한 분량에까지 이르도록 힘써 구원과 영생의 열매를 맺는 삶을 살아가야 한다(엡 4:13-16). 예수님의 십자가 죽음을 앞두고 예수님을 버리고 도망간 제자들(마 26:56; 막 14:50; 요 16:32)과 기독교인들을 죽이는 데까지 앞장섰던 바울(행 22:3-4)은 믿음과 소망이 장성하여 순교하는 데까지 나아갔다.

우리도 믿음과 소망이 장성하여 하박국의 "비록 무화과나무가 무성하지 못하며 포도나무에 열매가 없으며 감람나무에 소출이 없으며 밭에 먹을 것이 없으며 우리에 양이 없으며 외양간에 소가 없을지라도 나는 여호와로 말미암아 즐거워하며 나의 구원의 하나님으로 말미암아 기뻐하리로다 주 여호와는 나의 힘이시라 나의 발을 사슴과 같게 하사 나를 나의 높은 곳으로 다니게 하시리로다"(합 3:17-19)라는 기도가 우리의 기도가 되어야 한다.

> "우리가 다 하나님의 아들을 믿는 것과 아는 일에 하나가 되어 온전한 사람을 이루어 그리스도의 장성한 분량이 충만한 데까지 이르리니 이는 우리가 이제부터 어린 아이가 되지 아니하여 사람의 속임수와 간사한 유혹에 빠져 온갖 교훈의 풍조에 밀려 요동하지 않게 하려 함이라 오직 사랑 안에서 참된 것을 하여 범사에 그에게까지 자랄지라 그는 머리니 곧 그리스도라 그에게서 온 몸이 각 마디를 통하여 도움을 받음으로 연결되고 결합되어 각 지체의 분량대로 역사하여 그 몸을 자라게 하며 사랑 안에서 스스로 세우느니라"(엡 4:13-16)

4장
믿음과 소망과 사랑

1절 – 믿음과 소망과 사랑의 관계

기독교를 한 단어로 요약하면 사랑으로 요약할 수 있다. 기독교는 사랑의 종교로서 하나님의 인간에 대한 사랑, 인간의 하나님과 이웃에 대한 사랑이 기독교의 핵심이자 전부이다(출 20:1-17; 마 22:34-40; 요 13:34-35; 고전 13:1-12). 믿음과 소망과 사랑은 별개가 아니라 일체를 이룬다. 하나님과 예수님에 대한 믿음이 있으면 믿음에 기초한 소망으로 인해 외적 환경을 초월해 감사하며 인내하고 기뻐할 수 있고, 감사하는 마음이 있다면 외적 환경을 초월해 사랑을 실천할 수 있다.

사랑의 실천은 하나님 안에 거하는 것의 중요한 징표이고 하나님이 주시는 기쁨을 충만하게 한다(요 15:9-12; 요일 4:11-16). 우리가 하나님과 이웃을 사랑하는 것은, "피차 사랑의 빚 외에는 아무에게든지 아무 빚도 지지 말라 남을 사랑하는 자는 율법을 다 이루었느니라 간음하지 말라, 살인하지 말라, 도둑질하지 말라, 탐내지 말라 한 것과 그 외에 다른 계명이 있을지라도 네 이웃을 네 자신과 같이 사랑하라 하신 그 말씀 가운데 다 들었느니라 사랑은 이웃에게 악을 행하지 아니하나니 그러므로 사랑은 율법의 완성이니라"(롬 13:8-10) 라는 말씀에서 알 수 있듯이, 바로 십계명을 지키는 것이다.

"예수께서 사두개인들로 대답할 수 없게 하셨다 함을 바리새인들이 듣고 모였는데 그 중의 한 율법사가 예수를 시험하여 묻되 선생님 율법 중에서 어느 계명이 크니이까 예수께서 이르시되 네 마음을 다하고 목숨을 다하고 뜻을 다하여 주 너희 하나님을 사랑하라 하셨으니 이것이 크고 첫째 되는 계명이요 둘째도 그와 같으니 네 이웃을 네 자신 같이 사랑하라 하셨으니 이 두 계명이 온 율법과 선지자의 강령이니라"(마 22:34-40)

"내가 사람의 방언과 천사의 말을 할지라도 사랑이 없으면 소리 나는 구리와 울리는 꽹과리가 되고 내가 예언하는 능력이 있어 모든 비밀과 모든 지식을 알고 또 산을 옮길 만한 모든 믿음이 있을지라도 사랑이 없으면 내가 아무 것도 아니요 내가 내게 있는 모든 것으로 구제하고 또 내 몸을 불사르게 내줄지라도 사랑이 없으면 내게 아무 유익이 없느니라"(고전 13:1-3)

2절 – 하나님의 인간에 대한 사랑

하나님의 인간에 대한 사랑은 부모의 자녀에 대한 사랑과 유사한 면이 있기는 하지만, "우리가 아직 연약할 때에 기약대로 그리스도께서 경건하지 않은 자를 위하여 죽으셨도다 의인을 위하여 죽는 자가 쉽지 않고 선인을 위하여 용감히 죽는 자가 혹 있거니와 우리가 아직 죄인 되었을 때에 그리스도께서 우리를 위하여 죽으심으로 하나님께서 우리에 대한 자기의 사랑을 확증하셨느니라"(롬 5:6-8), "그러나 이 모든 일에 우리를 사랑하시는 이로 말미암아 우리가 넉넉히 이기느니라 내가 확신하노니 사망이나 생명이나 천사들이나 권세자들이나 현재 일이나 장래 일이나 능력이나 높음이나 깊음이나 다른 어떤 피조물이라도 우리를 우리 주 그리스도 예수 안에 있는 하나님의 사랑에서 끊을 수 없으리라"(롬 8:37-39)라는 말씀에서 알 수 있듯이, 부모의 자녀에 대한 사랑보다 더 위대하고 강력하다.

하나님은 예수님을 인간의 몸으로 보내시고 십자가에서 돌아가시게 하여 인간에 대한 하나님의 사랑을 확증하셨고, 예수님은 하나님의 뜻을 이루기 위해 묵묵히 십자가에서 돌아가셨다(마 1:21, 26:39; 요 1:14, 3:16, 19:30; 롬 5:6-8; 요일 4:7-16). 내가 죽을 만큼 힘들 때나 실제로 죽음을 맞이할 때 부모님을 포함한 어느 인간도 매 순간 나와 함께 해주거나 문제를 해결해 줄 수 없다. 오로지 각자 자신이 감당해야 한다. 그렇지만 하나님은 내가 홀로 감당해야 하는 매 순간순간, 특히 죽음의 순간에도 항상 나와 함께 하시고 나의 가장 든든한 사랑의 아버지가 되어 주신다(시 23:1-6; 롬 8:35-39).

3절 – 인간의 하나님에 대한 사랑

하나님이 인간에게 바라시는 하나님에 대한 사랑은 거창한 것이 아니다. 하나님이 바라시는 인간의 하나님에 대한 사랑은 하나님을 아버지로 인정해 주고 하나님으로부터 받은 복을 이웃에게 흘려보내는 것이다(창 12:2; 마 6:19-20, 33, 7:12, 25:35-40; 요 15:9-12). 인간의 하나님에 대한 사랑은 하나님에 대한 경외에서 출발한다. 하나님에 대한 경외가 없다면 하나님을 사랑을 할 수 없다. 하나님을 경외하는 것은 "태초에 하나님이 천지를 창조 하시니라"(창 1:1)에 대한 믿음이 있을 때 가능하다.

다윗의 "주께서 내 내장을 지으시며 나의 모태에서 나를 만드셨나이다 내가 주께 감사하옴은 나를 지으심이 심히 기묘하심이라 주께서 하시는 일이 기이함을 내 영혼이 잘 아나이다 내가 은밀한 데서 지음을 받고 땅의 깊은 곳에서 기이하게 지음을 받은 때에 나의 형체가 주의 앞에 숨겨지지 못하였나이다 내 형질이 이루어지기 전에 주의 눈이 보셨으며 나를 위하여 정한 날이 하루도 되기 전에 주의 책에 다 기록이 되었나이다 하나님이여 주의 생각이 내게 어찌 그리 보배로우신지요 그 수가 어찌 그리 많은지요 내가 세려고 할지라도 그 수가 모래보다 많도소이다 내가 깰 때에도 여전히 주와 함께 있나이다"(시 139:13-18)라는 고백과 욥의 "주께서는 못 하실 일이 없사오며 무슨 계획이든지 못 이루실 것이 없는 줄 아오니 무지한 말로 이치를 가리는 자가 누구니이까 나는 깨닫지도 못한 일을 말하였고 스스로 알 수도 없고 헤아리기도 어려운 일을 말하였나이다 내가 말하겠사오니 주는 들으시고 내가 주께 묻겠사오니 주여 내게 알게 하옵소서 내가 주께 대하여 귀로 듣기만 하였사오나 이제는 눈으로 주를 뵈옵나이다 그러므로 내가 스스로 거두어들이고 티끌과 재 가운데에서 회개하나이다"(욥 42:2-6)라는 고백은 하나님에 대한 경외와 사랑을 잘 설명해준다.

"너희를 위하여 보물을 땅에 쌓아 두지 말라 거기는 좀과 동록이 해하며 도둑이 구멍을 뚫고 도둑질하느니라 오직 너희를 위하여 보물을 하늘에 쌓아 두라 거기는 좀이나 동록이 해하지 못하며 도둑이 구멍을 뚫지도 못하고 도둑질도 못하느니라 네 보물 있는 그 곳에는 네 마음도 있느니라"(마 6:19-21), "내가 주릴 때에 너희가 먹을 것을 주었고 목마를 때에 마시게 하였고 나그네 되었을 때에 영접하였고 헐벗었을 때에 옷을 입혔고 병들었을 때에 돌보았고 옥에 갇혔을 때에 와서 보았느니라 이에 의인들이 대답하여 이르되 주여 우리가 어느 때에 주께서 주리신 것을 보고 음식을 대접하였으며 목마르신 것을 보고 마시게 하였나이까 어느 때에 나그네 되신 것을 보고 영접하였으며 헐벗으신 것을 보고 옷 입혔나이까 어느 때에 병드신 것이나 옥에 갇히신 것을 보고 가서 뵈었나이까 하리니 임금이 대답하여 이르시되 내가 진실로 너희에게 이르노니 너희가 여기 내 형제 중에 지극히 작은 자 하나에게 한 것이 곧 내게 한 것이니라 하시고"(마 25:35-40),

"우리가 사랑함은 그가 먼저 우리를 사랑하셨음이라 누구든지 하나님을 사랑하노라 하고 그 형제를 미워하면 이는 거짓말하는 자니 보는 바 그 형제를 사랑하지 아니하는 자는 보지 못하는 바 하나님을 사랑할 수 없느니라 우리가 이 계명을 주께 받았나니 하나님을 사랑하는 자는 또한 그 형제를 사랑할지니라"(요일 4:19-21)라는 말씀에서 알 수 있듯이, 이웃을 사랑하는 것이 바로 하나님을 사랑하는 것이다. 이웃을 사랑하지 못한다면 하나님에 대한 사랑도 불가능하다.

4절 – 이웃에 대한 사랑

사랑의 의미는 사람마다 다양하다. 사전적 의미의 사랑은 '아끼고 위하며 정성을 다하는 마음'이다. 사랑의 반대말은 무엇일까? 증오, 미움 등 다양할 수 있으나, 사랑을 이해하는데 도움이 되는 반대말은 '무관심' 또는 '긍휼히 여기는 것이 없음'이다. 무관심의 대표적인 것이 긍휼히 여기는 것이 없음이다. 이웃에 대한 무관심이 바로 사랑이 없는 것이고, 사랑은 이웃에 대해 관심을 가지고 관심을 표현하는 것이다. 사랑은 내가 누군가의 이웃이 되어 주는 것이다(눅 10:25-37). 내가 '선한 사마리아인 비유'(눅 10:25-37)에서의 선한 사마리아인인지와 나의 이웃은 레위인인지 제사장인지 병자인지 한 번 정도는 되돌아볼 필요가 있다.

사랑은 단순히 미워하지 않는다거나 증오하지 않는다는 소극적인 감정의 문제가 아니다. 사랑은 하나님과 이웃에 관심을 가지는 의지의 문제이자 사랑하라는 하나님의 명령을 실천하는 실천의 문제이다(마 25:35-40; 눅 6:31-36; 요 14:21; 요일 3:13-18). 사랑이 소극적인 감정의 문제가 아니라 의지의 문제이자 실천의 문제라는 것은, "남에게 대접을 받고자 하는 대로 너희도 남을 대접하라 너희가 만일 너희를 사랑하는 자만을 사랑한다면 칭찬받을 것이 무엇이냐 죄인들도 사랑하는 자는 사랑하느니라 너희가 만일 선대하는 자만을 선대하면 칭찬 받을 것이 무엇이냐 죄인들도 이렇게 하느니라 너희가 받기를 바라고 사람들에게 꾸어 주면 칭찬 받을 것이 무엇이냐 죄인들도 그만큼 받고자 하여 죄인에게 꾸어 주느니라 오직 너희는 원수를 사랑하고 선대하며 아무 것도 바라지 말고 꾸어 주라 그리하면 너희 상이 클 것이요 또 지극히 높으신 이의 아들이 되리니 그는 은혜를 모르는 자와 악한 자에게도 인자하시니라 너희 아버지의 자비로우심 같이 너희도 자비로운 자가 되라"(눅 6:31-36)라는 말씀에서 잘 알 수 있다.

성경에서 이웃에 대한 사랑은 "네 이웃을 네 자신 같이 사랑하라"(마 22:39), "내가 너희를 사랑한 것 같이 너희도 서로 사랑하라"(요 13:34), "아버지께서 나를 사랑하신 것 같이 나도 너희를 사랑하였으니 나의 사랑 안에 거하라 내가 아버지의 계명을 지켜 그의 사랑 안에 거하는 것 같이 너희도 내 계명을 지키면 내 사랑 안에 거하리라 내가 이것을 너희에게 이름은 내 기쁨이 너희 안에 있어 너희 기쁨을 충만하게 하려 함이라 내 계명은 곧 내가 너희를 사랑한 것 같이 너희도 서로 사랑하라 하는 이것이니라"(요 15:9-12)라는 말씀에서 알 수 있듯이, 하나님의 계명을 따라 감사함으로 나누는 것이지 시혜적으로 베푸는 것이 아니다.

성경에서의 이웃에 대한 사랑과 나눔은 평등과 분배 차원의 문제가 아니라, 하나님과 예수님 안에서 관계를 맺고 한 몸의 지체가 되어 서로 같이 돌보는 것이다(요 15:5, 10, 16; 롬 12:3-13; 고전 12:12-13:13). "네 이웃을 네 자신 같이 사랑하라"(마 22:39), "내가 너희를 사랑한 것 같이 너희도 서로 사랑하라"(요 13:34)라는 말씀은 성경이 요구하는 이웃에 대한 사랑의 성격과 정도를 잘 설명해준다.

> "우리가 한 몸에 많은 지체를 가졌으나 모든 지체가 같은 기능을 가진 것이 아니니 이와 같이 우리 많은 사람이 그리스도 안에서 한 몸이 되어 서로 지체가 되었느니라"(롬 12:4-5)

5절 – 가족 구성원 간의 사랑

1. 가정은 천국의 모형이고 사랑을 훈련하는 장소이다

가정은 천국의 가장 기본적인 모형이고, 가족은 특수한 형태의 이웃으로 볼 수 있다. 가족 구성원 간의 사랑은 현세에서 천국의 삶을 살아가기 위한 필수요건이다. 가정에서 가족 구성원 간의 사랑이 없다면 아무리 이웃에게 사랑으로 보이는 행동을 하여도 이는 사랑의 모양이 있을 뿐 진정한 사랑이라고 보기 어렵고 하나님에 대한 사랑도 불가능하다.

오늘날 가정 파탄의 대표적인 원인은 간음과 돈과 대화 단절이고, 이는 재물과 사회적 지위(명예)가 가정에서 신(神)이 된 결과이다. 현대의 가정은 가정에서 재물과 사회적 지위(명예)가 신(神)이 된 결과 남편과 아버지에 대한 존경과 남편과 아버지의 권위가 사라지고, 돈과 사회적 지위(명예)와 자녀의 명문대 진학이 가정의 최우선 순위가 되었다. 현대의 가정에서 좋은 남편과 아버지 기준은 가족에 대한 사랑이 아니라 사회적 지위(명예)나 경제적 능력이다. 어떻게 하면 가족 구성원 간에 사랑을 회복하고 사랑을 실천할 수 있을지 되돌아볼 필요가 있다.

2. 부부간의 사랑

가정에서의 부부관계는 단순한 육체적 결합을 넘어서는 영적인 관계이다(창 2:20-24; 호 2:2-5; 엡 5:30-33). 부부관계는 신랑과 신부로 비유되는 하나님과의 관계를 이해하는데 있어 많은 도움이 되고, 좋은 부부관계를 유지하는 것은 하나님과 이웃에 대한 사랑의 출발점이다. 부부관계에서 사랑을 실천하지 못한다면 이는 직접적으로 자녀의 정서와 가치관과 인생관에 중대한 악영향을 미친다.

부부관계에서 중요하고 문제가 되는 것 중의 하나가 간음이다. 부부관계에서의 간음은 10계명 중 1계명인 "너는 나 외에는 다른 신들을 네게 두지 말라"(출 20:3)를 위반하는 것과 본질적으로 같다. 부부관계에서의 간음은 단순히 부부간의 문제에 그치는 것이 아니라 하나님과의 문제이기도 하다(고전 6:18-20). 배우자에게 충실하지 못한 사람은 영적 배우자인 하나님에게도 충실할 수 없다.

간음은 아담이 선악과를 따 먹고 하나님의 낯을 피하여 동산 나무 사이에 숨은 것처럼 하나님 앞에 나아가지 못하게 한다(창 3:8-10). 동산 나무 사이에서 나와 하나님 앞에 나아가지 못한다면 영원히 하나님과의 관계가 단절되는 결과가 초래된다(창 6:3).

> "여호와께서 이르시되 나의 영이 영원히 사람과 함께 하지 아니하리니 이는 그들이 육신이 됨이라"(창 6:3)
> "음행을 피하라 사람이 범하는 죄마다 몸 밖에 있거니와 음행하는 자는 자기 몸에 죄를 범하느니라 너희 몸은 너희가 하나님께로부터 받은 바 너희 가운데 계신 성령의 전인 줄을 알지 못하느냐 너희는 너희 자신의 것이 아니라 값으로 산 것이 되었으니 그런즉 너희 몸으로 하나님께 영광을 돌리라"(고전 6:18-20)

남자와 여자는 한 몸의 지체이고 본질상 동일하나 하나님께서 주신 역할이 서로 다르다(엡 5:22-33). 가정 문제는 남편과 아내가 자기의 역할을 다하지 않는데서 시작된다. 남편과 아버지는 가정의 머리이고 남편과 아버지의 머리는 예수님이다(고전 11:3; 엡 5:23). 남편과 아버지는 하나님의 교훈과 훈계로 가정의 머리 역할을 해야 하고, 아내와 자녀는 남편과 아버지의 권위를 인정하고 존경해야 한다(엡 5:22-33, 6:1-4).

"그러므로 감독은 책망할 것이 없으며 한 아내의 남편이 되며 절제하며 신중하며 단정하며 나그네를 대접하며 가르치기를 잘하며 술을 즐기지 아니하며 구타하지 아니하며 오직 관용하며 다투지 아니하며 돈을 사랑하지 아니하며 자기 집을 잘 다스려 자녀들로 모든 공손함으로 복종하게 하는 자라야 할지며"(딤전 3:2-4), "남편들아 이와 같이 지식을 따라 너희 아내와 동거하고 그를 더 연약한 그릇이요 또 생명의 은혜를 함께 이어받을 자로 알아 귀히 여기라 이는 너희 기도가 막히지 아니하게 하려 함이라"(벧전 3:7)라는 말씀은 가정의 머리인 남편과 아버지의 올바른 모습을 잘 보여준다.

"아내들이여 자기 남편에게 복종하기를 주께 하듯 하라 이는 남편이 아내의 머리 됨이 그리스도께서 교회의 머리 됨과 같음이니 그가 바로 몸의 구주시니라 그러므로 교회가 그리스도에게 하듯 아내들도 범사에 자기 남편에게 복종할지니라 남편들아 아내 사랑하기를 그리스도께서 교회를 사랑하시고 그 교회를 위하여 자신을 주심 같이 하라 이는 곧 물로 씻어 말씀으로 깨끗하게 하사 거룩하게 하시고 자기 앞에 영광스러운 교회로 세우사 티나 주름 잡힌 것이나 이런 것들이 없이 거룩하고 흠이 없게 하려 하심이라 이와 같이 남편들도 자기 아내 사랑하기를 자기 자신과 같이 할지니 자기 아내를 사랑하는 자는 자기를 사랑하는 것이라 누구든지 언제나 자기 육체를 미워하지 않고 오직 양육하여 보호하기를 그리스도께서 교회에게 함과 같이 하나니 우리는 그 몸의 지체임이라 그러므로 사람이 부모를 떠나 그의 아내와 합하여 그 둘이 한 육체가 될지니 이 비밀이 크도다 나는 그리스도와 교회에 대하여 말하노라 그러나 너

희도 각각 자기의 아내 사랑하기를 자신 같이 하고 아내도 자기 남편을 존경하라"(엡 5:22-33)

결혼은 남자와 여자가 부모를 떠나 결합하여 한 몸이 되는 것이다(창 2:24; 엡 5:31). 결혼한 자녀와 부모 간에는 갈등이 발생하기도 하고, 때로는 부부관계와 부모 자녀 관계 중 하나를 선택해야 하는 상황이 발생하기도 한다. 부부관계와 부모 자녀 관계 사이의 갈등은 "이러므로 남자가 부모를 떠나 그의 아내와 합하여 둘이 한 몸을 이룰지로다"(창 2:24), "자녀들아 주 안에서 너희 부모에게 순종하라 이것이 옳으니라 네 아버지와 어머니를 공경하라 이것은 약속이 있는 첫 계명이니"(엡 6:1-2)라는 말씀과 관련되는 문제이다.

부부관계와 부모 자녀 관계 사이의 갈등은 "또 아비들아 너희 자녀를 노엽게 하지 말고 오직 주의 교훈과 훈계로 양육하라"(엡 6:4)라는 말씀에서 해답을 찾을 수 있다. 결혼한 자녀에 대한 부모의 개입은 하나님의 교훈과 훈계에 부합되어야 한다. 만일 결혼한 자녀에 대한 부모의 개입이 하나님의 교훈과 훈계에 부합하지 않는다면 부부관계가 우선시되어야 한다. 물론 우선시할 부부관계는 하나님의 뜻에 부합하는 부부관계임을 전제로 한다. 결혼한 자녀가 부모에게 맹목적으로 순종하는 것이 부모에 대한 공경과 효는 아니다.

3. 부모의 자녀에 대한 사랑

부모의 자녀에 대한 사랑은 하나님의 인간에 대한 사랑과 유사하고, 하나님의 인간에 대한 사랑을 조금이나마 이해하는데 도움이 된다. 부모가 되어 하나님의 사랑을 조금이나마 이해하는 계기가 되었다면 결혼을 해서 부모가 된 것은 하나님이 주신 크나큰 축복이다.

부모의 자녀에 대한 사랑은 무조건의 본능적 사랑이라는 점에서 사랑의 모양을 하고는 있지만 하나님의 교훈과 훈계가 없는 맹목적이고 왜곡된 사랑은 아닌지 살펴볼 필요가 있다(시 94:12-13; 잠 13:24, 22:15, 23:13-14, 29:17; 엡 6:4; 히 12:5-8). 부모가 하나님의 교훈과 훈계를 따라 살아가지 못한다면 자녀를 하나님의 교훈과 훈계로 양육할 수 없다. 부모가 자녀를 하나님의 교훈과 훈계로 양육하기 위해서는 먼저 부모가 하나님의 교훈과 훈계를 따라 살아가야 한다. 부모가 자녀를 하나님의 교훈과 훈계로 양육한다면 자녀가 노여워하는 일은 없을 것이다.

> "매를 아끼는 자는 그의 자식을 미워함이라 자식을 사랑하는 자는 근실히 징계하느니라"(잠 13:24)
>
> "아이의 마음에는 미련한 것이 얽혔으나 징계하는 채찍이 이를 멀리 쫓아내리라"(잠 22:15)
>
> "또 아비들아 너희 자녀를 노엽게 하지 말고 오직 주의 교훈과 훈계로 양육하라"(엡 6:4)
>
> "또 아들들에게 권하는 것 같이 너희에게 권면하신 말씀도 잊었도다 일렀으되 내 아들아 주의 징계하심을 경히 여기지 말며 그에게 꾸지람을 받을 때에 낙심하지 말라 주께서 그 사랑하시는 자를 징계하시

고 그가 받아들이시는 아들마다 채찍질하심이라 하였으니 너희가 참음은 징계를 받기 위함이라 하나님이 아들과 같이 너희를 대우하시나니 어찌 아버지가 징계하지 않는 아들이 있으리요 징계는 다 받는 것이거늘 너희에게 없으면 사생자요 친아들이 아니니라"(히 12:5-8)

4. 자녀의 부모에 대한 사랑

자녀의 부모에 대한 사랑은 하나님과 예수님을 믿음으로 다시 태어나 하나님 자녀가 된 사람의 하나님에 대한 사랑을 이해하는데 도움이 된다. 자녀의 부모에 대한 사랑은 약속이 있는 첫 계명으로 성경에서 특히 강조하고 있는 사랑이고 이는 순종과 공경으로 나타난다(출 20:12; 엡 6:1-3). 만일 자녀가 부모에게 순종하지 않고 부모를 공경하지 않는다면 하나님에 대한 순종과 공경도 불가능하다.

"자녀들아 주 안에서 너희 부모에게 순종하라 이것이 옳으니라 네 아버지와 어머니를 공경하라 이것은 약속이 있는 첫 계명이니 이로써 네가 잘되고 땅에서 장수하리라"(엡 6:1-3)

6절 – 사랑은 장성해 가야 한다

하나님이 우리에게 요구하시는 사랑의 기준은 "내가 너희를 사랑한 것 같이 너희도 서로 사랑하라"(요 13:34)라는 말씀에서 알 수 있다. 하나님은 예수님을 인간의 몸으로 보내시고 십자가에서 돌아가시게 하여 하나님의 인간에 대한 사랑을 확증하여 주셨고, 예수님은 하나님의 뜻을 이루기 위해 묵묵히 십자가에서 돌아가셨다(마 1:21, 26:39; 요 1:14, 3:16, 19:30; 롬 5:6-8; 요일 4:7-16).

하나님은 우리에게 "내가 너희를 사랑한 것 같이 너희도 서로 사랑하라"라고 말씀하시지만, 인간을 위해 예수님을 십자가에서 돌아가시게 한 하나님의 사랑은 우리가 도달할 수 없는 수준의 사랑이다. 그렇지만 우리는 하나님의 우리에 대한 무한한 사랑을 항상 염두에 두어, 우리의 하나님과 이웃에 대한 사랑이 하나님의 사랑에까지 장성해 가도록 부단히 노력해야 한다(고전 13:11; 엡 4:13-16).

> "내가 어렸을 때에는 말하는 것이 어린 아이와 같고 깨닫는 것이 어린 아이와 같고 생각하는 것이 어린 아이와 같다가 장성한 사람이 되어서는 어린 아이의 일을 버렸노라"(고전 13:11)
>
> "우리가 다 하나님의 아들을 믿는 것과 아는 일에 하나가 되어 온전한 사람을 이루어 그리스도의 장성한 분량이 충만한 데까지 이르리니 이는 우리가 이제부터 어린 아이가 되지 아니하여 사람의 속임수와 간사한 유혹에 빠져 온갖 교훈의 풍조에 밀려 요동하지 않게 하려 함이라 오직 사랑 안에서 참된 것을 하여 범사에 그에게까지 자랄지라 그에게서 온 몸이 각 마디를 통하여 도움을 받음으로 연결되고 결합되어 각 지체의 분량대로 역사하여 그 몸을 자라게 하며 사랑 안에서 스스로 세우느니라"(엡 4:13-16)

5장
구원과 영생

1절 – 구원과 영생에 대한 이해

1. 구원과 영생의 의미

　믿음의 결국은 구원과 영생이다(요 3:16; 롬 6:23; 벧전 1:9). 구원은 죄에서 건져냄을 의미하고, 영생은 사망에서 벗어남을 의미한다. 믿음의 열매인 구원과 영생은 죄의 삯이 사망이라는 점에서 같은 것을 다르게 표현한 것으로 볼 수 있다. 예수님은 십자가 죽음과 부활로 육체적 죽음 이후의 영생을 확증하여 주셨고, 영생에 대한 소망을 은혜로 주셨다.

　"하나님이 세상을 이처럼 사랑하사 독생자를 주셨으니 이는 그를

"믿는 자마다 멸망하지 않고 영생을 얻게 하려 하심이라"(요 3:16)

"죄의 삯은 사망이요 하나님의 은사는 그리스도 예수 우리 주 안에 있는 영생이니라"(롬 6:23)

"믿음의 결국 곧 영혼의 구원을 받음이라"(벧전 1:9)

구원과 영생은 하나님과 예수님을 믿음으로 다시 태어나 하나님의 자녀가 된 사람이(칭의)(요 1:12-13, 3:3-6; 롬 8:30; 고전 6:11), 현세에서 하나님과 예수님 안에서 하나님이 약속하신 복을 누리고 열매 맺는 거룩한 삶을 살다가(성화)(요 15:4-5; 벧전 1:13-25), 내세에서 천국 영생을 누리는 것(영화)(단 12:1-3; 마 25:46; 요 3:16, 11:25-26; 롬 6:19-23; 고전 15:19-20, 50-57; 고후 5:1-5; 계 20:6, 11-15, 21:6-8)으로 이해할 수 있다.

2. 현세에서의 영생

1) 우리는 영생을 육체적 죽음 이후의 문제로 생각하는 것에 익숙해져 있어 현세에서 누리는 영생의 문제는 생소한 것이 사실이다. 그러나 현세에서 누리는 영생은 살아가는 동안 하나님과 예수님에 대한 믿음과 순종을 선택함으로 얼마든지 누릴 수 있고, 현세에서 영생의 삶을 살아가는지는 육체적 죽음 이후에 이루어질 심판과 영생의 문제와 연결된다는 점에서 매우 현실적이고 중요한 문제이다(계 20:6, 11-15, 21:6-8, 27, 22:14-15).

2) 현세에서의 영생을 어떻게 이해할 것인가?

영생은 하나님과 예수님을 알고 믿는 것이다(요 5:39, 6:54-56, 8:31-32, 17:3; 요일 2:1-6). 하나님과 예수님을 믿음으로 다시 태어나 하나님과 예수님 안에 거하면 새로운 피조물인 하나님의 자녀가 된다(요 1:12-13; 고후 5:17; 계 21:1-2). 하나님과 예수님을 믿는 자는 심판을 받지 아니하고, 하나님과 예수님을 믿지 아니하는 자는 믿지 아니함으로 벌써 심판을 받은 자이고 죽은 자이다(요 3:18; 롬 1:28, 6:19-23; 계 3:1).

> "영접하는 자 곧 그 이름을 믿는 자들에게는 하나님의 자녀가 되는 권세를 주셨으니 이는 혈통으로나 육정으로나 사람의 뜻으로 나지 아니하고 오직 하나님께로부터 난 자들이니라"(요 1:12-13)
>
> "그를 믿는 자는 심판을 받지 아니하는 것이요 믿지 아니하는 자는 하나님의 독생자의 이름을 믿지 아니하므로 벌써 심판을 받은 것이니라"(요 3:18)
>
> "내 살을 먹고 내 피를 마시는 자는 영생을 가졌고 마지막 날에 내가 그를 다시 살리리니 내 살은 참된 양식이요 내 피는 참된 음료로다 내 살을 먹고 내 피를 마시는 자는 내 안에 거하고 나도 그의 안에 거하나니"(요 6:54-56)
>
> "또한 그들이 마음에 하나님 두기를 싫어하매 하나님께서 그들을 그 상실한 마음대로 내버려 두사 합당하지 못한 일을 하게 하셨으니"(롬 1:28)
>
> "그런즉 누구든지 그리스도 안에 있으면 새로운 피조물이라 이전

것은 지나갔으니 보라 새 것이 되었도다"(고후 5:17)

하나님은 하나님과 예수님을 믿음으로 다시 태어난 하나님의 자녀에게 현세에서 마음의 자유와 평안, 감사와 자족과 기쁨, 형통 등의 복을 약속하셨다(창 12:1-4, 39:2-3; 신 6:1-9, 28:1-6, 29:9; 수 1:7; 시 1:1-6; 전 8:1; 마 5:1-12, 11:28-30; 요 14:27, 15:10-12; 롬 5:1-5; 빌 4:4-7, 11-13; 골 3:15; 약 1:2-4). 현세에서의 영생은 하나님과 예수님을 믿음으로 다시 태어나 하나님의 자녀가 되어, 하나님과 예수님 안에서 하나님이 약속하신 복을 누리고 열매 맺는 거룩한 삶을 살아가는 것이다.

"바리새인들이 하나님의 나라가 어느 때에 임하나이까 묻거늘 예수께서 대답하여 이르시되 하나님의 나라는 볼 수 있게 임하는 것이 아니요 또 여기 있다 저기 있다고도 못하리니 하나님의 나라는 너희 안에 있느니라"(눅 17:20-21), "무릇 살아서 나를 믿는 자는 영원히 죽지 아니하리니 이것을 네가 믿느냐"(요 11:26)라는 말씀은 현세에서의 영생을 이해하는데 도움이 된다. 하나님과 예수님 안에서 누리는 영생에는 아래 2절에서 살펴보는 바와 같이 영생의 열매가 있고, 영생의 열매가 있는지에 따라 현세에서 영생의 삶을 살아가고 있는지 가늠해 볼 수 있다(마 7:15-20; 요 15:4-5).

3. 육체적 죽음 이후의 영생

육체적 죽음은 장막 집(육신)이 무너지고 신령하고 새로운 온전한 생명의 몸을 덧입는 것이다. 육체적 죽음은 영과 육의 분리일 뿐 단절이나 끝이 아니고 다른 존재로 새롭게 태어나는 다른 형태의 삶으로의 변화이다(고전 15:44, 53; 고후 5:1-5).

육체적 죽음 이후의 영생은 육체적 죽음이 다른 존재로 새롭게 태어나는 다른 형태의 삶으로의 변화라는 점에서, 신령하고 새로운 온전한 생명의 몸으로 변화되어 하나님과 함께 하나님이 약속하신 천국 영생의 삶을 사는 것이다. 우리는 부족하나마 요한계시록 4장, 5장, 20장, 21장, 22장 등에서 하나님이 약속하신 천국의 모습을 엿볼 수 있다.

> "만일 땅에 있는 우리의 장막 집이 무너지면 하나님께서 지으신 집 곧 손으로 지은 것이 아니요 하늘에 있는 영원한 집이 우리에게 있는 줄 아느니라 참으로 우리가 여기 있어 탄식하며 하늘로부터 오는 우리 처소로 덧입기를 간절히 사모하노라 이렇게 입음은 우리가 벗은 자들로 발견되지 않으려 함이라 참으로 이 장막에 있는 우리가 짐진 것같이 탄식하는 것은 벗고자 함이 아니요 오히려 덧입고자 함이니 죽을 것이 생명에 삼킨 바 되게 하려 함이라 곧 이것을 우리에게 이루게 하시고 보증으로 성령을 우리에게 주신 이는 하나님이시니라"(고후 5:1-5)

육체적 죽음 이후에 심판이 있고, 심판에 따라 영벌과 영생이 결정된다(단 12:1-3; 마 25:46; 요 3:16, 11:25-26; 롬 6:19-23; 고전 15:19-20, 50-57; 고후 5:1-5; 계 20:6, 11-15, 21:6-8). 우리가 육체적 죽음 이후의 삶을 준비할

수 있는 시간은 육체적 생명이 있는 때이다(눅 12:16-21, 16:19-31). 우리가 현세에서 하나님과 예수님 안에 거하는 영생의 삶을 살아가지 못한다면 육체적 죽음 이후의 영생도 주어지지 않는다. 우리가 살아서 믿지 않는다면 비록 육체적으로는 살아 있어도 영원히 죽은 것과 다름이 없다(계 3:1, 20:6, 11-15, 21:6-8).

"하나님이 세상을 이처럼 사랑하사 독생자를 주셨으니 이는 그를 믿는 자마다 멸망하지 않고 영생을 얻게 하려 함이라"(요 3:16)
"너희가 너희 지체를 부정과 불법에 내주어 불법에 이른 것 같이 이제는 너희 지체를 의에게 종으로 내주어 거룩함에 이르라 너희가 죄의 종이 되었을 때에는 의에 대하여 자유로웠느니라 너희가 그 때에 무슨 열매를 얻었느냐 이제는 너희가 그 일을 부끄러워하나니 이는 그 마지막이 사망임이라 그러나 이제는 너희가 죄로부터 해방되고 하나님께 종이 되어 거룩함에 이르는 열매를 맺었으니 그 마지막은 영생이라 죄의 삯은 사망이요 하나님의 은사는 그리스도 예수 우리 주 안에 있는 영생이니라"(롬 6:19-23)

육체적 죽음 이후의 영생은 예수님 재림 이전의 낙원과 음부와 관련되고(눅 16:22-24, 23:43; 고후 12:2, 4). 낙원과 음부는 예수님 재림 이후의 천국과 지옥과 관련된다(마 5:22, 18:8-9; 막 9:43-49; 계 20:10, 13-15, 21:1-27). 모든 육체는 유한하고 이 시간 이후에 무슨 일이 일어날지 아무것도 모른다(시 39:3-7, 90:1-12; 전 3:11; 사 40:6-8; 마 25:13; 약 4:13-14). 이것이 우리가 지금 당장 믿어야 하고 하루하루를 하나님이 우리에게 주신 선물이자 마지막 날이라고 생각하면서 살아가야 하는 이유이다.

"하나님이 모든 것을 지으시되 때를 따라 아름답게 하셨고 또 사람들에게는 영원을 사모하는 마음을 주셨느니라 그러나 하나님이 하시는 일의 시종을 사람으로 측량할 수 없게 하셨다"(전 3:11)
"들으라 너희 중에 말하기를 오늘이나 내일이나 우리가 어떤 도시에 가서 거기서 일 년을 머물며 장사하여 이익을 보리라 하는 자들아 내일 일을 너희가 알지 못하는도다 너희 생명이 무엇이냐 너희는 잠깐 보이다가 없어지는 안개니라"(약 4:13-14)

우리가 살아서 믿지 않은 결과를 뼈저리게 느끼게 해주는 좋은 예가 '부자와 거지 나사로의 비유'(눅 16:19-31)이다. 영적으로 죽은 상태로 육체적 죽음을 맞이한다면, 육체적 죽음 이후에 아무리 발버둥을 쳐도 영벌의 심판을 해결할 방법이 없다. 우리는 재물이 평안을 가져다 준다는 잘못된 생각으로 영원히 살 것처럼 재물만 사랑하다가 어느 날 갑자기 육체적 죽음을 맞이하는 어리석은 삶을 살지 말아야 한다(눅 12:16-21).

"또 비유로 그들에게 말하여 이르시되 한 부자가 그 밭에 소출이 풍성하매 심중에 생각하여 이르되 내가 곡식 쌓아 둘 곳이 없으니 어찌할까 하고 또 이르되 내가 이렇게 하리라 내 곳간을 헐고 더 크게 짓고 내 모든 곡식과 물건을 거기 쌓아 두리라 또 내가 내 영혼에게 이르되 영혼아 여러 해 쓸 물건을 많이 쌓아 두었으니 평안히 쉬고 먹고 마시고 즐거워하자 하리라 하되 하나님은 이르시되 어리석은 자여 오늘 밤에 네 영혼을 도로 찾으리니 그러면 네 준비한 것이 누구의 것이 되겠느냐 하셨으니 자기를 위하여 재물을 쌓아 두고 하나님께 대하여 부요하지 못한 자가 이와 같으니라"(눅 12:16-21)

"한 부자가 있어 자색 옷과 고운 베옷을 입고 날마다 호화롭게 즐기더라 그런데 나사로라 이름하는 한 거지가 헌데 투성이로 그의 대문 앞에 버려진 채 그 부자의 상에서 떨어지는 것으로 배불리려 하매 심지어 개들이 와서 그 헌데를 핥더라 이에 그 거지가 죽어 천사들에게 받들려 아브라함의 품에 들어가고 부자도 죽어 장사되매 그가 음부에서 고통중에 눈을 들어 멀리 아브라함과 그의 품에 있는 나사로를 보고 불러 이르되 아버지 아브라함이여 나를 긍휼히 여기사 나사로를 보내어 그 손가락 끝에 물을 찍어 내 혀를 서늘하게 하소서 내가 이 불꽃 가운데서 괴로워하나이다 아브라함이 이르되 얘 너는 살았을 때에 좋은 것을 받았고 나사로는 고난을 받았으니 이것을 기억하라 이제 그는 여기서 위로를 받고 너는 괴로움을 받느니라 그뿐 아니라 너희와 우리 사이에 큰 구렁텅이가 놓여 있어 여기서 너희에게 건너가고자 하되 갈 수 없고 거기서 우리에게 건너올 수도 없게 하였느니라 이르되 그러면 아버지여 구하노니 나사로를 내 아버지의 집에 보내소서 내 형제 다섯이 있으니 그들에게 증언하게 하여 그들로 이 고통받는 곳에 오지 않게 하소서 아브라함이 이르되 그들에게 모세와 선지자들이 있으니 그들에게 들을지니라 이르되 그렇지 아니하니이다 아버지 아브라함이여 만일 죽은 자에게서 그들에게 가는 자가 있으면 회개하리이다 이르되 모세와 선지자들에게 듣지 아니하면 비록 죽은 자 가운데서 살아나는 자가 있을지라도 권함을 받지 아니하리라 하였다 하시니라"(눅 16:19-31)

2절 – 현세에서의 구원과 영생은 그 열매로 알 수 있다

1. 마음의 자유와 평안이 있다

1) 우리가 하나님과 예수님을 믿음으로 다시 태어나 하나님과 예수님 안에 거하면, 하나님이 우리의 마음과 생각을 주장하시도록 내어 맡길 수 있고, 내가 어떠한 환경에 처해있을지라도 외적 환경을 초월해서 은혜로 주어지는 마음의 자유와 평안을 누릴 수 있다(시 16:1-11, 23:1-6; 전 8:1; 마 11:28-30; 막 4:35-41; 요 8:31-36, 14:27; 롬 12:12; 빌 4:4-7; 골 3:15). 마음의 자유와 평안은 모든 것이 형통함에서 오는 자유와 평안이 아니다. 인생의 풍랑 속에서도 외적 환경을 초월하여 하나님과 예수님 안에서 누리는 자유와 평안이다.

다윗의 "여호와여 내 마음이 교만하지 아니하고 내 눈이 오만하지 아니하오며 내가 큰 일과 감당하지 못할 놀라운 일을 하려고 힘쓰지 아니하나이다 실로 내가 내 영혼으로 고요하고 평온하게 하기를 젖 뗀 아이가 그의 어머니 품에 있음 같게 하였나니 내 영혼이 젖 뗀 아이와 같도다 이스라엘아 지금부터 영원까지 여호와를 바랄지어다"(시 131:1-3)라는 고백은 하나님이 은혜로 주시는 마음의 자유와 평안을 잘 설명해준다.

"수고하고 무거운 짐 진 자들아 다 내게로 오라 내가 너희를 쉬게 하리라 나는 마음이 온유하고 겸손하니 나의 멍에를 메고 내게 배우라 그리하면 너희 마음이 쉼을 얻으리니 이는 내 멍에는 쉽고 내 짐은 가벼움이라 하시니라"(마 11:28-30)

"소망 중에 즐거워하며 환난 중에 참으며 기도에 항상 힘쓰며"(롬 12:12)

"주 안에서 항상 기뻐하라 내가 다시 말하노니 기뻐하라 너희 관용을 모든 사람에게 알게 하라 주께서 가까우시니라 아무 것도 염려하지 말고 다만 모든 일에 기도와 간구로, 너희 구할 것을 감사함으로 하나님께 아뢰라 그리하면 모든 지각에 뛰어난 하나님의 평강이 그리스도 예수 안에서 너희 마음과 생각을 지키시리라"(빌 4:4-7)

"그리스도의 평강이 너희 마음을 주장하게 하라 너희는 평강을 위하여 한 몸으로 부르심을 받았나니 너희는 또한 감사하는 자가 되라"(골 3:15)

2) 하나님의 자녀로서 누리는 마음의 자유와 평안은 세상, 죄, 죽음으로부터의 자유와 평안으로 세상이 주는 것과 차원이 다르다(마 6:19-34; 요 8:31-36, 14:27; 롬 6:15-23). 진정한 마음의 자유와 평안은 하나

님과 예수님 안에 거하여, 구원과 영생에 대한 믿음과 소망을 가지고, 하나님에게 모든 것을 내어 맡기고 하나님의 인도하심을 따라 행할 때 하나님이 은혜로 주신다.

3) 하나님이 우리의 필요를 아시고 필요를 채워주시며 재물과 사회적 지위(명예)는 물론이고 재물과 사회적 지위(명예)를 얻을 능력도 하나님이 주신 것이라는 믿음은, 하나님의 청지기 신분과 사명을 자각하게 하고 나에게 주어진 재물과 사회적 지위(명예)에 대한 하나님의 뜻을 분별하여 탐심과 교만으로부터 자유할 수 있게 한다(마 5:13-16; 눅 12:13-21, 16:1-13, 19:1-9).

하나님 안에서 누리는 마음의 자유와 평안은 하나님의 뜻을 분별하여 하나님의 청지기 신분과 사명을 자각하고 순종할 때 가능하다. 청지기 사명에 기초한 부지런함은 마음의 자유와 평안을 위해서 필수적인 요소이다(잠 13:4; 벧전 4:10-11).

"게으른 자는 마음으로 원하여도 얻지 못하나 부지런한 자의 마음은 풍족함을 얻느니라"(잠 13:4)

2. 범사에 감사하고 항상 기뻐한다

1) 우리가 하나님과 예수님을 믿음으로 다시 태어나 하나님과 예수님 안에 거하면, 하나님이 우리의 필요를 아시고 필요를 채워주시며 우리의 재물과 사회적 지위(명예)뿐만 아니라 재물과 사회적 지위(명예)를 얻을 능력도 하나님이 주신 것임을 알게 되어, 내게 주신

재물과 사회적 지위(명예)에 대해 감사할 수 있고 외적 환경을 초월하여 감사하며 기뻐할 수 있다(합 3:16-19; 빌 4:4-7).

2) 감사와 기쁨은 세상적인 감사 거리나 기뻐할 일이 있을 때에만 하는 것이 아니다. 하나님과 예수님 안에서 어떤 상황에서든지 범사에 감사하고 항상 기뻐하는 것이다. 범사에 감사하고 항상 기뻐하는 것은 하나님이 바라시는 하나님의 명령이자 뜻이다. 범사에 감사하고 항상 기뻐할 수 있는 비결은 항상 하나님과 예수님 안에 거하며 쉬지 않고 기도하는 것이다. 물론 항상 하나님과 예수님 안에 거하며 쉬지 않고 기도하는 것은 영적 싸움의 문제로 쉬운 일은 아니다(엡 6:10-20; 벧전 5:8-9). 기도와 간구를 통해 감사와 기쁨을 선택하고 습관화해야 한다(요 15:4-5, 10-12; 롬 12:12; 빌 4:4-7; 살전 5:16-18).

> "소망 중에 즐거워하며 환난 중에 참으며 기도에 항상 힘쓰며"(롬 12:12)
>
> "항상 기뻐하라 쉬지 말고 기도하라 범사에 감사하라 이것이 그리스도 예수 안에서 너희를 향하신 하나님의 뜻이니라"(살전 5:16-18)

3) 기도는 하나님과의 인격적인 은밀한 교제(대화)로 나를 하나님의 뜻에 맞게 조율하게 해준다. 예수님의 "내 아버지여 만일 할 만하시거든 이 잔을 내게서 지나가게 하옵소서 그러나 나의 원대로 마시옵고 아버지의 원대로 하옵소서"(마 26:39)라는 기도는 하나님의 뜻에 조율하는 것이 무엇인지 잘 설명해준다. 하나님의 뜻에 조율된 우리

는 변하여 순금같이 되어 나오고, 하나님은 하나님의 뜻에 조율된 기도와 간구에 대해 하나님의 때에 하나님의 방법으로 응답해 주신다 (욥 23:10; 시 105:19, 139:17-18; 전 3:1, 11; 사 55:8-9; 마 6:30-33; 갈 6:9; 약 4:1-3).

> "범사에 기한이 있고 천하 만사가 다 때가 있나니"(전 3:1)
> "하나님이 모든 것을 지으시되 때를 따라 아름답게 하셨고 또 사람들에게는 영원을 사모하는 마음을 주셨느니라 그러나 하나님이 하시는 일의 시종을 사람으로 측량할 수 없게 하셨도다"(전 3:11)

3. 자족하는 삶을 산다

우리가 하나님과 예수님을 믿음으로 다시 태어나 하나님과 예수님 안에 거하면, 하나님의 보호하심에 대한 믿음과 하나님의 은혜에 대한 감사로 자족하는 삶을 살아간다. 자족은 하나님의 보호하심에 대한 믿음과 하나님의 은혜에 대한 감사가 있을 때 가능하다(시 23:1-6; 빌 4:11-13). 자족은 경건 생활에 큰 유익이 된다(딤전 6:6-10).

만족의 사전적 의미는 '모자람이 없이 충분하고 넉넉함'이다. 자족은 만족과 구별되고 일반적으로 '자기의 분수에 안분하고 만족하는 것'으로 이해된다. 성경에서의 자족은 자기의 분수를 알고 만족하는 것에 그치는 것이 아니라, 하나님의 섭리와 뜻을 분별하여 모든 일과 상황에서 하나님의 섭리와 뜻을 인정하는 데까지 나아가야 한다.

바울의 "내가 궁핍하므로 말하는 것이 아니니라 어떠한 형편에든지 나는 자족하기를 배웠노니 나는 비천에 처할 줄도 알고 풍부에 처할 줄도 알아 모든 일 곧 배부름과 배고픔과 풍부와 궁핍에도 처할 줄 아는 일체의 비결을 배웠노라 내게 능력 주시는 자 안에서 내가 모든 것을 할 수 있느니라"(빌 4:11-13)라는 고백은 자족을 잘 설명해준다.

"그러나 자족하는 마음이 있으면 경건은 큰 이익이 되느니라 우리가 세상에 아무 것도 가지고 온 것이 없으매 또한 아무 것도 가지고 가지 못하리니 우리가 먹을 것과 입을 것이 있은즉 족한 줄로 알 것이니라 부하려 하는 자들은 시험과 올무와 여러 가지 어리석고 해로운 욕심에 떨어지나니 곧 사람으로 파멸과 멸망에 빠지게 하는 것이라 돈을 사랑함이 일만 악의 뿌리가 되나니 이것을 탐내는 자들은 미혹을 받아 믿음에서 떠나 많은 근심으로써 자기를 찔렀도다"(딤전 6:6-10)

4. 하나님과 이웃에 대해 겸손하다

우리가 하나님과 예수님을 믿음으로 다시 태어나 하나님과 예수님 안에 거하면, 하나님의 천지창조를 믿을 수 있고 하나님을 경외하게 된다. 우리가 창조주 하나님을 믿고 경외하면 하나님의 자녀인 동시에 피조물이라는 인간의 신분을 자각하게 되고 하나님에 대해 겸손할 수 있다(출 3:5; 눅 18:9-14).

심령이 가난하고 애통하고 온유함은 겸손한 자의 성정으로 이해할 수 있다(마 5:3-5). 하나님에게 겸손하게 되면 하나님의 계명에 순종하게 되고 하나님의 계명인 하나님과 이웃에 대한 사랑이 가능하게 된다(마 22:34-40; 요 15:9-14). 하나님을 경외함과 겸손에 대한 보상은 재물과 영광과 생명이고(잠 22:4), 교만은 패망의 선봉이요 거만한 마음은 넘어짐의 앞잡이이다(잠 16:18).

"아버지께서 나를 사랑하신 것 같이 나도 너희를 사랑하였으니 나의 사랑 안에 거하라 내가 아버지의 계명을 지켜 그의 사랑 안에 거하는 것 같이 너희도 내 계명을 지키면 내 사랑 안에 거하리라 내가 이것을 너희에게 이름은 내 기쁨이 너희 안에 있어 너희 기쁨을 충만하게 하려 함이라 내 계명은 곧 내가 너희를 사랑한 것 같이 너희도 서로 사랑하라 하는 이것이니라 사람이 친구를 위하여 자기 목숨을 버리면 이보다 더 큰 사랑이 없나니 너희는 내가 명하는 대로 행하면 곧 나의 친구라"(요 15:9-14).

5. 성령의 열매를 맺는다

우리가 하나님과 예수님을 믿음으로 다시 태어나 하나님과 예수님 안에 거하면, 사랑과 희락과 화평과 오래 참음과 자비와 양선과 충성과 온유와 절제라는 성령의 열매를 맺는다(마 7:16-18; 요 15:1-12; 고전 13:1-13; 갈 5:16-26; 요일 3:14, 18-19).

"그들의 열매로 그들을 알지니 가시나무에서 포도를, 또는 엉겅퀴에서 무화과를 따겠느냐 이와 같이 좋은 나무마다 좋은 열매를 맺고 못된 나무마다 나쁜 열매를 맺나니 좋은 나무가 나쁜 열매를 맺을 수 없고 못된 나무가 아름다운 열매를 맺을 수 없느니라"(마 7:16-18) "자녀들아 우리가 말과 혀로만 사랑하지 말고 행함과 진실함으로 하자 이로써 우리가 진리에 속한 줄을 알고 또 우리 마음을 주 앞에서 굳세게 하리니"(요일 3:18-19)

6. 소명 의식을 가지고 산다

우리가 하나님과 예수님을 믿음으로 다시 태어나 하나님과 예수님 안에 거하면, 우리는 합력하여 선을 이루기 위해 하나님의 뜻대로 부르심을 받은 하나님의 청지기로서 하나님의 영광을 위해 살아가야 할 소명이 있다는 것을 자각하게 된다(창 1:26-28, 45:5, 50:20; 마 5:13-16; 요 1:12-13; 롬 8:28).

우리가 소명을 다하기 위해서는 무엇을 하든지 말에나 일에나 예수님의 이름으로 주께 하듯 하고, 하나님이 공급하시는 힘으로 하는 것 같이 하여야 한다(사 40:27-31; 골 3:17, 22-23, 4:1; 벧전 4:9-11). 우리가 하나님의 청지기 신분을 자각하고 소명 의식을 가지고 살아간다면 게으른 삶을 살 수 없을 것이다.

"너희는 세상의 소금이니 소금이 만일 그 맛을 잃으면 무엇으로 짜게 하리요 후에는 아무 쓸 데 없어 다만 밖에 버려져 사람에게 밟힐 뿐이니라 너희는 세상의 빛이라 산 위에 있는 동네가 숨겨지지 못할 것이요 사람이 등불을 켜서 말 아래에 두지 아니하고 등경 위에 두나니 이러므로 집 안 모든 사람에게 비치느니라 이같이 너희 빛이 사람 앞에 비치게 하여 그들로 너희 착한 행실을 보고 하늘에 계신 너희 아버지께 영광을 돌리게 하라"(마 5:13-16)

"우리가 알거니와 하나님을 사랑하는 자 곧 그의 뜻대로 부르심을 입은 자들에게는 모든 것이 합력하여 선을 이루느니라"(롬 8:28)

"또 무엇을 하든지 말에나 일에나 다 주 예수의 이름으로 하고 그를 힘입어 하나님 아버지께 감사하라"(골 3:17)

"무슨 일을 하든지 마음을 다하여 주께 하듯 하고 사람에게 하듯 하지 말라"(골 3:23)

"서로 대접하기를 원망 없이 하고 각각 은사를 받은 대로 하나님의 여러 가지 은혜를 받은 대로 하나님의 여러 가지 은혜를 받은 선한 청지기 같이 서로 봉사하라 만일 누가 말하려면 하나님의 말씀을 하는 것 같이 하고 누가 봉사하려면 하나님이 공급하시는 힘으로 하는 것 같이 하라 이는 범사에 예수 그리스도로 말미암아 하나님이 영광을 받으시게 하려 함이니 그에게 영광과 권능이 세세에 무궁하도록 있느니라 아멘"(벧전 4:9-11)

7. 형통의 복을 누린다

우리가 하나님과 예수님을 믿음으로 다시 태어나 하나님과 예수님 안에 거하면, 하나님이 약속하신 형통의 복을 누린다(창 12:1-4, 26:3-4, 39:2-3; 신 6:1-9, 28:1-6, 29:9; 수 1:7; 대상 22:3; 시 1:1-6). 형통의 사전적 의미는 '모든 일이 뜻과 같이 잘되어 감'이다. 성경적 의미의 형통은 모든 일이 내 뜻대로 잘되는 것이 아니라 하나님의 계획안에서 하나님의 뜻대로 잘되는 것이다. 탐심에 끌려다니는 삶 자체가 이미 심판받은 삶일 수도 있다는 점에서 내가 돈을 잘 벌고 높은 사회적 지위에 있다고 해서 좋아하기만 할 일은 아니다(시 37:1-40).

하나님이 계획하신 고난은 외적으로는 고난처럼 보이지만 형통의 과정이자 일부이다. 이를 잘 설명해주는 것이 요셉의 형통이다(창 39:1-41:57). 성경은 요셉이 누명을 쓰고 감옥에 갇혀 있는 상황조차도 형통이라는 단어를 쓰고 있다. 요셉의 "당신이 나를 이곳에 팔았다고 해서 근심하지 마소서 한탄하지 마소서 하나님이 생명을 구원하시려고 나를 당신들보다 먼저 보내셨나이다"(창 45:5), "당신들은 나를 해하려 하였으나 하나님은 그것을 선으로 바꾸사 오늘과 같이 많은 백성의 생명을 구원하게 하시려 하셨나니"(창 50:20)라는 고백은 성경이 말하는 형통을 잘 설명해준다.

전능하신 하나님 아버지에 대한 믿음과 믿음에 기초한 소망은 고난의 상황에서도 하나님의 뜻을 잘 분별하여 소명을 자각하고 하나님이 주시는 새 힘을 얻어 푯대를 향해 나아가게 한다(사 40:27-31; 빌 3:12-14).

> "야곱아 어찌하여 네가 말하며 이스라엘아 네가 이르기를 내 길은 여호와께 숨겨졌으며 내 송사는 내 하나님에게서 벗어난다 하느냐 너는 알지 못하였느냐 듣지 못하였느냐 영원하신 하나님 여호와,

땅 끝까지 창조하신 이는 피곤하지 않으시며 곤비하지 않으시며 명철이 한이 없으시며 피곤한 자에게는 능력을 주시며 무능한 자에게는 힘을 더하시나니 소년이라도 피곤하며 곤비하며 장정이라도 넘어지며 쓰러지되 오직 여호와를 앙망하는 자는 새 힘을 얻으리니 독수리가 날개치며 올라감 같을 것이요 달음박질하여도 곤비하지 아니하겠고 걸어가도 피곤하지 아니하리로다"(사 40:27-31)

"내가 이미 얻었다 함도 아니요 온전히 이루었다 함도 아니라 오직 내가 그리스도 예수께 잡힌 바 된 그것을 잡으려고 달려가노라 형제들아 나는 아직 내가 잡은 줄로 여기지 아니하고 오직 한 일 즉 뒤에 있는 것은 잊어버리고 앞에 있는 것을 잡으려고 푯대를 향하여 그리스도 예수 안에서 하나님이 위에서 부르신 부름의 상을 위하여 달려가노라"(빌 3:12-14)

8. 전도에 힘쓴다

우리가 하나님과 예수님을 믿음으로 다시 태어나 구원(영생)의 복을 받고 구원(영생)의 영광과 기쁨을 맛보았다면, 하나님과 예수님을 믿지 않는 사람들이 받아야 할 심판을 그냥 두고 볼 수 없을 것이고 전도에 힘쓰는 것은 당연한 일이 된다. 전도의 필요성을 느끼지 못하고 전도에 힘쓰지 않는다면, 내가 구원받지 못하였고 영생의 삶을 살지 못하고 있는 것은 아닌지 믿음의 상태를 진지하게 점검해 보아야 한다.

예수님이 부활하신 후 승천하시기 전 제자들에게 하신 마지막 말씀은 온 천하 만민에게 땅 끝까지 복음을 전파하라는 것이다(마 28:19-20; 막 16:15-16; 행 1:8). 땅 끝은 멀리 있는 것이 아니라 내가 있는 이곳이 바로 땅 끝의 시작이다. 우리가 복음을 전하는 것은 의무이고 복음을 전하지 않는 것은 죄이다(겔 2:1-7, 3:16-21, 33:1-9; 욘 3:1-10; 요 6:38-40; 롬 10:13-14; 고전 1:18-21, 3:7, 9:16; 딤후 4:2-5).

바울의 "내가 그리스도 안에서 참말을 하고 거짓말을 아니하노라 나에게 큰 근심이 있는 것과 마음에 그치지 않는 고통이 있는 것을 내 양심이 성령 안에서 나와 더불어 증언하노니 나의 형제 곧 골육의 친척을 위하여 내 자신이 저주를 받아 그리스도에게서 끊어질지라도 원하는 바로라"(롬 9:1-3)라는 고백이 우리의 고백이 되길 바란다.

우리가 전도에 힘쓴다면 구원(영생)의 확신, 구원(영생)의 영광과 기쁨, 하나님의 상급(賞給)이 더 충만해지는 하나님의 은혜를 누릴 수 있을 것이다.

"칠 일 후에 여호와의 말씀이 내게 임하여 이르시되 인자야 내가 너를 이스라엘 족속의 파수꾼으로 세웠으니 너는 내 입의 말을 듣고 나를 대신하여 그들을 깨우치라 가령 내가 악인에게 말하기를 너는 꼭 죽으리라 할 때에 네가 깨우치지 아니하거나 말로 악인에게 일러서 그의 악한 길을 떠나 생명을 구원하게 하지 아니하면 그 악인은 그의 죄악 중에서 죽으려니와 내가 그의 피 값을 네 손에서 찾을 것이고 네가 악인을 깨우치되 그가 그의 악한 마음과 악한 행위에서 돌이키지 아니하면 그는 그의 죄악 중에서 죽으려니와 너는 네 생명을 보존하리라 또 의인이 그의 공의에서 돌이켜 악을 행할 때에는 이미 행한 그의 공의는 기억할 바 아니라 내가 그 앞에 거치는 것을 두면 그가 죽을지니 이는 네가 그를 깨우치지 않음이니라 그는 그의 죄 중에서 죽으려니와 그의 피 값은 내가 네 손에서 찾으리라 그러나 네가 그 의인을 깨우쳐 범죄하지 아니하게 함으로 그가 범죄하지 아니하면 정녕 살리니 이는 깨우침을 받음이며 너도 네 영혼을 보존하리라"(겔 3:16-21)

"또 이르시되 너희는 온 천하에 다니며 만민에게 복음을 전파하라"(막 16:15)

"누구든지 주의 이름을 부르는 자는 구원을 받으리라 그런즉 그들이 믿지 아니하는 이를 어찌 부르리요 듣지도 못한 이를 어찌 믿으리요 전파하는 자가 없이 어찌 들으리요"(롬 10:13-14)

"그런즉 심는 이나 물 주는 이는 아무 것도 아니로되 오직 자라게 하시는 이는 하나님뿐이니라"(고전 3:7)

"내가 복음을 전할지라도 자랑할 것이 없음은 내가 부득불 할 일임이니라 만일 복음을 전하지 아니하면 내게 화가 있을 것이로다"(고전 9:16)

6장
맺는말

성경은 분량이 많은 책이지만 기독교의 기본내용(진리)은 의외로 간단하다. 하나님과 예수님에 대한 믿음이 있으면 믿음에서 나오는 소망으로 인해 외적 환경을 초월해 인내하며 감사할 수 있고, 감사하는 마음이 있다면 경제적이나 시간적 여유, 인간관계 등 외적 환경을 초월해 하나님의 영광을 위해 사랑을 실천할 수 있다.

현세에서 위와 같은 삶을 살아가면, 현세에서 하나님과 예수님 안에서 하나님이 약속하신 복을 누리고 열매 맺는 거룩한 삶을 살다가, 내세에서 천국 영생을 누릴 수 있다. 내가 지금 현세에서 영생의 삶을 살지 못하고 있다면, '잃은 아들을 되찾은 아버지 비유'(눅 15:11-32)에 등장하는 아버지의 집을 나간 탕자의 삶을 살고 있는 것은 아닌지 나의 믿음 상태를 진지하게 되돌아 보아야 한다.

제5편

기독교에서 문제가 되는 주제에 대한 단상(斷想)

1장
들어가는 말

성경에는 난해한 주제들이 많고 주제 하나하나가 심오하고 많은 내용을 가지고 있다. 여기에서는 필자가 평소에 관심을 가졌던 주제들을 중심으로 부족하나마 필자의 생각을 간단히 정리해 보고자 한다. 물론 이하의 내용이 신학적으로 예민한 주제들이어서 독자 중에는 본서에 기재된 내용 중 받아들이기 어려운 부분이 있을 수 있으나, 필자와 같은 생각을 하는 사람도 있다는 정도로 선해(善解)해 주시기를 바란다.

2장
하나님과 예수님과 성령은 누구인가?

    하나님과 예수님과 성령이 누구인지의 문제는 시간과 공간의 제약을 받는 3차원의 세계에서 살아가고 있는 인간의 미천한 지식과 사고 수준으로는 완벽하게 이해하는 것이 불가능하다. 필자는 필자의 능력으로는 하나님과 예수님과 성령이 누구인지와 하나님과 예수님과 성령의 관계에 대해 성경 내용 외에는 신학적 설명을 할 자신이 없어 위 주제를 언급할 것인지 많이 고민하였으나, 같이 묵상해보는 시간을 갖는 것도 의미가 있겠다는 생각에서 언급하기로 하였다.

    다만 필자의 부족한 신학 지식으로 인해 심오한 신학적인 접근 대신 관련 성경 기록을 나열하는 정도에 그치고자 하니, 독자 여러분이 각자 결론을 내려보시길 바란다.

1절 – 하나님은 존재하는가? 존재한다면 하나님은 누구인가?

1. 하나님은 존재하는가?

하나님의 존재를 증명하기 위해서 존재론적 논증, 목적론적 논증, 우주론적 논증, 도덕적 논증 등 다양한 견해가 있다. 필자는 "너희가 성경에서 영생을 얻는 줄 생각하고 성경을 연구하거니와 이 성경이 곧 내게 대하여 증언하는 것이니라"(요 5:39), "모세를 믿었더라면 또 나를 믿었으리니 이는 그가 내게 대하여 기록하였음이라 그러나 그의 글도 믿지 아니하거든 어찌 내 말을 믿겠느냐"(요 5:46), "이는 하나님을 알 만한 것이 그들 속에 보임이라 하나님께서 이를 그들에게 보이셨느니라 창세로부터 그의 보이지 아니하는 것들 곧 그의 영원하신 능력과 신성이 그가 만드신 만물에 분명히 보여 알려졌나니 그러므로 그들이 핑계하지 못할지니라"(롬 1:19-20)라는 말씀이 하나님의 존재에 대한 중요한 증거라고 본다.

하나님의 존재를 믿을 것인지는 각자의 선택 문제이지만, 성경이 우리에게 선물로 주어졌고 천지 만물이 우리 앞에 있는 이상, 하나님을 믿지 아니하는 선택에 대해 핑계는 대지 못할 문제이다. 하나님의 천지창조와 예수님에 대한 성경 기록이 객관적이고 믿을 만하다는 점에 대해서는 2편에서 살펴본 바와 같다.

2. 하나님은 누구인가?

하나님은 스스로 있는 분으로 이제도 있고 전에도 있었고 장차

올 자요 전능한 분이고, 알파와 오메가요 처음과 마지막이요 시작과 마침이시다(출 3:13-14; 사 44:6, 48:12; 계 1:8, 21:6, 22:13). 하나님이 누구인가와 관련하여서는 모든 결과에는 원인이 있다는 논리에 기초하여, 신이 있다고 해도 그 신의 존재를 가능하게 한 다른 원인이나 신이 있다는 논리로 유일신 하나님을 부정하는 사람이 있다. 시간과 공간의 제약을 받는 3차원의 세계에서 살아가고 있는 인간의 지식과 사고 수준으로는 위와 같은 생각을 할 수도 있다.

위와 같은 문제는 성경이 하나님이 스스로 있는 분으로 이제도 있고 전에도 있었고 장차 올 자요 전능한 분이고, 알파와 오메가요 처음과 마지막이요 시작과 마침이심을 명확히 하고 있는 이상 논쟁의 영역이 아닌 믿음의 영역으로 보아야 한다. 위 문제로 머리 아프게 고민할 필요가 없다. 설령 하나님 위에 다른 존재가 있다고 하여도, 적어도 성경의 하나님은 전지전능한 분이시다. 하나님의 약속(말씀)을 믿고 살아간다면, 신실하시고 전지전능하신 하나님이 약속(말씀)하신 대로 다 알아서 해주시지 않을까?

필자가 아는 바로는 인간과 천지 만물을 창조하였음을 선포하고, 자기가 말(예언, 약속)한 것을 기록하게 하여 말한 것이 그대로 이루어지는지 지켜보게 하고, 말한 것이 그대로 이루어지도록 모든 것을 주관하는 존재는 하나님이 유일하시다(창 3:15, 15:12-21; 출 3:21-22, 11:1-3, 12:31-36, 40-41; 신 18:21-22; 수 1:3-4; 스 1:1-3; 사 40:12-26, 41:21-24; 렘 29:10, 14; 욜 2:28-29; 마 1:21-23; 요 19:30; 행 2:1-13 등).

"모세가 하나님께 아뢰되 내가 이스라엘 자손에게 가서 이르기를 너희의 조상의 하나님이 나를 너희에게 보내셨다 하면 그들이 내게 묻기를 그의 이름이 무엇이냐 하리니 내가 무엇이라고 그들에게 말하리이까 하나님이 모세에게 이르시되 나는 스스로 있는 자이니라 또 이르시되 너는 이스라엘 자손에게 이같이 이르기를 스스로 있는 자가 나를 너희에게 보내셨다 하라"(출 3:13-14)

"네가 마음속으로 이르기를 그 말이 여호와께서 이르신 말씀인지 우리가 어떻게 알리요 하리라 만일 선지자가 있어 여호와의 이름으로 말한 일에 증험도 없고 성취함도 없으면 이는 여호와께서 말씀하신 것이 아니요 그 선지자가 제 마음대로 한 말이니 너는 그를 두려워하지 말지니라"(신 18:21-22)

"바사 왕 고레스 원년에 여호와께서 예레미야의 입을 통하여 하신 말씀을 이루게 하시려고 바사 왕 고레스의 마음을 감동시키시매 그가 온 나라에 공포도 하고 조서도 내려 이르되 바사 왕 고레스는 말하노니 하늘의 하나님 여호와께서 세상 모든 나라를 내게 주셨고 나에게 명령하사 유다 예루살렘에 성전을 건축하라 하셨나니 이스라엘의 하나님은 참 신이시라 너희 중에 그의 백성 된 자는 다 유다 예루살렘으로 올라가서 이스라엘의 하나님 여호와의 성전을 건축하라 그는 예루살렘에 계신 하나님이시라"(스 1:1-3)

"누가 손바닥으로 바닷물을 헤아렸으며 뼘으로 하늘을 쟀으며 땅의 티끌을 되에 담아 보았으며 접시 저울로 산들을, 막대 저울로 언덕들을 달아 보았으랴 누가 여호와의 영을 지도하였으며 그의 모사가 되어 그를 가르쳤으랴 그가 누구와 더불어 의논하셨으며 누가 그를 교훈하였으며 그에게 정의의 길로 가르쳤으며 지식을 가르쳤으며 통달의 도를 보여 주었느냐 보라 그에게는 열방이 통의 한 방울 물과 같고 저울의 작은 티끌 같으며 섬들은 떠오르는 먼지 같으리니 레바논은 땔감에도 부족하겠고 그 짐승들은 번제에도 부족할 것이라 그의 앞에는 모든 열방이 아무것도 아니라 그는 그들을 없는 것 같이, 빈 것 같이 여기시느니라 그런즉 너희가 하나님을 누구와 같다 하겠으며 무슨 형상을 그에게 비기겠느냐 우상은 장인이 부어 만들었고 장색이 금으로 입혔고 또 은 사슬을 만든 것이니라 궁핍한 자는 거제를 드릴 때에 썩지 아니하는 나무를 택하고 지혜로운 장인을 구하여 우상을 만들어 흔들리지 아니하도록 세우느니라 너희가 알지 못하였느냐 너희가 듣지 못하였느냐 태초부터 너희에게 전하지 아니하였느냐 땅의 기초가 창조될 때부터 너희가 깨닫지 못하였느냐 그는 땅 위 궁창에 앉으시나니 땅에 사는 사람들은 메뚜기 같으니라 그가 하늘을 차일 같이 펴셨으며 거주할 천막 같이 치셨고 귀인들을 폐하시며 세상의 사사들을 헛되게 하시나니 그들은 겨우 심기고 겨우 뿌려졌으며 그 줄기가 겨우 땅에 뿌리를 박자 곧 하나님이 입김을 부시니 그들은 말라 회오리바람에 불려 가는 초개 같도다 거룩하신 이가 이르시되 그런즉 너희가 나를 누구에게 비교하여 나를 그와 동등하게 하겠느냐 하시니라 너희는 눈을 높이 들어 누가 이 모든 것을 창조하였나 보라 주께서는 수효대로 만상을 이끌어 내시고 그들의 모든 이름을 부르시나니 그의 권세가

크고 그의 능력이 강하므로 하나도 빠짐이 없느니라"(사 40:12-26)

"나 여호와가 말하노니 너희 우상들은 소송하라 야곱의 왕이 말하노니 너희는 확실한 증거를 보이라 장차 당할 일을 우리에게 진술하라 또 이전 일이 어떠한 것도 알게 하라 우리가 마음에 두고 그 결말을 알아보리라 혹 앞으로 올 일을 듣게 하며 뒤에 올 일을 알게 하라 그리하면 너희가 신들인 줄 우리가 알리라 또 복을 내리든지 재난을 내리든지 하라 우리가 함께 보고 놀라리라 보라 너희는 아무것도 아니며 너희 일은 허망하며 너희를 택한 자는 가증하니라"(사 41:21-24)

"여호와께서 이와 같이 말씀하시니라 바벨론에서 칠십 년이 차면 내가 너희를 돌보고 나의 선한 말을 너희에게 성취하여 너희를 이곳으로 돌아오게 하리라 이것은 여호와의 말씀이니라 나는 너희들을 만날 것이며 너희를 포로된 중에서 다시 돌아오게 하되 내가 쫓아 보내었던 나라들과 모든 곳에서 모아 사로잡혀 떠났던 그 곳으로 돌아오게 하리라 이것은 여호와의 말씀이니라"(렘 29:10, 14)

"주 하나님이 이르시되 나는 알파와 오메가라 이제도 있고 전에도 있었고 장차올 자요 전능한 자라 하시더라"(계 1:8)

"나는 알파와 오메가요 처음과 마지막이요 시작과 마침이라"(계 22:13)

2절 – 예수님과 성령은 누구이고, 하나님과의 관계는 어떻게 되는가?

"아들을 낳으리니 이름을 예수라 하라 이는 그가 자기 백성을 그들의 죄에서 구원할 자이심이라 하니라"(마 1:21)

"태초에 말씀이 계시니라 이 말씀이 하나님과 함께 계셨으니 이 말씀은 하나님이시니라 그가 태초에 하나님과 함께 계셨고 만물이 그로 말미암아 지은 바 되었으니 지은 것이 하나도 그가 없이는 된 것이 없느니라"(요 1:1-3)

"말씀이 육신이 되어 우리 가운데 거하시매 우리가 그의 영광을 보니 아버지의 독생자의 영광이요 은혜와 진리가 충만하더라"(요 1:14)

"하나님이 세상을 이처럼 사랑하사 독생자를 주셨으니 이는 그를 믿는 자마다 멸망하지 않고 영생을 얻게 하려 하심이니라"(요 3:16)

"예수께서 외쳐 이르시되 나를 믿는 자는 나를 믿는 것이 아니요 나를 보내신 이를 믿는 것이며 나를 보는 자는 나를 보내신 이를 보는 것이니라 나는 빛으로 세상에 왔나니 무릇 나를 믿는 자로 어둠에 거하지 않게 하려 함이로라"(요 12:44-46)

"도마가 이르되 주여 주께서 어디로 가시는지 우리가 알지 못하거늘 그 길을 어찌 알겠사옵나이까 예수께서 이르시되 내가 곧 길이요 진리요 생명이니 나로 말미암지 않고는 아버지께로 올 자가 없느니라 너희가 나를 알았더라면 내 아버지도 알았으리로다 이제부터는 너희가 그를 알았고 또 보았느니라 빌립이 이르되 주여 아버지를 우리에게 보여 주옵소서 그리하면 족하겠나이다 예수께서 이르시되 빌립아 내가 이렇게 오래 너희와 함께 있으되 네가 나를 알지 못하느냐 나를 본 자는 아버지를 보았거늘 어찌하여 아버지를 보이라 하느냐 내가 아버지 안에 거하고 아버지는 내 안에 계신 것을 네가 믿지 아니하느냐 내가 너희에게 이르는 말은 스스로 하는 것이 아니라 아버지께서 내 안에 계셔서 그의 일을 하시는 것이라 내가 아버지 안에 거하고 아버지께서 내 안에 계심을 믿으라 그렇지 못하겠거든 행하는 그 일로 말미암아 나를 믿으라"(요 14:5-11)

"내가 아버지께 구하겠으니 그가 또 다른 보혜사를 너희에게 주사 영원토록 너희와 함께 있게 하리라 그는 진리의 영이라 세상은 능히 그를 받지 못하나니 이는 그를 보지도 못하고 알지도 못함이라 그러나 너희는 그를 아나니 그는 너희와 함께 거하심이요 또 너희 속에 계시겠음이라"(요 14:16-17)

"보혜사 곧 아버지께서 내 이름으로 보내실 성령 그가 너희에게 모든 것을 가르치고 내가 너희에게 말한 모든 것을 생각나게 하리라"(요 14:26)

"그는 근본 하나님의 본체시나 하나님과 동등됨을 취할 것으로 여기지 아니하시고 오히려 자기를 비워 종의 형체를 가지사 사람들과 같이 되셨고 사람의 모양으로 나타나사 자기를 낮추시고 죽기까지 복종하셨으니 곧 십자가에 죽으심이라 이러므로 하나님이 그를 지극히 높여 모든 이름 위에 뛰어난 이름을 주사"(빌 2:6-9)

"이 모든 날 마지막에는 아들을 통하여 우리에게 말씀하셨으니 이 아들을 만유의 상속자로 세우시고 또 그로 말미암아 모든 세계를 지으셨느니라 이는 하나님의 영광의 광채시요 그 본체의 형상이시라 그의 능력의 말씀으로 만물을 붙드시며 죄를 정결하게 하는 일을 하시고 높은 곳에 계신 지극히 크신 이의 우편에 앉으셨느니라 그가 천사보다 훨씬 뛰어남은 그들보다 더욱 아름다운 이름을 기업으로 얻으심이니 하나님께서 어느 때에 천사 중 누구에게 너는 내 아들이라 오늘 내가 너를 낳았다 하셨으며 또 다시 나는 그에게 아버지가 되고 그는 내게 아들이 되리라 하셨느냐"(히 1:2-5)

"자녀들은 혈과 육에 속하였으매 그도 또한 같은 모양으로 혈과 육을 함께 지니심은 죽음을 통하여 죽음의 세력을 잡은 자 곧 마귀를 멸하시며 또 죽기를 무서워하므로 한평생 매여 종 노릇 하는 모든 자들을 놓아 주려 하심이니 이는 확실히 천사들을 붙들어 주려 하심이 아니요 오직 아브라함의 자손을 붙들어 주려하심이라 그러므로 그가 범사에 형제들과 같이 되심이 마땅하도다 이는 하나님의 일에 자비하고 신실한 대제사장이 되어 백성의 죄를 속량하려 하심이라 그가 시험을 받아 고난을 당하셨은즉 시험 받는 자들을 능히 도우실 수 있느니라"(히 2:14-18)

3장
하나님의 형상대로

1절 하나님의 형상대로의 의미

하나님은 하나님의 형상대로 인간을 창조하셨다(창 1:27). 하나님이 인간을 하나님의 형상대로 창조하셨다는 것은 인간을 하나님의 거룩한 성품에 따라 영적인 존재로 지으셨다는 의미이다. 하나님 형상의 의미에 대해서는 하나님을 아는 지식(골 3:10)과 의와 거룩함(엡 4:24)으로 이해하는 견해, 인격의 3요소인 지·정·의로 이해하는 견해 등 다양한 견해가 있다.

필자는 "그의 위에 여호와의 영 곧 지혜와 총명의 영이요 모략과 재능의 영이요 지식과 여호와를 경외하는 영이 강림하시리라"(사 11:2), "너희는 나에게 거룩할지어다 나 여호와가 거룩하고 내가 또 너희를 나의 소유로 삼으려고 희를 만민 중에서 구별하였음이라"(레 20:26), "나는 세상의 빛이니 나를 따르는 자는 어둠에 다니지 아니하고 생명의 빛을 얻으리라"(요 8:12), "우리가 그에게서 듣고 너희에게 전하는 소식은 이것이니 곧 하나님은 빛이시라 그에게는 어둠이 조금도 없으시다는 것이니라"(요일 1:5), "하나님이 우리를 사랑하시는 사랑을 우리가 알고 믿었노니 하나님은 사랑이시라 사랑 안에 거하는 자는 하나님 안에 거하고 하나님도 그의 안에 거하시느니라"(요일 4:16) 등을 종합하여 볼 때, 하나님의 형상은 지혜, 거룩함, 생명의 빛, 사랑이라고 본다.

인간이 하나님의 형상대로 창조된 것에는 두 가지 의미가 있다. 하나는 하나님이 인간과 인격적이고 영적인 교제를 원하신다는 것이고, 다른 하나는 인간이 하나님의 말씀에 순종하여 하나님의 형상대로 살아가야 한다는 것이다. 인간이 하나님의 형상대로 살아가는 것은 하나님이 주시는 지혜로 하나님의 뜻을 분별하여, 하나님의 뜻에 따라 하나님과 이웃을 사랑하면서 하나님의 자녀에 걸맞은 삶을 살아가는 것을 의미한다.

2절 – 지혜로운 자가 되라

1. 지식과 지혜의 의미

지식(知識, knowledge)의 사전적 의미는 '어떤 대상에 대하여 배우거나 실천을 통하여 알게 된 명확한 인식이나 이해'이고, 지혜(智慧, wisdom)의 사전적 의미는 '사물의 이치를 빨리 깨닫고, 사물을 정확하게 처리하는 정신적 능력'이다. 지혜는 지식을 기초로 경험과 통찰력에 의해 형성된다. 지혜가 없는 지식도 가능하기는 하지만 지혜가 없는 지식은 부정적 결과를 가져오기도 한다.

지혜는 하나님과 관계있는 지혜와 하나님과 관계없는 지혜로 구분할 수 있다. 전도서의 전도자는 "내가 다시 지혜를 알고자 하며 미친 것들과 미련한 것들을 알고자 하여 마음을 썼으나 이것도 바람을 잡으려는 것인 줄을 깨달았도다 지혜가 많으면 번뇌도 많으니 지식을 더하는 자는 근심을 더하느니라"(전 1:17-18)라고 말을 하였다. 전도자가 헛되다고 한 지혜는 "일의 결국을 다 들었으니 하나님을 경외하고 그의 명령들을 지킬지어다 이것이 모든 사람의 본분이니라"(전 12:13)라는 말씀을 고려할 때, 하나님과 관계없는 지혜이다.

하나님과 예수님을 아는 지식과 지혜가 가장 고상한 지식이고 지혜이다(빌 3:7-9). 하나님을 경외하고 하나님의 명령을 지키는 것이 지식과 지혜의 근본이고 사람의 본분이다(시 111:10; 잠 1:7, 9:10; 전 12:13). 인간의 능력으로는 하나님의 지혜를 헤아리지 못한다(욥 11:7, 15:8; 전 1:16-18; 사 55:8-9; 롬 11:33).

"여호와를 경외함이 지혜의 근본이라 그의 계명을 지키는 자는 다 훌륭한 지각을 가진 자이니 여호와를 찬양함이 영원히 계속되리로다"(시 111:10)

"일의 결국을 다 들었으니 하나님을 경외하고 그의 명령들을 지킬지어다 이것이 모든 사람의 본분이니라"(전 12:13)

"이는 내 생각이 너희의 생각과 다르며 내 길은 너희의 길과 다름이니라 여호와의 말씀이니라 이는 하늘이 땅보다 높음 같이 내 길은 너희의 길보다 높으며 내 생각은 너희의 생각보다 높음이니라"(사 55:8-9)

"깊도다 하나님의 지혜와 지식의 풍성함이여 그의 판단은 헤아리지 못할 것이며 그의 길은 찾지 못할 것이로다"(롬 11:33)

"그러나 무엇이든지 내게 유익하던 것을 내가 그리스도를 위하여 다 해로 여길뿐더러 또한 모든 것을 해로 여김은 내 주 그리스도 예수를 아는 지식이 가장 고상하기 때문이라 내가 그를 위하여 모든 것을 잃어버리고 배설물로 여김은 그리스도를 얻고 그 안에서 발견되려 함이니 내가 가진 의는 율법에서 난 것이 아니요 오직 그리스도를 믿음으로 말미암은 것이니 곧 믿음으로 하나님께로부터 난 의라"(빌 3:7-9)

언뜻 생각하면 하나님을 경외하는 것과 지혜는 관계가 없어 보인다. 그러나 창조주 하나님을 경외하면 하나님의 뜻 분별을 간구하게 되고, 하나님의 뜻 분별을 통해 인간의 본분을 알게되어 올바른 인생관과 세계관과 종교관이 정립된다(창 1:26-28, 45:5, 50:20; 시 39:4-7; 마 5:13-16; 요 1:12-13; 롬 8:28; 딤후 1:9).

지혜는 하나님을 경외함에서 오는 마음의 자유와 평안으로 인해 사람의 얼굴에 광채가 나게 하고 얼굴의 사나운 것을 변하게 한다(출 34:29; 전 8:1). 나의 얼굴에 광채가 없고 사나운 것이 있다면 지혜와 하나님 경외가 없는 것이 아닌지 되돌아볼 필요가 있다. 지혜는 의심하지 않고 믿음으로 구할 때 성령의 간구로 하나님이 은혜로 주신다(잠 2:6-7; 요 14:17, 26, 16:13; 롬 8:26-27; 약 1:5-8).

> "대저 여호와는 지혜를 주시며 지식과 명철을 그 입에서 내심이며 그는 정직한 자를 위하여 완전한 지혜를 예비하시며 행실이 온전한 자에게 방패가 되시나니"(잠 2:6-7)
> "너희 중에 누구든지 지혜가 부족하거든 모든 사람에게 후히 주시고 꾸짖지 아니하시는 하나님께 구하라 그리하면 주시리라 오직 믿음으로 구하고 조금도 의심하지 말라 의심하는 자는 마치 바람에 밀려 요동하는 바다 물결 같으니 이런 사람은 무엇이든지 주께 얻기를 생각하지 말라 두 마음을 품어 모든 일에 정함이 없는 자로다"(약 1:5-8)

"내 아들아 네가 만일 나의 말을 받으며 나의 계명을 네게 간직하며 네 귀를 지혜에 기울이며 네 마음을 명철에 두며 지식을 불러 구하며 명철을 얻으려고 소리를 높이며 은을 구하는 것 같이 그것을 구하며 감추어진 보배를 찾는 것 같이 그것을 찾으면"(잠 2:1-3)라는 말씀은 지혜를 구하는 사람의 자세를 잘 설명해준다.

"여호와 경외하기를 깨달으며 하나님을 알게 되리니"(잠 2:5), "그런즉 네가 공의와 정의와 정직 곧 모든 선한 길을 깨달을 것이라 곧 지혜가 네 마음에 들어가며 지식이 네 영혼을 즐겁게 할 것이요 근신이 너를 지키며 명철이 너를 보호하여 악한 자의 길과 패역을 말하는 자에게서 건져 내리라"(잠 2:9-12), "지혜가 너를 선한 자의 길로 행하게 하며 또 의인의 길을 지키게 하리니"(잠 2:20), "지혜를 얻은 자와 명철을 얻은 자는 복이 있나니 이는 지혜를 얻는 것이 은을 얻는 것보다 낫고 그 이익이 정금보다 나음이니라 지혜는 진주보다 귀하니 네가 사모하는 모든 것으로도 이에 비교할 수 없도다 그의 오른손에는 장수가 있고 그의 왼손에는 부귀가 있나니 그 길은 즐거운 길이요 그의 지름길은 다 평강이니라 지혜는 그 얻은 자에게 생명 나무라 지혜를 가진 자는 복되도다"(잠 3:13-18), "대저 나를 얻는 자는 생명을 얻고 여호와께 은총을 얻을 것임이니라"(잠 8:35)라는 말씀은 지혜가 주는 유익을 잘 설명해준다.

2. 하나님을 경외하라

하나님을 경외하는 것은 하나님을 공경하고 하나님의 말씀에 권위를 인정하여 이에 순종하는 것이다. 하나님을 창조주 아버지로 받아들이고 경외하면 자녀가 부모를 닮아 가듯이 하나님을 닮아 간다. "태초에 하나님이 천지를 창조하시니라"(창 1:1)에 대한 믿음이 없으면 하나님에 대한 경외는 불가능하다. 하나님을 경외하는 것은 하나님이 인간과 천지 만물을 창조하시고 생사화복을 주관하시는 만유의 주재이심을 인정하고 하나님에 대한 사랑이 있을 때 가능하다.

하나님 경외에 대한 이해는 부모와 자녀의 관계를 생각해 보면 많은 도움이 된다. 성경도 "너희 각 사람은 부모를 경외하고 나의 안식일을 지키라 나는 너희의 하나님 여호와이니라"(레 19:3)라고 하고 있다. 자녀가 부모를 공경하고 부모의 권위를 인정하여 부모의 말씀에 순종하는 것은 자녀를 세상에 있게 해준 분이 부모이고 부모에 대한 사랑과 믿음이 있기에 가능하다. 우리가 창조주 하나님을 믿고 사랑한다면 하나님을 공경하고 하나님 말씀의 권위를 인정하여 믿음으로 순종하는 것은 지극히 자연스럽고 당연한 일이다.

다윗의 "주께서 내 내장을 지으시며 나의 모태에서 나를 만드셨나이다 내가 주께 감사하옴은 나를 지으심이 심히 기묘하심이라 주께서 하시는 일이 기이함을 내 영혼이 잘 아나이다 내가 은밀한 데서 지음을 받고 땅의 깊은 곳에서 기이하게 지음을 받은 때에 나의 형체가 주의 앞에 숨겨지지 못하였나이다 내 형질이 이루어지기 전에 주의 눈이 보셨으며 나를 위하여 정한 날이 하루도 되기 전에 주의 책에 다 기록이 되었나이다 하나님이여 주의 생각이 내게 어찌 그리 보배로우신지요 그 수가 어찌 그리 많은지요 내가 세려고 할지라도 그 수가 모래보다 많도소이다 내가 깰 때에도 여전히 주와 함께 있나이다"(시 139:13-18)라는 고백과 욥의 "주께서는 못 하실 일이 없사오며 무슨 계획이든지 못 이루실 것이 없는 줄 아오니 무지한 말로 이치를 가리는 자가 누구니이까 나는 깨닫지도 못한 일을 말하였고 스스로 알 수도 없고 헤아리기도 어려운 일을 말하였나이다 내가 말하겠사오니 주는 들으시고 내가 주께 묻겠사오니 주여 내게 알게 하옵소서 내가 주께 대하여 귀로 듣기만 하였사오나 이제는 눈으로 주를 뵈옵나이다 그러므로 내가 스스로 거두어들이고 티끌과 재 가운데에서 회개하나이다"(욥 42:2-6)라는 고백은 하나님에 대한 경외를 이해하는데 도움이 된다.

우리가 하나님을 경외하면 창조주 하나님이 우리의 생사를 주관하시는 것을 믿을 수 있고, 죽음의 순간을 포함한 모든 순간에 모든 것을 하나님에게 내어 맡길 수 있다. 만일 우리가 죽음의 순간을 포함한 모든 순간에 모든 것을 하나님에게 내어 맡길 수 없다면, 하나님에 대한 경외가 없는 것은 아닌지 되돌아볼 필요가 있다(롬 8:35-39; 요일 4:14-18).

"누가 우리를 그리스도의 사랑에서 끊으리요 환난이나 곤고나 박해나 기근이나 적신이나 위험이나 칼이랴 기록된 바 우리가 종일 주를 위하여 죽임을 당하게 되며 도살 당할 양 같이 여김을 받았나이다 함과 같으니라 그러나 이 모든 일에 우리를 사랑하시는 이로 말미암아 우리가 넉넉히 이기느니라 내가 확신하노니 사망이나 생명이나 천사들이나 권세자들이나 현재 일이나 장래 일이나 능력이나 높음이나 깊음이나 다른 어떤 피조물이라도 우리를 우리 주 그리스도 예수 안에 있는 하나님의 사랑에서 끊을 수 없으리라"(롬 8:35-39)

"아버지가 아들을 세상의 구주로 보내신 것을 우리가 보았고 또 증언하노니 누구든지 예수를 하나님의 아들이라 시인하면 하나님이 그의 안에 거하시고 그도 하나님 안에 거하느니라 하나님이 우리를 사랑하시는 사랑을 우리가 알고 믿었노니 하나님은 사랑이시라 사랑 안에 거하는 자는 하나님 안에 거하고 하나님도 그의 안에 거하시느니라 이로써 사랑이 우리에게 온전히 이루어진 것은 우리로 심판 날에 담대함을 가지게 하려 함이니 주께서 그러하심과 같이 우리도 이 세상에서 그러하니라 사랑 안에 두려움이 없고 온전한 사랑이 두려움을 내쫓나니 두려움에는 형벌이 있음이라 두려워하는 자는 사랑 안에서 온전히 이루지 못하였느니라"(요일 4:14-18)

3절 – 내가 거룩하니 너희도 거룩하라

하나님은 "내가 거룩하니 너희도 거룩 하라"라고 말씀하신다(레 11:44, 19:2, 20:26; 벧전 1:16-17). 거룩함은 하나님과 예수님을 믿음으로 다시 태어나 하나님의 자녀가 된 사람이 가지는 하나님의 자녀에 걸맞은 생활의 특성이나 성정(性情)이다. 거룩함은 하나님과 예수님 안에 거하면서 믿음으로 순종할 때 가능하고, 도덕적인 선악 차원 이상의 문제이다. 거룩함은 하나님과 예수님을 알고 하나님과 예수님 안에 거할 때 가능하다는 점에서, 하나님과 예수님 안에 거하여 순종하는 상태나 구별되어짐으로 이해할 수 있다(요 15:1-12).

거룩함은 마음을 새롭게 함으로 변화를 받아 하나님의 선하시고 기뻐하시고 온전하신 뜻이 무엇인지 분별하여, 무엇을 하든지 말에나 일에나 주 예수의 이름으로 주께 하듯 할 것을 요한다(롬 12:2; 엡

4:21-24; 골 3:10, 17). 하나님의 뜻을 분별하는 것은 여호와의 율법을 즐거워하여 그의 율법을 주야로 묵상함으로 하나님과 예수님 안에 거할 때 성령의 도우심으로 가능하다(수 1:7-8; 시 1:1-2; 요 14:16-17, 26; 롬 8:26-27; 약 1:5-8).

"그러므로 형제들아 내가 하나님의 모든 자비하심으로 너희를 권하노니 너희 몸을 하나님이 기뻐하시는 거룩한 산 제물로 드리라 이는 너희가 드릴 영적 예배니라"(롬 12:1)라는 말씀은 거룩함에 이르는 길을 잘 설명해준다.

> "진리가 예수 안에 있는 것 같이 너희가 참으로 그에게서 듣고 또한 그 안에서 가르침을 받았을진대 너희는 유혹의 욕심을 따라 썩어져 가는 구습을 따르는 옛 사람을 벗어 버리고 오직 너희 심령이 새롭게 되어 하나님을 따라 의와 진리의 거룩함으로 지으심을 받은 새 사람을 입으라"(엡 4:21-24)
>
> "새 사람을 입었으니 이는 자기를 창조하신 이의 형상을 따라 지식에까지 새롭게 하심을 입은 자니라"(골 3:10)
>
> "또 무엇을 하든지 말에나 일에나 다 주 예수의 이름으로 하고 그를 힘입어 하나님 아버지께 감사하라"(골 3:17)
>
> "기록되었으되 내가 거룩하니 너희도 거룩할지어다 하셨느니라 외모로 보시지 않고 각 사람의 행위대로 심판하시는 이를 너희가 아버지라 부른즉 너희가 나그네로 있을 때를 두려움으로 지내라"(벧전 1:16-17)

4절 – 너희는 세상의 빛이다

하나님은 우리에게 생명을 주는 생명의 빛이고, 우리는 생명의 빛을 세상에 전하고 세상을 밝히는 세상의 빛이다(마 5:14; 요 1:4-5, 8:12; 요일 1:5-7). 빛은 어둠을 물리치고, 나아갈 길을 알게 해준다. 어둠을 사라지게 하는 유일한 방법은 빛이 들어오게 하여 빛으로 채우는 것이다.

하나님을 따르는 자는 생명의 빛을 얻어 어둠에 다니지 아니한다(요 8:12). 생명의 빛을 얻은 사람은 그 빛을 모든 사람 앞에 비치게 하여, 그들로 생명의 빛을 얻은 사람의 착한 행실을 보고 하나님에게 영광을 돌리게 하여야 한다(마 5:15-16; 엡 5:8-9). 예수님이 우리를 생명으로 인도하신 것처럼 우리도 다른 사람을 생명으로 인도해야 한다.

"하늘을 창조하여 펴시고 땅과 그 소산을 내시며 땅 위의 백성에게 호흡을 주시며 땅에 행하는 자에게 영을 주시는 하나님 여호와께서 이같이 말씀하시되 나 여호와가 의로 너를 불렀은즉 내가 네 손을 잡아 너를 보호하며 너를 세워 백성의 언약과 이방의 빛이 되게 하리니 네가 눈먼 자들의 눈을 밝히며 갇힌 자를 감옥에서 이끌어 내며 흑암에 앉은 자를 감방에서 나오게 하리라"(사 42:5-7)라는 말씀은 세상의 빛인 우리의 사명을 잘 설명해준다.

"너희는 세상의 빛이라 산 위에 있는 동네가 숨겨지지 못할 것이요 사람이 등불을 켜서 말 아래에 두지 아니하고 등경 위에 두나니 이러므로 집 안 모든 사람에게 비치리라 이같이 너희 빛이 사람 앞에 비치게 하여 그들로 너희 착한 행실을 보고 하늘에 계신 너희 아버지께 영광을 돌리게 하라"(마 5:14-16)

"그 안에 생명이 있었으니 이 생명은 사람들의 빛이라 빛이 어둠에 비치되 어둠이 깨닫지 못하더라"(요 1:4-5)

"예수께서 또 말씀하여 이르시되 나는 세상의 빛이니 나를 따르는 자는 어둠에 다니지 아니하고 생명의 빛을 얻으리라"(요 8:12)

"너희가 전에는 어둠이더니 이제는 주 안에서 빛이라 빛의 자녀들처럼 행하라 빛의 열매는 모든 착함과 의로움과 진실함에 있느니라"(엡 5:8-9)

"우리가 그에게서 듣고 너희에게 전하는 소식은 이것이니 곧 하나님은 빛이시라 그에게는 어둠이 조금도 없으시다는 것이니라 만일 우리가 하나님과 사귐이 있다 하고 어둠에 행하면 거짓말을 하고 진리를 행하지 아니함이거니와 그가 빛 가운데 계신 것 같이 우리도 빛 가운데 행하면 우리가 서로 사귐이 있고 그 아들 예수의 피가 우리를 모든 죄에서 깨끗하게 하실 것이요"(요일 1:5-7)

5절 – 내가 너희를 사랑한 것 같이 너희도 서로 사랑하라

하나님은 사랑이시다(요일 4:16). 하나님은 인간을 사랑하셔서 인간을 죄와 사망에서 구원하기 위해 독생자 예수를 보내주시고 십자가에서 돌아가시게 하셨다(마 1:21; 요 3:16, 19:30). 우리가 하나님과 예수님 안에 거하면 죽음조차도 하나님의 사랑에서 끊을 수 없다(롬 8:38-39). 사랑 안에는 두려움이 없고, 사랑은 죽음의 순간을 포함한 모든 순간에 두려움을 내쫓는다(요일 4:16-18; 계 21:8). 만일 우리가 죽음의 순간을 포함한 모든 순간에 모든 것을 하나님에게 내어 맡길 수 없다면, 하나님에 대한 경외와 사랑이 없는 경우이다.

예수님은 "내가 너희를 사랑한 것 같이 너희도 서로 사랑하라"(요 13:34)라고 말씀하셨다. 하나님이 우리를 사랑하신 것 같이 우리도 하나님과 이웃을 사랑해야 한다(마 22:34-40; 요 13:34-35, 15:1-12; 요일 4:19). 우리가 하나님과 이웃을 사랑하는 것은, "피차 사랑의 빚 외에는 아무에게든지 아무 빚도 지지 말라 남을 사랑하는 자는 율법을 다 이루었느니라 간음하지 말라, 살인하지 말라, 도둑질하지 말라, 탐내지 말라 한 것과 그 외에 다른 계명이 있을지라도 네 이웃을 네 자신과 같이 사랑하라 하신 그 말씀 가운데 다 들었느니라 사랑은 이웃에게 악을 행하지 아니하나니 그러므로 사랑은 율법의 완성이니라"(롬 13:8-10)라는 말씀에서 알 수 있듯이, 바로 십계명을 지키는 것이다.

우리는 하나님의 말씀대로 사랑하며 살아가고 있는지, "누구든지 하나님을 사랑하노라 하고 그 형제를 미워하면 이는 거짓말하는 자니 보는 바 그 형제를 사랑하지 아니하는 자는 보지 못하는 바 하나님을 사랑할 수 없느니라 우리가 이 계명을 주께 받았나니 하나님을 사랑하는 자는 또한 그 형제를 사랑할지니라"(요일 4:20-21)라는 말씀과 같이 이웃을 사랑하지 아니하면서도 하나님을 사랑한다고 말하는 것은 아닌지 되돌아볼 필요가 있다.

"아들을 낳으리니 이름을 예수라 하라 이는 그가 자기 백성을 그들의 죄에서 구원할 자이심이라 하니라"(마 1:21)

"하나님이 세상을 이처럼 사랑하사 독생자를 주셨으니 이는 그를 믿는 자마다 멸망하지 않고 영생을 얻게 하려 하심이라"(요 3:16)

"새 계명을 너희에게 주노니 서로 사랑하라 내가 너희를 사랑한 것 같이 너희도 서로 사랑하라 너희가 서로 사랑하면 이로써 모든 사람이 너희가 내 제자인 줄 알리라"(요 13:34-35)

"내가 확신하노니 사망이나 생명이나 천사들이나 권세자들이나 현재 일이나 장래 일이나 능력이나 높음이나 깊음이나 다른 어떤 피조물이라도 우리를 우리 주 그리스도 예수 안에 있는 하나님의 사랑에서 끊을 수 없으리라"(롬 8:38-39)

4장
선악과 명령

하나님은 선악을 알게 하는 나무를 에덴 동산 가운데에 두고, 아담에게 "선악을 알게 하는 나무의 열매는 먹지 말라 네가 먹는 날에는 반드시 죽으리라"(창 2:17)라고 말씀하셨다. 사람들이 선악과 명령에 대하여 가장 많이 가지는 의문은, 전지전능하신 사랑의 하나님이 아담과 하와가 선악을 알게 하는 나무의 열매를 따 먹을 줄 알면서도 왜 선악을 알게 하는 나무를 에덴 동산 가운데에 두었고, 아담과 하와가 선악을 알게 하는 나무의 열매를 따 먹도록 방치하셨나이다.

하나님이 아담에게 "선악을 알게 하는 나무의 열매는 먹지 말라 네가 먹는 날에는 반드시 죽으리라"(창 2:17)라고 말씀하신 것은 만유의 주재이신 창조주 하나님이 에덴 동산의 경영 원칙을 선포하신 것이다. 하나님은 선악을 알게 하는 나무의 열매만 먹지 않으면 복과 영원한 생명을 주실 것을 약속하셨다(창 1:28, 2:17).

하나님은 인간을 하나님의 형상대로 자유의지를 가진 영적 존재로 창조하셨기 때문에 선악과 명령을 하신 것이다. 만일 하나님이 인간에게 자유의지를 주지 않았다면 선악과 명령도 없었을 것이고, 설령 선악과 명령이 있어도 아담과 하와가 불순종하는 일은 없었을 것이다.

아담과 하와는 당시 에덴 동산은 모든 것이 풍족하였기 때문에 굳이 선악과를 따먹을 만한 특별한 이유가 없었고, 하나님의 명령에 대한 순종을 선택할 수 있는 자유의지도 있었기 때문에 선악과를 따먹을 것인지는 전적으로 아담과 하와의 선택 문제이었다. 아담과 하와는 사탄의 유혹에 넘어가 탐심과 교만으로 인해 불순종을 선택한 것이다(창 3:6; 요일 2:15-17).

선악과 명령에 대한 위와 같은 의문은 범죄를 저지른 사람이 법을 만든 사람에게, '왜 법을 만들어서 나를 범죄자로 만드느냐'라고 문제를 제기하는 것과 같다(롬 9:20). 하나님이 선악과 명령을 하신 것은 세상의 법이 법을 지키는 사람에게 법의 테두리 안에서 자유를 누리게 하는 것처럼, 하나님의 명령(말씀)에 순종하는 사람에게 하나님이 주시는 진정한 자유와 평안을 누리게 하기 위해서이다. 하나님의 명령(말씀)이 멸망하는 사람에게는 어리석고 구속처럼 보이지만, 구원받은 사람에게는 진정한 자유와 평안를 주는 하나님의 능력이다.

"여자가 그 나무를 본 즉 먹음직도 하고 보암직도 하고 지혜롭게 할 만큼 탐스럽기도 한 나무인지라 여자가 그 열매를 따먹고 자기와 함께 있는 남편에게도 주매 그도 먹은지라"(창 3:6)

"이 사람아 네가 누구이기에 감히 하나님께 반문하느냐 지음을 받은 물건이 지은 자에게 어찌 나를 이같이 만들었느냐 말하겠느냐"(롬 9:20)

"이 세상이나 세상에 있는 것들을 사랑하지 말라 누구든지 세상을 사랑하면 아버지의 사랑이 그 안에 있지 아니하니 이는 세상에 있는 모든 것이 육신의 정욕과 안목의 정욕과 이생의 자랑이니 다 아버지께로부터 온 것이 아니요 세상으로부터 온 것이라 이 세상도, 그 정욕도 지나가되 오직 하나님의 뜻을 행하는 자는 영원히 거하느니라"(요일 2:15-17)

아담과 하와가 선악과 명령을 따르지 않은 결과는 '반드시 죽는다'이다(창 2:17, 3:23-24). '반드시 죽는다'의 의미는 "여호와께서 이르시되 나의 영이 영원히 사람과 함께 하지 아니하리니 이는 그들이 육신이 됨이라 그러나 그들의 날은 백이십 년이 되리라 하시니라"(창 6:3)라는 말씀에서 답을 찾을 수 있다. 아담과 하와가 선악과 명령에 불순종한 결과는 하나님의 영이 인간과 함께하지 않고 인간의 몸이 유한한 육신이 되는 것, 즉 하나님과의 관계 단절인 영적 죽음이다.

성경은 영적 죽음의 해결 방법을 창세기 4장부터 요한계시록 20장까지 자세히 기록하고 있다. 창세기 4장부터 요한계시록 20장까지의 내용은 선악과 명령을 따르지 아니하여 단절된 인간과 하나님과의 관계 및 상실한 에덴 동산의 회복을 위한 하나님의 역사(役事)와 회복의 방법, 이와 관련한 믿음의 선진(先進)들의 신앙 간증을 주요 내용으로 한다(창 2:17, 3:6, 23-24, 6:3; 계 21:7, 22:14-15).

신앙 간증을 듣기 위해 여기저기 찾아 헤맬 필요가 없다. 믿음의 선진들의 검증된 신앙 간증이 필요하면 창세기 4장부터 요한계시록 20장까지를 읽으면 된다. 성경이 창세기 4장부터 요한계시록 20장까지 기록하고 있는 영적 죽음의 해결 방법은 하나님과 예수님을 믿음으로 순종하여 하나님과 예수님 안에 거하는 것이다(요 1:12-13, 3:16; 요 15:1-12).

인간이 육체적 죽음 이후의 문제를 해결할 수 있는 시간은 생전이고, 생전에 하나님과 예수님에 대한 믿음으로 하나님과 예수님과의 관계를 회복하지 못하면 하나님과의 영원한 단절(영벌)을 피할 수 없다(마 25:46; 계 20:6, 15, 21:8). 인간이 육체적 죽음 이후의 문제를 해결할 수 있는 시간이 생전뿐이라는 점은 '부자와 거지 나사로의 비유'(눅 16:19-31)에서 잘 알 수 있다. 육체적 죽음 이후에는 아무리 발버둥을 쳐도 영원한 죽음의 문제를 해결할 방법이 없다.

다행인 것은 하나님이 아담과 하와를 위해 가죽옷을 만들어 입혀 주시고(창 3:15, 21), 예수님의 대속적 십자가 죽음을 통해 생명책에 기록된 자나 자기 두루마기를 빠는 자들에게는 생명나무에 나아가며 새 예루살렘 문을 통하여 성에 들어갈 권세를 주셨다는 것이다 (마 1:21, 27:50-51; 계 21:27, 22:14). 하나님은 집 나간 자녀가 돌아오기를 간절히 기다리는 부모처럼 인간이 돌아올 길을 예비해 놓으시고 돌아오기를 간절히 기다리고 계신다(눅 14:15-24, 15:11-24).

"여호와 하나님이 에덴 동산에서 그를 내보내어 그의 근원이 된 땅을 갈게 하시니라 이같이 하나님이 그 사람을 쫓아내시고 에덴 동산 동쪽에 그룹들과 두루도는 불 칼을 두어 생명 나무의 길을 지키게 하시니라"(창 3:23-24)

"아들을 낳으리니 이름을 예수라 하라 이는 그가 자기 백성을 그들의 죄에서 구원할 자이심이라 하니라"(마 1:21)

"또 이르시되 어떤 사람에게 두 아들이 있는데 그 둘째가 아버지에게 말하되 아버지여 재산 중에서 내게 돌아올 분깃을 내게 주소서 하는지라 아버지가 그 살림을 각각 나눠 주었더니 그 후 며칠이 안 되어 둘째 아들이 재물을 다 모아 가지고 먼 나라에 가 거기서 허랑방탕하여 그 재산을 낭비하더니 다 없앤 후 그 나라에 크게 흉년이 들어 그가 비로소 궁핍한지라 가서 그 나라 백성 중 한 사람에게 붙여 사니 그가 그를 들로 보내어 돼지를 치게 하였는데 그가 돼지 먹는 쥐엄 열매로 배를 채우고자 하되 주는 자가 없는지라 이에 스스로 돌이켜 이르되 내 아버지에게는 양식이 풍족한 품꾼이 얼마나 많은가 나는 여기서 주려 죽는구나 내가 일어나 아버지에게 가서 이르기를 아버지 내가 하늘과 아버지께 죄를 지었사오니 지금부터는 아버지의 아들이라 일컬음을 감당하지 못하겠나이다 나를 품꾼의 하나로 보소서 하리라 하고 이에 일어나서 아버지께로 돌아가니라 아직도 거리가 먼데 아버지가 그를 보고 측은히 여겨 달려가 목을 안고 입을 맞추니 아들이 이르되 아버지 내가 하늘과 아버지께 죄를 지었사오니 지금부터는 아버지의 아들이라 일컬음을 감당하지 못하겠나이다 하나 아버지는 종들에게 이르되 제일 좋은 옷을 내어다가 입히고 손에 가락지를 끼우고 발에 신을 신기라 그리고 살진 송아지를 끌어다가 잡으라 우리가 먹고 즐기자 이 내 아들은 죽었다가 다시 살아났으며 내가 잃었다가 다시 얻었노라 하니 그들이 즐거워하더라"(눅 15:11-24)

"영접하는 자 곧 그 이름을 믿는 자들에게는 하나님의 자녀가 되는 권세를 주셨으니 이는 혈통으로나 육정으로나 사람의 뜻으로 나지 아니하고 오직 하나님께로부터 난 자들이니라"(요 1:12-13)

"하나님이 세상을 이처럼 사랑하사 독생자를 주셨으니 이는 그를 믿는 자마다 멸망하지 않고 영생을 얻게 하려 하심이라"(요 3:16)

"무엇이든지 속된 것이나 가증한 일 또는 거짓말하는 자는 결코 그리로 들어가지 못하되 오직 어린 양의 생명책에 기록된 자들만 들어가리라"(계 21:27)

"자기 두루마기를 빠는 자들은 복이 있으니 이는 그들이 생명나무에 나아가며 문들을 통하여 성에 들어갈 권세를 받으려 함이로다"(계 22:14)

5장
선과 악

1절 – 선과 악의 의미

선의 사전적 의미는 '올바르고 착하여 인간의 도덕적 기준에 맞음'이고, 악의 사전적 의미는 '못되고 나빠서 인간의 도덕적 기준에 어긋남'이다. 사전적 의미의 선과 악의 판단기준은 도덕적 기준에 부합하는지이다. 성경적 의미의 선과 악은 도덕적 기준에 부합하는지의 문제 이상의 의미가 있다. 예수님의 "어찌하여 선한 일을 내게 묻느냐 선한 이는 오직 한 분이시니라 네가 생명에 들어 가려면 계명들을 지키라"(마 19:17)라는 말씀에서 알 수 있듯이, 선한 이는 오직 하나님이시다. 선은 사랑이신 하나님의 성품(형상)을 닮아가는 것이고, 이는 하나님의 말씀(뜻)에 순종하는 것으로 나타난다.

"선악을 알게 하는 나무의 열매는 먹지 말라 네가 먹는 날에는 반드시 죽으리라"(창 2:17)라는 말씀은 성경적 의미의 선을 이해하는데 도움이 된다. '먹지 말라'라는 하나님의 명령에 대한 불순종이 악이고, 악의 결과는 '반드시 죽는것'이다. 하나님의 명령에 대한 불순종은 하나님과의 관계 단절, 즉 영적 죽음을 가져온다(창 6:3). 불순종은 탐심과 교만의 결과이다(창 3:4-6; 요일 2:15-17). 하나님의 명령에 대한 순종은 당연히 사전적 의미의 선을 충족한다. 반면에 하나님의 명령에 대한 불순종은 행위가 아무리 도덕적 기준에 부합하여도 이를 선이라 할 수 없다.

> "뱀이 여자에게 이르되 너희가 결코 죽지 아니하리라 너희가 그것을 먹는 날에는 너희 눈이 밝아져 하나님과 같이 되어 선악을 알 줄 하나님이 아심이니라 여자가 그 나무를 본즉 먹음직도 하고 보암직도 하고 지혜롭게 할 만큼 탐스럽기도 한 나무인지라 여자가 그 열매를 따먹고 자기와 함께 있는 남편에게도 주매 그도 먹은지라"(창 3:4-6)
>
> "이 세상이나 세상에 있는 것들을 사랑하지 말라 누구든지 세상을 사랑하면 아버지의 사랑이 그 안에 있지 아니하니 이는 세상에 있는 모든 것이 육신의 정욕과 안목의 정욕과 이생의 자랑이니 다 아버지께로부터 온 것이 아니요 세상으로부터 온 것이라 이 세상도, 그 정욕도 지나가되 오직 하나님의 뜻을 행하는 자는 영원히 거하느니라"(요일 2:15-17)

2절 – 선은 어떻게 구현할 수 있을까?

인생이 매우 복잡해 보이지만 의외로 간단하다. 인생은 선택의 연속이고, 어떤 선택을 하는지에 따라 인생의 방향이 결정된다. 선을 구현하기 위해서는 하나님의 명령에 대한 순종을 '선택'하면 된다(신 30:15-20). 하나님의 명령에 대한 순종은 하나님이 인간과 천지 만물을 창조하시고(창 1:1), 우리의 필요를 아셔서 필요를 채워주시고(마 6:30-33), 우리를 악과 위험에서 보호해 주시고(시 34:1-22, 50:15; 사 40:28-31), 우리의 생사화복을 주관하시고(삼상 2:6-7; 대상 29:11-12; 시 139:1-24; 마 10:29-31), 항상 우리와 함께해 주시는(창 28:15-17; 출 3:5; 수 5:15; 마 28:20; 눅 17:21; 행 17:24-25; 롬 8:38-39; 엡 4:6) 분이라는 믿음이 있을 때 가능하다.

우리가 선(순종)을 선택하는 것은 영적 싸움의 문제로 혈과 육을 상대하는 것이 아니라 어둠의 세상 주관자들과 악한 영들을 상대하는 것이다. 우리가 영적 싸움에서 이기는 것은 인간적인 힘과 능력으로는 불가능하고, 오직 기도와 성령의 간구를 통해서만 가능하다(단 10:12-14; 마 19:23-26; 막 9:28-29; 눅 22:31-32; 롬 8:26-27; 엡 6:10-18; 빌 4:4-7; 벧전 5:7-8).

선(순종)을 선택함에 있어서는, 바울의 "내가 원하는 바 선은 행하지 아니하고 도리어 원하지 아니하는바 악을 행하는 도다 만일 내가 원하지 아니하는 그것을 하면 이를 행하는 자는 내가 아니요 내 속에 거하는 죄니라 그러므로 내가 한 법을 깨달았노니 곧 선을 행하기 원하는 나에게 악이 함께 있는 것이로다 내 속사람으로는 하나님의 법을 즐거워하되 내 지체 속에서 한 다른 법이 내 마음의 법과 싸워 내 지체 속에 있는 죄의 법으로 나를 사로잡는 것을 보는 도다 오호라 나는 곤고한 사람이로다 이 사망의 몸에서 누가 나를 건져내랴 우리 주 예수 그리스도로 말미암아 하나님께 감사하리로다 그런즉 내 자신이 마음으로는 하나님의 법을 육신으로는 죄의 법을 섬기노라"(롬 7:19-25)라는 고백과 같이, 육신의 생각과 영의 생각 사이에 강한 충돌이 일어난다.

"보라 내가 오늘 생명과 복과 사망과 화를 네 앞에 두었나니 곧 내가 오늘 네게 명령하여 네 하나님 여호와를 사랑하고 그 모든 길로 행하며 그의 명령과 규례와 법도를 지키라 하는 것이라 그리하면 네가 생존하며 번성할 것이요 또 네 하나님 여호와께서 네가 가서 차지할 땅에서 네게 복을 주실 것임이니라 그러나 네가 만일 마음을 돌이켜 듣지 아니하고 유혹을 받아 다른 신들에게 절하고 그를 섬기면 내가 오늘 너희에게 선언하노니 너희가 반드시 망할 것이라 너희가 요단을 건너가서 차지할 땅에서 너희의 날이 길지 못할 것이니라 내가 오늘 하늘과 땅을 불러 너희에게 증거를 삼노라 내가 생명과 사망과 복과 저주를 네 앞에 두었은즉 너와 네 자손이 살기 위하여 생명을 택하고 네 하나님 여호와를 사랑하고 그의 말씀을 청종하며 또 그를 의지하라 그는 네 생명이시요 네 장수이시니 여호와께서 네 조상 아브라함과 이삭과 야곱에게 주리라고 맹세하신 땅에 네가 거주하리라"(신 30:15-20)

"시몬아, 시몬아, 보라 사탄이 너희를 밀 까부르듯 하려고 요구하였으나 그러나 내가 너를 위하여 네 믿음이 떨어지지 않기를 기도하였노니 너는 돌이킨 후에 네 형제를 굳게 하라"(눅 22:31-32)

"끝으로 너희가 주 안에서와 그 힘의 능력으로 강건하여지고 마귀의 간계를 능히 대적하기 위하여 하나님의 전신 갑주를 입으라 우리의 씨름은 혈과 육을 상대하는 것이 아니요 통치자들과 권세들과 이 어둠의 세상 주관자들과 하늘에 있는 악의 영들을 상대함이라 그러므로 하나님의 전신 갑주를 취하라 이는 악한 날에 너희가 능히 대적하고 모든 일을 행한 후에 서기 위함이라 그런즉 서서 진리로 너희 허리 띠를 띠고 의의 호심경을 붙이고 평안의 복음이 준비한 것으로 신을 신고 모든 것 위에 믿음의 방패를 가지고 이로써 능히 악한 자의 모든 불화살을 소멸하고 구원의 투구와 성령의 검 곧 하나님의 말씀을 가지라 모든 기도와 간구를 하되 항상 성령 안에서 기도하고 이를 위하여 깨어 구하기를 항상 힘쓰며 여러 성도를 위하여 구하라"(엡 6:10-18)

"너희 염려를 다 주께 맡기라 이는 그가 너희를 돌보심이라 근신하라 깨어라 너희 대적 마귀가 우는 사자 같이 두루 다니며 삼킬 자를 찾나니"(벧전 5:7-8)

마음의 생각이 그러하면 사람도 그러하고, 마음의 생각에 있는 것이 말과 행동으로 나온다(잠 23:7; 눅 6:45; 약 3:12). 우리가 선(순종)을 선택할 수 있는 첫걸음은 나를 내려놓는 것이다. '내려놓음'은 기독교 외의 종교나 명상에서도 일반적으로 사용하는 단어이다. 기독교의 내려놓음과 기독교 외의 종교나 명상에서의 내려놓음은 차이가 있다.

　기독교 외의 종교나 명상에서는 내려놓음을 욕심을 버리는 것, 무소유, 자신을 비우는 것 등의 의미로 이해하고 이를 위해 수행이나 명상을 강조한다. 기독교의 내려놓음은 인간이 하나님의 자녀이자 피조물이라는 신분을 자각하고 이를 인정하는 것에서 출발한다. 인간이 하나님의 자녀이자 피조물이라는 신분을 자각하고 이를 인정하지 않는 다면, 교회에 출석한다고 하여도 다른 종교나 명상에서의 내려놓음과 아무런 차이가 없다.

　기독교의 내려놓음은 단순히 욕심을 버리거나 자신을 비우는 것에 그치는 것이 아니다. 그 빈 자리를 하나님과 예수님과 성령으로 채워 성령 충만, 즉 성령의 지배를 받는 데까지 나아가야 한다. 빛이 들어왔을 때 어둠이 사라지는 것처럼, 성령을 영접하여 성령의 일을 생각할 때 선(순종)을 구현할 수 있다(요 8:12; 롬 8:5-6; 엡 5:8). 우리가 처절한 수행을 통해 자신을 비우고 내려놓아도 그 빈자리를 탐심과 교만보다 더 강한 하나님과 예수님과 성령으로 채우지 않으면 탐심과 교만이 다시 그 빈자리를 채운다(눅 11:21-26).

　　　"대저 그 마음의 생각이 어떠하면 그 위인도 그러한즉"(잠 23:7)
　　　"선한 사람은 마음에 쌓은 선에서 선을 내고 악한 자는 그 쌓은 악에서 악을 내나니 이는 마음에 가득한 것을 입으로 말함이니라"(눅 6:45)
　　　"예수께서 또 말씀하여 이르시되 나는 세상의 빛이니 나를 따르는

자는 어둠에 다니지 아니하고 생명의 빛을 얻으리라"(요 8:12)

"육신을 따르는 자는 육신의 일을, 영을 따르는 자는 영의 일을 생각하나니 육신의 생각은 사망이요 영의 생각은 생명과 평안이니라"(롬 8:5-6)

"내 형제들아 어찌 무화과나무가 감람 열매를, 포도나무가 무화과를 맺겠느냐 이와 같이 짠 물이 단물을 내지 못하느니라"(약 3:12)

우리가 선을 행하는 것은 해도 그만 안 해도 그만이 아니라 하나님의 명령이자 우리의 의무이다. 우리가 선을 행할 줄 알고도 행하지 아니하는 것은 죄이다(약 4:17). 우리가 바울의 "형제들아 내가 그리스도 예수 우리 주 안에서 가진 바 너희에 대한 나의 자랑을 두고 단언하노니 나는 날마다 죽노라"(고전 15:31)라는 고백과 같이, 날마다 죽는 삶을 살아간다면 선을 행할 수 있을 것이다. 혹시 내가 "들으라 너희 중에 말하기를 오늘이나 내일이나 우리가 어떤 도시에 가서 거기서 일 년을 머물며 장사하여 이익을 보리라 하는 자들아"(약 4:13)라는 말씀과 같이, 영원히 살 것처럼 재물과 사회적 지위(명예)를 신(神)으로 삼고 살아가고 있는 것은 아닌지 되돌아볼 필요가 있다.

"내일 일을 너희가 알지 못하는도다 너희 생명이 무엇이냐 너희는 잠깐 보이다가 없어지는 안개니라"(약 4:14), "한 번 죽는 것은 사람에게 정해진 것이요 그 후에는 심판이 있으리니"(히 9:27), "그들은 영벌에, 의인들은 영생에 들어가리라 하시니라"(마 25:46)라는 말씀은 우리에게 교훈하는 바가 크다.

6장
죄

1절 – 죄의 의미

죄의 사전적 의미는 '양심이나 도의에 벗어난 행위'이다. 성경에서의 죄는 사전적 의미의 죄 이상의 의미가 있다. 성경에서 죄는 다양하게 정의되고 있다. 예수님을 믿지 아니하는 것(요 16:9), 믿음을 따라 하지 아니하는 것(롬 14:23), 선을 행할 줄 알고도 행하지 아니하는 것(약 4:17)을 죄라 할 수 있다. 믿음과 순종은 동전의 양면과 같고 순종이 선이다. 하나님의 말씀에 불순종하는 것이 믿음 없는 것이자 악이고 이것이 바로 죄이다. 선악과 사건에서 아담의 죄도 하나님에 대한 믿음 없음과 이로 인한 불순종의 결과이다.

인간은 자신이 충분히 도덕적이고 양심적이라고 생각할지 모르지만 이는 크나큰 착각이다. 예수님은 형제에게 노(怒)하거나 욕설하는 것도 살인이라고 말씀하셨고, 음욕을 품고 여자를 보는 것도 마음에 이미 간음한 것이라고 말씀하셨다(마 5:21-22, 28). 인간의 능력으로 율법을 완전하게 실천하는 것은 불가능하다. 율법은 예수님께로 인도하는 초등교사이고, 인간으로 하여금 죄를 깨닫게 하는 기능을 할 뿐이다(롬 3:20; 갈 3:23-25). 인간이 자신의 행위로 의롭다고 인정받는 것은 불가능하다. 인간은 오직 하나님과 예수님을 믿음으로 순종할 때 의롭다고 인정받을 수 있다(창 15:6; 롬 3:20, 4:1-8; 갈 2:16).

"아브라함이 여호와를 믿으니 여호와께서 이를 그의 의로 여기시고"(창 15:6)

"그러므로 율법의 행위로 그의 앞에 의롭다 하심을 얻을 육체가 없나니 율법으로는 죄를 깨달음이니라"(롬 3:20)

"사람이 의롭게 되는 것은 율법의 행위로 말미암음이 아니요 오직 예수 그리스도를 믿음으로 말미암는 줄 알므로 우리도 그리스도 예수를 믿나니 이는 우리가 율법의 행위로써가 아니고 그리스도를 믿음으로써 의롭다 함을 얻으려 함이라 율법의 행위로써는 의롭다 함을 얻을 육체가 없느니라"(갈 2:16)

"그러므로 내가 너희에게 이르노니 사람에 대한 모든 죄와 모독은 사하심을 얻되 성령을 모독하는 것은 사하심을 얻지 못하겠고 또 누구든지 말로 인자를 거역하면 사하심을 얻되 누구든지 말로 성령을 거역하면 이 세상과 오는 세상에서도 사하심을 얻지 못하리라"(마 12:31-32)라는 말씀은 죄를 이해하는데 도움이 된다. 다만 위 말씀에서 말로 인자를 거역하는 것과 말로 성령을 거역하는 것을 구분한 것은 이해하기 어려운 면이 있다.

예수님이 인자를 거역하는 것과 성령을 거역하는 것을 구분하여 말씀하신 것은, 당시 상황에서는 사람들의 예수님에 대한 이해가 충분하지 않았고 심지어 제자들 사이에서도 예수님에 대한 잘못된 이해가 만연해 있었기 때문에, 적어도 예수님이 십자가에서 돌아가시고 부활하실 때까지는 예수님을 제대로 이해할 시간적 여유를 줄 필요가 있었고, 당시의 상황이 바리새인들이 예수님이 성령을 힘입어 귀신을 쫓아낸 것을 부인하고 바알세불을 힘입어 귀신을 쫓아낸 것이라고 주장하는 상황이어서 성령의 문제는 당시 예수님과 바리새인들 사이에 직접적인 논쟁의 대상이었기 때문이다. 예수님이 십자가에서 돌아가시고 부활하신 이후에도 계속적이고 반복적인 인자에 대한 거역을 허용하신 것은 아니다.

2절 – 죄의 결과

1. 하나님과의 관계가 단절된다

죄로 인해 하나님과의 관계가 단절된다(창 6:3; 롬 3:23, 6:23). 죄로 인해 하나님과의 관계가 단절된 상태를 잘 보여 주는 것이 선악과를 따먹은 후 아담과 하와의 변화이다. 아담과 하와는 선악과를 따먹은 후 에덴 동산을 거니시는 하나님의 소리를 듣고 하나님을 피해 동산 나무 사이에 숨었고, 자신들의 잘못에 대해 서로 책임을 전가한다. 아담은 하나님의 형상대로 창조되었기 때문에 하나님과 인격적인 관계를 맺고 교제하는 것이 가능했지만, 죄로 인해 하나님과의 관계가 단절되었다.

하나님은 결국 관계가 단절된 아담과 하와를 에덴 동산에서 쫓아내시고, 하나님의 영이 인간과 함께하지 않고 인간의 몸이 유한한 육신이 될 것임을 선포하셨다(창 3:7-8, 12-13, 23-24, 6:3). 하나님과 단절된 상태로 살아가는 인간의 삶을 잘 설명하는 것이 '잃은 아들을 되찾은 아버지 비유'(눅 15:11-32)와 "의인은 없나니 하나도 없으며 깨닫는 자도 없고 하나님을 찾는 자도 없고 다 치우쳐 무익하게 되고 선을 행하는 자는 없나니 하나도 없도다"(롬 8:10)라는 말씀이다.

> "이에 그들의 눈이 밝아져 자기들이 벗은 줄 알고 무화과나무 잎을 엮어 치마로 삼았더라 그들이 그 날 바람이 불 때 동산에 거니시는 여호와 하나님의 소리를 듣고 아담과 그의 아내가 여호와 하나님의 낯을 피하여 동산 나무 사이에 숨은지라"(창 3:7-8)
>
> "여호와 하나님이 에덴 동산에서 그를 내보내어 그의 근원이 된 땅을 갈게 하시니라 이같이 하나님이 그 사람을 쫓아내시고 에덴 동산 동쪽에 그룹들과 두루도는 불 칼을 두어 생명 나무의 길을 지키게 하시니라"(창 3:23-24)

"여호와께서 이르시되 나의 영이 영원히 사람과 함께 하지 아니하리니 이는 그들이 육신이 됨이라 그러나 그들의 날은 백이십 년이 되리라 하시니라"(창 6:3)

2. 죄의 종이 되어 평안과 영생(생명)의 삶을 살지 못한다

죄로 인해 하나님과의 관계가 단절되면 죄의 종이 되어 죄의 지배를 받게 된다(요 8:31-36; 롬 6:16-23, 8:1-17). 성경이 죄의 종과 대비시키고 있는 것은 하나님의 아들이다. 성경에서 신분은 죄의 종과 하나님의 아들만이 존재한다고 볼 수 있다(요 1:12-13, 8:34; 롬 8:14; 계 21:7).

죄의 종이 되어 죄의 지배를 받게 되면 육신의 일을 생각하게 되고, 그 결과 하나님의 나라를 유업으로 받지 못하고 하나님 안에서 누릴 수 있는 평안과 영생(생명)의 삶을 살지 못한다(롬 6:20-23; 8:5-6; 고전 6:9-10, 15:55-56; 갈 5:16-24). 반면에 하나님의 아들은 하나님의 상속자로서 하나님의 나라를 유업으로 받고, 하나님 안에서 평안과 영생(생명)의 삶을 산다(시 16:1-11; 전 8:1; 요 8:35, 14:27; 롬 6:20-23; 계 21:7).

"예수께서 대답하시되 진실로 진실로 너희에게 이르노니 죄를 범하는 자마다 죄의 종이니라 종은 영원히 집에 거하지 못하되 아들은 영원히 거하나니"(요 8:34-35)

"너희 자신을 종으로 내주어 누구에게 순종하든지 그 순종함을 받는 자의 종이되는 줄을 너희가 알지 못하느냐 혹은 죄의 종으로 사망에 이르고 혹은 순종의 종으로 의에 이르느니라 하나님께 감사하리로다 너희가 본래 죄의 종이더니 너희에게 전하여 준 바 교훈의 본을 마음으로 순종하여 죄로부터 해방되어 의에게 종이 되었느니라"(롬 6:16-18)

"너희가 죄의 종이 되었을 때에는 의에 대하여 자유로웠느니라 너희가 그 때에 무슨 열매를 얻었느냐 이제는 너희가 그 일을 부끄러워하나니 이는 그 마지막이 사망임이라 그러나 이제는 너희가 죄로부터 해방되고 하나님께 종이 되어 거룩함에 이르는 열매를 맺었으니 그 마지막은 영생이라 죄의 삯은 사망이요 하나님의 은사는 그리스도 예수 우리 주 안에 있는 영생이니라"(롬 6:20-23)

"육신을 따르는 자는 육신의 일을 영을 따르는 자는 영의 일을 생각하나니 육신의 생각은 사망이요 영의 생각은 생명과 평안이니라"(롬 8:5-6)

"육신에 있는 자들은 하나님을 기쁘시게 할 수 없느니라 만일 너희 속에 하나님의 영이 거하시면 너희가 육신에 있지 아니하고 영에 있나니 누구든지 그리스도의 영이 없으면 그리스도의 사람이 아니라 또 그리스도께서 너희 안에 계시면 몸은 죄로 말미암아 죽은 것이나 영은 의로 말미암아 살아 있는 것이니라 예수를 죽은 자 가운데서 살리신 이의 영이 너희 안에 거하시면 그리스도가 예수를 죽은 자 가운데서 살리신 이가 너희 안에 거하시는 그의 영으로 말미암아 너희 죽을 몸도 살리시리라"(롬 8:8-11)

"무릇 하나님의 영으로 인도함을 받은 사람은 곧 하나님의 아들이라"(롬 8:14)

"불의한 자가 하나님의 나라를 유업으로 받지 못할 줄을 알지 못하느냐 미혹을 받지 말라 음행하는 자나 우상 숭배하는 자나 간음하는 자나 탐색하는 자나 남색하는 자나 도적이나 탐욕을 부리는 자나 술 취하는 자나 모욕하는 자나 속여 빼앗는 자들은 하나님의 나라를 유업으로 받지 못하리라"(고전 6:9-10)

"사망아 너의 승리가 어디 있느냐 사망아 네가 쏘는 것이 어디 있느냐 사망이 쏘는 것은 죄요 죄의 권능은 율법이라"(고전 15:55-56)

"내가 이르노니 너희는 성령을 따라 행하라 그리하면 육체의 욕심을 이루지 아니하리라 육체의 소욕은 성령을 거스르고 성령은 육체를 거스르나니 이 둘이 서로 대적함으로 너희가 원하는 것을 하지 못하게 하려 함이니라 너희가 만일 성령의 인도하시는 바가 되면 율법 아래에 있지 아니하리라 육체의 일은 분명하니 곧 음행과 더러운 것과 호색과 우상 숭배와 주술과 원수 맺는 것과 분쟁과 시기와 분냄과 당 짓는 것과 분열함과 이단과 투기와 술 취함과 방탕함과 또 그와 같은 것들이라 전에 너희에게 경계한 것 같이 경계하노니 이런 일을 하는 자들은 하나님의 나라를 유업으로 받지 못할 것이요 오직 성령의 열매는 사랑과 희락과 화평과 오래 참음과 자비와 양선과 충성과 온유와 절제니 이같은 것을 금지할 법이 없느니라 그리스도 예수의 사람들은 육체와 함께 그 정욕과 탐심을 십자가에 못 박았느니라"(갈 5:16-24)

3절 – 회개: 죄에서의 해방과 영생

하나님은 아담과 하와가 선악과를 따먹은 후에 아담과 하와를 에덴동산에서 쫓아내시고, 에덴 동산 동쪽에 그룹들과 두루 도는 불 칼을 두어 생명나무의 길을 지키게 하셨다. 그러나 하나님은 가출한 자녀의 부모가 밤낮으로 자녀의 귀가를 기다리는 것처럼, 인간이 언제든지 하나님에게 돌아오기를 간절히 바라고 계신다(창 3:21, 23-24; 눅 15:11-24).

하나님은 하나님과 관계가 단절된 인간을 위해 구원을 예정하시고 예수님의 십자가 죽음과 부활로 죄의 사망 권세를 깨뜨리셨지만(롬 6:20-23), 개개인의 구원과 영생을 위해서는 하나님과 예수님의 십자가 죽음과 부활을 믿는 믿음을 개개인의 몫으로 남겨두셨다(요 1:12-13, 3:16, 6:40; 고전 15:2-4). 우리가 믿음으로 나아가게 하는 것이 바로 회개이다(마 3:2, 8; 막 1:15; 눅 3:7-14, 13:1-9).

"회개하라 천국이 가까이 왔느니라 하였으니"(마 3:2)

"그러므로 회개에 합당한 열매를 맺고"(마 3:8)

"하나님이 세상을 이처럼 사랑하사 독생자를 주셨으니 이는 그를 믿는 자마다 멸망하지 않고 영생을 얻게 하려 하심이라"(요 3:16)

"내 아버지의 뜻은 아들을 보고 믿는 자마다 영생을 얻는 이것이니 마지막 날에 내가 이를 다시 살리리라 하시니라"(요 6:40)

"너희가 만일 내가 전한 그 말을 굳게 지키고 헛되이 믿지 아니하였으면 그로 말미암아 구원을 받으리라 내가 받은 것을 먼저 너희에게 전하였노니 이는 성경대로 그리스도께서 우리 죄를 위하여 죽으시고 장사 지낸 바 되셨다가 성경대로 사흘 만에 다시 살아나사"(고전 15:2-4)

회개의 사전적 의미는 '죄나 잘못을 뉘우치고 마음을 고쳐먹음'이다. 성경적 의미의 회개는 사전적 의미의 회개 이상의 의미가 있다. 성경적 의미의 회개는 일시적이고 단회적인 것에 그치는 것이 아니라 평생 지속해 나가야 한다. 성경적 의미의 회개는 믿음이 없는 상태에서의 회개와 믿은 후의 회개로 나누어 볼 수 있다.

믿음이 없는 상태에서의 회개는 믿음 없음과 불순종인 죄(악)에서 하나님으로 의식적인 방향 전환을 하여 믿음에까지 나아가는 것을 의미한다. 우리가 믿음에 이르는 것은 하나님 은혜이지만, 이는 그냥 주어지는 것이 아니다. 믿음은 말씀을 들음에서 나며 기도와 성령의 간구를 통해 생긴다(사 55:6-7; 겔 36:26; 마 7:7-8; 롬 8:26-27, 10:17; 약 1:5).

믿은 후의 회개는 육의 일과 생각을 버리고 성화의 삶을 살아가는 것이다. 이를 잘 설명하는 것이 "형제들아 내가 그리스도 예수 우리 주 안에서 가진바 너희에 대한 나의 자랑을 두고 단언하노니 나는 날마다 죽노라"(고전 15:31), "그리스도 예수의 사람들은 육체와 함께 그 정욕과 탐심을 십자가에 못 박았느니라"(갈 5:24)라는 말씀이다. 회개의 열매가 없는 회개는 진정한 회개가 아니다(마 3:8; 눅 3:7-14,

13:1-9), 진정한 회개는 우리를 믿음과 구원(영생)에 이르게 하고, 성령의 열매를 맺는 삶을 살게 한다(요 15:1-27; 롬 6:20-23; 갈 5:16-24).

"너희는 여호와를 만날 만할 때에 찾으라 가까이 계실 때에 그를 부르라 악인은 그의 길을, 불의한 자는 그의 생각을 버리고 여호와께로 돌아오라 그리하면 그가 긍휼히 여기시리라 우리 하나님께로 돌아오라 그가 너그럽게 용서하시리라"(사 55:6-7)

"또 새 영을 너희 속에 두고 새 마음을 너희에게 주되 너희 육신에서 굳은 마음을 제거하고 부드러운 마음을 줄 것이며"(겔 36:26)

"그러므로 믿음은 들음에서 나며 들음은 그리스도의 말씀으로 말미암았느니라"(롬 10:17)

하나님 아버지는 하나님의 자녀인 우리가 회개하고 하나님에게 돌아오기를 간절히 바라고 계신다. "아들을 낳으리니 이름을 예수라 하라 이는 그가 자기 백성을 그들의 죄에서 구원할 자이심이라 하니라"(마 1:21), "만일 우리가 그의 죽으심과 같은 모양으로 연합한 자가 되었으면 또한 그의 부활과 같은 모양으로 연합한 자도 되리라 우리가 알거니와 우리의 옛 사람이 예수와 함께 십자가에 못 박힌 것은 죄의 몸이 죽어 다시는 우리가 죄에게 종 노릇 하지 아니하려 함이니 이는 죽은 자가 죄에서 벗어나 의롭다 하심을 얻었음이라"(롬 6:5-7), "너희 몸은 너희가 하나님께로부터 받은 바 너희 가운데 계신 성령의 전인 줄을 알지 못하느냐 너희는 너희 자신의 것이 아니라 값으로 산 것이 되었으니 그런즉 너희 몸으로 하나님께 영광을 돌리라"(고전 6:19-20), "그가 모든 사람을 대신하여 죽으심은 살아 있는 자들로하여금 다시는 그들 자신을 위하여 살지 않고 오직 그들을 대신하여 죽었다가 다시 살아나신 이를 위하여 살게 하려 함이라"(고후 5:15), "하나님이 죄를 알지도 못하신 이를 우리를 대신하여 죄로 삼으신 것은 우리로 하여금 그 안에서 하나님의 의가 되게 하려 하심이라"(고후 5:21), "내가 그리스도와 함께 십자가에 못 박혔나니 그런즉 이제는 내가 사는 것이 아니요 오직 내 안에 그리스도께서 사시는 것이라 이제 내가 육체 가운데 사는 것은 나를 사랑하사 나를 위하여 자기 자신을 버리신 하나님의 아들을 믿는 믿음 안에서 사는 것이라"(갈 2:20)라는 말씀은 우리가 회개하여야 할 충분한 이유가 될 수 있다.

7장
방주 안으로 들어가라

    2편 2장에서 살펴본 바와 같이 노아의 방주는 외형적으로는 볼품없는 직사각모형의 거대한 나무 상자같이 보이지만, 방주의 선체 비율은 현재의 선박 기술에 비추어 보아도 놀라울 정도로 과학적이고 당시의 엄청난 위력의 홍수를 이겨낼 수 있는 유일하고 안전한 피난처였다. 노아의 홍수 당시 사람들은 하나님의 홍수심판 경고를 무시하여 120년에 걸쳐 방주를 만드는 노아를 비웃었고, 결국에는 하나님의 홍수심판으로 모두 죽었다(벧전 3:20; 벧후 3:4). 반면에 노아는 하나님이 노아에게 명령하신 대로 다 준행하였고, 그 결과 방주에 들어간 노아와 노아의 가족 8명은 모두 살아남았다(창 6:22, 7:13, 8:18).

"그들은 전에 노아의 날 방주를 준비할 동안 하나님이 오래 참고 기다리실 때에 복종하지 아니하던 자들이라 방주에서 물로 말미암아 구원을 얻은 자가 몇 명 뿐이니 겨우 여덟 명이라"(벧전 3:20)
"이르되 주께서 강림하신다는 약속이 어디 있느냐 조상들이 잔 후로부터 만물이 처음 창조될 때와 같이 그냥 있다 하니"(벧후 3:4)

하나님은 노아의 홍수심판 이후에 직접 경험하지 않고는 믿지 못하는 인간을 위해 하나님을 믿는 데 있어 조금이라도 도움이 되라고, 예수님을 직접 보고 예수님의 말씀을 직접 들을 수 있도록 약속하신 대로 유일한 피난처인 예수님을 인간의 몸으로 보내주셨다(창 3:15; 마 1:18; 요 1:14).

나아가 하나님은 인간이 구원(영생)을 받음에 있어 노아가 방주를 만들어 방주 안에 들어가 구원을 받은 것처럼 많은 수고를 요구하면 힘들어서 믿지 않을까 걱정하셔서, 하나님과 예수님을 믿고 하나님과 예수님 안에 거하기만 하면 구원(영생)을 주실 것을 약속하셨다(요 1:12-13, 3:16, 11:25-26).

"영접하는 자 곧 그 이름을 믿는 자들에게는 하나님의 자녀가 되는 권세를 주셨으니 이는 혈통으로나 육정으로나 사람의 뜻으로 나지 아니하고 오직 하나님께로부터 난 자들이니라 말씀이 육신이 되어 우리 가운데 거하시매 우리가 그의 영광을 보니 아버지의 독생자의 영광이요 은혜와 진리가 충만하더라"(요 1:12-14)

"하나님이 세상을 이처럼 사랑하사 독생자를 주셨으니 이는 그를 믿는 자마다 멸망하지 않고 영생을 얻게 하려 하심이라"(요 3:16)

우리는 하나님의 세심한 배려에도 불구하고 120년에 걸쳐 방주를 만든 노아를 비웃었던 당시의 사람들처럼, "주께서 강림하신다는 약속이 어디 있느냐 조상들이 잔 후로부터 만물이 처음 창조될 때와 같이 그냥 있다"(벧후 3:4)라는 교만에 가득 차, 하나님의 심판 경고를 무시하고 재물과 사회적 지위(명예)를 신(神)으로 삼고 용감하게 살아가고 있다.

예수님은 현세를 살아가는 우리에게 노아 시대의 방주와 같이 유일한 피난처이고 길이요 진리요 생명이시다(시 34:7, 91:9-11; 요 10:9-10, 14:6; 행 16:31; 히 6:18, 10:19-20). 노아 시대에 아무도 모르게 홍수 심판이 이루어진 것처럼, 예수님이 다시 오심의 때도 아무도 모른다(마 24:36-39). 바로 지금이 우리의 유일한 피난처이자 길이요 진리요 생명이신 예수님 안으로 들어갈 때이다(전 3:11; 마 24:32-51, 25:13; 요 6:53-56, 10:7-18; 요일 4:12-16).

우리가 하나님과 예수님 안에 거하면 하나님의 보호하심과 구원(영생)이 하나님의 은혜로 주어진다. 하나님과 예수님 안에 거하는 것은 하나님의 말씀이 내면화되어 내 살과 피가 되고, 하나님과 이웃을 사랑하라는 계명을 실천하는 것이다(요 6:53-56, 15:1-12; 요일 4:12-16).

"여호와의 천사가 주를 경외하는 자를 둘러 진 치고 그들을 건지시는도다"(시 34:7)

"네가 말하기를 여호와는 나의 피난처시라 하고 지존자를 너의 거처로 삼았으므로 화가 네게 미치지 못하며 재앙이 네 장막에 가까이 오지 못하리니 그가 너를 위하여 천사들을 명령하사 네 모든 길에서 너를 지키게 하심이라"(시 91:9-11)

"그러나 그 날과 그 때는 아무도 모르나니 하늘의 천사들도, 아들도 모르고 오직 아버지만 아시느니라 노아의 때와 같이 인자의 임함도 그러하리라 홍수 전에 노아의 방주에 들어가던 날까지 사람들이 먹고 마시고 장가 들고 시집 가고 있으면서 홍수가 나서 그들을 다 멸하기까지 깨닫지 못하였으니 인자의 임함도 이와 같으니라"(마 24:36-39)

"내가 문이니 누구든지 나로 말미암아 들어가면 구원을 받고 또는 들어가며 나오며 꼴을 얻으리라 도둑이 오는 것은 도둑질하고 죽이고 멸망시키려는 것뿐이요 내가 온 것은 양으로 생명을 얻게 하고 더 풍성히 얻게 하려는 것이라"(요 10:9-10)

"예수께서 이르시되 내가 곧 길이요 진리요 생명이니 나로 말미암지 않고는 아버지께로 올 자가 없느니라"(요 14:6)

"이르되 주 예수를 믿으라 그리하면 너와 네 집이 구원을 받으리라 하고"(행 16:31)

"이는 하나님이 거짓말을 하실 수 없는 이 두 가지 변하지 못할 사실로 말미암아 앞에 있는 소망을 얻으려고 피난처를 찾은 우리에게

큰 안위를 받게 하려 하심이라"(히 6:18)

"그러므로 형제들아 우리가 예수의 피를 힘입어 성소에 들어갈 담력을 얻었나니 그 길은 우리를 위하여 휘장 가운데로 열어 놓으신 새로운 살 길이요 휘장은 곧 그의 육체니라"(히 10:19-20)

"들으라 너희 중에 말하기를 오늘이나 내일이나 우리가 어떤 도시에 가서 거기서 일 년을 머물며 장사하여 이익을 보리라 하는 자들아 내일 일을 너희가 알지 못하는도다 너희 생명이 무엇이냐 너희는 잠깐 보이다가 없어지는 안개니라 너희가 도리어 말하기를 주의 뜻이면 우리가 살기도 하고 이것이나 저것을 하리라 할 것이거늘 이제도 너희가 허탄한 자랑을 하니 그러한 자랑은 다 악한 것이라 그러므로 사람이 선을 행할 줄 알고도 행하지 아니하면 죄니라"(약 4:13-17)라는 말씀은 유일한 피난처이자 길이요 진리요 생명이신 예수님 안으로 들어가기를 거부하며 살아가는 우리에게 교훈하는 바가 크다.

8장
복(福)

1절 – 복의 의미

복의 사전적 의미는 '삶에서 누리는 좋고 만족할 만한 큰 행운이나 거기서 얻는 행복'이다. 보통 복의 내용으로 언급되는 것은 생전에 부귀영화를 누리다가 죽을 때 고생하지 않고 편안하게 죽는 것이다. 하나님과 천국을 믿는 경우에는 현세와 내세에서 천국 영생의 삶을 사는 것이 추가된다. 성경은 하나님을 믿으면 하나님이 약속하신 복을 받는다고 하지만 현실적으로는 하나님을 믿어도 세상적인 부귀영화를 누리지 못하는 경우가 있고, 오히려 하나님을 믿지 않는 사람들이 부귀영화를 누리는 것처럼 보이는 경우가 있다(시 37:1-40).

성경적 의미의 복은 사전적 의미의 복과는 다른 차원의 의미가 있다. 대표적인 표의문자인 한자 福(복)은 示(신, 하나님을 상징), 一(하나), 口(입, 사람을 세는 단위), 田(밭, 동산)이 조합된 것으로, '한 사람 곧 아담이 (에덴)동산에서 하나님과 함께 거하는 것'이나 '하나님과 함께하고 한 사람이 먹고살 만한 정도의 밭이 있는 것'으로 해석할 수 있다. 우리에게 영생을 주시는 하나님과 예수님이 지극히 큰 상급(賞給)이라는 점에서(창 15:1; 요 1:14, 16), 위와 같은 한자 福(복)에 대한 해석은 의미가 있는 해석이다.

> "이 후에 여호와의 말씀이 환상 중에 아브람에게 임하여 이르시되 아브람아 두려워하지 말라 나는 네 방패요 너의 지극히 큰 상급이니라"(창 15:1)
>
> "말씀이 육신이 되어 우리 가운데 거하시매 우리가 그의 영광을 보니 아버지의 독생자의 영광이요 은혜와 진리가 충만하더라 우리가 다 그의 충만한 데서 받으니 은혜 위에 은혜러라"(요 1:14, 16)

성경은 심령이 가난한 자, 애통하는 자, 온유한 자, 의에 주리고 목마른 자, 긍휼히 여기는 자, 마음이 청결한 자, 화평하게 하는 자, 의를 위하여 박해를 받는 자가 복이 있는 사람이고, 위와 같은 사람이 받는 복은 천국이 그들의 것이고, 위로를 받고, 땅(하나님의 나라)을 기업으로 받고, 배부르고, 긍휼히 여김을 받고, 하나님을 보고, 하나님의 아들이라 일컬음을 받는 것이다(시 7:1-40; 마 5:3-12).

성경이 복이 있다고 하는 사람의 공통점은 하나님을 믿는 사람들의 성정(性情)이고, 위와 같은 사람들이 받는 복의 대표적인 내용은 구원(영생)과 하나님 안에서 누리는 평안이다. 물론 하나님은 하나님을 믿는 사람에게 구원(영생)과 평안 외에도 재물이나 사회적 지위(명예)도 약속하셨다(창 12:2-3; 신 15:4-6, 28:1-6; 시 1:3).

물질적인 풍족함과 높은 사회적 지위(명예)도 하나님이 약속하신 복이고 중요하지만, 더 중요한 것은 현재 나에게 주어진 재물과 사회적 지위(명예)에 대한 감사와 감사에서 나오는 자족하는 마음이다. 우리가 하나님이 우리에게 주신 재물이나 사회적 지위(명예)를 복으로 여기지 못하는 것은 진짜 부족해서가 아니라 감사와 감사에서 나오는 자족이 없기 때문이다. 예수님이 제자들에게 기도를 가르치실 때 오늘 우리에게 '많은' 양식을 주시옵고가 아니라, "오늘 우리에게 '일용할' 양식을 주시옵고"(마 6:11)라고 하셨다.

위와 같은 점을 종합하면 성경적 의미의 복은 하나님과 예수님에 대한 믿음으로 하나님과 예수님 안에 거하고, 일용할 양식이 있고, 일용할 양식에 감사하고 자족하는 것이다. 물질적인 풍족함이나 높은 사회적 지위(명예)도 하나님이 약속하신 복이지만, 일용할 양식에 감사하고 감사에서 나오는 자족하는 마음이 없다면, 탐심과 교만이 우리를 지배하게 되고 물질적인 풍족함이나 높은 사회적 지위(명예)가 오히려 우리에게 해가 될 수 있다. 일용할 양식에 감사하고 자족하는 것은 하나님이 주시는 복의 필수조건이다. 세상적인 것을 하나님 자리에 두는 탐심에 기초한 재물의 풍족함과 높은 사회적 지위(명예)는 자칫 사람을 믿음에서 떠나게 하고, 결국은 파멸과 멸망에 빠지게 한다(전 5:10, 13-16; 빌 3:19; 딤전 6:9-10).

"은을 사랑하는 자는 은으로 만족하지 못하고 풍요를 사랑하는 자는 소득으로 만족하지 아니하니 이것도 헛되도다"(전 5:10)
"내가 해 아래에서 큰 폐단 되는 일이 있는 것을 보았나니 곧 소유주가 재물을 자기에게 해가 되도록 소유하는 것이라 그 재물이 재난을 당할 때 없어지나니 비록 아들은 낳았으나 그 손에 아무것도 없느니라 그가 모태에서 벌거벗고 나왔은즉 그가 나온 대로 돌아가고 수고하여 얻은 것을 아무것도 자기 손에 가지고 가지 못하리니 이것도 큰 불행이라 어떻게 왔든지 그대로 가리니 바람을 잡는 수고가 그에게 무엇이 유익하랴"(전 5:13-16)
"그들의 마침은 멸망이요 그들의 신은 배요 그 영광은 그들의 부끄러움에 있고 땅의 일을 생각하는 자라"(빌 3:19)
"부하려 하는 자들은 시험과 올무와 여러 가지 어리석고 해로운 욕심에 떨어지나니 곧 사람으로 파멸과 멸망에 빠지게 하는 것이라 돈을 사랑함이 일만 악의 뿌리가 되나니 이것을 탐내는 자들은 미혹을 받아 믿음에서 떠나 많은 근심으로써 자기를 찔렀도다"(딤전 6:9-10)

사람들은 일반적으로 재물이나 사회적 지위(명예)는 본인의 능력과 노력에 따라 얼마든지 획득할 수 있고, 성공하지 못하는 것은 능력과 노력이 부족하기 때문이라고 말한다. 그러나 성경은 재물이나 사회적 지위(명예)는 물론이고 이를 얻을 능력도 하나님이 주시는 것임을 명확히 한다(창 12:1-4, 26:3, 12-13, 39:2-3, 21, 23, 41:37-41; 출 35:30-31; 신 8:16-18, 28:1-6; 단 1:17-21; 마 6:30-33).

하나님이 재물이나 사회적 지위(명예)를 주시는 중요한 기준 중의 하나는 하나님의 말씀을 듣고 이를 지켜 행하는 것인지와 탐심이라는 우상에서 자유롭게 되었는지이다(잠 16:20; 약 4:1-3; 요일 3:21-24). 이는 복을 받을 만한 그릇이 준비되어 있을 때 복을 주어야만 그 복이 하나님이 주신 것임을 알게 되어 감사하며 기뻐할 수 있고, 하나님이 우리에게 주신 재물과 사회적 지위(명예)를 주신 목적에 맞게 하나님의 영광을 위하여 사용할 수 있게 되어(마 5:13-16; 눅 16:1-13, 19:1-9), 우리에게 해가 되지 않기 때문이다(잠 16:25; 전 5:13; 눅 12:13-21; 딤전 6:6-12).

"이삭이 그 땅에서 농사하여 그 해에 백 배나 얻었고 여호와께서 복을 주시므로 그 사람이 창대하고 왕성하며 마침내 거부가 되어"(창 26:12-13)

"여호와께서 유다 지파 훌의 손자요 우리의 아들인 브살렐을 지명하여 부르시고 하나님의 영을 그에게 충만하게 하여 지혜와 총명과 지식으로 여러 가지 일을 하게 하시되"(출 35:30-31)

"네 조상들도 알지 못하던 만나를 광야에서 네게 먹이셨나니 이는 다 너를 낮추시며 너를 시험하사 마침내 네게 복을 주려 하심이었느니라 그러나 네가 마음에 이르기를 내 능력과 내 손의 힘으로 내

가 이 재물을 얻었다 말할 것이라 네 하나님 여호와를 기억하라 그
가 네게 재물 얻을 능력을 주셨음이라 이같이 하심은 네 조상들에
게 맹세하신 언약을 오늘과 같이 이루려 하심이니라"(신 8:16-18)

"네가 네 하나님 여호와의 말씀을 삼가 듣고 내가 오늘 네게 명령하
는 그의 모든 명령을 지켜 행하면 네 하나님 여호와께서 너를 세계
모든 민족 위에 뛰어나게 하실 것이라 네가 네 하나님 여호와의 말
씀을 청종하면 이 모든 복이 네게 임하며 네게 이르리니 성읍에서
도 복을 받고 들에서도 복을 받을 것이며 네 몸의 자녀와 네 토지의
소산과 네 짐승의 새끼와 소와 양의 새끼가 복을 받을 것이며 네 광
주리와 떡 반죽 그릇이 복을 받을 것이며 네가 들어와도 복을 받고
나가도 복을 받을 것이니라"(신 28:1-6)

"삼가 말씀에 주의하는 자는 좋은 것을 얻나니 여호와를 의지하는
자는 복이 있느니라"(잠 16:20)

"내가 해 아래에서 큰 폐단 되는 일이 있는 것을 보았나니 곧 소유
주가 재물을 자기에게 해가 되도록 소유하는 것이라"(전 5:13)

"너희 중에 싸움이 어디로부터 다툼이 어디로부터 나느냐 너희 지
체 중에서 싸우는 정욕으로부터 나는 것이 아니냐 너희는 욕심을 내
어도 얻지 못하여 살인하며 시기하여도 능히 취하지 못하므로 다투
고 싸우는도다 너희가 얻지 못함은 구하지 아니하기 때문이요 구하
여도 받지 못함은 정욕으로 쓰려고 잘못 구하기 때문이라"(약 4:1-3)

2절 – 복을 받는 방법

1. 하나님을 경외함으로 순종하고 인내하라

복을 받기 위해서는 하나님을 경외하고 하나님의 말씀(명령)에 순종하여야 한다(창 12:1-4; 신 6:1-9, 28:1-6, 30:15-16; 시 1:1-6, 128:1-6; 눅 11:28; 롬 12:1-2; 엡 4:21-24). 하나님은 우리가 우리를 낮추고 믿음으로 하나님의 말씀(명령)에 순종할 때 비로소 복을 주신다.

아브라함은 하나님의 "너는 너의 고향과 친척과 아버지의 집을 떠나 내가 네게 보여 줄 땅으로 가라"(창 12:1)라는 명령에 순종하여 장래의 유업으로 받을 땅에 갈 바를 알지 못하고 나아갔고, 약속의 땅에 거류하면서도 이방의 땅에 있는 것 같이 하나님이 계획하시고 지으실 터가 있는 성(천국)을 바라면서 살아갔다(창 12:4-5; 히 11:8-10). 하나님은 믿음으로 순종한 아브라함에게 복 주실 것과 복의 통로(근원)가 될 것을 약속하셨다(창 12:2-3).

우리가 하나님의 말씀(명령)에 순종하는 것은 하나님이 인간과 천지 만물을 창조하시고(창 1:1-31), 우리의 필요를 아셔서 필요를 채워주시고(마 6:30-33), 우리를 악과 위험에서 보호해 주시고(시 34:1-22, 50:15; 사 40:28-31), 우리의 생사화복을 주관하시고(삼상 2:6; 대상 29:11-12; 시 139:1-24; 마 10:28-31), 언제 어디서나 우리와 함께해 주시는(창 28:15-17; 출 3:5; 수 5:15; 마 28:20; 눅 17:21; 행 17:24-25; 롬 8:38-39; 엡 4:6) 분이라는 믿음이 있을 때 가능하다.

하나님은 우리에게 복을 주시기 위해 우리를 낮추기도 하시며 시험하기도 하신다(신 8:14-18, 15:4-6, 28:1-6, 30:15-16; 전 7:14; 고전 10:13; 약 5:13). 대표적인 예가 요셉과 모세이다(창 39:2-3, 21, 23, 45:5, 50:20; 출 3:12, 4:19; 행 7:20-45). 하나님의 연단 과정을 거친 요셉은 하나님이 주신 은총과 지혜로 애굽의 통치자가 되어 출애굽의 기초를 다졌고(창 45:5, 50:20; 행 7:10), 모세는 모세의 나이 80세에 하나님의 부르심을 받아 출애굽 사명을 감당하고 하나님으로부터 온유하고 충성된 사람이라는 칭찬을 듣는 사람이 되었다(출 7:7; 민 12:3, 7; 행 7:20-45).

우리도 우리에게 주어진 고난의 시간을 연단의 시간으로 받아들이고, 고난에 숨겨진 하나님의 뜻을 분별하여 뒤에 있는 것은 잊어버리고 앞에 있는 푯대를 향해 달려가면 하나님의 상이 우리에게 주어질 것이다(빌 3:12-14).

"보라 내가 오늘 생명과 복과 사망과 화를 네 앞에 두었나니 곧 내가 오늘 네게 명령하여 네 하나님 여호와를 사랑하고 그 모든 길로 행하며 그의 명령과 규례와 법도를 지키라 하는 것이라 그리하면 네가 생존하며 번성할 것이요 또 네 하나님 여호와께서 네가 가서 차지할 땅에서 네게 복을 주실 것임이니라"(신 30:15-16)

"환난 날에 나를 부르라 내가 너를 건지리라 네가 나를 영화롭게 하리로다"(시 50:15)

"형통한 날에는 기뻐하고 곤고한 날에는 되돌아 보아라 이 두 가지를 하나님이 병행하게 하사 사람이 그의 장래 일을 능히 헤아려 알지 못하게 하셨느니라"(전 7:14)

"사람이 감당할 시험 밖에는 너희가 당한 것이 없나니 오직 하나님은 미쁘사 너희가 감당하지 못할 시험 당함을 허락하지 아니하시고 시험 당할 즈음에 또한 피할 길을 내사 너희로 능히 감당하게 하시느니라"(고전 10:13)

"내가 이미 얻었다 함도 아니요 온전히 이루었다 함도 아니라 오직 내가 그리스도 예수께 잡힌 바 된 그것을 잡으려고 달려가노니 형제들아 나는 아직 내가 잡은 줄로 여기지 아니하고 오직 한 일 즉 뒤에 있는 것은 잊어버리고 앞에 있는 것을 잡으려고 푯대를 향하여 그리스도 예수 안에서 하나님이 위에서 부르신 부름의 상을 위하여 달려가노라"(빌 3:12-14)

"너희 중에 고난 당하는 자가 있느냐 그는 기도할 것이요 즐거워하는 자가 있느냐 그는 찬송할지니라"(약 5:13)

2. 다른 사람을 축복하라

하나님은 아브라함에게 "너를 축복하는 자에게는 내가 복을 내리고 너를 저주하는 자에게는 내가 저주하리니 땅의 모든 족속이 너로 말미암아 복을 얻을 것이다"(창 12:3)라고 말씀하셨다. 내가 아브라함처럼 하나님으로부터 복을 받는 소중한 존재인 것처럼, 다른 사람도 나와 마찬가지로 하나님으로부터 복을 받는 소중한 존재이다. 내가 다른 사람을 저주하면 다른 사람에 대한 저주는 나에게로 돌아온다는 점에 유의해야 한다(시 109:17-18; 마 7:12; 눅 6:37-38). 내가 다른 사람을 축복하는 것이 바로 내가 복 받는 길이다.

"그가 저주하기를 좋아하더니 그것이 자기에게 임하고 축복하기를 기뻐하지 아니하더니 복이 그를 멀리 떠났으며 또 저주하기를 옷 입듯 하더니 저주가 물 같이 그의 몸속으로 들어가며 기름 같이 그의 뼈 속으로 들어갔나이다"(시 109:17-18)

"비판하지 말라 그리하면 너희가 비판을 받지 않을 것이요 정죄하지 말라 그리하면 너희가 정죄를 받지 않을 것이요 용서하라 그리하면 너희가 용서를 받을 것이요 주라 그리하면 너희에게 줄 것이니 곧 후히 되어 누르고 흔들어 넘치도록 하여 너희에게 안겨 주리라 너희가 헤아리는 그 헤아림으로 너희도 헤아림을 도로 받을 것이니라"(눅 6:37-38)

3. 내가 먼저 복의 통로(근원)가 되어라

우리는 하나님의 뜻대로 부르심을 받은 존재이고, 합력하여 선을 이뤄야 하는 소명이 있다(롬 8:28). 내가 내 소명을 다할 때 복의 통로(근원)가 될 수 있고 나뿐만 아니라 다른 사람도 복을 받을 수 있다(창 12:2-3, 45:5, 50:20). 내가 복의 통로(근원)가 되는 것은 다른 사람이 받을 복과도 관련이 있다는 점에서 나만의 문제로 그치는 것이 아니라 나의 사명이다.

하나님이 우리에게 복을 주시는 것은 단지 우리만 누리라고 주시는 것이 아니다. 내가 복을 받는 것도 중요하지만, 이에 못지않게 내가 복의 통로(근원)가 되어 받은 복을 다른 사람에게 흘려보내는 것도 중요하다. 내가 복의 통로(근원)가 되는 것은 복을 받는 방법이

기도 하지만 받은 복을 진정으로 누리는 일이기도 하다.

예수님의 "네가 온전하고자 할진대 가서 네 소유를 팔아 가난한 자들에게 주라 그리하면 하늘에서 보화가 네게 있으리라 그리고 와서 나를 따르라"(마 19:21)라는 말씀에 재물이 많으므로 근심하면서 떠난 부자 청년(마 19:22), 자발적으로 "내 소유의 절반을 가난한 자들에게 주겠사오며 만일 누구의 것을 빼앗은 일이 있으면 네 갑절이나 갚겠나이다"(눅 19:8)라는 말을 한 삭개오, "내가 궁핍하므로 말하는 것이 아니라 어떠한 형편에든지 나는 자족하기를 배웠노니"(빌 4:21)라는 말을 한 바울 중 누가 진정으로 복을 받은 사람이고 받은 복을 누리는 사람인지 묵상해 볼 필요가 있다.

전도에 힘쓰는 것은 우리가 구원(영생)의 복을 받았음에 대한 중요한 징표이다. 만일 전도의 필요성을 느끼지 못하고 전도에 힘쓰지 않는다면, 내가 구원받지 못하였고 영생의 삶을 살지 못하고 있는 것은 아닌지 믿음의 상태를 진지하게 점검해 보아야 한다(마 20:16; 딤후 3:5). 전도는 해도 그만 안 해도 그만이 아니라 하나님의 명령이자 우리의 의무이다(겔 3:16-21; 욘 3:1-10; 마 28:19-20; 막 16:15-16; 요 6:38-40; 행 1:8; 롬 10:13-14; 고전 1:18-21, 9:16; 딤후 4:2-5). 우리가 전도에 힘쓴다면 구원(영생)의 확신, 구원(영생)의 영광과 기쁨이 더 충만해지는 하나님의 은혜를 누릴 수 있을 것이다.

"내가 너로 큰 민족을 이루고 네게 복을 주어 네 이름을 창대하게 하리니 너는 복이 될지라 너를 축복하는 자에게는 내가 복을 내리고 너를 저주하는 자에게는 내가 저주하리니 땅의 모든 족속이 너로 말미암아 복을 얻을 것이라 하신지라"(창 12:2-3)

"당신들이 나를 이곳에 팔았다고 해서 근심하지 마소서 한탄하지 마소서 하나님이 생명을 구원하시려고 나를 당신들보다 먼저 보내셨나이다"(창 45:5)

"당신들은 나를 해하려 하였으나 하나님은 그것을 선으로 바꾸사 오늘과 같이 많은 백성의 생명을 구원하게 하시려 하셨나니"(창 50:20)

"우리가 알거니와 하나님을 사랑하는 자 곧 그의 뜻대로 부르심을 입은 자들에게는 모든 것이 합력하여 선을 이루느니라"(롬 8:28)

4. 감사함으로 자족하고 이해관계를 초월하여 즐거이 베풀어라

우리가 우리에게 주어진 재물과 사회적 지위(명예)가 모두 하나님으로부터 온 것임을 믿고 감사함으로 자족할 때, 복을 복으로 여길 수 있고 더 많은 복이 우리에게 주어진다(신 8:17-18; 시 16:1-11; 전 8:1; 마 6:30-33; 빌 4:11-13; 합 3:16-19). 감사와 감사에 기한 자족은 즐거이 베푸는 것의 원천이다(고후 9:6-11).

이해관계를 초월하여 베푸는 것은 보물을 하늘에 쌓아 두는 것이다. 하나님은 긍휼히 여기는 자를 긍휼히 여기시고, 조건 없이 즐거이 은밀하게 베푸는 사람에게는 하나님의 때에 하나님의 방법으로 넘치도록 갚아 주신다(잠 3:27-28; 마 6:1, 4, 20; 눅 6:31-38, 14:12-14; 갈 6:9).

"네가 이 세대에서 부한 자들을 명하여 마음을 높이지 말고 정함이 없는 재물에 소망을 두지 말고 오직 우리에게 모든 것을 후히 주사 누리게 하시는 하나님께 두며 선을 행하고 선한 사업을 많이 하고 나누어 주기를 좋아하며 너그러운 자가 되게 하라 이것이 장래에 자기를 위하여 좋은 터를 쌓아 참된 생명을 취하는 것이니라"(딤전 6:17-19)라는 말씀은 교훈하는 바가 크다.

"네 손이 선을 베풀 힘이 있거든 마땅히 받을 자에게 베풀기를 아끼지 말며 네게 있거든 이웃에게 이르기를 갔다가 다시 오라 내일 주겠노라 하지 말며"(잠 3:27-28)

"사람에게 보이려고 그들 앞에서 너희 의를 행하지 않도록 주의하라 그리하지 아니하면 하늘에 계신 너희 아버지께 상을 받지 못하느니라"(마 6:1)

"네 구제함을 은밀하게 하라 은밀한 중에 보시는 너의 아버지께서 갚으시리라"(마 6:4)

"남에게 대접을 받고자 하는 대로 너희도 남을 대접하라 너희가 만일 너희를 사랑하는 자만을 사랑한다면 칭찬받을 것이 무엇이냐 죄인들도 사랑하는 자는 사랑하느니라 너희가 만일 선대하는 자만을 선대하면 칭찬 받을 것이 무엇이냐 죄인들도 이렇게 하느니라 너희가 받기를 바라고 사람들에게 꾸어 주면 칭찬 받을 것이 무엇이냐 죄인들도 그만큼 받고자 하여 죄인에게 꾸어 주느니라 오직 너희는 원수를 사랑하고 선대하여 아무것도 바라지 말고 꾸어 주라 그리하면 너희 상이 클 것이요 또 지극히 높으신 이의 아들이 되리니 그는 은혜를 모르는 자와 악한 자에게도 인자하시니라 너희 아버지의 자비로우심 같이 너희도 자비로운 자가 되라"(눅 6:31-36)

"주라 그리하면 너희에게 줄 것이니 곧 후히 되어 누르고 흔들어 넘치도록 하여 너희에게 안겨 주리라 너희가 헤아리는 그 헤아림으로 너희도 헤아림을 도로 받을 것이니라"(눅 6:38)

"또 자기를 청한 자에게 이르시되 네가 점심이나 저녁이나 베풀거든 벗이나 형제나 친척이나 부한 이웃을 청하지 말라 두렵건대 그 사람들이 너를 도로 청하여 네게 갚음이 될까 하노라 잔치를 베풀거든 차라리 가난한 자들과 몸 불편한자들과 저는 자들과 맹인들을 청하라 그리하면 그들이 갚을 것이 없으므로 네게 복이 되리니 이는 의인들의 부활시에 네가 갚음을 받겠음이라 하시더라"(눅 14:12-14)

"내가 궁핍하므로 말하는 것이 아니니라 어떠한 형편에든지 나는 자족하기를 배웠노니 나는 비천에 처할 줄도 알고 풍부에 처할 줄도 알아 모든 일 곧 배부름과 배고픔과 풍부와 궁핍에도 처할 줄 아는 일체의 비결을 배웠노라 내게 능력 주시는 자 안에서 내가 모든 것을 할 수 있느니라"(빌 4:11-13)

9장
아브라함의 믿음

아브라함은 하나님의 "너는 너의 고향과 친척과 아버지의 집을 떠나 내가 네게 보여 줄 땅으로 가라"(창 12:1)라는 말씀에 순종하여 장래의 유업으로 받을 땅에 갈 바를 알지 못하고 나아갔다(창 12:4-5; 히 11:8-10). 아브라함이 갈대아인의 땅 우르에서 하란을 거쳐 가나안까지 이동한 거리는 700~1,000㎞이고 아브라함이 하란을 떠날 때의 나이가 75세였다. 당시 가나안은 갈대아 우르, 하란 지역과 비교하면 고달픈 생활만 기다리고 있는 척박한 환경이었다(창 12:10; 신 11:8-17; 행 7:5). 위와 같은 점을 보면 아브라함의 믿음과 순종은 상당한 정도라고 할 수 있다.

한편 아브라함은 성경인물 중에서 누구보다도 하나님을 많이 만나고 많은 복과 보살핌을 받았고 99세에는 "내년 이맘때 내가 반드시 네게로 돌아오리니 네 아내 사라에게 아들이 있으리라"(창 18:10)라는 계시를 받았음에도, 자신의 안위를 위하여 아비멜렉에게 그의 아내 사라를 누이라고 거짓말을 하여 사라를 위험에 처하게 하는 등 우리와 별반 차이가 없는 생활을 하였다. 그러다가 이삭의 출생을 계기로 믿음이 확실(信實)해져서 이삭을 번제로 드리라는 하나님의 명령에 순종하는 믿음에까지 이르게 되었다(창 22:1-19; 약 2:21-24).

위와 같은 점을 고려하면 아브라함을 믿음의 조상이라 하는 것은 아브라함의 믿음이나 행위가 완벽하다는 의미가 아니다. 아브라함을 믿음의 조상이라 하는 것은 우리의 믿음을 위한 하나님의 역사(役事)하심과 열심, 어떻게 믿음이 장성하여 가는지를 보여 주는 모델로 이해하는 것이 적절하다.

성경은 사람이 믿음과 믿음에 기초한 행위로 의롭게 되는 것이고, 율법의 행위로써는 의롭다는 것을 인정받을 사람이 없음을 명확히 하고 있다(창 15:6; 롬 3:20, 4:1-8, 10:10; 갈 2:16; 약 2:14-26). 믿음과 행위의 관계에 대해서는 4편 2장 2절에서 살펴본 바와 같다.

"이 사람들은 다 믿음을 따라 죽었으며 약속을 받지 못하였으되 그것들을 멀리서 보고 환영하며 또 땅에서는 외국인과 나그네임을 증언하였으니 그들이 이같이 말하는 것은 자기들이 본향 찾는 자임을 나타냄이라 그들이 나온 바 본향을 생각하였더라면 돌아갈 기회가 있었으려니와 그들이 이제는 더 나은 본향을 사모하니 곧 하늘에 있는 것이라 이러므로 하나님이 그들의 하나님이라 일컬음 받으심을 부끄러워하지 아니하시고 그들을 위하여 한 성을 예비하셨느니라"(히 11:13-16)라는 말씀은 아브라함의 장성한 믿음을 잘 설명해준다.

하나님과 하나님의 약속에 대한 믿음과 믿음에 기초한 소망은 우리의 관점을 세상, 사람, 현세에서 하나님, 하나님의 주권과 역사(役事)하심, 죽음 저 너머로 변하게 하고, 세상이 주는 평안(행복)과는 차원이 다른 하나님이 은혜로 주시는 평안(행복)을 누리게 한다.

"아브라함이 여호와를 믿으니 여호와께서 이를 그의 의로 여기시고"(창 15:6)

"그러므로 율법의 행위로 그의 앞에 의롭다 하심을 얻을 육체가 없나니 율법으로는 죄를 깨달음이니라"(롬 3:20)

"사람이 의롭게 되는 것은 율법의 행위로 말미암음이 아니요 오직 예수 그리스도를 믿음으로 말미암는 줄 알므로 우리도 그리스도 예수를 믿나니 이는 우리가 율법의 행위로써가 아니고 그리스도를 믿음으로써 의롭다 함을 얻으려 함이라 율법의 행위로써는 의롭다 함을 얻을 육체가 없느니라"(갈 2:16)

"우리 조상 아브라함이 그 아들 이삭을 제단에 바칠 때에 행함으로 의롭다 하심을 받은 것이 아니냐 네가 보거니와 믿음이 그의 행함과 함께 일하고 행함으로 믿음이 온전하게 되었느니라 이에 성경에 이른바 아브라함이 하나님을 믿으니 이것을 의로 여기셨다는 말씀이 이루어졌고 그는 하나님의 벗이라 칭함을 받았나니 이로 보건대 사람이 행함으로 의롭다 하심을 받고 믿음으로만은 아니니라"(약 2:21-24)

하나님은 우리가 하나님의 명령대로 나아갈 바를 알지 못하고 고향과 친척과 아버지의 집을 떠난 아브라함처럼, 물 위로 걸어오라는 예수님의 말을 듣고 물 위로 걸어간 베드로처럼 믿음의 첫발을 내딛고 의심하지 않는다면 하나님의 능력과 은혜로 우리를 보호하시고 영광과 존귀를 얻게 하실 것이다(창 12:1-4; 마 14:28-31; 막 10:28-31; 히 11:8-10; 벧전 1:5-7). 믿음 없이는 하나님을 기쁘시게 하지 못한다. 하나님께 나아가는 자는 반드시 그가 계신 것과 또한 그가 자기를 찾는 자에게 상 주시는 이심을 믿어야 한다(히 11:6).

"베드로가 대답하여 이르되 주여 만일 주님이시거든 나를 명하사 물 위로 오라 하소서 하니 오라 하시니 베드로가 배에서 내려 물 위로 걸어서 예수께로 가되 바람을 보고 무서워 빠져 가는지라 소리 질러 이르되 주여 나를 구원하소서 하니 예수께서 즉시 손을 내밀어 그를 붙잡으시며 이르시되 믿음이 작은 자여 왜 의심하였느냐 하시고"(마 14:28-31)

"믿음으로 아브라함은 부르심을 받았을 때에 순종하여 장래의 유업으로 받을 땅에 나아갈새 갈 바를 알지 못하고 나아갔으며 믿음으로 그가 이방의 땅에 있는것 같이 약속의 땅에 거류하여 동일한 약속을 유업으로 함께 받은 이삭 및 야곱과 더불어 장막에 거하였으니 이는 그가 하나님이 계획하시고 지으실 터가 있는 성을 바랐음이라"(히 11:8-10)

"너희는 말세에 나타내기로 예비하신 구원을 얻기 위하여 믿음으로 말미암아 하나님의 능력으로 보호하심을 받았느니라 그러므로 너희가 이제 여러 가지 시험으로 말미암아 잠깐 근심하게 되지 않을 수 없으나 오히려 크게 기뻐하는 도다 너희 믿음의 확실함은 불로 연단하여도 없어질 금보다 더 귀하여 예수 그리스도께서 나타나실 때에 칭찬과 영광과 존귀를 얻게 할 것이니라"(벧전 1:5-7)

10장

우상 숭배

1절 – 우상 숭배의 의미

우상(偶像)의 사전적 의미(나무, 돌, 쇠붙이, 흙 따위로 만든 사람이나 신의 형상)로 인해, 우상 숭배를 다른 신을 섬기거나 사람이나 신의 형상을 만들어 섬기는 것으로 이해한 나머지, 십계명 중에서 1계명과 2계명만 우상 숭배와 관련되는 계명으로 이해하는 경향이 있다. 우상 숭배는 피조물을 조물주인 하나님의 자리에 두어 피조물을 조물주보다 더 경배하여 섬기고, 하나님을 알되 하나님을 영화롭게 하지 아니하고 하나님에게 감사하지 아니하는 것이다(롬 1:21, 23, 25). 십계명의 모든 계명이 우상 숭배와 관련되는 계명이다.

우상 숭배의 대상인 피조물에는 형상화된 우상 외에도 재물과 사회적 지위(명예) 등 유형과 무형의 모든 것이 포함되고, 나 자신을 포함한 사람도 포함된다. 특히 성경은 재물과 탐심이라는 우상을 강조하고 경계할 것을 명령하고 있다(마 6:20-21, 24; 골 3:5).

> "오직 너희를 위하여 보물을 하늘에 쌓아 두라 거기는 좀이나 동록이 해하지 못하며 도둑이 구멍을 뚫지도 못하고 도둑질도 못하느니라 네 보물 있는 그 곳에는 네 마음도 있느니라 한 사람이 두 주인을 섬기지 못할 것이니 혹 이를 미워하고 저를 사랑하거나 혹 이를 중히 여기고 저를 경히 여김이라 너희가 하나님과 재물을 겸하여 섬기지 못하느니라"(마 6:20-21, 24)
>
> "그러므로 땅에 있는 지체를 죽이라 곧 음란과 부정과 사욕과 악한 정욕과 탐심이니 탐심은 우상 숭배니라"(골 3:5)

하나님을 믿지 아니하고 다른 신을 섬기거나 우상을 형상화하여 놓고 섬기는 것은 눈에 띄고 쉽게 자각할 수 있어서 특별히 언급할 필요가 없다. 문제는 눈에 띄지 않고 자각하기 어려운 재물과 사회적 지위(명예) 등이 우상이 되는 경우와 재물과 사회적 지위(명예) 등을 위해 심지어 하나님조차도 수단화되고 우상화되는 경우이다.

재물과 사회적 지위(명예) 등이 우상이 되는 경우는 탐심의 지배를 받는 경우이다. 이에 대한 해결은 재물과 사회적 지위(명예)가 하나님으로부터 오는 것임을 알고 하나님의 청지기로서의 신분을 자각할 때 가능하다.

재물과 사회적 지위(명예) 등을 위하여 심지어 하나님조차도 수단화되고 우상화되는 것은 성경이 여러 곳에서 하나님을 믿고 구하면 하나님이 필요를 채워주신다고 기록하고 있고 헌금 잘하면 더 많은 돈(재물)으로 되돌려 주신다고 기록하고 있다는 것에 근거하여(잠 3:9-10; 말 3:10-11; 마 6:30-33, 7:7-12), 영과 진리로 진정으로 드리는 예배를 위해서가 아니라 세상적인 필요를 채우기 위해 교회에 가고 신앙생활을 하는 경우이다.

　위와 같은 우상 숭배는 교회는 종교사업이고, 헌금은 복채이고, 교회 건물은 세상적인 비즈니스를 위한 친교 장소에 불과한 신앙을 가장한 가장 심각하고 압적인 형태의 우상 숭배이다. 하나님도 위와 같은 행태의 우상 숭배에 대해 한탄하시고 경고하신다(사 1:11-15, 66:1-4; 말 1:6-14; 마 21:12-13). 나의 신앙생활은 어디에 해당하는지 진지하게 되돌아보는 시간을 가져볼 필요가 있다.

"네 재물과 네 소산물의 처음 익은 열매로 여호와를 공경하라 그리하면 네 창고가 가득히 차고 네 포도즙 틀에 새 포도즙이 넘치리라"(잠 3:9-10)

"여호와께서 말씀하시되 너희의 무수한 제물이 내게 무엇이 유익하뇨 나는 숫양의 번제와 살진 짐승의 기름에 배불렀고 나는 수송아지나 어린 양이나 숫염소의 피를 기뻐하지 아니하노라 너희가 내 앞에 보이러 오니 이것을 누가 너희에게 요구하였느냐 내 마당만 밟을 뿐이니라 헛된 제물을 다시 가져오지 말라 분향은 내가 가증히 여기는 바요 월삭과 안식일과 대회로 모이는 것도 그러하니 성회와 아울러 악을 행하는 것을 내가 견디지 못하겠노라 내 마음이 너희의 월삭과 정한 절기를 싫어하나니 그것이 내게 무거운 짐이라 내가 지기에 곤비하였느니라 너희가 손을 펼 때에 내가 내 눈을 너희에게서 가리고 너희가 많이 기도할지라도 내가 듣지 아니하리니 이는 너희의 손에 피가 가득함이라"(사1:11-15)

2절 – 술 취함과 우상 숭배

성경은 방탕함과 술취함과 생활의 염려로 마음이 둔하여지지 않도록 스스로 조심하고 항상 기도하며 깨어 있을 것을 요구하고, 술에 취하는 것을 방탕한 것으로 본다(눅 21:34-36; 엡 5:18). 성경에는 '술 마시지 말라'가 아니라 "술 취하지 말라"라로 기록되어있다는 점과 '취하다'의 사전적 의미로 인해 음주에 대해서는 아전인수(我田引水)격으로 해석하는 것이 현실이다. 확실한 것은 '취하다'의 사전적 의미를 떠나서 희로애락(喜怒哀樂)의 순간에 하나님에 대한 감사나 하나님의 위로가 아니라 술을 먼저 생각하고 의지한다면 술이 신(神)이 되는 경우이고 우상 숭배에 해당한다.

술 취하는 것은 중추신경을 마비시켜 판단력과 판별력을 상실하게 하고, 술에 취한 상태에서는 성령의 지배가 아닌 술의 지배를 받게 되어 성령의 일이 아닌 육체의 일을 생각하게 되고 육체의 일을 행한다(롬 8:5-6; 고전 6:19-20; 엡 5:15-21; 갈 5:16-24).

위와 같은 술의 부작용과 "너희 몸은 너희가 하나님께로부터 받은 바 너희 가운데 계신 성령의 전인 줄을 알지 못하느냐 너희는 너희 자신의 것이 아니라 값으로 산 것이 되었으니 그런즉 너희 몸으로 하나님께 영광을 돌리라"(고전 6:19-20), "지식 있는 네가 우상의 집에 앉아 먹는 것을 누구든지 보면 그 믿음이 약한 자들의 양심이 담력을 얻어 우상의 제물을 먹게 되지 않겠느냐 그러면 네 지식으로 그 믿음이 약한 자가 멸망하나니 그는 그리스도께서 위하여 죽으신 형제라 이같이 너희가 형제에게 죄를 지어 그 약한 양심을 상하게 하는 것이 곧 그리스도에게 죄를 짓는 것이니라 그러므로 만일 음식이 내 형제를 실족하게 한다면 나는 영원히 고기를 먹지 아니하여 내 형제를 실족하지 않게 하리라"(고전 8:10-13), "모든 것이 가하나 모든 것이 유익한 것은 아니요 모든 것이 가하나 모든 것이 덕을 세우는 것은 아니니"(고전 10:23)라는 말씀을 고려할 때, 술은 마시지 않는 것이 성경적이고 여러모로 유익하고 덕을 세우는 길이다.

우리는 흔히 술을 컨트롤 할 수 있다고 착각한다. 술은 가까이하면 할수록 술에 의지하게 하고 술이 원만한 인간관계와 사회적 지위(명예)를 가져다주는 것처럼 착각하게 하여 우리를 지배한다. 원만한 인간관계와 사회적 지위(명예)가 무엇일까? 원만한 인간관계와 사회적 지위(명예)는 어디에서 오는 것일까? 이와 관련하여서는 "우리가 알거니와 하나님을 사랑하는 자 곧 그의 뜻대로 부르심을 입은 자들에게는 모든 것이 합력하여 선을 이루느니라"(롬 8:28)라는 말씀을 묵상해 볼 필요가 있다.

살아가면서 세상적인 방법을 의지할 것인지 아니면 하나님의 인도하심과 은혜를 구할 것인지를 선택해야 하는 상황에서 하나님의 인도하심과 은혜를 선택한 다니엘의 행동은 우리에게 교훈하는 바가 크다(단 1:1-21, 6:10, 28).

> "다니엘은 뜻을 정하여 왕의 음식과 그가 마시는 포도주로 자기를 더럽히지 아니하리라 하고 자기를 더럽히지 아니하도록 환관장에게 구하니 하나님이 다니엘로 하여금 환관장에게 은혜와 긍휼을 얻게 하신지라"(단 1:8-9)
>
> "하나님이 이 네 소년에게 학문을 주시고 모든 서적을 깨닫게 하시고 지혜를 주셨으니 다니엘은 또 모든 환상과 꿈을 깨달아 알더라 왕이 말한 대로 그들을 불러들일 기한이 찼으므로 환관장이 그들을 느부갓네살 앞으로 데리고 가니 왕이 그들과 말하여 보매 무리 중에 다니엘과 하나냐와 미사엘과 아사랴와 같은 자가 없으므로 그들을 왕 앞에 서게 하고 왕이 그들에게 모든 일을 묻는 중에 그 지혜와 총명이 온 나라 박수와 술객보다 십 배나 나은 줄을 아니라 다니엘은 고레스 왕 원년까지 있으니라"(단 1:17-21)
>
> "다니엘이 이 조서에 왕의 도장이 찍힌 것을 알고도 자기 집에 돌아가서는 윗방에 올라가 예루살렘으로 향한 창문을 열고 전에 하던 대로 하루 세 번씩 무릎을 꿇고 기도하며 그의 하나님께 감사하였더라"(단 6:10)

"이 다니엘이 다리오 왕의 시대와 바사 사람 고레스 왕의 시대에 형통하였더라"(단 6:28)

사람들이 술을 마시는 대표적인 이유는 외로움, 허무, 불안 등으로부터 위로 를 받기 위함이다. 외로움, 허무, 불안 등으로부터 위로를 받기 위한 술자리는 하나님이 주시는 진정한 위로의 기회와 시간을 빼앗는다. 진정한 위로와 평안이 무엇인지, 진정한 위로와 평안이 어디에서 오는지 진지하게 묵상해 볼 필요가 있다. 하나님은 전지전능한 위로의 하나님이시다(시 16:1-11, 23:4, 34:18, 55:22, 119:76-77; 전 8:1; 사 41:10, 66:13; 마 11:28-30; 요 14:27, 15:10-12; 고후 1:3-4; 빌 4:6-7).

"네 짐을 여호와께 맡기라 그가 너를 붙드시고 의인의 요동함을 영원히 허락하지 아니하시리로다"(시 55:22)

"수고하고 무거운 짐 진 자들아 다 내게로 오라 내가 너희를 쉬게 하리라 나는 마음이 온유하고 겸손하니 나의 멍에를 메고 내게 배우라 그리하면 너희 마음이 쉼을 얻으리니 이는 내 멍에는 쉽고 내 짐은 가벼움이라 하시니라"(마 11:28-30)

"평안을 너희에게 끼치노니 곧 나의 평안을 너희에게 주노라 내가 너희에게 주는 것은 세상이 주는 것과 같지 아니하니라 너희는 마음에 근심하지 말고 두려워하지도 말라"(요 14:27)

11장
우리는 언제 야곱에서 이스라엘이 되는가?

성경에 기록된 사람의 이름은 단순한 호칭이 아니고 그 사람의 본성이나 인격, 신앙적 의미가 있다. 그중 대표적인 사람이 야곱이다. 야곱의 이름은 '발뒤꿈치를 잡다'라는 의미인 야곱에서 '하나님과 겨루어 이김'이라는 의미인 이스라엘로 변경되었다(창 25:26, 32:28). 이스라엘은 위와 같은 의미 외에도 '하나님이 다스리신다'라는 의미가 있고, 라틴어 성경인 불가타(Vulgata) 성경은 "만일 네가 하나님께 그토록 강하게 맞섰다면 사람들에게는 더욱이 이기지 않겠느냐"라고 해석한다.

하나님이 야곱을 이스라엘이라 부를 것을 말씀하신 것은 야곱과 얍복 시냇(강)가에서 날이 새도록 씨름을 하고 난 이후이다(창 32:28). 호세아서는 창세기 23장 28절에 기록된 씨름의 의미를 '울며 간구한 것'으로 해석하고 있다(호 12:3-4). 하나님은 자기의 능력과 노력으로 무엇이든지 할 수 있다는 교만에 빠진 야곱이 세상에서 의지하고 잡고 있었던 끈을 놓고 하나님을 붙잡고 모셔 들였을 때 비로소 야곱을 이스라엘이라 불러주셨다.

하나님은 야곱을 이스라엘이라 부르시기 전에, 야곱에게 "네 이름이 무엇이냐"(창 32:27)라는 질문을 하셨다. 야곱은 누구보다도 하나님을 많이 만났고 하나님의 보호하심을 받았음에도, 하나님이 아닌 자기 자신과 세상적인 것을 의지하고 살아갔다(창 28:10-22, 31:3, 42, 32:9-12). 심지어 야곱은 얍복 시냇(강)가에서 하나님과 씨름을 하기 전에 하나님의 사자들을 만나 그들을 하나님의 군대라고 하고 그 땅의 이름을 마하나임이라고 말하였음에도 하나님을 온전히 믿지 못하였다(창 32:1-12). 아마도 필요할 때만 하나님을 찾는 삶을 살아온 야곱에게는 하나님으로부터 "네 이름이 무엇이냐"라는 질문을 받는 순간은 야곱이라는 이름으로 살아온 자신의 정체성을 되돌아보는 시간이었을 것이다.

> "내가 너와 함께 있어 네가 어디로 가든지 너를 지키며 너를 이끌어 이 땅으로 돌아오게 할지라 내가 네게 허락한 것을 다 이루기까지 너를 떠나지 아니하리라 하신지라 야곱이 잠이 깨어 이르되 여호와께서 과연 여기 계시거늘 내가 알지 못하였도다 이에 두려워하여 이르되 두렵도다 이곳이여 이것은 다름 아닌 하나님의 집이요 이는 하늘의 문이로다 하고"(창 28:15-17)

만일 지금 하나님이 우리에게 "네 이름이 무엇이냐"라는 질문을 하신다면, 우리는 어떤 답을 할 것인가? 우리도 지금까지 살아온 삶을 되돌아보면서, 우리가 의지한 자기 자신과 세상적인 것을 모두 내려놓고 새 사람이 되어 하나님에게 모든 것을 내어 맡길 때, 하나님은 우리를 이스라엘이라고 불러주시고 우리와 함께하실 것이다 (시 106:44-46; 사 41:10; 요 1:12-13; 고후 5:17).

> "그러나 여호와께서 그들의 부르짖음을 들으실 때에 그들의 고통을 돌보시며 그들을 위하여 그의 언약을 기억하시고 그 크신 인자하심을 따라 뜻을 돌이키사 그들을 사로잡은 모든 자에게서 긍휼히 여김을 받게 하셨도다"(시 106:44-46)
>
> "두려워하지 말라 내가 너와 함께 함이라 놀라지 말라 나는 네 하나님이 됨이라 내가 너를 굳세게 하리라 참으로 너를 도와 주리라 참으로 나의 의로운 오른손으로 너를 붙들리라"(사 41:10)
>
> "영접하는 자 그 이름을 믿는 자들에게는 하나님의 자녀가 되는 권세를 주셨으니 이는 혈통으로나 육정으로나 사람의 뜻으로 나지 아니하고 오직 하나님께로부터 난 자들이니라"(요 1:12-13)
>
> "그런즉 누구든지 그리스도 안에 있으면 새로운 피조물이라 이전 것은 지나갔으니 보라 새것이 되었도다"(고후 5:17)

하나님은 새 사람을 입어 이스라엘이 된 우리에게 '내 사랑하는 아들이요 내 기뻐하는 자라'라고 해주실 것이다(마 3:17; 롬 8:12-17). 하나님의 아들인 우리는 하나님 아버지의 형상을 닮아가고 하나님의 아들에 걸맞은 삶을 살아가야 한다(고전 3:16-17, 6:19-20; 엡 4:21-24; 골 3:1-4). 이스라엘이 된 우리는 하나님이 공급하시는 힘과 능력과 지혜로 세상을 헤쳐 나갈 수 있고(사 40:31; 벧전 4:11), 하나님 안에서 하나님이 은혜로 주시는 구원과 영생의 삶을 살아갈 수 있다.

"오직 여호와를 앙망하는 자는 새 힘을 얻으리니 독수리가 날개치며 올라감 같을 것이요 달음박질하여도 곤비하지 아니하겠고 걸어가도 피곤하지 아니하리로다"(사 40:31)

"너희는 너희가 하나님의 성전인 것과 하나님의 성령이 너희 안에 계시는 것을 알지 못하느냐 누구든지 하나님의 성전을 더럽히면 하나님이 그 사람을 멸하시리라 하나님의 성전은 거룩하니 너희도 그러하니라"(고전 3:16-17)

"너희 몸은 너희가 하나님께로부터 받은 바 너희 가운데 계신 성령의 전인 줄을 알지 못하느냐 너희는 너희 자신의 것이 아니라 값으로 산 것이 되었으니 그런즉 너희 몸으로 하나님께 영광을 돌리라"(고전 6:19-20)

"진리가 예수 안에 있는 것 같이 너희가 참으로 그에게서 듣고 또한 그 안에서 가르침을 받았을진대 너희는 유혹의 욕심을 따라 썩어져 가는 구습을 따르는 옛 사람을 벗어 버리고 오직 너희의 심령이 새롭게 되어 하나님을 따라 의와 진리의 거룩함으로 지으심을 받은 새 사람을 입으라"(엡 4:21-24)

12장
가나안 땅은 누가 들어갈 수 있는가?

하나님은 아브라함에게 풍족한 곳이었던 갈대아 우르를 떠나라고 하셨고, 아브라함은 하나님의 말씀에 순종하여 장래의 유업으로 받을 땅에 갈 바를 알지 못하고 나아갔다(창 12:1, 4-5; 히 11:8-10). 하나님은 풍족한 나라이었던 애굽에 살던 이스라엘 자손에게 출애굽을 할 것을 명령하셨고, 모세는 이스라엘 자손을 애굽에서 인도해 내었다(출 3:10, 12:37).

하나님은 왜 아브라함과 이스라엘 자손에게 나아갈 바도 알지 못한 상태로 떠나게 하셨을까? 하나님은 지금 우리에게 하나님과 단절된 나만의 세상에서 떠나라고 하고 계시지는 않을까?

출애굽을 하여 가나안 땅에 들어간 사람은 하나님이 명령하신 대로 흠 없고 일 년 된 어린양의 피를 집 좌우 문설주와 인방에 발라 죽음을 면하고(출 12:13, 29-30), 홍해를 건너(출 14:1-31), 여호와 하나님의 역사(役事)하심을 믿고(민 14:21-24), 가나안 땅에 거주한 민족들과 싸워서 이긴(수 1:1-18) 사람들이었다.

가나안 땅이 하나님이 약속하신 축복의 땅이기는 하지만, 가나안 땅은 비를 흡수하는 땅으로서 이른 비와 늦은 비를 적당한 때에 내려주시는 하나님의 돌보심이 있어야만 살아갈 수 있는 땅이다(신 11:8-17). 가나안 땅은 하나님의 명령을 청종하고 하나님을 사랑하여 마음을 다하고 뜻을 다하여 섬길 때 하나님이 약속하신 복을 누릴 수 있는 땅이다.

"그러므로 너희는 내가 오늘 너희에게 명하는 모든 명령을 지키라 그리하면 너희가 강성할 것이요 너희가 건너가 차지할 땅에 들어가서 그것을 차지할 것이며 또 여호와께서 너희의 조상들에게 맹세하여 그들과 그들의 후손에게 주리라고 하신 땅 곧 젖과 꿀이 흐르는 땅에서 너희의 날이 장구하리라 네가 들어가 차지하려 하는 땅은 네가 나온 애굽 땅과 같지 아니하니 거기에서는 너희가 파종한 후에 발로 물 대기를 채소밭에 댐과 같이 하였거니와 너희가 건너가서 차지할 땅은 산과 골짜기가 있어서 하늘에서 내리는 비를 흡수하는 땅이요 네 하나님 여호와께서 돌보아 주시는 땅이라 연초부터 연말까지 네 하나님 여호와의 눈이 항상 그 위에 있느니라 내가 오늘 너희에게 명하는 내 명령을 너희가 만일 청종하고 너희의 하나님 여호와를 사랑하여 마음을 다하고 뜻을 다하여 섬기면 여호와께서 너희의 땅에 이른 비, 늦은 비를 적당한 때에 내리시리니 너희가 곡식과 포도주와 기름을 얻을 것이요 또 가축을 위하여 들에 풀이 나게 하시리니 네가 먹고 배부를 것이라 너희는 스스로 삼가라 두렵건대 마음에 미혹하여 돌이켜 다른 신들을 섬기며 그것에게 절하므로 여호와께서 너희에게 진노하사 하늘을 닫아 비를 내리지 아니하여 땅이 소산을 내지 않게 하시므로 너희가 여호와께서 주신 아름다운 땅에서 속히 멸망할까 하노라"(신 11:8-17)

출애굽과 관련한 성경 기록은 이스라엘 민족의 역사를 넘어서는 중요한 의미가 있다(고전 10:1-11). 우리도 하나님과 단절된 나만의 세상을 떠나 약속의 땅인 하나님 나라로 들어가야 한다. 하나님 나라로 들어가는 것은 하나님과 관계를 맺고 하나님 안에 거하는 것이다. 하나님 안에 거하는 것은 하나님의 말씀이 내면화되어 내 살과 피가 되고, 하나님과 이웃을 사랑하라는 계명을 실천하는 것이다(요 6:53-56, 15:1-12; 요일 4:12-16). 하나님은 "볼지어다 내가 문 밖에 서서 두드리노니 누구든지 내 음성을 듣고 문을 열면 내가 그에게로 들어가 그와 더불어 먹고 그는 나와 더불어 먹으리라"(계 3:20)라는 말씀에서 알 수 있듯이, 우리와 관계를 맺기 위해 찾아 오셔서 문을 두드리신다.

하나님 나라에 들어갈 수 있는 사람은 하나님과 예수님을 믿음으로 흠 없고 점 없는 어린 양 같은 그리스도의 보배로운 피로 죄에서 대속함을 받아(마 1:21; 롬 5:8-10, 6:6-11, 19-23; 히 9:11-12; 벧전 1:18-19), 물세례와 성령세례를 받고 하나님이 역사(役事)하심을 믿어 영적 싸움에서 이긴 사람이다(요 3:3-6; 행 2:38; 롬 6:3-5; 고전 10:1-2; 갈 3:26-27; 골 2:12; 벧전 3:20-21). 영적 싸움은 혈과 육을 상대하는 것이 아니라 어둠의 세상 주관자들과 악한 영들을 상대로 하는 것으로, 영적 싸움에서 이기는 것은 인간적인 힘과 능력으로는 불가능하고 오직 성령 안에서 기도와 간구를 통해서만 가능하다(단 10:12-14; 마 19:23-26; 막 9:28-29; 눅 22:31-32; 롬 8:26-27; 엡 6:10-18; 빌 4:4-7; 벧전 5:7-8).

"너희 육신이 연약하므로 내가 사람의 예대로 말하노니 전에 너희가 너희 지체를 부정과 불법에 내주어 불법에 이른 것 같이 이제는 너희 지체를 의에게 종으로 내주어 거룩함에 이르라 너희가 죄의 종이 되었을 때에는 의에 대하여 자유로웠느니라 너희가 그 때에 무슨 열매를 얻었느냐 이제는 너희가 그 일을 부끄러워하나니 이는 그 마지막이 사망임이라 그러나 이제는 너희가 죄로부터 해방되고 하나님께 종이 되어 거룩함에 이르는 열매를 맺었나니 그 마지막은 영생이라 죄의 삯은 사망이요 하나님의 은사는 그리스도 예수 우리 주 안에 있는 영생이니라"(롬 6:19-23)

"형제들아 나는 너희가 알지 못하기를 원하지 아니하노니 우리 조상들이 다 구름 아래에 있고 바다 가운데로 지나며 모세에게 속하여 다 구름과 바다에서 세례를 받고"(고전 10:1-2)

"너희가 세례로 그리스도와 함께 장사되고 또 죽은 자들 가운데서 그를 일으키신 하나님의 역사를 믿음으로 말미암아 그 안에서 함께 일으킴을 받았느니라"(골 2:12)

"너희 염려를 다 주께 맡기라 이는 그가 너희를 돌보심이라 근신하라 깨어라 너희 대적 마귀가 우는 사자같이 두루 다니며 삼킬 자를 찾나니"(벧전 5:7-8)

우리는 영적 싸움에서 이김을 통해 아브라함이 하나님의 "너는 너의 고향과 친척과 아버지의 집을 떠나 내가 네게 보여 줄 땅으로 가라"(창 12:1)라는 말씀에 순종하여 장래의 유업으로 받을 땅에 갈 바를 알지 못하고 나아간 것처럼(창 12:4-5; 히 11:8-10), 우리가 의지하는 자기 자신과 세상적인 것을 모두 내려놓고 하나님 말씀에 순종함으로 하나님 나라에 들어갈 수 있다.

하나님께 모든 것을 내어 맡기고 순종할 때 내가 있는 곳이 어디이든지 그곳이 하나님 나라이고 새 하늘과 새 땅이 된다(창 28:15-17; 고후 5:17; 계 21:1-7, 22:17). 이를 이해하는데 있어 도움이 되는 것은 "내가 너와 함께 있어 네가 어디로 가든지 너를 지키며 너를 이끌어 이 땅으로 돌아오게 할지라 내가 네게 허락한 것을 다 이루기까지 너를 떠나지 아니하리라 하신지라 야곱이 잠이 깨어 이르되 여호와께서 과연 여기 계시거늘 내가 알지 못하였도다 이에 두려워하여 이르되 두렵도다 이 곳이여 이것은 다름 아닌 하나님의 집이요 이는 하늘의 문이로다"(창 28:15-17)라는 야곱의 고백이다.

새 하늘과 새 땅은 우리가 죽어서 가는 곳이기도 하지만, 현재 우리가 살아가는 이곳도 하나님이 함께하시면 새 하늘 새 땅이 된다. 반면에 하나님과 단절된 상태로 살아가는 그 자체가 벌써 심판

받은 삶이고, 살았다 하는 이름을 가졌으나 죽은 자이다(요 3:18, 5:24; 롬 1:28, 6:19-23; 계 3:1). 성경은 온유한 자는 땅을 기업으로 받을 것을 명확히 하고 있다(시 37:11; 마 5:5). 온유한 자는 하나님을 경외하여 그의 도를 지키는 자이고, 땅은 하나님이 임재하고 통치하시는 하나님 나라이다.

"또 내가 새 하늘과 새 땅을 보니 처음 하늘과 처음 땅이 없어졌고 바다도 다시 있지 않더라 또 내가 보매 거룩한 성 새 예루살렘이 하나님께로부터 하늘에서 내려오니 그 준비한 것이 신부가 남편을 위하여 단장한 것 같더라 내가 들으니 보좌에서 큰 음성이 나서 이르되 보라 하나님의 장막이 사람들과 함께 있으매 하나님이 그들과 함께 계시리니 그들은 하나님의 백성이 되고 하나님은 친히 그들과 함께 계셔서 모든 눈물을 그 눈에서 닦아 주시니 다시는 사망이 없고 애통하는 것이나 곡하는 것이나 아픈 것이 다시 있지 아니하리니 처음 것들이 다 지나갔음이러라 보좌에 앉으신 이가 이르시되 보라 내가 만물을 새롭게 하노라 하시고 또 이르시되 이 말은 신실하고 참되니 기록하라 하시고 또 내게 말씀하시되 이루었도다 나는 알파와 오메가요 처음과 마지막이라 내가 생명수 샘물을 목마른 자에게 값없이 주리니 이기는 자는 이것들을 상속으로 받으리라 나는 그의 하나님이 되고 그는 내 아들이 되리라"(계 21:1-7)라는 말씀은 우리가 현세와 내세에서 살아가야 할 하나님 나라에 대해 잘 설명해준다.

"그러나 온유한 자들은 땅을 차지하며 풍성한 화평으로 즐거워하

리로다"(시 37:11)

"온유한 자는 복이 있나니 그들이 땅을 기업으로 받을 것임이요"(마 5:5)

"그를 믿는 자는 심판을 받지 아니하는 것이요 믿지 아니하는 자는 하나님의 독생자의 이름을 믿지 아니하므로 벌써 심판을 받은 것이니라"(요 3:18)

"또한 그들이 마음에 하나님 두기를 싫어하매 하나님께서 그들을 그 상실한 마음대로 내버려 두사 합당하지 못한 일을 하게 하셨으니"(롬 1:28)

"그런즉 누구든지 그리스도 안에 있으면 새로운 피조물이라 이전 것은 지나갔으니 보라 새 것이 되었도다"(고후 5:17)

"사데 교회의 사자에게 편지하라 하나님의 일곱 영과 일곱 별을 가지신 이가 이르시되 내가 네 행위를 아노니 네가 살았다 하는 이름을 가졌으나 죽은 자로다"(계 3:1)

우리가 살아가야 할 현세의 하나님 나라는 정체된 삶을 살아가는 곳이 아니라, 믿음으로 믿음에 이르게 하고 그리스도의 장성한 분량이 충만한 데까지 믿음이 장성해 가야 하는 곳이다(롬 1:16-17; 엡 4:13-16; 벧후 3:18). "이 사람들은 다 믿음을 따라 죽었으며 약속을 받지 못하였으되 그것들을 멀리서 보고 환영하며 또 땅에서는 외국인과 나그네임을 증언하였으니 그들이 이같이 말하는 것은 자기들이 본향 찾는 자임을 나타냄이라 그들이 나온 바 본향을 생각하였더라면 돌아갈 기회가 있었으려니와 그들이 이제는 더 나은 본향을 사모하니 곧 하늘에 있는 것이라 이러므로 하나님이 그들의 하나님이라 일컬음 받으심을 부끄러워하지 아니하시고 그들을 위하여 한 성을 예비하셨느니라"(히 11:13-16)라는 말씀은 현세의 하나님 나라에서 살아가야 할 삶의 자세를 잘 설명해준다.

1

13장
십일조

1절 – 십일조의 의미

헌금은 십일조와 십일조 외의 봉헌물로 나누어 볼 수 있다. 십일조는 문자적으로는 소득의 10분의 1을 하나님께 드리는 것으로 이해할 수 있으나, 단순히 소득의 10분의 1을 드리는 것 이상의 의미가 있다. 성경적으로 숫자 1은 가장 좋은 것, 처음, 첫째의, 대표성 등의 의미가 있고, 숫자 10은 전체나 완전한 등의 의미가 있다.

십일조는 전체 소득 중에서 가장 좋은 것이나 처음 것을 나머지 소득을 대표해서 하나님께 드리는 것이다(레 27:26-30). 십일조는 모든 소득이 하나님이 주신 것임을 인정하고 하나님보다 물질을 우선시하지 아니하겠다는 신앙고백으로, 탐심이라는 우상 숭배를 멀리하겠다는 의지의 표현이고 정의와 긍휼의 실천이다(신 14:22-29; 마 23:23).

십일조와 봉헌물에 대한 올바른 이해는 십일조와 봉헌물을 즐거이 내는 것을 가능하게 한다. 십일조와 봉헌물은 하나님이 우리의 필요를 아셔서 필요를 채워주시는 전능하신 하나님 아버지이시고 재물은 물론 재물 얻을 능력도 하나님이 주신 것이라는 믿음에서, 감사함으로 자발적으로 드리는 것이지 단지 복 받기 위한 목적이나 기복적 신앙에 기초한 헌금 강요에 따라 드리는 것이 아니다(신 8:17-18; 마 6:8, 30-33).

성경은 불성실한 십일조와 봉헌물을 하나님의 것을 도둑질하는 것으로 본다(말 3:7-9). 불성실한 십일조와 봉헌물은 단순히 봉헌을 제대로 하지 아니하는 것에 그치는 것이 아니라, 십계명의 8계명인 "도둑질하지 말라"라는 계명을 범하는 것이다. 헌금 중 십일조는 산정 기준이 사람마다 다르고 액수도 적지 않아 많은 시험에 들게 하는 뜨거운 감자이다. 마음의 중심에 하나님이 있고 재물은 물론 재물 얻을 능력도 하나님이 주신 것이라는 믿음이 있다면 감사함으로 즐거이 드릴 수 있을 것이다.

> "그러나 네가 마음에 이르기를 내 능력과 내 손의 힘으로 내가 이 재물을 얻었다 말할 것이라 네 하나님 여호와를 기억하라 그가 네게 재물 얻을 능력을 주셨음이라 이같이 하심은 네 조상들에게 맹세하신 언약을 오늘과 같이 이루려 하심이니라"(신 8:17-18)

"만군의 여호와가 이르노라 너희 조상들의 날로부터 너희가 나의 규례를 떠나지키지 아니하였도다 그런즉 내게로 돌아오라 그리하면 나도 너희에게로 돌아가리라 하였더니 너희가 이르기를 우리가 어떻게 하여야 돌아가리이까 하는도다 사람이 어찌 하나님의 것을 도둑질하겠느냐 그러나 너희는 나의 것을 도둑질하고도 말하기를 우리가 어떻게 주의 것을 도둑질하였나이까 하는도다 이는 곧 십일조와 봉헌물이라 너희 곧 온 나라가 나의 것을 도둑질하였으므로 너희가 저주를 받았느니라"(말 3:7-9)

"그러므로 그들을 본받지 말라 구하기 전에 너희에게 있어야 할 것을 하나님 너희 아버지께서 아시느니라"(마 6:8)

"오늘 있다가 내일 아궁이에 던져지는 들풀도 하나님이 이렇게 입히시거든 하물며 너희일까보냐 믿음이 작은 자들아 그러므로 염려하여 이르기를 무엇을 먹을까 무엇을 마실까 무엇을 입을까 하지 말라 이는 다 이방인들이 구하는 것이라 너희 하늘 아버지께서 이 모든 것이 너희에게 있어야 할 줄을 아시느니라 그런즉 너희는 먼저 그의 나라와 그의 의를 구하라 그리하면 이 모든 것을 너희에게 더하시리라"(마 6:30-33)

2절 – 십일조는 구약의 율법 그 이상의 것이고, 현재에도 여전히 유효하다

십일조는 구약의 율법으로 신약시대인 현재에서는 폐지된 것으로 보아야 한다는 견해가 있다. 그러나 십일조는 모세가 하나님으로부터 십계명을 받기 이전에 이미 존재했던 것으로 단순히 율법 차원의 문제가 아니고 현재에도 여전히 유효하다(창 14:18-20, 28:22; 히 7:1-3).

십일조는 천지의 주재이신 하나님 아버지에 대한 믿음과 감사와 사랑을 표현하는 의미와 이웃 사랑을 실천하는 의미가 있는 것으로, 하나님과 이웃에 대한 사랑의 실천과 훈련을 위한 하나님의 신앙 및 재정 교육이다(신 14:22-29; 마 6:21, 24). 십일조 생활을 얼마나 충실하게 하는지는 믿음(순종)의 상태에 대한 중요한 지표이다. 올바른 십일조 생활은 우리로 하여금 탐심이라는 우상 숭배를 멀리 할 수 있게 해준다.

"살렘 왕 멜기세덱이 떡과 포도주를 가지고 나왔으니 그는 지극히 높으신 하나님의 제사장이었더라 그가 아브람에게 축복하여 이르되 천지의 주재이시요 지극히 높으신 하나님이여 아브람에게 복을 주옵소서 너희 대적을 네 손에 붙이신 지극히 높으신 하나님을 찬송할지로다 하매 아브람이 그 얻은 것에서 십분의 일을 멜기세덱에게 주었더라"(창 14:18-20)

"너희 보물 있는 곳에는 너희 마음도 있으리라"(마 6:21)

"한 사람이 두 주인을 섬기지 못할 것이니 혹 이를 미워하고 저를 사랑하거나 혹 이를 중히 여기고 저를 경히 여김이라 너희가 하나님과 재물을 겸하여 섬기지못하느니라"(마 6:24)

"이 멜기세덱은 살렘 왕이요 지극히 높으신 하나님의 제사장이라 여러 왕을 쳐서 죽이고 돌아오는 아브라함을 만나 복을 빈 자라 아브라함이 모든 것의 십분의 일을 그에게 나누어 주니라 그 이름을 해석하면 먼저는 의의 왕이요 그 다음은 살렘 왕이니 곧 평강의 왕이요 아버지도 없고 어머니도 없고 족보도 없고 시작한 날도 없고 생명의 끝도 없어 하나님의 아들과 닮아서 항상 제사장으로 있느니라"(히 7:1-3)

3절 – 하나님이 원하시는 십일조

1. 하나님은 자발적인 십일조를 원하신다

하나님은 우리의 필요를 아시고 필요를 채워주시는 분이시고 재물은 물론이고 재물 얻을 능력도 하나님이 주신 것이라는 믿음이 있을 때, 진정으로 감사할 수 있고 감사함에 기초한 자발적인 십일조를 드릴 수 있다(출 25:2; 신 8:17-18; 마 6:8, 24, 30-33; 고후 9:6-11).

"이것이 곧 적게 심는 자는 적게 거두고 많이 심는 자는 많이 거둔다 하는 말이로다 각각 그 마음에 정한 대로 할 것이요 인색함으로나 억지로 하지 말지니 하나님은 즐겨 내는 자를 사랑하시느니라 하나님이 능히 모든 은혜를 너희에게 넘치게 하시나니 이는 너희로 모든 일에 항상 모든 것이 넉넉하여 모든 착한 일을 넘치게 하게 하려 하심이라 기록된 바 그가 흩어 가난한 자들에게 주었으니 그의

의가 영원토록 있느니라 함과 같으니라 심는 자에게 씨와 먹을 양
식을 주시는 이가 너희 심을 것을 주사 풍성하게 하시고 너희 의의
열매를 더하게 하시리니 너희가 모든 일에 넉넉하여 너그럽게 연
보를 함은 그들이 우리로 말미암아 하나님께 감사하게 하는 것이
라"(고후 9:6-11)

2. 하나님은 형식적인 십일조를 원하지 아니하신다

십일조는 천지의 주재이신 하나님 아버지에 대한 믿음과 감사와 사랑의 표현이고 정의와 긍휼을 실천하는 것이다. 하나님은 믿음과 감사와 사랑과 정의와 긍휼 없이 단순히 율법적 의무감이나 기복적 차원에서 드리는 십일조를 원하지 않으신다(신 14:29; 사 1:11-12; 말 1:8, 10, 3:5; 마 23:23; 약 1:27). 십일조를 복 받는 수단으로 생각하는 순간 교회는 종교사업이 되고 헌금은 복채가 될 위험성이 생긴다. 하나님은 형식에 치우치거나 본말이 전도된 헌금 생활을 질책하신다(마 23:23).

믿음과 감사와 사랑과 정의와 긍휼에 기초한 십일조는 재물의 취득 방법이나 수익의 근원도 정의와 긍휼을 충족할 것을 요구한다. 하나님은 불법적인 방법이나 이웃의 희생을 통해 취득한 재물을 십일조로 드리는 것을 원하지 않으신다.

"여호와께서 말씀하시되 너희의 무수한 제물이 내게 무엇이 유익하뇨 나는 숫양의 번제와 살진 짐승의 기름에 배불렀고 나는 수송아지나 어린 양이나 숫염소의 피를 기뻐하지 아니하노라 너희가 내

앞에 보이러 오니 이것을 누가 너희에게 요구하였느냐 내 마당만 밟을 뿐이니라"(사 1:11-12)

"만군의 여호와가 이르노라 너희가 눈 먼 희생제물을 바치는 것이 어찌 악하지 아니하며 저는 것, 병든 것을 드리는 것이 어찌 악하지 아니하냐 이제 그것을 너희 총독에게 드려 보라 그가 너를 기뻐하겠으며 너를 받아 주겠느냐"(말 1:8)

"만군의 여호와가 이르노라 너희가 내 제단 위에 헛되이 불사르지 못하게 하기 위하여 너희 중에 성전 문을 닫을 자가 있었으면 좋겠도다 내가 너희를 기뻐하지 아니하며 너희가 손으로 드리는 것을 받지도 아니하리라"(말 1:10)

"화 있을진저 외식하는 서기관들과 바리새인들이여 너희가 박하와 회향과 근채의 십일조는 드리되 율법의 더 중한 바 정의와 긍휼과 믿음은 버렸도다 그러나 이것도 행하고 저것도 버리지 말아야 할지니라"(마 23:23)

"하나님 아버지 앞에서 정결하고 더러움이 없는 경건은 곧 고아와 과부를 그 환난 중에 돌보고 또 자기를 지켜 세속에 물들지 아니하는 그것이니라"(약 1:27)

3. 하나님은 십일조의 액수가 아닌 마음의 중심을 보신다

십일조는 전체 소득 중에서 가장 좋은 것이나 처음 것을 나머지 소득을 대표해서 하나님에 대한 믿음과 감사와 사랑의 표현으로 드리는 것으로 단순히 산술적으로 소득의 10분의 1을 드리는 것 이상의 의미가 있다. 십일조에서는 십일조 액수도 중요하지만 보다 더 중요한 것은 십일조를 드리는 사람이 어떠한 마음으로 드리는지이다(말 3:7-12; 마 6:21, 24; 눅 18:9-14, 21:1-4).

하나님은 믿음과 감사와 사랑이 없이 단지 복 받기 위한 목적이나 십일조를 하지 않으면 사업이 망할까 봐 두려움으로 드리는 십일조는 원하지 않으신다. 십일조를 드림에 있어 마리아처럼 지극히 비싼 향유를 예수님의 발에 붓고 자기 머리털로 예수님의 발을 닦을 수 있을 만큼의 헌신과 정성이 있는지 되돌아보아야 한다(요 12:1-8).

"또 자기를 의롭다고 믿고 다른 사람을 멸시하는 자들에게 이 비유로 말씀하시되 두 사람이 기도하러 성전에 올라가니 하나는 바리새인이요 하나는 세리라 바리새인은 서서 따로 기도하여 이르되 하나님이여 나는 다른 사람들 곧 토색, 불의, 간음을 하는 자들과 같지 아니하고 이 세리와도 같지 아니함을 감사하나이다 나는 이레에 두 번씩 금식하고 또 소득의 십일조를 드리나이다 하고 세리는 멀리 서서 감히 눈을 들어 하늘을 쳐다보지도 못하고 다만 가슴을 치며 이르되 하나님이여 불쌍히 여기소서 나는 죄인이로소이다 하였느니라 내가 너희에게 이르노니 이에 저 바리새인이 아니고 이 사람이 의롭다 하심을 받고 그의 집으로 내려갔느니라 무릇 자기를 높이는 자는 낮아지고 자기를 낮추는 자는 높아지리라 하시니라"(눅 18:9-14)

4절 – 탐심과 십일조

탐심의 사전적 의미는 '지나치게 탐하는 욕심'이다. 성경에서 말하는 탐심은 무엇인가를 갖고자 하는 마음의 '정도' 문제이기도 하지만, 보다 근본적으로는 마음의 '중심에 무엇이 있는가'의 문제이다. 마음의 중심에 하나님과 사랑이 아닌 세상[재물, 사회적 지위(명예) 등]이 있는 것이 탐심이다.

십일조는 모든 소득이 하나님으로부터 온 것임을 인정하여 하나님보다 물질을 우선시하지 아니하겠다는 신앙고백으로 탐심이라는 우상 숭배를 멀리하겠다는 의지의 표현이고 정의와 긍휼을 실천하는 것이라는 점(신 14:22-29; 마 23:23; 고후 9:6-11), 믿음과 정의와 긍휼에 기초한 십일조는 재물의 취득 과정이나 수익의 근원도 정의와 긍휼을 충족할 것을 요구한다는 점, 온전한 십일조를 위해서는 재물은 물론 재물을 얻을 능력도 하나님이 주신 것이라는 믿음으로 청지기 신분을 자각하여 청지기 신분에 맞게 재정관리를 하여야 한다는 점 등을 고려하면, 건전하고 온전한 십일조 생활은 탐심이라는 우상 숭배의 현실적이고 중요한 해결 방법이 될 수 있다(눅 16:1-13). 탐심에 대해서는 6편 3장에서 살펴보기로 한다.

14장
구약의 제사

1절 – 예수님의 십자가 죽음과 구약의 제사

구약의 제사는 단순한 제사가 아니라 예수님의 대속적 죽음의 모형이다. 예수님은 구약의 제사법에 따라 우리의 죄를 대속해 주시기 위해 속죄 제물로 오셔서, 하나님의 뜻에 따라 몸을 단번에 드리심으로 우리를 거룩하게 하고 영원히 온전하게 하셨다. 예수님은 반복적으로 드려야만 하는 구약의 제사와 다르게 단번에 드려짐으로써, 우리를 대신하여 십자가에서 돌아가시고 우리의 모든 죄를 깨끗하게 씻어 주셨다(마 1:21, 27:50; 롬 8:3; 벧전 2:24).

우리는 예수님의 대속적 죽음으로 짐승의 피로 드리는 제사는 드릴 필요가 없게 되었다(히 10:10, 14, 18). 그러나 예수님의 십자가 죽음으로 짐승의 피로 드리는 구약의 제사가 폐하여졌다고 해서, 우리가 매일 우리 몸을 하나님이 기뻐하시는 거룩한 산 제물로 드리는 영적 예배까지 폐하여진 것은 아니다(요 4:20-24; 롬 12:1-2).

성경은 현세에서 영적으로 죽은 자들의 육체적 죽음 이후의 둘째 사망, 즉 영원한 죽음을 명확히 하고 있다(마 25:41; 살후 1:9; 계 20:14-15, 21:8). 현세에서의 영적 죽음은 현세만의 문제가 아니라 육체적 죽음 이후의 심판과도 연결된다. 영원한 죽음을 해결할 수 있도록 우리에게 주어진 시간은 생전이다. 육체적 죽음의 때가 언제인지 아무도 모른다(시 39:3-7, 90:1-12; 전 3:11; 사 40:6-8; 마 24:36, 25:1-13; 눅 12:16-21). 우리는 우리에게 남겨진 시간이 유한하고 하루하루가 하나님이 주신 선물임을 명심하여, 남겨진 날을 계수(計數)하는 마음으로 매일 우리 몸을 하나님이 기뻐하시는 거룩한 산 제물로 드리는 삶을 살아가야 한다(시 90:10-12; 롬 12:1-2).

> "우리의 연수가 칠십이요 강건하면 팔십이라도 그 연수의 자랑은 수고와 슬픔뿐이요 신속히 가니 우리가 날아가나이다 누가 주의 노여움의 능력을 알며 누가 주의 진노의 두려움을 알리이까 우리에게 우리 날 계수함을 가르치사 지혜로운 마음을 얻게 하소서"(시 90:10-12)
> "하나님이 모든 것을 지으시되 때를 따라 아름답게 하셨고 또 사람들에게는 영원을 사모하는 마음을 주셨느니라 그러나 하나님이 하시는 일의 시종을 사람으로 측량할 수 없게 하셨도다"(전 3:11)
> "형제들아 내가 하나님의 모든 자비하심으로 너희를 권하노니 너희 몸을 하나님이 기뻐하시는 거룩한 산 제물로 드리라 이는 너희

가 드릴 영적 예배니라 너희는 이 세대를 본받지 말고 오직 마음을 새롭게 함으로 변화를 받아 하나님의 선하시고 기뻐하시고 온전하신 뜻이 무엇인지 분별하도록 하라"(롬 12:1-2)

2절 – 구약의 제사가 현재의 우리에게 주는 의미

예수님의 대속적 죽음으로 폐하여진 구약 제사는 현재를 살아가는 우리에게 어떤 의미가 있을까? 구약의 제사장은 직분 위임을 받아 하나님의 지시대로 만들어진 옷을 입고(출 28:1-29:46), 회막과 제단 사이에 있는 물두멍에서 수족을 씻고(출 30:17-21), 하나님이 정하신 제사법에 따라(레 1:1-7:38), 성막에서 제사를 드렸다.

예수님이 우리를 대신하여 십자가에서 돌아가시고 우리의 모든 죄를 깨끗하게 씻어 주신 신약시대에서는, 하나님과 예수님을 믿음으로 다시 태어나 하나님의 자녀가 된 사람이 하나님의 제사장이다(롬 15:16; 벧전 2:5, 9). 하나님의 자녀는 예수님의 공로에 힘입어 직접 하나님 앞에 나아가 영과 진리로 경배하며 섬길 수 있게 되었다(마 27:51; 요 4:21-24; 히 10:19-20). 하나님의 자녀는 예수 그리스도로 옷 입고 하나님의 전신 갑주를 취해야 한다(롬 6:1-14, 13:14; 갈 3:27; 엡 6:10-18).

우리가 하나님과 예수님 안에 거하고 예수님과 함께 십자가의 길을 걷는다면 쉼(평안)이 은혜로 주어지고, 긍휼히 여김을 받고, 은혜의 보좌 앞에 담대하게 나아갈 수 있다(마 10:38, 11:28-30, 16:24; 롬 6:1-

14, 12:1-20; 갈 2:19-20; 히 4:14-16).

> "오직 주 예수 그리스도로 옷 입고 정욕을 위하여 육신의 일을 도모하지 말라"(롬 13:14)
>
> "누구든지 그리스도와 합하기 위하여 세례를 받은 자는 그리스도로 옷 입었느니라"(갈 3:27)
>
> "그러므로 형제들아 우리가 예수의 피를 힘입어 성소에 들어갈 담력을 얻었나니 그 길은 우리를 위하여 휘장 가운데로 열어 놓으신 새로운 살 길이요 휘장은 곧 그의 육체니라"(히 10:19-20)
>
> "너희도 산 돌 같이 신령한 집으로 세워지고 예수 그리스도로 말미암아 하나님이 기쁘게 받으실 신령한 제사를 드릴 거룩한 제사장이 될지니라 그러나 너희는 택하신 족속이요 왕 같은 제사장들이요 거룩한 나라요 그의 소유가 된 백성이니 이는 너희를 어두운 데서 불러 내어 그의 기이한 빛에 들어가게 하신 이의 아름다운 덕을 선포하게 하려 하심이라"(벧전 2:5-9)

우리는 예수님의 대속적 죽음으로 짐승의 피로 드리는 구약의 제사는 드릴 필요가 없게 되었지만, 구약의 제사에 임하였던 사람의 마음과 자세는 현재에도 되새겨볼 필요가 있다. 구약의 제사 중에서 하나님께 전적으로 헌신하는 것을 의미하는 제사로 가죽만 제외하고 모조리 불에 태워 드리는 번제(燔祭, burnt offering), 순수하고 온전한 순종을 의미하는 제사로 노동의 열매를 드리는 소제(素祭, grain offering), 하나님과의 특별한 친교를 의미하는 화목제(和睦祭, peace offering)에 대해 살펴보기로 한다.

번제는 제물을 헌납(獻納, offer)하는 사람이 흠 없는 번제물을 준비하여 직접 번제물을 죽이고, 번제물의 가죽을 벗기고, 각을 뜨고, 내장과 정강이를 물로 씻는 과정을 거친다(레 1:3-17). 헌납하는 사람이 번제를 드리기 위해 번제물을 죽이고, 번제물의 가죽을 벗기고, 각을 뜨고, 내장과 정강이를 물로 씻으면서 무슨 생각을 하였을까? 헌납하는 사람은 번제단 위에서 제물이 불에 타고 있는 광경을 보면서 무슨 생각을 하였을까?

하나님은 소제를 처음 익은 곡식으로 가루를 내어 드리도록 명령하셨다(레 2:1-14). 하나님이 직접 드시는 것도 아닌데 왜 굳이 가루를 내어 드릴 것을 명령하셨을까? 헌납하는 사람이 소제를 드리기 위해 곡식의 가루를 내면서 무슨 생각을 하였을까?

하나님이 화목제에서 강조하신 것은 제사법도 있지만, 이보다는 감사함으로 드리는 화목제물의 고기는 드리는 그날에 먹으라는 것이고, 제물이 서원이나 자원하는 것이면 그 이튿날까지 먹으라는 것이다. 하나님은 화목제물을 이웃과 친지들을 불러서 함께 나누어 먹도록 하셨고, 고기가 남으면 제사는 기쁘게 받아들여지지 않고 드린 자에게도 예물답게 되지 못하고 도리어 가증하게 되었다(레 7:15-18).

우리는 하루를 살아가거나 예배를 드림에 있어 과연 짐승을 잡아 각을 뜨거나 곡식의 가루를 내면서 느끼는 회개와 엄숙함이 있는지, 고기를 즐거이 이웃과 나눌 수 있는 사랑이 있는지 되돌아보아야 한다.

15장
주일(主日)과 안식일

1절 – 주일(主日)과 안식일의 의미

안식일은 성경에 기록되어 있고 하나님은 안식일을 엄격하게 지킬 것을 명령하셨다(창 2:1-3; 출 20:8-11; 신 5:12-15). 성경에 주(主)의 날은 기록이 있지만 주일(主日)은 기록이 없다(살전 5:2; 벧후 3:10; 계 1:10). 초대교회가 예수님이 부활하신 안식 후 첫날인 일요일에 자연스럽게 모여 예배를 드린 것이 오늘날 주일 예배의 모형이 되었다(행 20:7). 로마 콘스탄틴 황제가 AD 321년 일요일을 주일로 지정하여 지키게 한 이후, AD 364년 라오디게아 종교회의에서 공식적으로 일요일을 주일로 정하였다.

성경 어디에도 구약의 안식일을 주일로 변경했다거나 일요일을 새로운 안식일로 정했다는 기록이 없는 관계로 구약대로 철저하게 토요일을 안식일로 지켜야 한다는 견해, 안식일이 주일로 변경되었다고 보아 일요일을 안식일처럼 지켜야 한다는 견해, 안식일이 폐지되었기에 새로운 방식으로 주일을 지켜야 한다는 견해 등 다양한 견해가 있다.

구약의 안식일은 온 가족, 종, 가축, 나그네 등 모든 존재가 하던 일을 중단하고(출 20:10, 23:12; 신 5:14), 하나님의 천지창조(출 20:11)와 하나님이 유월절 어린 양의 피로 죽음을 면하게 하시고 바로(애굽)의 종살이에서 해방하여 주심, 즉 예수 그리스도의 오심(초림), 십자가 죽음과 부활을 통한 구원(신 5:15; 벧전 1:17-19)을 고대하면서 회막에 모여 하나님을 경배하고 하나님과의 교제를 통해 참된 쉼(안식)을 얻는 것(레 24:5-8; 민 28:9; 시 36:7-12)이다.

"너는 고운 가루를 가져다가 떡 열두 개를 굽되 각 덩이를 십분의 이 에바로 하여 여호와 앞 순결한 상 위에 두 줄로 한 줄에 여섯씩 진설하고 너는 또 정결한 유향을 그 각 줄 위에 두어 기념물로 여호와께 화제를 삼을 것이며 안식일마다 이 떡을 여호와 앞에 항상 진설할지니 이는 이스라엘 자손을 위한 것이요 영원한 언약이니라"(레 24:5-8)

2절 – 율법으로서의 안식일은 폐지되었다고 볼 수 있지만, 특정한 날을 성수하는 것은 폐하여질 수 없다

신약시대인 현재에는 구약의 안식일이 폐하여진 것인지, 특정한 날을 성수하는 것이 필요한지, 어떤 특정한 날을 어떻게 성수할 것인지가 문제된다. 안식일은 장래 일의 그림자이고 안식일의 실체와 주인은 바로 예수님이시다(마 12:8; 눅 6:1-5; 골 2:16-17). 예수님은 모든 믿는 자에게 의를 이루기 위해 율법의 마침이 되시고, 예수님을 믿는 우리를 진정한 안식에 들어가게 하셨다(마 11:28-30; 요 14:27; 롬 10:4; 골 3:15; 히 4:3).

말씀이 육신이 되어 인간의 몸으로 오셔서 십자가에서 돌아가시고 부활하신 신약시대에서는, 예수 그리스도의 오심(초림)과 십자가 죽음과 부활을 통한 구원을 고대하는 율법으로서의 안식일은 그 역할을 다했다고 볼 수 있다.

그러나 신약시대인 현재에도 예수님의 오심(초림)과 십자가 죽음과 부활이 성취되었다는 점을 제외한 일의 중단을 통한 하나님을 향한 바라봄과 내려놓음, 천지창조와 예수님의 십자가 죽음과 부활을 통한 구원에 대한 감사와 예수님 재림에 대한 고대(요 14:2-3; 행 1:11), 예배를 통한 하나님과의 교제와 서로 돌아보며 사랑과 선행을 격려하며 모이기에 힘쓰는 것(히 10:23-25)은 여전히 유효하다.

성수하는 날이 안식일이든 주일이든 토요일이든 일요일이든, 특정한 날을 성수하는 것은 해도 그만 안 해도 그만이 아니라 하나님의 자녀로서 가져야 하는 최소한의 도리이다. 안식일(주일)의 성수는 믿음(순종)의 표현이자 훈련이고 믿음(순종)의 상태에 대한 중요한 지표이다. 성수하는 날이 안식일이든 주일이든 토요일이든 일요일이든, 성수하는 날은 7일 중의 단순한 하루가 아니라 구별되어진 거룩하고 복된 하루이다(창 2:1-3).

"수고하고 무거운 짐진 자들아 다 내게로 오라 내가 너희를 쉬게 하리라 나는 마음이 온유하고 겸손하니 나의 멍에를 메고 내게 배우라 그리하면 너희 마음이 쉼을 얻으리니 이는 내 멍에는 쉽고 내 짐은 가벼움이라 하시니라"(마 11:28-30)

"내 아버지 집에 거할 곳이 많도다 그렇지 않으면 너희에게 일렀으리라 내가 너희를 위하여 거처를 예비하러 가노니 가서 너희를 위하여 거처를 예비하면 내가 다시 와서 너희를 내게로 영접하여 나 있는 곳에 너희도 있게 하리라"(요 14:2-3)

"평안을 너희에게 끼치노니 곧 나의 평안을 너희에게 주노라 내가 너희에게 주는 것은 세상이 주는 것과 같지 아니하니라 너희는 마음에 근심하지도 말고 두려워하지도 말라"(요 14:27)

"이르되 갈릴리 사람들아 어찌하여 서서 하늘을 쳐다보느냐 너희 가운데서 하늘로 올려지신 이 예수는 하늘로 가심을 본 그대로 오시리라 하였느니라"(행 1:11)

"그리스도는 모든 믿는 자에게 의를 이루기 위하여 율법의 마침이 되시니라"(롬 10:4)

"그러므로 먹고 마시는 것과 절기나 초하루나 안식일을 이유로 누구든지 너희를 비판하지 못하게 하라 이것들은 장래 일의 그림자이나 몸은 그리스도의 것이니라"(골 2:16-17)

"그리스도의 평강이 너희 마음을 주장하게 하라 너희는 평강을 위하여 한 몸으로 부르심을 받았나니 너희는 또한 감사하는 자가 되라"(골 3:15)

"또 약속하신 이는 미쁘시니 우리가 믿는 도리의 소망을 움직이지 말며 굳게 잡고 서로 돌아보아 사랑과 선행을 격려하며 모이기를 폐하는 어떤 사람들의 습관과 같이 하지 말고 오직 권하여 그 날이 가까움을 볼수록 더욱 그리하자"(히 10:23-25)

3절 – 우리는 어떤 날을 특정하여 성수하여야 하고, 특정한 날에 무엇을 기념하고 행하여야 하나?

오늘날 우리가 일요일을 특정하여 주일(主日)로 성수하는 것은 365일 모든 날이 주(主)의 날이지만, 일요일은 예수님이 십자가 죽음으로 사망 권세를 깨치고 부활하신 날로서 모든 날 중에서 특별한 의미가 있어 이를 기념하는 것이다.

우리가 어떤 날을 특정하여 성수할 것인지는 "어떤 사람은 이 날을 저 날보다 낫게 여기고 어떤 사람은 모든 날을 같게 여기나니 각각 자기 마음으로 확정할지니라 날을 중히 여기는 자도 주를 위하여 중히 여기고 먹는 자도 주를 위하여 먹으니 이는 하나님께 감사함이요 먹지 않는 자도 주를 위하여 먹지 아니하며 하나님께 감사하느니라 우리 중에 누구든지 자기를 위하여 사는 자가 없고 자기를 위하여 죽는 자도 없도다 우리가 살아도 주를 위하여 살고 죽어도 주를 위하여 죽나니 그러므로 사나 죽으나 우리가 주의 것이로다"(롬 14:5-8)라는 말씀이 답이 될 수 있다.

우리가 성수하는 날이 안식일이든 주일이든 토요일이든 일요일이든, 단순히 일을 중단하고 휴식을 취한다거나 예배만 드리는 것에 그친다면 이는 특정한 날을 성수하는 것이 아니다. 특정한 날을 성수하는 것은 지난 엿새 동안의 일을 돌아보고 앞으로의 엿새 동안에 살아갈 영적 양식과 힘을 공급받는 시간을 갖는 것으로, 물리적 시간인 크로노스(chronos)의 하루가 아닌 의미와 깊이를 새기는 카이로스(kairos)의 하루가 되어야 한다.

바리새인들의 율법주의처럼 안식일의 주인인 하나님과 예수님은 없고 특정한 날과 형식적인 예배만 있는 주객이 전도된 주일성수는 경계할 필요가 있다. 하나님의 천지창조와 우리가 하나님이 계획하시고 지으신 영원한 나라를 받게 된 것에 감사드리면서 경건함과 떨리는 마음으로 하나님을 합당하게 섬기는 시간을 가짐으로써, 하나님이 주시는 참된 쉼(안식)과 하나님이 주시는 새 힘을 얻어야 한다(사 40:28, 31; 마 11:28-30; 요 14:27; 롬 14:5-8; 골 3:15; 히 12:28).

"너는 알지 못하였느냐 듣지 못하였느냐 영원하신 하나님 여호와,

땅 끝까지 창조하신 이는 피곤하지 않으시며 곤비하지 않으시며 명철이 한이 없으시며 피곤한 자에게는 능력을 주시며 무능한 자에게는 힘을 더하시나니 소년이라도 피곤하며 곤비하며 장정이라도 넘어지며 쓰러지되 오직 여호와를 앙망하는 자는 새힘을 얻으리니 독수리가 날개치며 올라감 같을 것이요 달음박질하여도 곤비하지 아니하겠고 걸어가도 피곤하지 아니하리로다"(사 40:28-31)

"그러므로 우리가 흔들리지 않는 나라를 받았은즉 은혜를 받자 이로 말미암아 경건함과 두려움으로 하나님을 기쁘시게 섬길지니"(히 12:28)

하나님은 성수하는 날이 안식일이든 주일이든 토요일이든 일요일이든, 경건함과 경외함으로 자발적이고 기쁜 마음으로 성수하는 것을 원하신다(사 1:10-17; 말 1:6-10). 하나님은 안식일을 인간을 속박하기 위한 것이 아니라 인간을 살리기 위한 선한 목적에서 제정하셨다. 예수님은 바리새인들이 율법주의에 얽매여 형식적으로 안식일을 지키는 것을 강하게 질책하셨다(마 12:9-12; 눅 13:10-17, 14:1-6; 요 5:1-17). 안식일에 대한 성경 기록에서 중요하고 특이한 점은 나뿐만 아니라 종, 가축, 나그네 등 모든 존재가 안식일에 안식을 누릴 자격이 있고 누릴 수 있도록 해줘야 한다는 것이다(출 20:10, 23:12; 신 5:14). 나만 사는 안식일이 아니라 나도 살고 남도 살게 하는 안식일이 되어야 한다.

"너희 소돔의 관원들아 여호와의 말씀을 들을지어다 너희 고모라의 백성아 우리 하나님의 법에 귀를 기울일지어다 여호와께서 말씀하시되 너희의 무수한 재물이 내게 무엇이 유익하뇨 나는 숫양의 번제와 살진 짐승의 기름에 배불렀고 나는 수송아지나 어린 양이나 숫염소의 피를 기뻐하지 아니하노라 너희가 내 앞에 보이러 오니 이것을 누가 너희에게 요구하였느냐 내 마당만 밟을 뿐이니라 헛된 제물을 다시 가져오지 말라 분향은 내가 가증히 여기는 바요 월삭과 안식일과 대회로 모이는 것도 그러하니 성회와 아울러 악을 행하는 것을 내가 견디지 못하겠노라 내 마음이 너희의 월삭과 정한 절기를 싫어하나니 그것이 내게 무거운 짐이라 내가 지기에 곤비하였느니라 너희가 손을 펼 때에 내가 내 눈을 너희에게서 가리고 너희가 많이 기도할지라도 내가 듣지 아니하리니 이는 너희의 손에 피가 가득함이라 너희는 스스로 씻으며 스스로 깨끗하게 하여 내 목전에서 너희 악한 행실을 버리며 행악을 그치고 선행을 배우며 정의를 구하며 학대 받는 자를 도와 주며 고아를 위하여 신원하며 과부를 위하여 변호하라 하셨느니라"(사 1:10-17)

16장

예배

예배를 의미하는 히브리어 '아바드'는 봉사나 섬김, '솨하'는 엎드리다, 굴복하다의 의미가 있다. 공동체 문화에 익숙해져 있는 우리나라에서 예배는 '예의를 갖추어 하나님을 경배하는 공동체적인 행위'로 이해되고, 위와 같은 예배에 대한 이해로 인해 교회에서 예식을 갖추어 드리는 예배만 예배인 것으로 오해하기도 한다. 물론 교회에서 예식을 갖추어 드리는 예배가 중요하고 필수적인 것은 맞다(사 5:6-7; 마 21:13; 행 2:42; 히 10:24-25). 그러나 위와 같은 예배에 대한 이해는 사회(생활)와 단절된 기독교, 사회로부터 인정받지 못하는 기독교의 원인이 되기도 한다.

"서로 돌아보며 사랑과 선행을 격려하며 모이기를 폐하는 어떤 사

람들의 습관과 같이 하지 말고 오직 권하여 그날이 가까움을 볼수록 더욱 그리하자"(히 10:24-25)

예배란 하나님에게 존경과 영광을 돌리는 행위로 하나님의 선하시고 기뻐하시고 온전하신 뜻을 분별하여 우리 몸을 하나님이 기뻐하시는 거룩한 산 제물로 드리는 것이다(마 5:13-16; 롬 12:1-2). 예배의 본질은 특정한 장소나 특정한 방식에 있는 것이 아니라, 영과 진리로 진정으로 하나님에게 존경과 영광을 돌리는데 있다(요 4:21-24, 14:6, 16-17; 롬 12:1-2).

예배는 특정 장소나 건물에서만 드리는 것이 아니다. 내가 어느 곳에 있든지 어느 때나 드리는 것이다(요 4:21, 24). 우리는 무엇을 하든지 하나님의 영광을 위하여 말에나 일에나 주 예수의 이름으로 주께 하듯 하고, 하나님이 공급하시는 힘으로 하는 것 같이 하여야 한다(사 40:28-31; 골 3:17, 22-23, 4:1; 벧전 4:9-11).

기독교인이 교회, 직장, 사회, 가정에서 갑질 등 사랑이 없는 행위를 하는 것은 하나님의 영광을 가리는 행위로 하나님에 대한 예배가 되지 못하고 하나님의 이름을 망령되게 부르는 것에 해당한다(출 20:7; 롬 2:23-24).

"너는 네 하나님 여호와의 이름을 망령되게 부르지 말라 여호와는 그의 이름을 망령되게 부르는 자를 죄 없다 하지 아니하리라"(출 20:7)
"너희는 세상의 소금이니 소금이 만일 그 맛을 잃으면 무엇으로 짜게 하리요 후에는 아무 쓸 데 없어 다만 밖에 버려져 사람에게 밟힐 뿐이니라 너희는 세상의 빛이라 산 위에 있는 동네가 숨겨지지 못할 것이요 사람이 등불을 켜서 말 아래에 두지 아니하고 등경 위에 두나니 이러므로 집 안 모든 사람에게 비치느니라 이같이 너희 빛이 사람 앞에 비치게 하여 그들로 너희 착한 행실을 보고 하늘에 계신 너희 아버지께 영광을 돌리게 하라"(마 5:13-16)

"예수께서 이르시되 여자여 내 말을 믿으라 이 산에서도 말고 예루살렘에서도 말고 너희가 아버지께 예배할 때가 이르리라"(요 4:21)

"하나님은 영이시니 예배하는 자가 영과 진리로 예배할지니라"(요 4:24)

"예수께서 이르시되 내가 곧 길이요 진리요 생명이니 나로 말미암지 않고는 아버지께로 올 자가 없느니라"(요 14:6)

"내가 아버지께 구하겠으니 그가 또 다른 보혜사를 너희에게 주사 영원토록 너희와 함께 있게 하리니 그는 진리의 영이라 세상은 능히 그를 알지 못하나니 그는 너희와 함께 거하심이요 또 너희 속에 계시겠음이라"(요 14:16-17)

"율법을 자랑하는 네가 율법을 범함으로 하나님을 욕되게 하느냐 기록된 바와 같이 하나님의 이름이 너희 때문에 이방인 중에서 모독을 받는도다"(롬 2:23-24)

"그러므로 형제들아 내가 하나님의 모든 자비하심으로 너희를 권하노니 너희 몸을 하나님이 기뻐하시는 거룩한 산 제물로 드리라 이는 너희가 드릴 영적 예배니라 너희는 이 세대를 본받지 말고 오직 마음을 새롭게 함으로 변화를 받아 하나님의 선하시고 기뻐하시고 온전하신 뜻이 무엇인지 분별하도록 하라"(롬12:1-2)

"또 무엇을 하든지 말에나 일에나 다 주 예수의 이름으로 하고 그를 힘입어 하나님 아버지께 감사하라"(골 3:17)

"무슨 일을 하든지 마음을 다하여 주께 하듯 하고 사람에게 하듯 하지 말라"(골 3:23)

"상전들아 의와 공평을 종들에게 베풀지니 너희에게도 하늘에 상전이 계심을 알지어다"(골 4:1)

"서로 대접하기를 원망 없이 하고 각각 은사를 받은 대로 하나님의 여러 가지 은혜를 받은 대로 하나님의 여러 가지 은혜를 받은 선한 청지기 같이 서로 봉사하라 만일 누가 말하려면 하나님의 말씀을 하는 것 같이 하고 누가 봉사하려면 하나님이 공급하시는 힘으로 하는 것 같이 하라 이는 범사에 예수 그리스도를 말미암아 하나님이 영광을 받으시게 하려 함이니 그에게 영광과 권능이 세세에 무궁하도록 있느니라 아멘"(벧전 4:9-11)

우리가 예배를 드림에 있어서 영과 진리로 진정으로 드리는 예배인지, 율법주의적이고 형식적인 예배와 헌금으로 만족하는 신앙생활을 하는 것이 아닌지, 구약의 제사에서 짐승을 잡고 각을 뜨고 (번제) 곡식의 가루를 내면서(소제) 느끼는 것과 같은 회개와 엄숙함이 있는지, 고기를 즐거이 이웃과 나누어 먹을 수 있는 사랑이 있는지(화목제), 마리아처럼 지극히 비싼 향유를 예수님의 발에 붓고 자기 머리털로 예수님의 발을 닦을 수 있을 만큼 헌신과 정성이 있는지 되돌아보아야 한다(레 1:13-17, 2:1-14, 7:15-18; 요 4:24, 12:3).

우리가 드리는 예배가 영과 진리로 진정으로 드리는 예배가 아니라 단지 심리적 위안을 얻기 위한 수단이거나 주일 예배 참석 하나로 하나님과 한 주의 생활을 정산하려 하는 것이라면 하나님이 기쁘게 받으시는 예배는 아닐 것이다(사 1:10-17; 말 1:6-10).

17장
예수님의 이름으로 기도합니다

우리가 기도할 때 항상 사용하는 말이 '예수님의 이름으로 기도합니다'이다. 많은 사람이 '예수님의 이름으로 기도합니다'를 기도할 때 쓰는 의례적인 단순한 문구로 오해한다. '예수님의 이름으로 기도합니다'는 예수님의 공로와 중보에 의지하여 예수님의 이름(성품·인격)에 합당하게 기도한다는 의미로 이해할 수 있다(요 14:6, 13-14; 롬 8:27).

예수님의 이름(성품·인격)에 합당한 기도의 전형적인 예가 바로 주기도문이다(마 6:9-13). 주기도문의 내용을 보면 우리 기도의 전부를 차지한다고 해도 과언이 아닌 부귀영화와 관련된 부분은 "오늘날 우리에게 일용할 양식을 주시옵고"뿐이고, 대부분이 이 땅에서 하나님의 영광과 하나님 나라와 그의 의가 이루어지는 것을 구하는 것이다.

우리가 '예수님의 이름으로 기도합니다'라는 말은 하지만, 기도의 내용이 하나님 영광이나 하나님 나라와 의에 상반되거나 자신이 간구하는 것의 이루어짐에 대한 문제조차도 염려와 의심에 가득 차 있다면, 이는 하나님 여호와의 이름을 망령되게 부르는 것에 해당하고(출 20:7; 약 1:5-8, 4:1-3), 십계명의 3계명인 "너는 네 하나님 여호와의 이름을 망령되게 부르지 말라"(출 20:7)를 위반하는 것이다.

하나님은 돈을 넣고 버튼만 누르면 물건이 나오는 자판기 같은 분이 아니다. 기도의 목적과 내용이 하나님과의 긴밀한 교제(대화)와 하나님 나라와 의를 구하기 위한 것이 아니라, 나만의 필요를 위해 하나님에게 떼를 쓰거나 하나님과 담판을 짓기 위한 것은 아닌지 되돌아보아야 한다.

> "예수께서 이르시되 내가 곧 길이요 진리요 생명이니 나로 말미암지 않고는 아버지께로 올 자가 없느니라, 너희가 내 이름으로 무엇을 구하든지 내가 행하리니 이는 아버지로 하여금 아들로 말미암아 영광을 받으시게 하려 함이라 내 이름으로 무엇이든지 내게 구하면 내가 행하리라"(요 14:6, 13-14)
>
> "마음을 살피시는 이가 성령의 생각을 아시나니 이는 성령이 하나님의 뜻대로 성도를 위하여 간구하심이니라"(롬 8:27)
>
> "너희 중에 누구든지 지혜가 부족하거든 모든 사람에게 후히 주시고 꾸짖지 아니하시는 하나님께 구하라 그리하면 주시리라 오직 믿음으로 구하고 조금도 의심하지 말라 의심하는 자는 마치 바람에 밀려

요동하는 바다 물결 같으니 이런 사람은 무엇이든지 주께 얻기를 생각하지 말라 두 마음을 품어 모든 일에 정함이 없는 자로다"(약 1:5-8) "너희 중에 싸움이 어디로부터 다툼이 어디로부터 나느냐 너희 지체 중에서 싸우는 정욕으로부터 나는 것이 아니냐 너희는 욕심을 내어도 얻지 못하여 살인하며 시기하여도 능히 취하지 못하므로 다투고 싸우는도다 너희가 얻지 못함은 구하지 아니하기 때문이요 구하여도 받지 못함은 정욕으로 쓰려고 잘못 구하기 때문이라"(약 4:1-3)

기도는 하나님과의 인격적인 은밀한 교제(대화)로 나를 하나님의 뜻에 맞게 조율하는 것이다. 예수님의 이름으로 기도하는 것, 하나님의 나라와 의를 구하는 것, 정욕으로 쓰려고 잘 못 구하지 아니하는 것 등이 나를 하나님의 뜻에 맞게 조율하는 예이다. 예수님의 "내 아버지여 만일 할 만하시거든 이 잔을 내게서 지나가게 하옵소서 그러나 나의 원대로 마시옵고 아버지의 원대로 하옵소서"(마 26:39)라는 기도는 나를 하나님의 뜻에 맞게 조율하는 것이 무엇인지 잘 설명해준다.

하나님의 뜻에 맞게 조율된 우리는 변화되어 순금같이 되어 나오고, 하나님도 하나님의 뜻에 맞게 조율된 기도와 간구에 대해 하나님의 때에 하나님의 방법으로 응답해 주신다(욥 23:10; 시 105:19, 139:17-18; 전 3:1, 11; 사 55:8-9; 마 6:30-33; 요 14:13; 갈 6:9; 약 4:1-3). 하나님이 우리의 기도에 응답해 주시는 중요한 기준 중의 하나는 우리가 하나님의 말씀을 듣고 이를 지켜 행하는 것인지와 탐욕이라는 우상에서 자유롭게 되었는지이다(약 4:1-3; 요일 3:21-24).

이는 우리가 복을 받을 만한 그릇이 준비되어 있을 때 복을 주어야만 그 복이 하나님이 주신 것임을 알게 되어 감사함으로 기뻐할 수 있고(빌 4:4-7), 하나님이 우리에게 주신 복을 주신 목적에 맞게 하나님의 영광을 위하여 사용할 수 있게 되어(마 5:13-16; 눅 16:1-13, 19:1-9), 우리에게 해가 되지 않기 때문이다(잠 16:25; 전 5:13; 눅 12:13-21; 딤전 6:6-12).

나를 하나님의 뜻에 맞게 조율하는 과정을 통해 탐심과 교만은 감사와 자족과 기쁨, 겸손과 사랑으로 변하고 모든 지각에 뛰어난 하나님의 평강이 우리의 마음과 생각을 지켜주신다(시 16:1-11; 전 8:1; 마 11:28-30; 요 14:27; 롬 5:1-5; 빌 4:4-7, 11-13; 골 3:15; 약 1:2-4, 5:13).

"그러나 내가 가는 길을 그가 아시나니 그가 나를 단련하신 후에는 내가 순금같이 되어 나오리라"(욥 23:10)

"하나님이여 주의 생각이 내게 어찌 그리 보배로운지요 그 수가 어찌 그리 많은지요 내가 세려고 할지라도 그 수가 모래보다 많도소이다 내가 깰 때에도 여전히 주와 함께 있나이다"(시 139:17-18)

"어떤 길은 사람이 보기에 바르나 필경은 사망의 길이니라"(잠 16:25)

"범사에 기한이 있고 천하 만사가 다 때가 있나니"(전 3:1)

"하나님이 모든 것을 지으시되 때를 따라 아름답게 하셨고 또 사람들에게는 영원을 사모하는 마음을 주셨느니라 그러나 하나님이 하시는 일의 시종을 사람으로 측량할 수 없게 하셨도다"(전 3:11)

"내가 해 아래에서 큰 폐단 되는 일이 있는 것을 보았나니 곧 소유주가 재물을 자기에게 해가 되도록 소유하는 것이라"(전 5:13)

"이는 내 생각이 너희의 생각과 다르며 내 길은 너희의 길과 다름이니라 여호와의 말씀이니라 이는 하늘이 땅보다 높음 같이 내 길은 너희의 길보다 높으며 내 생각은 너희의 생각보다 높음이니라"(사 55:8-9)

"주 안에서 항상 기뻐하라 내가 다시 말하노니 기뻐하라 너희 관용을 모든 사람에게 알게 하라 주께서 가까우시니라 아무 것도 염려하지 말고 다만 모든 일에 기도와 간구로, 너희 구할 것을 감사함으로 하나님께 아뢰라 그리하면 모든 지각에 뛰어난 하나님의 평강이 너희 마음과 생각을 지키시리라"(빌 4:4-7)

"그리스도의 평강이 너희 마음을 주장하게 하라 너희는 평강을 위하여 한 몸으로 부르심을 받았나니 너희는 또한 감사하는 자가 되라"(골 3:15)

"내 형제들아 너희가 여러 가지 시험을 당하거든 온전히 기쁘게 여기라 이는 너희 믿음의 시련이 인내를 만들어 내는 줄 너희가 앎이라 인내를 온전히 이루라 이는 너희로 온전하고 구비하여 조금도 부족함이 없게 하려 함이라"(약 1:2-4)

"너희 중에 고난 당하는 자가 있느냐 그는 기도할 것이요 즐거워하는 자가 있느냐 그는 찬송할지니라"(약 5:13)

기도의 사전적 의미는 '신이나 절대적 존재에게 바라는 바가 이루어지기를 빎'이다. 우리는 기도의 사전적 의미로 인해 기도를 교회에서나 아니면 장소는 불문하나 하나님과 정적으로 교제(대화)하는 것으로 이해하는 경향이 있다. 그러나 기도는 하나님에게 아뢰는 것이고, 나아가 아뢴 것을 위해 간절하게 행동하는 것까지 포함한다. 이는 행함이 없는 믿음이 죽은 믿음인 것과 같다(약 2:14-26). 말에 그치는 기도는 주술이 될 위험성이 있다. 회개의 기도는 회개에 합당한 열매를 맺도록(마 3:8; 눅 19:8; 행 26:20), 구함의 기도는 내가 예수님의 이름으로 구하는 바를 얻을 수 있는 그릇이 될 수 있도록 나를 변화시켜야 한다.

하나님이 우리의 기도에 대해 역사(役事)하심은 가장 먼저는 나 자신의 생각과 행동의 변화이고, 다른 내용의 역사하심은 그다음이다. 매 순간순간이 예배의 시간이고 기도의 시간이다. 매 순간순간이 예배의 시간이고 기도의 시간이라는 마음가짐은 우리로 하여금 하나님과 예수님 안에 거할 수 있게 하고 영적 싸움에서 승리할 수 있게 한다(눅 22:31-32; 요 15:1-12; 엡 6:10-18; 벧전 5:7-8). 나아가 무엇을 하든지 하나님이 공급하시는 힘으로 하나님의 영광을 위해서 할 수 있게 하고, 말이나 일에나 예수님의 이름으로 주께 하듯 하는 것을 가능하게 한다(사 40:28-31; 골 3:17, 22-23, 4:1; 벧전 4:9-11). 기도는 공허한 외침이 아니라 하나님의 때에 하나님의 방법으로 열매를 맺어 돌아온다(갈 6:9; 계 5:8).

> "우리가 선을 행하되 낙심하지 말지니 포기하지 아니하면 때가 이르매 거두리라"(갈 6:9)
>
> "그 두루마리를 취하시매 네 생물과 이십사 장로들이 그 어린 양 앞에 엎드려 각각 거문고와 향이 가득한 금 대접을 가졌으니 이 향은 성도의 기도들이라"(계 5:8)

18장
행위(한)대로, 상급(賞給)

행위(한)대로, 상급(賞給)과 관련하여서는 '열심히 봉사, 헌신한 사람은 더 큰 상급을 받고, 덜 열심히 한 사람은 상급을 덜 받는다'라는 내용의 차등상급론이 있다. 차등상급론은 상급의 결정이 하나님의 은혜가 아니라 사람의 노력과 공로에 의해 결정된다는 데서 출발하는 것으로 율법주의적인 사고로 볼 수 있다. 물론 사랑이나 거룩함 등의 정도가 크면 클수록 좋지만 주객이 전도된 율법주의적인 차등 상급교리는 받아들이기 어렵다.

행위(한)대로, 상급(賞給)과 관련된 성경 기록을 살펴보면 형제 중 지극히 작은 자에게 사랑을 베풀었는지에 따라 영벌과 영생(마 25:31-46), 선한 행위 인지 여부에 따라 영광과 존귀 또는 환난과 곤고(롬 2:1-16), 선악 간에 심판(전 12:14), 거룩한 행위 인지 여부에 따라 행위대로 심판(벧전 1:13-17), 의를 행하고 거룩한 자인지에 따라 상(계 22:11-12) 등이 있다.

위 성경 기록을 보면 예를 들면 선을 행하는 행위이냐 아니면 악을 행하는 행위이냐에 따라 영광과 존귀 또는 환난과 곤고를 구분하고 있을 뿐이고, 선을 행하는 행위의 등급이나 영광과 존귀의 등급을 두고 있지 않다. 차등상급론은 성경에 근거를 둔 교리로 보기 어렵다.

성경에서 상급에 해당하는 한자는 상급(賞給)이지 상의 등급을 의미하는 상급(賞級)이 아니다. "이 후에 여호와의 말씀이 환상 중에 아브람에게 임하여 이르시되 아브람아 두려워하지 말라 나는 네 방패요 너의 지극히 큰 상급이니라"(창 15:1)에서 알 수 있듯이, 우리에게는 여호와 하나님이 지극히 큰 상급(賞給)이다.

'포도원의 품꾼들 비유'(마 20:1-16)에서 먼저 온 품꾼들이 나중에 온 품꾼에게 먼저 온 품꾼과 같은 삯을 준 포도원 주인을 원망하지만, 포도원 주인은 "네 것이나 가지고 가라 나중 온 이 사람에게 너와 같이 주는 것이 내 뜻이니라"(마 20:14)라며 먼저 온 원망하는 품꾼들을 책망하고, 오히려 "이와 같이 나중 된 자로서 먼저 되고 먼저 된 자로서 나중 되리라"(마 20:16)라고 말한다. 위 포도원의 품꾼들 비유는 상급이 인간의 공로나 능력이 아닌 하나님의 은혜의 원칙이 적용되는 것을 잘 설명해준다.

오해하지 말 것은 하나님에게 더 많은 충성을 하는 것이 필요 없고 무의미하다는 것이 아니다. 왜곡된 율법주의자들과 같은 가식적이고 형식적인 충성을 경계하여야 한다는 것이다. 하나님은 우리의 중심을 보시고 가식적인 충성을 원하지 아니하신다(삼상 16:6-7; 사 1:10-17; 마 23:23). 우리가 '포도원의 품꾼들 비유'에서의 대가를 바라는 먼저 온 품꾼이 아닌지 되돌아볼 필요가 있다.

"여호와께서 사무엘에게 이르시되 그의 용모와 키를 보지 말라 내가 이미 그를 버렸노라 내가 보는 것은 사람과 같지 아니하니 사람은 외모를 보거니와 나 여호와는 중심을 보느니라 하시더라"(삼상 16:6-7)

"너희 소돔의 관원들아 여호와의 말씀을 들을지어다 너희 고모라의 백성아 우리 하나님의 법에 귀를 기울일지어다 여호와께서 말씀하시되 너희의 무수한 재물이 내게 무엇이 유익하뇨 나는 숫양의 번제와 살진 짐승의 기름에 배불렀고 나는 수송아지나 어린 양이나 숫염소의 피를 기뻐하지 아니하노라 너희가 내 앞에 보이러 오니 이것을 누가 너희에게 요구하였느냐 내 마당만 밟을 뿐이니라 헛된 제물을 다시 가져오지 말라 분향은 내가 가증히 여기는 바요 월삭과 안식일과 대회로 모이는 것도 그러하니 성회와 아울러 악을 행하는 것을 내가 견디지 못하겠노라 내 마음이 너희의 월삭과 정한 절기를 싫어하나니 그것이 내게 무거운 짐이라 내가 지기에 곤비하였느니라 너희가 손을 펼 때에 내가 내 눈을 너희에게서 가리고 너희가 많이 기도할지라도 내가 듣지 아니하리니 이는 너희의 손에 피가 가득함이라 너희는 스스로 씻으며 스스로 깨끗하게 하여 내 목전에서 너희 악한 행실을 버리며 행악을 그치고 선행을 배우며 정의를 구하며 학대 받는 자를 도와 주며 고아를 위하여 신원하며 과부를 위하여 변호하라 하셨느니라"(사 1:10-17)

"화 있을진저 외식하는 서기관들과 바리새인들이여 너희가 박하와 회향과 근채의 십일조는 드리되 율법의 더 중한 바 정의와 긍휼과 믿음은 버렸도다 그러나이것도 행하고 저것도 버리지 말아야 할지니라"(마 23:23)

상급(賞給)은 현세와 내세에서 모두 주어지는 것으로 성경적 의미의 복(福)으로도 이해할 수 있다. 성경적 의미의 복에 대해서는 5편 8장에서 살펴본 바와 같다. 현세와 내세에서의 상급을 이해하는데 도움이 되는 성경 기록은 마태복음 5장 3절-12절이다. 마태복음 5장 3절-12절에 기록되어있는 심령이 가난한 자, 애통하는 자, 온유한 자, 의에 주리고 목마른 자, 긍휼히 여기는 자, 마음이 청결한 자, 화평하게 하는 자, 의를 위하여 박해를 받는 자는 각각 별개가 아니고 일체(一體)로서 복이 있는 자의 성정(性情)으로 이해할 수 있다.

심령이 가난하고 애통하는 자는 인간이 육신으로는 유한한 피조물임과 죄인임을 인정하고 회개하여 믿음으로 나아가 하나님을 경외하고 하나님께 소망을 둔다(시 39:1-7, 42:1-2, 84:1-2, 90:1-17; 눅 18:9-14). 심령이 가난하고 애통하는 자가 바로 온유한 자이고, 온유한 자는 하나님을 경외하고 하나님을 바라고 하나님의 도를 지켜 행한다. 온유한 자는 당연히 의에 주리고 목마르고, 긍휼히 여기고, 마음이 청결하고, 의를 위하여 박해를 받는 것을 감수한다.

복이 있는 자는 세상의 빛과 소금이고(마 5:13-16), 복이 있는 자인지는 그 열매로 알 수 있다(마 7:15-27). 내가 과연 하나님이 주시는 상급(복)을 받을 만한 삶을 살아가고 있는지, 하나님이 주시는 상급(복)을 받았는지 되돌아보는 시간을 가져볼 필요가 있다.

19장
좁은 문

　마태복음 7장 13절, 14절에 기록된 좁은 문의 의미에 대해서는 여러 가지 해석이 있지만, 요한복음 10장 9절 "내가 문이니 누구든지 나로 말미암아 들어가면 구원을 받고 또는 들어가며 나오며 꼴을 얻으리라"에 기록된 양의 문인 예수님으로 볼 수 있다. 좁은 문에 대한 성경 기록 전후에 언급된 사람은 외식(外飾, 겉만 보기 좋게 꾸며내는 일)하는 자(마 7:1-6)와 열매 맺지 못하고 행함이 없는 거짓 선지자(마 7:15-27)이다. 좁은 문에 들어갈 수 없는 대표적인 사람이 외식하는 자와 열매 맺지 못하고 행함이 없는 거짓 선지자이다.

　좁은 문은 생명으로 인도하는 문이다. 생명으로 인도하는 문은 좁고 길이 협착하여 찾는 자가 적고(마 7:14), 들어가길 구하여도 못하는 자가 많다(눅 13:24). 생명으로 인도하는 문이 좁은 것은 세상의 모든 부귀영화와 인연을 내려놓고 각자의 믿음으로 '홀로' 들어가야 하는 문이기 때문이다. 생명으로 인도하는 문으로 가는 길이 협착하고 불편하여 찾는 자가 적은 것은 인간의 본능, 즉 육체의 일인 음행, 탐욕, 우상 숭배, 분쟁, 시기, 분냄, 투기, 방탕함, 게으름과는 정 반대가 되는 길이기 때문이다. 그리고 좁은 문은 자기를 부인하고 하나님의 자리를 대신하고 있는 세상적인 모든 것을 내려놓아야 들어갈 수 있어 들어가길 구하여도 들어가지 못하는 자가 많은 것이다(마 16:24-25, 19:16-22). 우리가 좁은 문으로 가지고 들어갈 수 있는 것은 믿음과 소망과 사랑과 하나님 자녀로서의 영광과 존귀이다(요 1:12-13; 계 21:26-27).

> "이에 예수께서 제자들에게 이르시되 누구든지 나를 따라오려거든 자기를 부인하고 자기 십자가를 지고 나를 따를 것이니라 누구든지 제 목숨을 구원하고자 하면 잃을 것이요 누구든지 나를 위하여 제 목숨을 잃으면 찾으리라"(마 16:24-25)
>
> "어떤 사람이 주께 와서 이르되 선생님이여 내가 무슨 선한 일을 하여야 영생을 얻으리이까 예수께서 이르시되 어찌하여 선한 일을 내게 묻느냐 선한 이는 오직 한 분이시니라 네가 생명에 들어 가려면 계명들을 지키라 이르되 어느 계명이오니이까 예수께서 이르시되 살인하지 말라, 간음하지 말라, 도둑질하지 말라, 거짓 증언 하지 말라 네 부모를 공경하라, 네 이웃을 네 자신과 같이 사랑하라 하신 것이니라 그 청년이 이르되 이 모든 것을 내가 지키었사온대 아직도

무엇이 부족하니이까 예수께서 이르시되 네가 온전하고자 할진대 가서 네 소유를 팔아 가난한 자들에게 주라 그리하면 하늘에서 보화가 네게 있으리라 그리고 와서 나를 따르라 하시니 그 청년이 재물이 많으므로 이 말씀을 듣고 근심하며 가니라"(마 19:16-22)

좁은 문과 좁은 문으로 가는 길은 우리 모두에게 열려있는 생명으로 인도하는 길이고 문으로서, 반드시 가야만 하는 길이고 들어가야 하는 문이다(요 10:9, 14:6). 좁은 문으로 들어가기 위해 하나님의 자리를 대신하고 있는 세상적인 모든 것을 내려놓고 믿음으로 좁은 문을 통과한 후에는, 현세에서 여러 배의 상급(賞給)을 받고 현세와 내세에서 영생을 누릴 수 있다(막 10:28-31).

"베드로가 여짜와 이르되 보소서 우리가 모든 것을 버리고 주를 따랐나이다 예수께서 이르시되 내가 진실로 너희에게 이르노니 나와 복음을 위하여 집이나 형제나 자매나 어머니나 아버지나 자식이나 전토를 버린 자는 현세에 있어 집과 형제와 자매와 어머니와 자식과 전토를 백 배나 받되 박해를 겸하여 받고 내세에 영생을 받지 못할 자가 없느니라 그러나 먼저 된 자로서 나중 되고 나중 된 자로서 먼저 될 자가 많으니라"(막 10:28-31)

"예수께서 이르시되 내가 곧 길이요 진리요 생명이니 나로 말미암지 않고는 아버지께로 올 자가 없느니라"(요 14:6)

좁은 문으로 들어가는 것은 치열한 영적 싸움을 수반하는 것으로 혈과 육을 상대하는 것이 아니라 어둠의 세상 주관자들과 악한 영들을 상대로 하는 것이다. 영적 싸움에서 이기는 것은 인간적인 힘과 능력으로는 불가능하고, 오직 성령 안에서 기도와 간구를 통해서만 가능하다(단 10:12-14; 마 19:23-26; 막 9:28-29; 눅 22:31-32; 롬 8:26-27; 엡 6:10-18; 빌 4:4-7; 벧전 5:7-8).

"집에 들어가시매 제자들이 조용히 묻자오되 우리는 어찌하여 능히 그 귀신을 쫓아내지 못하였나이까 이르시되 기도 외에 다른 것으로는 이런 종류가 나갈 수 없느니라 하시니라"(막 9:28-29)
"너희 염려를 다 주께 맡기라 이는 그가 너희를 돌보심이라 근신하라 깨어라 너희 대적 마귀가 우는 사자 같이 두루 다니며 삼킬 자를 찾나니 너희는 믿음을 굳건하게 하여 그를 대적하라 이는 세상에 있는 너희 형제들도 동일한 고난을 당하는 줄을 앎이라 모든 은혜의 하나님 곧 그리스도 안에서 너희를 부르사 자기의 영원한 영광에 들어가게 하신 이가 잠깐 고난을 당한 너희를 친히 온전하게 하시며 굳건하게 하시며 강하게 하시며 터를 견고하게 하시리라"(벧전 5:7-10)

20장
말세(末世)

말세(末世)는 예수님의 초림과 재림 사이의 전 기간의 의미(벧전 1:5, 20; 딤후 3:1)와 종말(終末)의 의미(마 10:15-심판 날, 마 24:3-주의 임하심과 세상 끝, 살전 5:2-주의 날)가 있다. 성경은 현세에서 영적으로 죽은 자들의 육체적 죽음 이후의 둘째 사망, 즉 하나님과의 영원한 단절을 명확히 하고 있다. 육체적 죽음 이후에 심판이 있고, 심판에 따라 영벌과 영생이 결정된다(단 12:1-3; 마 25:46; 요 3:16, 11:25-26, 14:1-3; 롬 6:19-23; 고전 15:19-20, 50-57; 고후 5:1-5; 계 2:11, 20:6, 11-15, 21:8).

"이 첫째 부활에 참여하는 자들은 복이 있고 거룩하도다 둘째 사망이 그들을 다스리는 권세가 없고 도리어 그들이 하나님과 그리스도의 제사장이 되어 천 년 동안 그리스도와 더불어 왕 노릇 하리라"(계 20:6)

"내가 크고 흰 보좌와 그 위에 앉으신 이를 보니 땅과 하늘이 그 앞에서 피하여 간 데 없더라 또 내가 보니 죽은 자들이 큰 자나 작은 자나 그 보좌 앞에 서 있는데 책들이 펴 있고 또 다른 책이 펴졌으니 곧 생명책이라 죽은 자들이 자기 행위를 따라 책들에 기록된 대로 심판을 받으니 바다가 그 가운데에서 죽은 자들을 내주고 또 사망과 음부도 그 가운데에서 죽은 자들을 내주매 각 사람이 자기의 행위대로 심판을 받고 사망과 음부도 불못에 던져지니 이것은 둘째 사망 곧 불못이라 누구든지 생명책에 기록되지 못한 자는 불못에 던져지더라"(계 20:11-15)

"그러나 두려워하는 자들과 믿지 아니하는 자들과 흉악한 자들과 살인자들과 음행하는 자들과 점술가들과 우상 숭배자들과 거짓말하는 모든 자들은 불과 유황으로 타는 못에 던져지리니 이것이 둘째 사망이라"(계 21:8)

우리가 육체적 죽음 이후의 삶을 준비할 수 있는 시간은 육체적 생명이 있는 때라는 점에서, 육체적 죽음은 단순한 생물학적 죽음 이상의 의미가 있다(눅 12:16-21, 16:19-31). 모든 육체는 풀과 같고 그 모든 영광은 풀의 꽃과 같아 풀은 마르고 꽃은 떨어지듯이 우리 육체는 순간이고, 이 시간 이후에 우리에게 무슨 일이 일어날지 아무 것도 모른다(시 39:3-7, 90:1-12; 전 3:11; 사 40:6-8; 마 24:32-51, 25:1-13; 눅 12:16-21; 살전 5:2-3; 약 4:13-14).

말세와 관련하여 개개인에게 중요한 것은 예수님이 언제 재림하시는지, 세상 끝이 언제이고 그 징조가 무엇인지가 아니고 지금 당장 하나님과 예수님을 믿는 것이다. 바로 지금이 하나님과 예수님을 믿고 구원받을 수 있는 마지막 때이다.

만일 살아 있는 동안에 하나님과 예수님을 믿지 않고 육체적 죽음을 맞는다면, 개개인에게는 죽는 그때가 바로 말세이고 죽음 이후에 이루어지는 영벌의 심판을 피할 방법이 없다(계 20:6, 11-15, 21:8). 지금 당장 믿다가 전 지구적인 종말이 오면 맞으면 되고, 종말이 오기 전에 육체적인 죽음의 때가 임하면 그대로 죽음을 맞이하면 된다.

우리는 지금 당장 믿어야 하고, 현재에 충실하면서 하루 하루를 마지막 날이라고 생각하면서 살아가야 한다. 우리는 재물이 평안을 준다는 잘못된 생각으로 영원히 살 것처럼 재물만 사랑하다가 갑자기 육체적 죽음을 맞이하는 어리석은 삶을 살지 말아야 한다(눅 12:16-21). 우리가 살아서 믿지 않은 결과를 뼈저리게 느끼게 해주는 좋은 예가 '부자와 거지 나사로의 비유'(눅 16:19-31)이다. 영적으로 죽은 상태로 육체적 죽음을 맞이한다면, 죽음 이후에 아무리 발버둥을 쳐도 해결할 방법이 없다.

> "또 비유로 그들에게 말하여 이르시되 한 부자가 그 밭에 소출이 풍성하매 심중에 생각하여 이르되 내가 곡식 쌓아 둘 곳이 없으니 어찌할까 하고 또 이르되 내가 이렇게 하리라 내 곳간을 헐고 더 크게 짓고 내 모든 곡식과 물건을 거기 쌓아 두리라 또 내가 내 영혼에게 이르되 영혼아 여러 해 쓸 물건을 많이 쌓아 두었으니 평안히 쉬고

먹고 마시고 즐거워하자 하리라 하되 하나님은 이르시되 어리석은 자여 오늘 밤에 네 영혼을 도로 찾으리니 그러면 네 준비한 것이 누구의 것이 되겠느냐 하셨으니 자기를 위하여 재물을 쌓아 두고 하나님께 대하여 부요하지 못한 자가 이와 같으니라"(눅 12:16-21)
"들으라 너희 중에 말하기를 오늘이나 내일이나 우리가 어떤 도시에 가서 거기서 일 년을 머물며 장사하여 이익을 보리라 하는 자들아 내일 일을 너희가 알지 못하는도다 너희 생명이 무엇이냐 너희는 잠깐 보이다가 없어지는 안개니라"(약 4:13-14)

바울이 순교를 앞두고 디모데에게 한 아래와 같은 교훈(딤후 3:1-5)과 베드로가 그리스도인들에게 한 아래와 같은 교훈(벧후 3:1-18)은 말세를 살아가는 우리에게 많은 교훈을 준다.

"너는 이것을 알라 말세에 고통하는 때가 이르러 사람들이 자기를 사랑하며 돈을 사랑하며 자랑하며 교만하며 비방하며 부모를 거역하며 감사하지 아니하며 거룩하지 아니하며 무정하며 원통함을 풀지 아니하며 모함하며 절제하지 못하며 사나우며 선한 것을 좋아하지 아니하며 배신하며 조급하며 자만하며 쾌락을 사랑하기를 하나님 사랑하는 것보다 더하며 경건의 모양은 있으나 경건의 능력은 부인하니 이같은 자들에게서 네가 돌아서라"(딤후 3:1-5)
"사랑하는 자들아 내가 이제 이 둘째 편지를 너희에게 쓰노니 이 두 편지로 너희의 진실한 마음을 일깨워 생각나게 하여 곧 거룩한 선지자들이 예언한 말씀과 주 되신 구주께서 너희의 사도들로 말미암아 명하신 것을 기억하게 하려 하노라 먼저 이것을 알지니 말세에 조롱하는 자들이 와서 자기의 정욕을 따라 행하며 조롱하여 이르되 주께서 강림하신다는 약속이 어디 있느냐 조상들이 잔 후로부터 만물이 처음 창조될 때와 같이 그냥 있다 하니 이는 하늘이 옛적부터 있는 것과 땅이 물에서 나와 물로 성립된 것도 하나님의 말씀으로 된 것을 그들이 일부러 잊으려 함이로다 이로 말미암아 그 때에 세상은 물이 넘침으로 멸망하였으되 이제 하늘과 땅은 그 동일한 말씀으로 불사르기 위하여 보호하신 바 되어 경건하지 아니한 사람들의 심판과 멸망의 날까지 보존하여 두신 것이니라 사랑하는 자들아 주께는 하루가 천 년 같고 천 년이 하루 같다는 이 한 가지를 잊지 말라 주의 약속은 어떤 이들이 더디다고 생각하는 것 같이 더딘 것이 아니라 오직 주께서는 너희를 대하여 오래 참으사 아무도 멸망하지 아니하고 다 회개하기에 이르기를 원하시느니라 그러나 주의 날이 도둑 같이 오리니 그 날에는 하늘이 큰 소리로 떠나가고 물질이 뜨거운 불에 풀어지고 땅과 그 중에 있는 모든 일이 드러나리로다 이 모든 것이 이렇게 풀어지리니 너희가 어떠한 사람이 되어야 마땅하냐 거룩한 행실과 경건함으로 하나님의 날이 임하기를 바라보고 간절히 사모하라 그 날에 하늘이 불에 타서 풀어지고 물질이 뜨거운 불에 녹아지려니와 우리는 그의 약속대로 의가 있는 곳인 새 하늘과 새 땅을 바라보도다 그러므로 사랑하는 자들아 너희가 이것을 바라보나니 주 앞에서 점도 없고 흠도 없이 평강 가운데서 나타나기를 힘쓰라 또 우리 주의 오래 참으심이 구원이 될 줄로 여기라 우리가 사랑하는 형제 바울도 그 받은 지혜대로 너희에게 이같이 썼고 또 그 모든 편지에도 이런 일에 관하여 말하였으되 그 중에 알기 어려운 것이 더러 있으니 무식한 자들과 굳세지 못한 자들이 다른 성경과 같이 그것도 억지로 풀다가 스스로 멸망에 이르느니라 그러므로 사랑하는 자들아 너희가 이것을 미리 알았은즉 무법한 자들의 미혹에 이끌려 너희가 굳센 데서 떨어질까 삼가라 오직 우리 주 곧 구주 예수 그리스도의 은혜와 그를 아는 지식에서 자라가라 영광이 이제와 영원한 날까지 그에게 있을지어다"(벧후 3:1-18)

# 21장
구원의 예정, 구원의 취소

1절 – 구원의 예정

1. 들어가는 말

예정(豫定)의 사전적 의미는 '앞으로 일어날 일이나 해야 할 일을 미리 정하거나 생각함'이다. 예정은 기독교에서는 특히 구원론과 관련하여 문제가 된다. 구원의 예정에 대해서는 다양한 견해가 있으나, "구원은 인간의 행위로 되는 것이 아니라 하나님이 자비와 주권으로 스스로 구원할 능력이 없는 인간을 선택함으로써 이루어지고 누구를 방치할 것인가도 정해져 있다"라는 견해(이중 예정론, 단독설)와 "하나님이 구원의 길을 마련하시지만 사람이 그것을 취하느냐의 여부는 인간의 몫으로서 구원은 하나님과 사람의 합작(合作)이다"라는 견해(협력설)가 대표적이다.

2. 이중예정론(단독설)에 대한 비판적 검토

1) 이중예정론은 "자유로운 선택권이 인간에게 주어졌지만 원죄로 인하여 타락한 인간은 하나님을 싫어하는 심성 때문에 하나님을 사랑하는 선택을 하지 않는다"라고 한다. 그러나 하나님이 인간을 하나님의 형상대로 자유의지를 가진 인격적인 영적 존재로 창조하셨다는 점을 고려할 때(창 1:26-27), 이중예정론은 너무 인간의 원죄에 치우친 면이 있고 원죄가 있다고 하여 하나님을 사랑하는 선택을 하지 않는다는 단정은 받아들이기 어렵다.

"하나님이 이르시되 우리의 형상을 따라 우리의 모양대로 우리가 사람을 만들고 그들로 바다의 물고기와 하늘의 새와 가축과 온 땅과 땅에 기는 모든 것을 다스리게 하자 하시고 하나님이 자기 형상 곧 하나님의 형상대로 사람을 창조하시되 남자와 여자를 창조하시고"(창 1:26-27)

2) 이중예정론은 "운명론은 '과거의 어떤 시점에서 미래의 일이 결정되었다'라는 이론이지만, 이중예정론은 과거-현재-미래라는 시간을 초월한 신의 영역에서의 결정을 말하는 것으로 시간을 초월하여 결정된 사실은 시간에 갇혀 있는 인간의 관점에서는 시공간이 창조되기 전에 이루어진 것으로 보일 뿐이고 운명론과는 다르다"라

고 한다. 위와 같은 주장은 시공간을 초월하는 하나님의 관점에서 보면 과거와 현재와 미래는 하나님의 주관하에 있고 구분의 의미가 없다는 점에서 언뜻 타당성이 있어 보인다.

그러나 이중예정론이 인간을 '원죄로 인하여 타락한 인간은 하나님을 싫어하는 심성 때문에 하나님을 사랑하는 선택을 하지 않는다'라고 이해하는 것을 전제로 한다면, 운명론과의 차이를 인정하기 어렵다. 시공간을 초월하는 하나님의 관점에서 보면 결과적으로 모든 것이 정해져 있다고 하여, 이를 시간의 제약하에 시간 속에서 살아가는 인간의 구원 문제에 그대로 적용하는 것은 논리의 비약이다.

구원의 예정이라는 하나님의 구원계획이 정해져 있을 뿐, 누가 종국적으로 구원을 받을 것인지는 하나님이 예정하신 구원의 조건인 믿음의 유무에 따라 결정되는 열린 결말로 보아야 한다. 다만 하나님은 인간을 방치하지 않으시고 하나님의 역사(役事)하심과 성령의 도우심으로 인간을 믿음으로 나아가게 한다(롬 4:1-25, 8:26-27). 우리의 믿음에 대한 하나님의 역사하심과 열심은 아브라함과 야곱의 예에서 잘 알 수 있다.

3) 필자는 구원의 예정을 이해하는데 도움이 되는 성경 기록이 여호수아 1장 3절, 사사기 2장 20절-23절 등이라고 본다.

하나님은 "내가 모세에게 말한 바와 같이 너희 발바닥으로 밟는 곳은 모두 내가 너희에게 주었노니"(수 1:3)라는 말씀에서 알 수 있듯이, 이스라엘 민족이 발바닥으로 밟는 곳은 모두 이스라엘 민족에게 이미 주었음을 선포하셨다. 그러나 하나님은 이스라엘 민족이 하나님과의 언약을 어기고 하나님의 목소리를 순종하지 아니하였다는 이유로 이방 민족들을 쫓아내지 아니하셨으며 여호수아의 손에 넘겨주지 아니하셨다(삿 2:20-23). 하나님은 약속한 가나안땅을 이스라엘 민족에게 넘겨주셨으나(예정), 가나안땅의 정복이라는 예정의 성취는 이스라엘 민족이 직접 가나안 거주 민족을 쫓아내도록 하여 이스라엘 민족의 몫으로 남겨두신 것이다.

위와 같은 예정의 논리는 "여호와 하나님이 그 사람에게 명하여 이르시되 동산 각종 나무의 열매는 네가 임으로 먹되 선악을 알게 하는 나무의 열매는 먹지 말라 네가 먹는 날에는 반드시 죽으리라 하시니라"(창 2:16-17)라는 말씀에서도 찾을 수 있다. 하나님은 하나님의 형상대로 창조된 아담에게 영원히 사는지 아니면 반드시 죽는지의 문제에 대해 예정하셨고, 예정의 성취와 관련되는 순종과 불순종은 아담의 몫으로 남겨두셨다.

또한 하나님은 선악과를 따먹은 불순종으로 하나님과의 관계가 단절된 인간을 위해 구원을 예정하시고, 구원의 방법으로 하나님과 예수님에 대한 믿음을 요구하셨다. 하나님은 구원이라는 예정의 완성을 위해 필요한 믿음을 인간의 몫으로 남겨두셨다(요 3:16, 6:40).

다만 하나님은 "그러므로 너희는 가서 모든 민족을 제자로 삼아 아버지와 아들과 성령의 이름으로 침례(세례)를 베풀고 내가 너희에게 분부한 모든 것을 가르쳐 지키게 하라"(마 28:19-20), "하나님의 지혜에 있어서는 이 세상이 자기 지혜로 하나님을 알지 못하므로 하나님께서 전도의 미련한 것으로 믿는 자들을 구원하시기를 기뻐하셨도다"(고전 1:21)라는 말씀에서 알 수 있듯이, 한 명이라도 더 구원하시기 위해 하나님의 주권적 역사(役事)나 전도의 방식으로 개입하고 계신다.

> "하나님이 세상을 이처럼 사랑하사 독생자를 주셨으니 이는 그를 믿는 자마다 멸망하지 않고 영생을 얻게 하려 하심이라"(요 3:16)
> "내 아버지의 뜻은 아들을 보고 믿는 자마다 영생을 얻는 이것이니 마지막 날에 내가 이를 다시 살리리라 하시니라"(요 6:40)

4) 이중예정론이 근거로 드는 성경 기록은 하나님이 일하시는 방식인 주권적 역사(役事)와 예정의 방식 중 주권적 역사의 한 예로 보는 것이 타당하다. 하나님의 주권적 역사와 관련된 성경 기록을 근거로 구원의 모든 것이 하나님에 의해 미리 정해졌다고 보기는 어렵다.

믿음을 통한 구원이 전적으로 하나님에 의해 미리 정해져 있다고 보고 구원의 취소도 부정하는 이중예정론은 생명책에 기록된 사람도 생명책에서 지워질 수 있다는 아래와 같은 내용의 성경 기록을 어떻게 설명할 수 있을지 의문이다.

> "여호와께서 모세에게 이르시되 누구든지 내게 범죄하면 내가 내 책에서 그를 지워 버리리라"(출 32:33)
> "그들을 생명책에서 지우사 의인들과 함께 기록되지 말게 하소

서"(시 69:28)

"그러나 끝까지 견디는 자는 구원을 얻으리라"(마 24:13)

"이기는 자는 이와 같이 흰 옷을 입을 것이요 내가 그 이름을 생명책에서 결코 지우지 아니하고 그 이름을 내 아버지의 앞과 그의 천사들 앞에서 시인하리라"(계 3:5)

2절 - 구원의 취소

협력설은 하나님이 인간의 구원을 예정하시고 그 길을 마련하셨지만 인간이 믿음을 선택할 것인지는 인간에게 맡겨져 있는 것으로 구원은 취소될 수 있다고 본다. 이중예정론(단독설)은 구원은 하나님의 선택과 주권의 영역으로서 한 번 시작된 구원의 역사가 취소되지 않는다고 본다. 필자는 출애굽기 32장 33절, 시편 69편 28절, 마태복음 24장 13절, 요한계시록 3장 5절 등을 고려할 때 구원은 취소될 수 있다고 본다. 현실적인 면에서도 구원이 취소될 수 있다는 생각으로 긴장감을 가지고 신앙생활을 하는 것이 여러모로 유익하고 손해 볼 것이 없다.

무엇보다도 다행인 것은 하나님은 우리를 쉽게 포기하시는 분이 아니고(눅 15:1-10), 누구보다도 우리가 하나님에게로 돌아오길 간절히 바라고 계시고 언제든지 우리가 돌아오기만 하면 받아 주실 준비를 하고 계신다는 것이다(눅 15:11-24). "또 찾아낸즉 즐거워 어깨에 메고 집에 와서 그 벗과 이웃을 불러 모으고 말하되 나와 함께 즐기자 나의 잃은 양을 찾아내었노라 하리라"(눅 15:5-6)와 "이에 일어나서 아버지께로 돌아가니라 아직도 거리가 먼데 아버지가 그를 보고 측은히 여겨 달려가 목을 안고 입을 맞추니"(눅 15:20)라는 말씀에서, 하나님 아버지가 우리가 돌아오기를 얼마나 바라고 계시고 돌아왔을 때 얼마나 기뻐하시는지 잘 알 수 있다.

"모든 세리와 죄인들이 말씀을 들으러 가까이 나아오니 바리새인과 서기관들이 수군거려 이르되 이 사람이 죄인을 영접하고 음식을 같이 먹는다 하더라 예수께서 그들에게 이 비유로 이르시되 너희 중에 어떤 사람이 양 백 마리가 있는데 그 중의 하나를 잃으면 아흔아홉 마리를 들에 두고 그 잃은 것을 찾아내기까지 찾아다니지 아니하겠느냐 또 찾아낸즉 즐거워 어깨에 메고 집에 와서 그 벗과 이웃을 불러 모으고 말하되 나와 함께 즐기자 나의 잃은 양을 찾아내었노라 하리라 내가 너희에게 이르노니 이와 같이 죄인 한 사람이 회개하면 하늘에서는 회개할 것 없는 의인 아흔아홉으로 말미암아 기뻐하는 것보다 더하리라 어떤 여자가 열 드라크마가 있는데 하나를 잃으면 등불을 켜고 집을 쓸며 찾아내기까지 부지런히 찾지 아니하겠느냐 또 찾아낸즉 벗과 이웃을 불러 모으고 말하되 나와 함께 즐기자 잃은 드라크마를 찾아내었노라 하리라 내가 너희에게 이르노니 이와 같이 죄인 한 사람이 회개하면 하나님의 사자들 앞에 기쁨이 되느니라"(눅 15:1-10)

"또 이르시되 어떤 사람에게 두 아들이 있는데 그 둘째가 아버지에게 말하되 아버지여 재산 중에서 내게 돌아올 분깃을 내게 주소서 하는지라 아버지가 그 살림을 각각 나눠 주었더니 그 후 며칠이 안 되어 둘째 아들이 재물을 다 모아 가지고 먼 나라에 가 거기서 허랑방탕하여 그 재산을 낭비하더니 다 없앤 후 그 나라에 크게 흉년이 들어 그가 비로소 궁핍한지라 가서 그 나라 백성 중 한 사람에게 붙여 사니 그가 그를 들로 보내어 돼지를 치게 하였는데 그가 돼지 먹는 쥐엄 열매로 배를 채우고자 하되 주는 자가 없는지라 이에 스스로 돌이켜 이르되 내 아버지에게는 양식이 풍족한 품꾼이 얼마나 많은가 나는 여기서 주려 죽는구나 내가 일어나 아버지에게 가서 이르기를 아버지 내가 하늘과 아버지께 죄를 지었사오니 지금부터는 아버지의 아들이라 일컬음을 감당하지 못하겠나이다 나를 품꾼의 하나로 보소서 하리라 하고 이에 일어나서 아버지께로 돌아가니라 아직도 거리가 먼데 아버지가 그를 보고 측은히 여겨 달려가 목을 안고 입을 맞추니 아들이 이르되 아버지 내가 하늘과 아버지께 죄를 지었사오니 지금부터는 아버지의 아들이라 일컬음을 감당하지 못하겠나이다 하나 아버지는 종들에게 이르되 제일 좋은 옷을 내어다가 입히고 손에 가락지를 끼우고 발에 신을 신기라 그리고 살진 송아지를 끌어다가 잡으라 우리가 먹고 즐기자 이 내 아들은 죽었다가 다시 살아났으며 내가 잃었다가 다시 얻었노라 하니 그들이 즐거워하더라"(눅 15:11-24)

22장
천 년 왕국

천 년 왕국은 성경에 명기된 것은 아니다. "그리스도와 더불어 천 년 동안 왕 노릇 하니"(계 20:4)라는 부분을 천 년 왕국이라 말하는 것이다. 천 년 왕국의 의미에 대해서는 예수님 재림을 기준으로 예수님 재림 이후에 천 년 왕국이 이루어진다는 전천년설, 천 년 왕국 후 예수님이 재림하신다는 후천년설, 천 년을 상징적으로 이해하고 천 년을 예수님 초림부터 재림까지의 기간으로 이해하는 무천년설 등의 견해가 있다. 천 년 왕국의 의미도 중요하지만 진정 중요한 것은 내가 그리스도와 더불어 왕 노릇 할 자격이 있고, 첫째 부활에 참여하는 자격이 있는지 여부이다(계 20:4-6).

그리스도와 더불어 천 년 동안 왕 노릇을 하는 사람이 누구인지에 대해서는, "예수를 증언함과 하나님의 말씀 때문에 목 베임을 당한 자들의 영혼들과 또 짐승과 그의 우상에게 경배하지 아니하고 그들의 이마와 손에 그의 표를 받지 아니한 자"(계 20:4)를 순교하거나 박해받은 자들로 좁게 해석하여, 순교하거나 박해받은 자들만이 특별대우를 받아 그리스도와 더불어 왕 노릇 하고 첫째 부활에 참여한다는 견해가 있다. 위 견해는 나머지 죽은 성도들은 첫째 부활의 영광에 동참하여 천 년 왕국에서 왕 노릇을 하는 최상의 상급을 받지는 못하지만, 천 년이 찬 후에 흰 보좌 심판(계 20:11-15) 때에 생명의 부활로 살아난다고 본다.

그러나 위와 같은 견해는 요한계시록 20장 4절의 '왕 노릇'을 누군가에게 군림하는 왕의 의미로 잘 못 이해하고, 나아가 "예수를 증언함과 하나님의 말씀 때문에 목 베임을 당한 자들의 영혼들과 또 짐승과 그의 우상에게 경배하지 아니하고 그들의 이마와 손에 그의 표를 받지 아니한 자"를 너무 문자적이고 단편적으로 해석하는 견해이다.

"그리스도와 더불어 천 년 동안 왕 노릇 하니"에서 '왕 노릇'은, 예수님이 왕으로 오셨지만 군림하는 왕이 아니라 낮아지고 섬기며 죽기까지 우리를 사랑하신 왕으로 오셨다는 점(사 53:4-6; 렘 23:5; 마 20:25-28; 요 13:12-17; 빌 2:6-8)과 첫째 부활에 참여하는 자들은 그리스도의 '왕 같은 제사장'이 되어 그리스도와 더불어 왕 노릇을 하는데 구원받은 성도가 바로 그리스도의 왕 같은 제사장이라는 점(벧전 2:9; 계 5:9-10, 20:6)을 고려할 때, 첫째 부활에 참여하는 자들이 왕이신 그리스도와 함께하고 그리스도의 '제사장 직분'을 가지고 하나님의 말씀을 널리 선포한다는 의미이지 누군가 위에 군림하는 의미의 왕 노릇이 아니다.

그리고 "예수를 증언함과 하나님의 말씀 때문에 목 베임을 당한 자들의 영혼들과 또 짐승과 그의 우상에게 경배하지 아니하고 그들의 이마와 손에 그의 표를 받지 아니한 자"는 '이기는 자'(계 21:7), '자기 두루마기를 빠는 자'(계 22:14)와 같은 구원받은 성도를 의미한다. 순교나 사전적 의미의 박해를 받지는 않지만 사탄의 방해와 유혹을 이기고 하나님과 예수님을 믿어 하나님과 예수님 안에 거하는 구원받은 성도들이 바로 "짐승과 그의 우상에게 경배하지 아니하고 이마와 손에 그의 표를 받지 아니한 자"이다. "그 나머지 죽은 자들은 그 천 년이 차기까지 살지 못하더라"(계 20:5)에서 '그 나머지 죽은 자들'은 믿음에 이르지 못하여 구원받지 못한 불신자들을 의미하는 것이지 구원받은 성도를 의미하는 것이 아니다.

그리스도와 더불어 천 년 동안 왕 노릇을 하는 사람이 구원받은 성도라는 점은, "그들이 새 노래를 불러 이르되 두루마리를 가지시고 그 인봉을 떼기에 합당하시도다 일찍이 죽임을 당하사 각 족속과 방언과 백성과 나라 가운데에서 사람들을 피로 사서 하나님께 드리시고 그들로 우리 하나님 앞에서 나라와 제사장들을 삼으셨으니 그들이 땅에서 왕 노릇 하리로다 하더라"(계 5:9-10)라는 말씀에서 잘 알 수 있다.

현세를 살아가는 우리가 하나님과 예수님 안에서 살아간다면, 지금 우리가 살아가는 바로 이곳이 하나님 나라이고, 내가 하나님의 제사장이 되어 그리스도와 더불어 천 년 동안 왕 노릇을 하며 살아가는 것이다. 현세의 삶에서 그리스도와 더불어 왕 노릇을 하는 삶을 살아가지 못한다면, 죽어서도 천국 영생의 삶을 살아갈 자격이 주어지지 않는다(계 20:4, 6, 21:7-8, 27, 22:14-15).

요한계시록 20장 5절의 '첫째 부활'은,

"영접하는 자 곧 그 이름을 믿는 자들에게는 하나님의 자녀가 되는 권세를 주셨으니 이는 혈통으로나 육정으로나 사람의 뜻으로 나지 아니하고 오직 하나님께로부터 난 자들이니라"(요 1:12-13), "하나님이 세상을 이처럼 사랑하사 독생자를 주셨으니 이는 그를 믿는 자마다 멸망하지 않고 영생을 얻게 하려 하심이라"(요 3:16), "내가 진실로 진실로 너희에게 이르노니 내 말을 듣고 또 나 보내신 이를 믿는 자는 영생을 얻었고 심판에 이르지 아니하나니 사망에서 생명으로 옮겼느니라"(요 5:24), "예수께서 이르시되 나는 부활이요 생명이니 나를 믿는 자는 죽어도 살겠고 무릇 살아서 나를 믿는 자는 영원히 죽지 아니하리니 이것을 네가 믿느냐"(요 11:25-26), "그리스도께서도 단번에 죄를 위하여 죽으사 의인으로서 불의한 자를 대신하셨으니 이는 우리를 하나님 앞으로 인도하려 하심이라 육체로는 죽임을 당하시고 영으로는 살리심을 받으셨으니"(벧전 3:18)라는 말씀과

"그 날 환난 후에 즉시 해가 어두워지며 달이 빛을 내지 아니하며 별들이 하늘에서 떨어지며 하늘의 권능들이 흔들리리라 그 때에 인자의 징조가 하늘에서 보이겠고 그 때에 땅의 모든 족속들이 통곡하며 그들이 인자가 구름을 타고 능력과 큰 영광으로 오는 것을 보

리라 그가 큰 나팔소리와 함께 천사들을 보내리니 그들이 그의 택하신 자들을 하늘 이 끝에서 저 끝까지 사방에서 모으리라"(마 24:29-31), "진실로 진실로 너희에게 이르노니 죽은 자들이 하나님의 아들의 음성을 들을 때가 오나니 곧 이 때라 듣는 자는 살아나리라 아버지께서 자기 속에 생명이 있음 같이 아들에게도 생명을 주어 그 속에 있게 하셨고 또 인자됨으로 말미암아 심판하는 권한을 주셨느니라 이를 놀랍게 여기지 말라 무덤 속에 있는 자가 다 그의 음성을 들을 때가 오나니 선한 일을 행한 자는 생명의 부활로, 악한 일을 행한 자는 심판의 부활로 나오리라"(요 5:25-29), "형제들아 내가 이것을 말하노니 혈과 육은 하나님 나라를 이어 받을 수 없고 또한 썩는 것은 썩지 아니하는 것을 유업으로 받지 못하느니라 보라 내가 너희에게 비밀을 말하노니 우리가 다 잠 잘 것이 아니요 마지막 나팔에 순식간에 홀연히 다 변화되리니 나팔 소리가 나매 죽은 자들이 썩지 아니할 것으로 다시 살아나고 우리도 변화되리라 이 썩을 것이 반드시 썩지 아니할 것을 입겠고 이 죽을 것이 죽지 아니함을 입으리로다 이 썩을 것이 썩지 아니함을 입고 이 죽을 것이 죽지 아니함을 입을 때에는 사망을 삼키고 이기리라고 기록된 말씀이 이루어지리라"(고전 15:50-54), "우리가 예수께서 죽으셨다가 다시 살아나심을 믿을진대 이와 같이 예수 안에서 자는 자들도 하나님이 그와 함께 데리고 오시리라 우리가 주의 말씀으로 너희에게 이것을 말하노니 주께서 강림하실 때까지 우리 살아 남아 있는 자도 자는 자보다 결코 앞서지 못하리라 주께서 호령과 천사장의 소리와 하나님의 나팔 소리로 친히 하늘로부터 강림하시리니 그리스도 안에서 죽은 자들이 먼저 일어나고 그 후에 우리 살아 남은 자들도 그들과 함께 구름 속으로 끌어 올려 공중에서 주를 영접하게 하시리니 그리하여 우리가 항상 주와 함께 있으리라"(살전 4:14-17), "이 첫째 부활에 참여하는 자들은 복이 있고 거룩하도다 둘째 사망이 그들을 다스리는 권세가 없고 도리어 그들이 하나님과 그리스도의 제사장이 되어 천 년 동안 그리스도와 더불어 왕 노릇 하리라"(계 20:6), "그러나 두려워하는 자들과 믿지 아니하는 자들과 흉악한 자들과 살인자들과 음행하는 자들과 점술가들과 우상 숭배자들과 거짓말하는 모든 자들은 불과 유황으로 타는 못에 던져지리니 이것이 둘째 사망이라"(계 21:8)라는 말씀을 종합하여 볼 때, 영적 부활을 의미한다.

영적 부활은 현세에서는 하나님과 예수님 안에 거함으로 누리는 영생의 복과 관련되고(신 30:1-20; 시 1:1-6, 23:1-6; 마 5:3-12; 요 14:27, 15:1-12), 육체적 죽음 이후 예수님 재림 이전에는 낙원과 음부와 관련되고(눅 16:22-24, 23:43; 고후 12:2, 4), 낙원과 음부는 예수님 재림 이후의 천국과 지옥과 관련된다(마 5:22, 18:8-9; 막 9:43-49; 계 20:10, 13-15, 21:1-27).

"만일 네 눈이 너를 범죄하게 하거든 빼버리라 한 눈으로 하나님의 나라에 들어가는 것이 두 눈을 가지고 지옥에 던져지는 것보다 나으니라 거기에서는 구더기도 죽지 않고 불도 꺼지지 아니하느니라 사람마다 불로써 소금 치듯 함을 받으리라"(막 9:47-49)

"이에 그 거지가 죽어 천사들에게 받들려 아브라함의 품에 들어가고 부자도 죽어 장사되매 그가 음부에서 고통중에 눈을 들어 멀리 아브라함과 그의 품에 있는 나사로를 보고 불러 이르되 아버지 아브라함이여 나를 긍휼히 여기사 나사로를 보내어 그 손가락 끝에 물을 찍어 내 혀를 서늘하게 하소서 내가 이 불꽃 가운데서 괴로워 하나이다"(눅 16:22-24)

"예수께서 이르시되 내가 진실로 네게 이르노니 오늘 네가 나와 함께 낙원에 있으리라 하시니라"(눅 23:43)

"내가 그리스도 안에 있는 한 사람을 아노니 그는 십사 년 전에 셋째 하늘에 이끌려 간 자라 그가 낙원으로 이끌려 가서 말로 표현할 수 없는 말을 들었으니 사람이 가히 이르지 못할 말이로다"(고후 12:2, 4)

"그러나 너희는 택하신 족속이요 왕 같은 제사장들이요 거룩한 나라요 그의 소유가 된 백성이니 이는 너희를 어두운 데서 불러 내어 그의 기이한 빛에 들어가게 하신 이의 아름다운 덕을 선포하게 하려 하심이라"(벧전 2:9)

"또 그들을 미혹하는 마귀가 불과 유황 못에 던져지니 거기는 그 짐승과 거짓 선지자도 있어 세세토록 밤낮 괴로움을 받으리라"(계 20:10)

"바다가 그 가운데에서 죽은 자들을 내주고 또 사망과 음부도 그 가운데에서 죽은 자들을 내주매 각 사람이 자기의 행위대로 심판을 받고 사망과 음부도 불못에 던져지니 이것은 둘째 사망 곧 불못이라 누구든지 생명책에 기록되지 못한 자는 불못에 던져지더라"(계 20:13-15)

"이기는 자는 이것들을 상속으로 받으리라 나는 그의 하나님이 되고 그는 내 아들이 되리라 그러나 두려워하는 자들과 믿지 아니하는 자들과 흉악한 자들과 살인자들과 음행하는 자들과 점술가들과 우상 숭배자들과 거짓말하는 모든 자들은 불과 유황으로 타는 못에 던져지리니 이것이 둘째 사망이라"(계 21:7-8)

"무엇이든지 속된 것이나 가증한 일 또는 거짓말하는 자는 결코 그리로 들어가지 못하되 오직 어린 양의 생명책에 기록된 자들만 들어가리라"(계 21:27)

"자기 두루마기를 빠는 자들은 복이 있으니 이는 그들이 생명나무에 나아가며 문들을 통하여 성에 들어갈 권세를 받으려 함이로다 개들과 점술가들과 음행하는 자들과 살인자들과 우상 숭배자들과 및 거짓말을 좋아하며 지어내는 자는 다 성 밖에 있으리라"(계 22:14-15)

23장
천국, 새 하늘과 새 땅, 새 예루살렘

창세기 1장부터 3장, 요한계시록 21장과 22장은 성경의 시작과 끝이라 할 수 있고, 창세기 4장부터 요한계시록 20장까지는 괄호로 묶을 수 있다. 창세기 4장부터 요한계시록 20장까지의 내용은 선악과 명령을 따르지 아니하여 단절된 인간과 하나님과의 관계 및 상실한 에덴 동산의 회복을 위한 하나님의 역사(役事)와 회복의 방법, 이와 관련된 믿음의 선진(先進)들의 신앙 간증을 주요 내용으로 한다(창 2:17, 3:6, 22-24, 6:3; 히 11:1-40; 계 21:1-8, 22:14-15).

요한계시록 21장과 22장은 창세기 3장과 연결되는 성경의 결론 부분으로, 단절된 인간과 하나님과의 관계 및 상실한 에덴 동산의 회복의 완성을 주요 내용으로 한다. 천국과 요한계시록 21장, 22장에 기록된 새 하늘과 새 땅, 새 예루살렘의 의미에 대해서는 견해가 다양하고, 인간의 지식과 사고 수준으로는 이를 완벽하게 이해하는 것은 불가능하다. 천국, 새 하늘과 새 땅, 새 예루살렘은 어떻게 이해하든지 우리가 상상할 수 없을 만큼 좋은 곳이고, 꼭 가야만 하는 곳이라는 점은 확실하다(계 21:1-22:5).

바울은 셋째 하늘에 대한 환상과 계시를 경험한 이후에, "그가 낙원으로 이끌려 가서 말로 표현할 수 없는 말을 들었으나 사람이 가히 이르지 못할 말이로다"(고후 12:4), "여러 계시를 받은 것이 지극히 크므로 너무 자만하지 않게 하시려고 내 육체에 가시 곧 사탄의 사자를 주셨으니 이는 나를 쳐서 너무 자만하지 않게 하려 하심이라"(고후 12:7), "만일 땅에 있는 우리의 장막 집이 무너지면 하나님께서 지으신 집 곧 손으로 지은 것이 아니요 하늘에 있는 영원한 집이 우리에게 있는 줄 아느니라"(고후 5:1), "우리가 담대하여 원하는 바는 차라리 몸을 떠나 주와 함께 있는 그것이며"(고후 5:8), "내가 그 둘 사이에 끼었으니 차라리 세상을 떠나서 그리스도와 함께 있는 것이 훨씬 더 좋은 일이라 그렇게 하고 싶으나"(빌 1:23)라는 고백을 한다.

> "또 내가 새 하늘과 새 땅을 보니 처음 하늘과 처음 땅이 없어졌고 바다도 다시 있지 않더라 또 내가 보매 거룩한 성 새 예루살렘이 하나님께로부터 하늘에서 내려오니 그 준비한 것이 신부가 남편을 위하여 단장한 것 같더라 내가 들으니 보좌에서 큰 음성이 나서 이르되 보라 하나님의 장막이 사람들과 함께 있으매 하나님이 그들과 함께 계시리니 그들은 하나님의 백성이 되고 하나님은 친히 그들과

함께 계셔서 모든 눈물을 그 눈에서 닦아 주시니 다시는 사망이 없고 애통하는 것이나 곡하는 것이나 아픈 것이 다시 있지 아니하리니 처음 것들이 다 지나갔음이러라 보좌에 앉으신 이가 이르시되 보라 내가 만물을 새롭게 하노라 하시고 또 이르시되 이 말은 신실하고 참되니 기록하라 하시고 또 내게 말씀하시되 이루었도다 나는 알파와 오메가요 처음과 마지막이라 내가 생명수 샘물을 목마른 자에게 값없이 주리니 이기는 자는 이것들을 상속으로 받으리라 나는 그의 하나님이 되고 그는 내 아들이 되리라"(계 21:1-7)

천국을 육체를 가지고 살아가는 현세의 삶과는 무관하고 죽어서 나 가는 곳으로 오해하기도 한다. 천국의 '하늘'은 공간적인 하늘이 아닌 하나님이 계시는 곳을 의미하고, '나라'는 하나님이 임재하시고 주권이 미치는 곳을 의미한다. 하나님은 인간과 천지 만물을 창조한 만유(萬有)의 주재(主宰)이시고, 우리가 어디에 있든지 항상 우리와 함께하시는 분이시다(창 28:15-17; 출 3:5; 수 5:15; 마 28:20; 행 17:24-25; 엡 4:6).

예수님의 기도문 중에서 "하늘에 계신 우리 아버지"(마 6:9), "나라가 임하시오며 뜻이 하늘에서 이루어진 것같이 땅에서도 이루어지이다"(마 6:10)라는 부분은 천국을 이해하는데 도움이 된다. 천국은 죽어서 가는 곳이기도 하지만, 내가 지금 살아가고 있는 바로 이곳도 하나님의 뜻이 이루어지게 하고 하나님의 거룩함과 영광을 나타내는 삶을 살아가야 하는 하나님 나라인 천국이다(요 6:39-40; 살전 4:3-

8, 5:16-18; 벧전 1:13-17).

　내가 현세에서 천국 영생의 삶을 살아가지 못한다면, 현세는 물론이고 육체적 죽음 이후의 천국 영생도 주어지지 않는다. 하나님 나라는 멀리 있는 것이 아니라 바로 내 안에 있고 내가 만들어 가는 것이다(눅 11:20, 17:20-21; 고전 3:16-17, 6:19-20; 고후 6:16). 야곱은 하나님과 하나님 나라는 저 멀리 하늘에나 있는 것이라는 생각으로 살아갔지만, 하나님의 "내가 너와 함께 있어 네가 어디로 가든지 너를 지키며 너를 이끌어 이 땅으로 돌아오게 할지라 내가 네게 허락한 것을 다 이루기까지 너를 떠나지 아니하리라"(창 28:15)라는 음성을 듣고 난 후에는, "여호와께서 과연 여기 계시거늘 내가 알지 못하였도다 이에 두려워하여 이르되 두렵도다 이 곳이여 이것은 다름 아닌 하나님의 집이요 이는 하늘의 문이로다"(창 28:16-17)라는 고백을 하였다.

　"내가 너희에게 분부한 모든 것을 가르쳐 지키게 하라 볼지어다 내가 세상 끝날까지 너희와 항상 함께 있으리라 하시니라"(마 28:20)
　"바리새인들이 하나님의 나라가 어느 때에 임하나이까 묻거늘 예수께서 대답하여 이르시되 하나님의 나라는 볼 수 있게 임하는 것이 아니요 또 여기 있다 저기 있다고도 못하리니 하나님의 나라는 너희 안에 있느니라"(눅 17:20-21)
　"나를 보내신 이의 뜻은 내게 주신 자 중에 하나도 잃어버리지 아니하고 마지막 날에 다시 살리는 이것이니라 내 아버지의 뜻은 아들을 보고 믿는 자마다 영생을 얻는 이것이니 마지막 날에 내기 이를

다시 살리리라 하시니라"(요 6:39-40)

"우주와 그 가운데 있는 만물을 지으신 하나님께서는 천지의 주재시니 손으로 지은 전에 계시지 아니하시고 또 무엇이 부족한 것처럼 사람의 손으로 섬김을 받으시는 것이 아니니 이는 만민에게 생명과 호흡과 만물을 친히 주시는 이심이라"(행 17:24-25)

"너희는 너희가 하나님의 성전인 것과 하나님의 성령이 너희 안에 계시는 것을 알지 못하느냐. 누구든지 하나님의 성전을 더럽히면 하나님이 그 사람을 멸하시리라 하나님의 성전은 거룩하니 너희도 그러하니라"(고전 3:16-17)

"하나님의 성전과 우상이 어찌 일치가 되리요 우리는 살아 계신 하나님의 성전이라 이와 같이 하나님께서 이르시되 내가 그들 가운데 거하며 두루 행하여 나는 그들의 하나님이 되고 그들은 나의 백성이 되리라"(고후 6:16)

"하나님도 한 분이시니 곧 만유의 아버지시라 만유 위에 계시고 만유를 통일하시고 만유 가운데 계시도다"(엡 4:6)

예수님은 "내가 천국 열쇠를 네게 주리니 네가 땅에서 무엇이든지 매면 하늘에서도 매일 것이요 네가 땅에서 무엇이든지 풀면 하늘에서도 풀리리라"(마 16:19)라고 말씀하셨다. 천국 열쇠의 의미에 대해서는 기도, 믿음, 하나님과 이웃과의 관계 개선 등 다양한 견해가 있다. 필자는 믿음, 소망, 사랑이 천국 열쇠라고 생각한다.

현세에서 하나님과 예수님을 믿음으로 다시 태어나 새로운 피조물인 하나님의 자녀가 되면(요 1:12-13; 고후 5:17), 믿음에서 나오는 소망으로 인해 외적 환경을 초월해 인내하며 감사할 수 있고, 감사하는 마음으로 외적 환경을 초월하여 하나님과 이웃에 대한 사랑을 실천할 수 있다.

현세에서 위와 같은 삶을 살아가면, 내가 어떠한 환경에 처해있을지라도 내가 있는 바로 이곳이 새 하늘과 새 땅이 되고, 현세에서 하나님과 예수님 안에서 누리는 복과 평안의 삶을 내세에서 하나님이 약속하신 천국 영생의 삶을 살아갈 수 있다(신 30:1-20; 시 1:1-6, 23:1-6; 마 5:3-12; 요 3:16, 11:25-26, 14:27, 15:1-12; 계 20:4-6, 21:1-22:5).

하나님과 예수님 안에서 살아가느냐에 따라 하나님이 주시는 평안이 있는 영생의 삶도 평안이 없는 심판의 삶도 될 수 있다. 하나님과 단절된 상태로 살아가는 그 자체로서 벌써 심판받은 삶이고 죽은 자이다(요 3:18, 5:24; 롬 1:28, 6:19-23; 계 3:1). 현세에서 하나님의 뜻을 이 땅에서 이루어지게 하고 하나님의 거룩함과 영광을 나타내는 삶을 살아가면, 현세에서는 물론이고 죽어서도 하나님이 약속하신 새 하늘과 새 땅과 새 예루살렘에서 천국 영생의 삶을 살아갈 수 있다(마 5:13-16; 롬 6:19-23; 계 21:7, 27, 22:14).

'이기는 자'(계 21:7)와 '자기 두루마기를 빠는 자'(계 22:14)들이 천국 열쇠를 받은 자이고, 새 하늘과 새 땅과 새 예루살렘에 들어갈 자격이 있는 자이다. '이기는 자'(계 21:7)와 '자기 두루마기를 빠는 자'(계 22:14)를 잘 설명해주는 것이 마태복음 5장 3절-12절에 기록되어 있는 '복이 있는 자'이다.

심령이 가난하고 애통하는 자는 인간이 육신으로는 유한한 피조물임과 죄인임을 인정하고 회개하여 믿음으로 나아가 하나님을 경외하고 하나님께 소망을 둔다(시 39:1-7, 42:1-2, 84:1-2, 90:1-17; 눅 18:9-14). 심령이 가난하고 애통하는 자가 바로 온유한 자이고, 온유한 자는 하나님을 경외하고 하나님을 바라고 하나님의 도를 지켜 행한다. 온유한 자는 당연히 의에 주리고 목마르고, 긍휼히 여기고, 마음이 청결하고, 의를 위하여 박해를 받는 것을 감수한다.

마태복음 5장 3절-12절에 기록되어 있는 심령이 가난한 자, 애통하는 자, 온유한 자, 의에 주리고 목마른 자, 긍휼히 여기는 자, 마음이 청결한 자, 화평하게 하는 자, 의를 위하여 박해를 받는 자는 각각 별개가 아니고 일체(一體)로서 복이 있는 자의 성정(性情)으로 이해할 수 있다. 복이 있는 자는 세상의 빛과 소금이고(마 5:13-16), 복이 있는 자인지는 그 열매로 알 수 있다(마 7:15-27).

"하나님이 세상을 이처럼 사랑하사 독생자를 주셨으니 이는 그를 믿는 자마다 멸망하지 않고 영생을 얻게 하려 하심이라"(요 3:16)

"그를 믿는 자는 심판을 받지 아니하는 것이요 믿지 아니하는 자는 하나님의 독생자의 이름을 믿지 아니하므로 벌써 심판을 받은 것이니라"(요 3:18)

"너희 육신이 연약하므로 내가 사람의 예대로 말하노니 전에 너희가 너희 지체를 부정과 불법에 내주어 불법에 이른 것 같이 이제는 너희 지체를 의에게 종으로 내주어 거룩함에 이르라 너희가 죄의 종이 되었을 때에는 의에 대하여 자유로웠느니라 너희가 그 때에 무슨 열매를 얻었느냐 이제는 너희가 그 일을 부끄러워하나니 이는 그 마지막이 사망임이라 그러나 이제는 너희가 죄로부터 해방되고 하나님께 종이 되어 거룩함에 이르는 열매를 맺었으니 그 마지막은 영생이라 죄의 삯은 사망이요 하나님의 은사는 그리스도 예수 우리 주 안에 있는 영생이니라"(롬 6:19-23)

"그런즉 누구든지 그리스도 안에 있으면 새로운 피조물이라 이전 것은 지나갔으니 보라 새것이 되었도다"(고후 5:17)

"또 내가 보좌들을 보니 거기에 앉은 자들이 있어 심판하는 권세를 받았더라 또 내가 보니 예수를 증언함과 하나님의 말씀 때문에 목 베임을 당한 자들의 영혼들과 또 짐승과 그의 우상에게 경배하지 아니하고 그들의 이마와 손에 그의 표를 받지 아니한 자들이 살아서 그리스도와 더불어 천 년 동안 왕 노릇 하니 (그 나머지 죽은 자들은 그 천 년이 차기까지 살지 못하더라) 이는 첫째 부활이라 이 첫째 부활에 참여하는 자들은 복이 있고 거룩하도다 둘째 사망이 그들을 다스리는 권세가 없고 도리어 그들이 하나님과 그리스도의 제사장이 되어 천 년 동안 그리스도와 더불어 왕 노릇 하리라"(계 20:4-6)

우리가 현세에서 살아가는 땅은 하나님이 임재하시는 거룩한 땅 (하나님 나라)이다. 우리는 모세와 여호수아가 하나님의 명령을 따라 하나님을 경외함으로 선 곳에서 신발을 벗은 것처럼, 선 곳에서 신발을 벗는 경건함과 떨리는 마음으로 하나님이 약속하신 하늘에 있는 더 나은 본향을 사모하며 하나님과 동행하는 나그네 삶을 살아가야 한다(출 3:5; 수 5:15; 전 5:1; 히 11:13-16).

"하나님이 이르시되 이리로 가까이 오지 말라 네가 선 곳은 거룩한 땅이니 네 발에서 신을 벗으라"(출 3:5)

"여호와의 군대 대장이 여호수아에게 이르되 네 발에서 신을 벗으라 네가 선 곳은 거룩하니라 하니 여호수아가 그대로 행하니라"(수 5:15)

"너는 하나님의 집에 들어갈 때에 네 발을 삼갈지어다 가까이 하여 말씀을 듣는 것이 우매한 자들이 제물 드리는 것보다 나으니 그들은 악을 행하면서도 깨닫지 못함이니라"(전 5:1)

"이 사람들은 다 믿음을 따라 죽었으며 약속을 받지 못하였으되 그것들을 멀리서 보고 환영하며 또 땅에서는 외국인과 나그네임을 증언하였으니 그들이 이같이 말하는 것은 자기들이 본향 찾는 자임을 나타냄이라 그들이 나온 바 본향을 생각하였더라면 돌아갈 기회가 있었으려니와 그들이 이제는 더 나은 본향을 사모하니 곧 하늘에 있는 것이라 이러므로 하나님이 그들의 하나님이라 일컬음 받으심을 부끄러워하지 아니하시고 그들을 위하여 한 성을 예비하셨느니라"(히 11:13-16)

24장
맺는말 – 종교다원주의에 대하여

1절 – 종교다원주의

기독교에 대한 비판 중 대표적인 것이 종교다원주의이다. 종교다원주의는 모든 종교는 상대적이며 본질적으로 동일하고, 기독교도 다양한 종교 중의 하나에 불과하며 기독교 외의 다른 종교에도 구원의 길이 있다는 견해이다.

종교다원주의를 비롯한 기독교에 대한 비판적인 견해는 ① 기독교의 하나님과 예수님에 대한 믿음 외에도 도덕적인 삶 등 구원의 길은 얼마든지 있고 인간은 수행 등을 통해 충분히 도덕적으로 될 수 있다는 점, ② 사랑은 기독교의 전유물이 아니고 다른 종교에서도 마찬가지로 강조하고 있다는 점, ③ 과거는 물론이고 현재에도 기독교가 전도되지 않은 지역과 사람이 있는데 기독교는 이에 대한 구원의 설명이 어렵다는 점 등을 근거로 기독교를 부정하거나 비판한다.

2절 - 인간은 행위로 의롭게 될 수 있나?

3편 2장에서 살펴본 바와 같이, 수행이라는 방법으로 의롭다는 것을 인정받을 수 있는 인간은 없다(롬 3:20-28, 4:1-8; 갈 2:16). 불교의 불법(佛法)이든 기독교의 율법(律法)이든 죄를 깨닫게 하는 기능을 할 뿐이고, 오직 믿음과 믿음에 기초한 행위로 의롭다는 것을 인정받을 수 있다(약 2:14-26). 사람은 마음으로 믿어 의에 이르고 입으로 시인하여 구원에 이른다(롬 10:10). 믿음과 행위의 관계에 대해서는 4편 2장 2절에서 살펴본 바와 같다.

"그러므로 율법의 행위로 그의 앞에 의롭다 하심을 얻을 육체가 없나니 율법으로는 죄를 깨달음이니라 이제는 율법 외에 하나님의 한 의가 나타났으니 율법과 선지자들에게 증거를 받은 것이라 곧 예수 그리스도를 믿음으로 말미암아 모든 믿는 자에게 미치는 하나님의 의니 차별이 없느니라 모든 사람이 죄를 범하였으매 하나님의 영광에 이르지 못하더니 그리스도 예수 안에 있는 속량으로 말미암아 하나님의 은혜로 값 없이 의롭다 하심을 얻은 자 되었느니라 이 예수를 하나님이 그의 피로써 믿음으로 말미암는 화목제물로 세우셨으니 이는 하나님께서 길이 참으시는 중에 전에 지은 죄를 간과하심으로 자기의 의로우심을 나타내려 하심이니 곧 이 때에 자기의 의로우심을 나타내사 자기도 의로우시며 또한 예수 믿는 자를 의롭다 하려 하심이라 그런즉 자랑할 데가 어디냐 있을 수가 없느니라 무슨 법으로냐 행위로냐 아니라 오직 믿음의 법으로니라 그러므로 사람이 의롭다 하심을 얻는 것은 율법의 행위에 있지 않고 믿음으로 되는 줄 우리가 인정하노라"(롬 3:20-28)

인간이 행위로 의롭게 될 수 있다는 생각은 인본주의에 근거하여 하나님으로부터의 자유를 추구하기 위한 교만과 반항심리에서 나온 것이다. 이는 부모의 훈계를 받아들이는 것을 거부하는 자녀의 심리와 같다. 하나님은 하나님과 예수님을 믿음으로 다시 태어난 사람에게 하나님의 자녀가 되는 권세와 현세와 내세에서의 구원과 영생을 약속하셨다(요 1:12-13, 3:3-7, 16, 11:25-26; 고후 5:17). 하나님이 약속하신 구원과 영생의 열매는 현세에서 마음의 자유와 평안, 감사와 자족과 기쁨, 형통 등이고(창 39:2-3; 신 6:1-9, 28:1-6, 29:9; 수 1:7; 시 1:1-6; 전 8:1; 마 5:1-12, 11:28-30; 요 14:27, 15:10-12; 롬 5:1-5; 빌 4:4-7, 11-13; 골 3:15; 약 1:2-4), 내세에서 천국 영생이다(고전 15:19-23; 계 20:6, 11-15, 21:1-8).

하나님과 예수님을 믿고 하나님 말씀대로 살아가는 것은 자신의 욕망대로 살지 못한다는 것 말고는 손해 볼 것이 하나도 없다. 우리가 욕망에 따라 마음대로 살아간 결과는 진정 무엇인가? 그 결과가 쾌락과 부와 명예인가? 쾌락과 부와 명예가 나에게 주는 것은 진정 무엇인가? 쾌락과 부와 명예를 신(神)으로 삼고 욕망에 따라 마음대로 살아간 후 맞이하는 죽음은 어떠한 의미로 다가올까?

바울의 "너희 육신이 연약하므로 내가 사람의 예대로 말하노니 전에 너희가 너희 지체를 부정과 불법에 내주어 불법에 이른 것 같이 이제는 너희 지체를 의에게 종으로 내주어 거룩함에 이르라 너희가 죄의 종이 되었을 때에는 의에 대하여 자유로웠느니라 너희가 그 때에 무슨 열매를 얻었느냐 이제는 너희가 그 일을 부끄러워하나니 이는 그 마지막이 사망임이라 그러나 이제는 너희가 죄로부터 해방되고 하나님께 종이 되어 거룩함에 이르는 열매를 맺었으니 그 마지막은 영생이라 죄의 삯은 사망이요 하나님의 은사는 그리스도 예수 우리 주 안에 있는 영생이니라"(롬 6:19-23)라는 고백은 진지하게 묵상해 볼 필요가 있다.

3절 – 다른 종교에도 구원이 있는가?

구원의 사전적 의미는 '인류를 죽음과 고통과 죄악에서 건져 내는 일'이다. 기독교에서 구원은 하나님과 예수님을 믿음으로 다시 태어나 하나님의 자녀가 된 사람이(칭의) (요 1:12-13, 3:3-6; 롬 8:30; 고전 6:11), 현세에서 하나님과 예수님 안에서 하나님이 약속하신 복을 누리고 열매 맺는 거룩한 삶을 살다가(성화) (요 15:4-5; 벧전 1:13-25), 내세에서 천국 영생을 누리는 것(영화)(단 12:1-3; 마 25:46; 요 3:16, 11:25-26; 롬 6:19-23; 고전 15:19-20, 50-57; 고후 5:1-5; 계 20:6, 11-15, 21:6-8)으로 이해할 수 있다.

기독교 외의 종교는 구원의 사전적 의미 중 '고통에서 건져 내는 것'에만 관련되어 있다고 볼 수 있다. 엄밀하게는 고통에서 건져 내는 것이 아니라 고통을 완화하는 것으로 표현하는 것이 더 적절하고 죽음과 관련된 고통의 문제에 대해서는 답을 주지 못한다.

기독교는 인간과 천지 만물의 시작, 현세에서의 영적 죽음과 구원과 영생, 육체적 죽음 이후의 구원과 영생 등 인간의 근본적인 문제를 직접적이고 구체적으로 다루고 있는 유일한 종교이다. 종교다원주의가 나름대로 구원이라는 단어를 사용한다고 하여도, 이는 죽음과 죄로부터의 구원과는 무관하다는 점에서 기독교의 구원과는 완전히 다른 차원의 단어이다(행 4:8-12).

> "이에 베드로가 성령이 충만하여 이르되 백성의 관리들과 장로들아 만일 병자에게 행한 착한 일에 대하여 이 사람이 어떻게 구원을 받았느냐고 오늘 우리에게 질문한다면 너희와 모든 이스라엘 백성들은 알라 너희가 십자가에 못 박고 하나님이 죽은 자 가운데서 살리신 나사렛 예수 그리스도의 이름으로 이 사람이 건강하게 되어 너희 앞에 섰느니라 이 예수는 너희 건축자들의 버린 돌로서 집모퉁이의 머릿돌이 되었느니라 다른 이로써는 구원을 받을 수 없나니 천하 사람 중에 구원을 받을만한 다른 이름을 우리에게 주신 일이 없음이라 하였더라"(행 4:8-12)

4절 – 기독교의 사랑이란 무엇인가?

1) 기독교의 사랑에 대해서는 4편 4장, 5편 3장 5절에서 살펴본 바와 같다. 기독교의 사랑은 이웃에 대한 사랑 외에도 하나님의 인간에 대한 사랑과 인간의 하나님에 대한 사랑을 포함한다. 기독교의 사랑은 인간이 하나님의 형상대로 창조된 피조물이고 하나님과 예수님을 믿음으로 하나님의 자녀로 다시 태어난다는 것에 기초한다 (창 1:1, 27; 요 1:12-13; 고후 5:17).

우리가 부모님이 우리를 낳아주고 사랑을 베풀어 준 존재이기 때문에 자연스럽고 당연하게 부모님을 공경하고 권위를 인정하여 순종하는 것처럼, 하나님이 창조주이심과 사랑의 하나님임을 믿는다면 하나님을 경외하고 하나님 말씀의 권위를 인정하여 믿음으로 순종하고 하나님을 사랑하는 것은 지극히 자연스럽고 당연한 일이다.

"주께서 내 내장을 지으시며 나의 모태에서 나를 만드셨나이다 내가 주께 감사하옴은 나를 지으심이 심히 기묘하심이라 주께서 하시는 일이 기이함을 내 영혼이 잘 아나이다 내가 은밀한 데서 지음을 받고 땅의 깊은 곳에서 기이하게 지음을 받은 때에 나의 형체가 주의 앞에 숨겨지지 못하였나이다 내 형질이 이루어지기 전에 주의 눈이 보셨으며 나를 위하여 정한 날이 하루도 되기 전에 주의 책에 다 기록이 되었나이다 하나님이여 주의 생각이 내게 어찌 그리 보배로우신지요 그 수가 어찌 그리 많은지요 내가 세려고 할지라도 그 수가 모래보다 많도소이다 내가 깰 때에도 여전히 주와 함께 있나이다"(시 139:13-18)라는 말씀은 하나님에 대한 경외와 사랑을 이해하는 데 도움이 된다.

2) 하나님의 인간에 대한 사랑은 부모의 자녀에 대한 사랑과 유사하기는 하지만, "우리가 아직 연약할 때에 기약대로 그리스도께서 경건하지 않은 자를 위하여 죽으셨도다 의인을 위하여 죽는 자가 쉽지 않고 선인을 위하여 용감히 죽는 자가 혹 있거니와 우리가 아직 죄인 되었을 때에 그리스도께서 우리를 위하여 죽으심으로 하나님께서 우리에 대한 자기의 사랑을 확증하셨느니라"(롬 5:6-8)라는 말씀에서 알 수 있듯이, 부모의 자녀에 대한 사랑보다 더 강력하고 위대한 사랑이다.

3) 인간의 하나님에 대한 사랑은 거창한 것이 아니다. "내가 주릴 때에 너희가 먹을 것을 주었고 목마를 때에 마시게 하였고 나그네 되었을 때에 영접하였고 헐벗었을 때에 옷을 입혔고 병들었을 때에 돌보았고 옥에 갇혔을 때에 와서 보았느니라 이에 의인들이 대답하여 이르되 주여 우리가 어느 때에 주께서 주리신 것을 보고 음식을 대접하였으며 목마르신 것을 보고 마시게 하였나이까 어느 때에 나그네 되신 것을 보고 영접하였으며 헐벗으신 것을 보고 옷 입혔나이까 어느 때에 병드신 것이나 옥에 갇히신 것을 보고 가서 뵈었나이까 하리니 임금이 대답하여 이르시되 내가 진실로 너희에게 이르노니 너희가 여기 내 형제 중에 지극히 작은 자 하나에게 한 것이 곧 내게 한 것이니라 하시고"(마 25:35-40), "우리가 사랑함은 그가 먼저 우리를 사랑하셨음이라 누구든지 하나님을 사랑하노라 하고 그 형제

를 미워하면 이는 거짓말하는 자니 보는 바 그 형제를 사랑하지 아니하는 자는 보지 못하는 바 하나님을 사랑할 수 없느니라 우리가 이 계명을 주께 받았나니 하나님을 사랑하는 자는 또한 그 형제를 사랑할지니라"(요일 4:19-21)라는 말씀에서 알 수 있듯이, 이웃을 사랑하는 것이 바로 하나님을 사랑하는 것이다. 이웃을 사랑하지 못한다면 하나님에 대한 사랑도 불가능하다.

　4) 이웃에 대한 사랑은 "네 이웃을 네 자신 같이 사랑하라"(마 22:39), "내가 너희를 사랑한 것 같이 너희도 서로 사랑하라"(요 13:34), "아버지께서 나를 사랑하신 것 같이 나도 너희를 사랑하였으니 나의 사랑 안에 거하라 내가 아버지의 계명을 지켜 그의 사랑 안에 거하는 것 같이 너희도 내 계명을 지키면 내 사랑 안에 거하리라 내가 이것을 너희에게 이름은 내 기쁨이 너희 안에 있어 너희 기쁨을 충만하게 하려 함이라 내 계명은 곧 내가 너희를 사랑한 것 같이 너희도 서로 사랑하라 하는 이것이니라"(요 15:9-12)라는 말씀에서 알 수 있듯이, 하나님의 계명을 따라 감사함으로 나누는 것이지 시혜적으로 베푸는 것이 아니다.

　기독교의 이웃에 대한 사랑은 평등과 분배 차원의 문제가 아니라, 하나님 안에서 관계를 맺고 한 몸의 지체가 되어 서로 같이 돌보는 것이다(요 15:5, 10, 16; 롬 12:3-13; 고전 12:12-13:8). "네 이웃을 네 자신 같이 사랑하라"(마 22:39), "내가 너희를 사랑한 것 같이 너희도 서로 사랑하라"(요 13:34)라는 말씀은 성경이 요구하는 이웃에 대한 사랑의 성격과 정도를 잘 설명해준다.

5절 – 기독교가 전도되지 않은 사람에 대한 구원

과거는 물론이고 현재도 기독교가 전도되지 않은 지역과 사람이 많다. 미전도 지역에 사는 사람의 구원을 어떻게 설명할 것인지는 기독교에 대한 비판으로 많이 등장하는 문제이다.

위와 같은 문제에 대해서는 "이 천국 복음이 모든 민족에게 증언되기 위하여 온 세상에 전파되리니 그제야 끝이 오리라"(마 24:14), "그러나 그 날과 그 때는 아무도 모르나니 하늘의 천사들도, 아들도 모르고 오직 아버지만 아시느니라"(마 24:36), "하나님이 지나간 세대에는 모든 민족으로 자기들의 길들을 가게 방임하셨으나 그러나 자기를 증언하지 아니하신 것이 아니니 곧 여러분에게 하늘로부터 비를 내리시며 결실기를 주시는 선한 일을 하사 음식과 기쁨으로 여러분의 마음에 만족하게 하셨느니라 하고"(행 14:17-18), "알지 못하던 시대에는 하나님이 간과하셨거니와 이제는 어디든지 사람에게 다 명하사 회개하라 하셨으니 이는 정하신 사람으로 하여금 천하를 공의로 심판할 날을 작정하시고 이에 그를 죽은 자 가운데서 다시 살리신 것으로 모든 사람에게 믿을 만한 증거를 주셨음이니라 하니라"(행 17:30-31), "이는 하나님을 알만한 것이 그들 속에 보임이라 하나님께서 이를 그들에게 보이셨느니라 창세로부터 그의 보이지 아니하는 것들 곧 그의 영원하신 능력과 신성이 그가 만드신 만물에 분명히 보여 알려졌나니 그러므로 그들이 핑계하지 못할지니라"(롬 1:19-20), "율법 없는 이방인이 본성으로 율법의 일을 행할 때에는 이 사람은 율법이 없어도 자기가 자기에게 율법이 되나니 이런 이들은 그 양심이 증거가 되어 그 생각들이 서로 혹은 고발하며 혹은 변명하여 그 마음에 새긴 율법의 행위를 나타내느니라 곧 나의 복음에 이른 바와 같이 하나님이 예수 그리스도로 말미암아 사람들의 은밀한 것을 심판하시는 그 날이라"(롬 2:14-16), "믿음으로 모든 세계가 하나님의 말씀으로 지어진 줄을 우리가 아나니 보이는 것은 나타난 것으로 말미암아 된 것이 아니니라"(히 11:3)라는 말씀이 답이 될 수 있다.

기독교가 전도되지 않은 지역과 사람들에 대한 하나님의 역사(役事)하심에 대한 이해는 "그러므로 내가 너희에게 이르노니 사람에 대한 모든 죄와 모독은 사하심을 얻되 성령을 모독하는 것은 사하심을 얻지 못하겠고 또 누구든지 말로 인자를 거역하면 사하심을 얻되 누구든지 말로 성령을 거역하면 이 세상과 오는 세상에서도 사하심을 얻지 못하리라"(마 12:31-32)라는 말씀에 대한 해석 논리에서도 답을 찾을 수 있다.

예수님이 인자를 거역하는 것과 성령을 거역하는 것을 구분하여 말씀하신 것은, 당시의 상황에서는 사람들의 예수님에 대한 이해가 충분하지 않았고 심지어 제자들 사이에서도 예수님에 대한 잘못된 이해가 만연해 있었기 때문에 적어도 예수님이 십자가에서 돌아가시고 부활하실 때까지는 예수님을 제대로 이해할 시간적 여유를 줄 필요가 있었고, 당시의 상황이 바리새인들이 예수님이 성령을 힘입어 귀신을 쫓아낸 것을 부인하고 바알세불을 힘입어 귀신을 쫓아낸 것이라고 주장하는 상황이어서 성령의 문제는 당시 예수님과 바리새인들 사이에 직접적인 논쟁의 대상이었기 때문이다. 예수님이 십자가에서 돌아가시고 부활하신 이후에도 계속적이고 반복적인 인자에 대한 거역을 허용하신 것은 아니다.

기독교가 전도되지 않은 지역과 사람들에 대하여 하나님이 역사하심의 문제와 기독교가 전도된 지역과 사람들에 대하여 하나님이 역사하심의 문제는 구별하여 이해하여야 한다. 기독교가 전도된 지역이나 사람의 계속적인 불신앙에 대해서는 하나님의 심판이 따른다.

중요한 것은 기독교가 전도되지 않은 지역에 사는 사람의 구원을 어떻게 설명할 것인지에 대해 의문을 가지는 사람은 하나님과 예수님의 존재를 믿지 않을지는 모르지만, 적어도 하나님과 예수님의 존재 자체에 대해서는 이미 들어서 알고 있다는 점이다. 하나님과 예수님에 대해 이미 들어서 알고 있는 사람에게 중요한 것은, 하나님의 주권적 영역에 속하는 위와 같은 문제에 대한 의문이 아니라 지금 당장 하나님을 믿는 것이다.

6절 - 맺는말

바울의 "그리스도께서 죽은 자 가운데서 다시 살아나셨다 전파되었거늘 너희 중에서 어떤 사람들은 어찌하여 죽은 자 가운데서 부활이 없다하느냐 만일 죽은 자의 부활이 없으면 그리스도도 다시 살아나지 못하셨으리라 그리스도께서 만일 다시 살아나지 못하셨으면 우리가 전파하는 것도 헛것이요 또 너희 믿음도 헛것이며 또 우리가 하나님의 거짓 증인으로 발견되리니 우리가 하나님이 그리스도를 다시 살리셨다고 증언하였음이라 만일 죽은 자가 다시 살아나는 일이 없으면 하나님이 그리스도를 다시 살리지 아니하셨으리라 만일 죽은 자가 다시 살아나는 일이 없으면 그리스도도 다시 살아나신 일이 없었을 터이요 그리스도께서 다시 살아나신 일이 없으면 너희의 믿음도 헛되고 너희가 여전히 죄 가운데 있을 것이요 또한 그리스도 안에서 잠자는 자도 망하였으리니 만일 그리스도 안에서 우리의 바라는 것이 다만 이 세상의 삶뿐이면 모든 사람 가운데 우리가 더욱 불쌍한 자이리라 그러나 이제 그리스도께서 죽은 자 가운데서 다시 살아나사 잠자는 자들의 첫 열매가 되셨도다 사망이 한 사람으로 말미암았으니 죽은 자의 부활도 한 사람으로 말미암는도다 아담 안에서 모든 사람이 죽은 것 같이 그리스도 안에서 모든 사람이 삶을 얻으리라"(고전 15:12-22), "무엇이든지 내게 유익하던 것을 내가 그리스도를 위하여 다 해로 여길뿐더러 또한 모든 것을 해로 여김은 내 주 그리스도 예수를 아는 지식이 가장 고상하기 때문이라 내가 그를 위하여 모든 것을 잃어버리고 배설물로 여김은 그리스도를 얻고 그 안에서 발견되려 함이니 내가 가진 의는 율법에서 난 것이 아니요 오직 그리스도를 믿음으로 말미암은 것이니 곧 믿음으로 하나님께로부터 난 의라 내가 그리스도와 그 부활의 권능과 그 고난에 참여함을 알고자 하여 그의 죽으심을 본받아 어떻게 해서든지 죽은 자 가운데서 부활에 이르려하노니"(빌 3:7-11)라는 고백은 종교다원주의에 대한 답이 될 수 있다.

그리고 "하나님 앞과 살아 있는 자와 죽은 자를 심판하실 그리스도 예수 앞에서 그가 나타나실 것과 그의 나라를 두고 엄히 명하노니 너는 말씀을 전파하라 때를 얻든지 못 얻든지 항상 힘쓰라 범사에 오래 참음과 가르침으로 경책하며 경계하며 권하라 때가 이르리니 사람이 바른 교훈을 받지 아니하며 귀가 가려워서 자기의 사욕을 따를 스승을 많이 두고 또 그 귀를 진리에서 돌이켜 허탄한 이야기를 따르리라 그러나 너는 모든 일에 신중하여 고난을 받으며 전도자의 일을 하며 네 직무를 다하라"(딤후 4:1-5)라는 말씀은 종교다원주의에 대한 우리의 자세와 관련하여 많은 교훈을 준다.

제6편

다시 태어난 삶을
어떻게 살아갈 것인가?

1장
들어가는 말

하나님과 예수님을 믿음으로 다시 태어나 하나님의 자녀가 되었다면 하나님의 자녀에 걸맞은 삶을 살아야 한다(요 1:12-13; 고후 5:17, 6:16, 7:1; 벧전 1:14-16). 하나님은 하나님의 자녀에게 복(福) 주실 것을 약속하셨고, 물질적인 풍족함이나 높은 사회적 지위(명예)도 하나님이 약속하신 복이다(창 12:1-4; 출 35:30-31; 신 8:16-18, 15:4-6, 28:1-6).

그러나 일용할 양식에 감사하지 못하고 자족하지 못한다면 탐심과 교만의 지배를 받게 되어 물질적인 풍족이나 높은 사회적 지위(명예)가 오히려 해가 될 수 있다. 하나님과 예수님에 대한 믿음으로 항상 하나님과 예수님 안에 거하고, 일용할 양식에 감사하고 자족하는 것은 하나님이 주시는 복을 누리기 위한 필수 조건이다. 복에 대해서는 5편 8장에서 살펴본 바와 같다.

"하나님의 성전과 우상이 어찌 일치가 되리요 우리는 살아 계신 하나님의 성전이라"(고후 6:16)

"그런즉 사랑하는 자들아 이 약속을 가진 우리는 하나님을 두려워하는 가운데서 거룩함을 온전히 이루어 육과 영의 온갖 더러운 것에서 자신을 깨끗하게 하자"(고후 7:1)

"너희가 순종하는 자식처럼 전에 알지 못할 때에 따르던 너희 사욕을 본받지 말고 오직 너희를 부르신 거룩한 이처럼 너희도 모든 행실에 거룩한 자가 되라 기록되었으되 내가 거룩하니 너희도 거룩할지어다 하셨느니라"(벧전 1:14-16)

자기계발이나 성공 관련 책들은 대부분 "목표를 구체적으로 세우고, 나는 할 수 있고 내가 하는 일이 모두 잘 될 것이라는 긍정적인 생각을 가지고, 긍정적인 말을 하고, 베풀면서 부지런하게 열심히 노력하면 자기도 모르게 성공할 수 있다"라는 내용을 담고 있다. 자기계발이나 성공 관련 책들이 담고 있는 성공 요소들은 성경도 언급하고 있는 내용이다.

그러나 성경이 말하는 성공의 요소와 자기계발이나 성공 관련 책들이 다루고 있는 성공의 요소는 근본적으로 다르다. 성경은 재물과 사회적 지위(명예)는 물론이고 이를 얻을 능력도 하나님이 주신 것이고, 탐심과 교만에 기초해 취득한 재물이나 사회적 지위(명예)는 성경이 말하는 복과 거리가 멀고, 성경적 부지런함과 세상적 부지런함은 차이가 있다는 것을 명확히 한다. 나아가 고난과 형통에 대한 이해에서도 큰 차이가 있다.

성경은 자기계발이나 성공과 관련한 최고의 교본(敎本)이다. 성경이 기독교 신앙에 대한 책이다 보니 성경이 담고 있는 자기계발이나 성공 등에 대한 내용이 과소평가 받는 것이 현실이다. 사실 시중에 나와있는 자기계발이나 성공 관련 책들의 내용은 성경의 내용을 벗어나지 못한다고 해도 과언이 아니다.

2장
재물이나 사회적 지위(명예)는 우리가 획득하는 것이 아니라, 하나님으로부터 우리에게 주어지는 것이라는 믿음을 가져라

사람들은 일반적으로 재물이나 사회적 지위(명예)는 본인의 능력과 노력으로 얼마든지 획득할 수 있고, 성공하지 못하는 것은 본인의 능력과 노력이 부족하기 때문이라고 말한다. 그러나 성경은 재물이나 사회적 지위(명예)는 물론이고 이를 얻을 능력도 하나님이 주시는 것임을 명확히 한다(창 12:1-4, 39:2-3, 21, 23; 출 35:30-31; 신 8:16-18, 28:1-6; 마 6:30-33 등).

하나님이 재물이나 사회적 지위(명예)를 주시는 중요한 기준 중의 하나는 하나님의 말씀을 듣고 이를 지켜 행하는지와 탐심이라는 우상에서 자유롭게 되었는지이다(약 4:1-3; 요일 3:21-24). 이는 복을 받을 만한 그릇이 준비되어 있을 때 복을 주어야만 그 복이 하나님이 주신 것임을 알게 되어 감사하며 기뻐할 수 있고, 하나님이 우리에게 주신 재물과 사회적 지위(명예)를 주신 목적에 맞게 하나님의 영광을 위하여 사용할 수 있게 되어(마 5:13-16; 눅 16:1-13, 19:1-9), 우리에게 해가 되지 않기 때문이다(잠 16:25; 전 5:13; 눅 12:13-21; 딤전 6:9-10).

> "여호와께서 유다 지파 훌의 손자요 우리의 아들인 브살렐을 지명하여 부르시고 하나님의 영을 그에게 충만하게 하여 지혜와 총명과 지식으로 여러 가지 일을 하게 하시되"(출 35:30-31)
>
> "네 조상들도 알지 못하던 만나를 광야에서 네게 먹이셨나니 이는 다 너를 낮추시며 너를 시험하사 마침내 네게 복을 주려 하심이었느니라 그러나 네가 마음에 이르기를 내 능력과 내 손의 힘으로 내가 이 재물을 얻었다 말할 것이라 네 하하나님 여호와를 기억하라 그가 네게 재물 얻을 능력을 주셨음이라 이같이 하심은 네 조상들에게 맹세하신 언약을 오늘과 같이 이루려 하심이니라"(신 8:16-18)
>
> "네가 네 하나님 여호와의 말씀을 삼가 듣고 내가 오늘 네게 명령하는 그의 모든 명령을 지켜 행하면 네 하나님 여호와께서 너를 세계 모든 민족 위에 뛰어나게 하실 것이라 네가 네 하나님 여호와의 말씀을 청종하면 이 모든 복이 네게 임하며 네게 이르리니 성읍에서도 복을 받고 들에서도 복을 받을 것이며 네 몸의 자녀와 네 토지의 소산과 네 짐승의 새끼와 소와 양의 새끼가 복을 받을 것이며 네 광

주리와 떡 반죽 그릇이 복을 받을 것이며 네가 들어와도 복을 받고 나가도 복을 받을 것이니라"(신 28:1-6)

"내가 해 아래에서 큰 폐단 되는 일이 있는 것을 보았나니 곧 소유주가 재물을 자기에게 해가 되도록 소유하는 것이라"(전 5:13)

"너희 중에 싸움이 어디로부터 다툼이 어디로부터 나느냐 너희 지체 중에서 싸우는 정욕으로부터 나는 것이 아니냐 너희는 욕심을 내어도 얻지 못하여 살인하며 시기하여도 능히 취하지 못하므로 다투고 싸우는도다 너희가 얻지 못함은 구하지 아니하기 때문이요 구하여도 받지 못함은 정욕으로 쓰려고 잘못 구하기 때문이라"(약 4:1-3)

재물과 사회적 지위(명예)가 어디에서 오는지의 문제에 대한 관점은 재물과 사회적 지위(명예)에 대한 우리의 태도와 직결되는 매우 중요한 문제이다. 재물과 사회적 지위(명예)가 하나님으로부터 온 것이고 단지 하나님이 우리에게 하나님의 뜻에 맞게 사용할 수 있는 권한을 준 것이라는 생각을 가지면, 재물과 사회적 지위(명예)의 취득 과정이나 사용에 있어 탐심과 교만이 우리를 지배하지 못한다. 반면에 재물과 사회적 지위(명예)를 내 능력과 노력으로 획득한 것이라는 생각을 가지면, 나도 모르는 사이에 탐심과 교만이 우리를 지배하게 되고 탐심과 교만은 우리를 파멸과 멸망에 빠지게 한다(눅 12:16-21; 딤전 6:9-10; 약 4:1-3).

"또 비유로 그들에게 말하여 이르시되 한 부자가 그 밭에 소출이 풍성하매 심중에 생각하여 이르되 내가 곡식 쌓아 둘 곳이 없으니 어찌할까 하고 또 이르되 내가 이렇게 하리라 내 곳간을 헐고 더 크게 짓고 내 모든 곡식과 물건을 거기 쌓아 두리라 또 내가 내 영혼에게 이르되 영혼아 여러 해 쓸 물건을 많이 쌓아 두었으니 평안히 쉬고 먹고 마시고 즐거워하자 하리라 하되 하나님은 이르시되 어리석은 자여 오늘 밤에 네 영혼을 도로 찾으리니 그러면 네 준비한 것이 누구의 것이 되겠느냐 하셨으니 자기를 위하여 재물을 쌓아 두고 하나님께 대하여 부요하지 못한 자가 이와 같으니라"(눅 12:16-21)

재물이나 사회적 지위(명예)를 본인의 능력과 노력으로 획득하는 것이 아니라 하나님이 하나님의 때에 하나님의 방법으로 주시는 것이라는 믿음을 가진다면, 하나님의 자녀에 걸맞은 삶을 살아갈 수 있고, 바울의 "내가 궁핍하므로 말하는 것이 아니니라 어떠한 형편에든지 나는 자족하기를 배웠노니 나는 비천에 처할 줄도 알고 풍부에 처할줄도 알아 모든 일 곧 배부름과 배고픔과 풍부와 궁핍에도 처할 줄 아는 일체의 비결을 배웠노라 내게 능력 주시는 자 안에서 내가 모든 것을 할 수 있느니라"(빌 4:11-13)라는 고백이 우리의 고백이 될 수 있을 것이다.

3장
탐심을 잘 관리하라

1절 – 들어가는 말

세상적으로는 목표를 구체적으로 설정하고 집중해서 노력하면 물질적 풍요와 사회적 성공이 따른다고 한다. 물론 성경도 목표를 구체적으로 설정하고 부단히 노력할 것을 요구한다. 그러나 성경은 여기에 그치지 않고 내가 왜, 무엇을 위하여 재물과 사회적 지위(명예)를 원하는 것인가를 진지하게 고민할 것을 요구한다(마 6:30-33; 약 4:1-3).

성경은 탐심을 우상 숭배로 볼 만큼 심각한 문제로 본다(마 6:21, 24; 골 3:5). 아담과 하와가 선악을 알게 하는 나무의 열매를 따 먹은 것도 탐심과 교만의 결과이다(창 3:4-6; 요일 2:15-17). 탐심은 사람을 믿음에서 떠나게 하고, 결국은 파멸과 멸망에 빠지게 한다(잠 16:25; 빌 3:19; 딤전 6:9-10). 우리가 탐심을 어떻게 관리하느냐의 문제는 우리의 인생에 있어 매주 중요한 문제이다.

"뱀이 여자에게 이르되 너희가 결코 죽지 아니하리라 너희가 그것을 먹는 날에는 너희 눈이 밝아져 하나님과 같이 되어 선악을 알 줄 하나님이 아심이라 여자가 그 나무를 본즉 먹음직도 하고 보암직도 하고 지혜롭게 할 만큼 탐스럽기 한 나무인지라 여자가 그 열매를 따먹고 자기와 함께 있는 남편에게도 주매 그도먹은지라"(창 3:4-6)

"네 보물 있는 그 곳에는 네 마음도 있느니라"(마 6:21)

"한 사람이 두 주인을 섬기지 못할 것이니 혹 이를 미워하고 저를 사랑하거나 혹 이를 중히 여기고 저를 경히 여김이라 너희가 하나님과 재물을 겸하여 섬기지 못하느니라"(마 6:24)

"그러므로 땅에 있는 지체를 죽이라 곧 음란과 부정과 사욕과 악한 정욕과 탐심이니 탐심은 우상 숭배니라"(골 3:5)

"너희 중에 싸움이 어디로부터 다툼이 어디로부터 나느냐 너희 지체 중에서 싸우는 정욕으로부터 나는 것이 아니냐 너희는 욕심을 내어도 얻지 못하여 살인하며 시기하여도 능히 취하지 못하므로 다투고 싸우는도다 너희가 얻지 못함은 구하지 아니하기 때문이요 구하여도 받지 못함은 정욕으로 쓰려고 잘못 구하기 때문이라"(약 4:1-3)

"이 세상이나 세상에 있는 것들을 사랑하지 말라 누구든지 세상을 사랑하면 아버지의 사랑이 그 안에 있지 아니하니 이는 세상에 있는 모든 것이 육신의 정욕과 안목의 정욕과 이생의 자랑이니 다 아버지께로부터 온 것이 아니요 세상으로부터 온 것이라 이 세상도, 그 정욕도 지나가되 오직 하나님의 뜻을 행하는 자는 영원히 거하느니라"(요일 2:15-17)

2절 - 탐심의 의미

탐심의 사전적 의미는 '지나치게 탐하는 욕심'이다. 성경에서 말하는 탐심은 무엇인가를 갖고자 하는 마음의 '정도' 문제이기도 하지만, 보다 근본적으로는 마음의 '중심에 무엇이 있는가'의 문제이다. 성경적 의미의 탐심은 '세상, 즉 재물과 사회적 지위(명예) 등을 하나님의 자리에 두어 믿음과 소망과 사랑의 대상이 하나님이 아닌 세상에 있는 것'으로 이해할 수 있다(마 6:21, 24; 요일 2:15-17).

우리는 불법적인 방법이나 착취를 통해 돈을 버는 것은 탐심이라고 하지만, 정상적인 직장생활(사업)을 통해 번 돈으로 소형 평수 아파트를 대출받아 매수하여 대출이자를 내는 바람에 쪼들리는 생활을 하면 탐심과는 거리가 멀다고 생각한다. 그러나 일용할 양식이나 살아감에 필요한 양식 이상의 풍족함이 있음에도 마음의 중심에 하나님과 사랑, 감사와 자족하는 마음이 없고 계속 구하기만 한다면 이것이 바로 탐심이다(잠 30:8-9; 마 6:11; 딤전 6:6-12).

"그러나 자족하는 마음이 있으면 경건은 큰 이익이 되느니라 우리가 세상에 아무 것도 가지고 온 것이 없으매 또한 아무것도 가지고 가지 못하리니 우리가 먹을 것과 입을 것이 있은즉 족한 줄로 알 것이니라 부하려 하는 자들은 시험과 올무와 여러 가지 어리석고 해로운 욕심에 떨어지나니 곧 사람으로 파멸과 멸망에 빠지게 하는 것이라 돈을 사랑함이 일만 악의 뿌리가 되나니 이것을 탐내는 자들은 미혹을 받아 믿음에서 떠나 많은 근심으로써 자기를 찔렀도다 오직 너 하나님의 사람아 이것들을 피하고 의와 경건과 믿음과 사랑과 인내와 온유를 따르며 믿음의 선한 싸움을 싸우라 영생을 취하라 이를 위하여 네가 부르심을 받았고 많은 증인 앞에서 선한 증언을 하였도다"(딤전 6:6-12)

탐심은 재물 등의 취득 과정에서의 탐심과 취득한 재물 등의 사용에서의 탐심으로 나누어 볼 수 있다. 재물 등의 취득 과정에서의 탐심은 그나마 쉽게 자각할 수 있지만 취득한 재물 등의 사용에서의 탐심은 자각하기 어렵다.

성경에서 취득한 재물의 사용과 관련한 탐심을 잘 설명해주는 대표적인 예가 '재물이 많은 청년의 비유'(마 19:16-22), '한 부자의 비유'(눅 12:16-21), '옳지 않은 청지기의 비유'(눅 16:1-13)이다. 재물이나 사회적 지위(명예)가 하나님의 영광을 나타내기 위한 수단이 되지 못하고 그 자체가 목적이 되는 순간, 우리는 탐심의 지배를 받게 되어 하나님이 우리에게 주신 재물과 사회적 지위(명예)를 주신 목적에 맞게 사용하지 못하게 된다.

하나님은 누구보다도 우리가 세상적으로 풍족하고 영광스럽게 사는 것을 원하시지만, 우리가 누리는 풍족함과 영광이 진정으로 우리에게 유익이 되고 하나님의 영광을 나타내는 것이 되기를 바라신다(마 5:13-16).

> "어떤 사람이 주께 와서 이르되 선생님이여 내가 무슨 선한 일을 하여야 영생을 얻으리이까 예수께서 이르시되 어찌하여 선한 일을 내게 묻느냐 선한 이는 오직 한 분이시니라 네가 생명에 들어 가려면 계명들을 지키라 이르되 어느 계명이오니이까 예수께서 이르시되 살인하지 말라, 간음하지 말라, 도둑질하지 말라, 거짓 증언 하지 말라, 네 부모를 공경하라, 네 이웃을 네 자신과 같이 사랑하라 하신 것이니라 그 청년이 이르되 이 모든 것을 내가 지키었사온대 아직도 무엇이 부족하니이까 예수께서 이르시되 네가 온전하고자 할진대 가서 네 소유를 팔아 가난한 자들에게 주라 그리하면 하늘에서 보화가 네게 있으리라 그리고 와서 나를 따르라 하시니 그 청년이 재물이 많으므로 이 말씀을 듣고 근심하며 가니라"(마 19:16-22)

3절 – 탐심의 결과

탐심은 세상을 하나님의 자리에 두는 것으로 탐심은 우상 숭배이고 십계명의 모든 계명과 관련되는 문제이다(출 20:1-17; 골 3:5). 탐심은 사람을 믿음에서 떠나게 하고, 결국은 파멸과 멸망에 빠지게 한다 (잠 16:25; 빌 3:19; 딤전 6:9-10).

탐심은 ① 잠 줄이고, 아끼고 아껴서, 머리 잘 굴려서 좀 더 벌자 좀 더 모으자는 마음으로 탐심의 종이 되어, ② 예금 잔액 확인하느라, 임대수익 계산하느라, 대출금 얼마 남았다 확인하느라 감사와 자족하는 평안한 삶을 살지 못하다가, ③ 내가 어디에서 와서 어디로 가고 어떻게 되는지, 평생 번 돈이 어디로 가고 누가 쓰는지도 모르고 죽음을 맞이하는 삶을 살게 한다(시 39:3-7; 전 4:7-8, 5:10, 13-16).

성경이 말하는 심판은 당장 눈에 보이는 심판도 있지만 정욕대로 더러움에 내버려 두거나 부끄러운 욕심에 내버려 두거나 상실한 마음대로 내버려 두는 심판도 있다(요 3:18; 롬 1:24, 26, 28). 탐심에 끌려 다니는 삶 자체가 이미 심판받은 삶일 수도 있다는 점에서, 내가 돈을 잘 벌고 높은 사회적 지위에 있다고 해서 좋아하기만 할 일은 아니다(시 37:1-40).

모든 육체는 풀과 같고 그 모든 영광은 풀의 꽃과 같아 풀은 마르고 꽃은 떨어지듯이 육체는 순간이고(시 39:3-7, 90:1-12; 사 40:6-8), 이 시간 이후에 무슨 일이 일어날지 아무것도 모른다(전 3:11; 마 25:1-13). 탐심은 자칫 잘못하면 육체적 죽음 이후의 삶을 준비할 수 있는 마지막 기회를 놓치게 한다. 탐심의 지배를 받는 삶은 아무런 자각증상 없이 암세포가 자라나 나중에 증상이 나타났을 때는 치료를 포기해야 하는 것처럼 회복할 수 없는 치명적인 결과를 가져온다.

"어떤 길은 사람이 보기에 바르나 필경은 사망의 길이니라"(잠 16:25)

"내가 또 다시 해 아래에서 헛된 것을 보았도다 어떤 사람은 아들도 없고 형제도 없이 홀로 있으나 그의 모든 수고에는 끝이 없도다 또 비록 그의 눈은 부요를 족하게 여기지 아니하면서 이르기를 내가 누구를 위하여는 이같이 수고하고 나를 위하여는 행복을 누리지 못하게 하는가 하여도 이것도 헛되어 불행한 노고로 다"(전 4:7-8)

"은을 사랑하는 자는 은으로 만족하지 못하고 풍요를 사랑하는 자는 소득으로 만족하지 아니하니 이것도 헛되도다"(전 5:10)

"내가 해 아래에서 큰 폐단 되는 일이 있는 것을 보았나니 곧 소유주가 재물을 자기에게 해가 되도록 소유하는 것이라 그 재물이 재난을 당할 때 없어지나니 비록 아들은 낳았으나 그 손에 아무것도 없느니라 그가 모태에서 벌거벗고 나왔은 즉 그가 나온 대로 돌아가고 수고하여 얻은 것을 아무것도 자기 손에 가지고 가지 못하리니 이것도 큰 불행이라 어떻게 왔든지 그대로 가리니 바람을 잡는 수고가 그에게 무엇이 유익하랴"(전 5:13-16)

"그를 믿는 자는 심판을 받지 아니하는 것이요 믿지 아니하는 자는 하나님 독생자의 이름을 믿지 아니하므로 벌써 심판을 받은 것이니라"(요 3:18)

"또한 그들이 마음에 하나님 두기를 싫어하매 하나님께서 그들을 그 상실한 마음대로 내버려 두사 합당하지 못한 일을 하게 하셨으니"(롬 1:28)

"그들의 마침은 멸망이요 그들의 신은 배요 그 영광은 그들의 부끄러움에 있고 땅의 일을 생각하는 자라"(빌 3:19)

4절 – 탐심의 해결

돈을 사랑함이 일만 악의 뿌리이고 하나님과 재물을 겸하여 섬기지 못한다(마 6:21, 24; 딤전 6:9-10). 탐심은 마음의 중심에 하나님이 아닌 세상이 있는 것으로, 탐심을 해결하기 위해서는 욕심을 버리는 것으로는 부족하고 마음의 중심을 하나님과 사랑으로 채우는 것까지 나아가야 한다(엡 5:15-21; 요일 2:15-17).

이를 잘 설명해주는 것이 예수님을 영접한 삭개오의 변화이다. 삭개오는 예수님을 영접한 이후 자발적으로 "내 소유의 절반을 가난한 자들에게 주겠사오며 만일 누구의 것을 속여 빼앗은 일이 있으면 네 갑절이나 갚겠나이다"(눅 19:8)라고 한다.

삭개오와 대비되는 성경 인물은 '재물이 많은 청년의 비유'(마 19:16-22)에 등장하는 부자 청년이다. 부자 청년은 영생에 관심이 있어 예수님에게 "이 모든 것을 내가 지키었사온대 아직도 무엇이 부족하니이까"(마 19:20)라는 질문을 하였다. 예수님이 부자 청년의 질문에 대해 "네가 온전하고자 할진대 가서 네 소유를 팔아 가난한 자들에게 주라 그리하면 하늘에서 보화가 네게 있으리라 그리고 와서 나를 따르라"(마 19:21)라고 말씀하시자, 부자 청년은 예수님의 말씀을 듣고 재물이 많으므로 근심하며 떠나간다.

"이 세상이나 세상에 있는 것들을 사랑하지 말라 누구든지 세상을 사랑하면 아버지의 사랑이 그 안에 있지 아니하니 이는 세상에 있는 모든 것이 육신의 정욕과 안목의 정욕과 이생의 자랑이니 다 아버지께로부터 온 것이 아니요 세상으로부터 온 것이라 이 세상도, 그 정욕도 지나가되 오직 하나님의 뜻을 행하는 자는 영원히 거하느니라"(요일 2:15-17)

탐심을 해결하기 위해서는 하나님이 재물과 사회적 지위(명예)를 주신 것을 믿고, 하나님의 청지기로서의 신분을 자각해야 한다. 우리가 하나님의 청지기라는 신분을 자각하면, 하나님이 맡겨 주신 재물과 사회적 지위(명예)를 주신 목적에 맞게 하나님의 영광을 위해 사용하는 것이 가능해진다(마 5:13-16, 24:42-51; 눅 16:1-13).

탐심이라는 우상 숭배를 해결할 수 있는 가장 현실적이고 중요한 방법은 온전한 십일조 생활이다. 십일조는 모든 소득이 하나님으로부터 온 것임을 인정하여 하나님보다 물질을 우선시하지 아니하겠다는 신앙고백으로, 탐심이라는 우상 숭배를 멀리하겠다는 의지의 표현이고 정의와 긍휼의 실천이다(신 14:22-29; 마 23:23; 고후 9:6-11). 온전한 십일조를 위해서는 재물의 취득 과정이나 수익의 근원도 정의와 긍휼을 충족할 것을 요구하고 온전한 십일조 생활을 위해서는 청지기 신분에 맞게 재정관리를 하여야 한다는 점을 고려하면, 온전한 십일조 생활은 탐심의 현실적이고 중요한 해결 방법이 될 수 있다.

하나님은 사랑하시는 자에게 잠을 주신다(시 127:2). 내가 근심과 걱정으로 잠을 잘 이루지 못한다면, 나의 믿음 상태와 내가 탐심에 의해 지배당하고 있는 것은 아닌지 되돌아볼 필요가 있다(시 16:1-11; 전 5:1-6:12; 마 6:19-34).

"이것이 곧 적게 심는 자는 적게 거두고 많이 심는 자는 많이 거둔다 하는 말이로다 각각 그 마음에 정한 대로 할 것이요 인색함으로나 억지로 하지 말지니 하나님은 즐겨 내는 자를 사랑하시느니라 하나님이 능히 모든 은혜를 너희에게 넘치게 하시나니 이는 너희로 모든 일에 항상 모든 것이 넉넉하여 모든 착한 일을 넘치게 하게 하려 하심이라 기록된 바 그가 흩어 가난한 자들에게 주었으니 그의 의가 영원토록 있느니라 함과 같으니라 심는 자에게 씨와 먹을 양식을 주시는 이가 너희 심을 것을 주사 풍성하게 하시고 너희 의의 열매를 더하게 하시리니 너희가 모든 일에 넉넉하여 너그럽게 연보를 함은 그들이 우리로 말미암아 하나님께 감사하게 하는 것이라"(고후 9:6-11)

4장
부지런하게 살아라

1절 – 부지런함의 의미

부지런함의 사전적 의미는 '일하는 데 있어 열성적이며 꾸준함'이고, 게으름의 사전적 의미는 '행동이 느리고 움직이거나 일하기를 싫어하는 태도나 버릇'이다. 성경적 의미의 부지런함과 게으름은 사전적 의미의 부지런함과 게으름 그 이상의 의미가 있다.

성경적으로는 하나님의 청지기 역할을 제대로 하는지가 부지런함과 게으름을 판단하는 기준이 된다. 하나님은 우리를 세상 만물의 관리자인 하나님의 청지기로 세우셨다(창 1:26-28; 고전 4:1-5; 벧전 4:10-11). 청지기는 자신에게 관리를 맡긴 주인을 위하여 자기 자신과 시간과 은사 등 모든 것을 드려 충성하는 사람이다. 청지기가 아무리 행동이 민첩하고 일을 열심히 하여도 민첩함과 열심이 청지기 본인의 욕심을 채우기 위한 것이라면 주인에게는 악하고 게으른 청지기이다. 하나님은 충성된 청지기에게는 더 많은 것을 맡기신다(마 25:14-30; 눅 12:35-48).

게으름과 관련하여 간과하기 쉬운 것이 '술취함'이다. 술 취하는 것은 방탕한 것이다(엡 5:18). 성경은 방탕함과 술취함과 생활의 염려로 마음이 둔하여지지 않도록 스스로 조심하고 항상 기도하며 깨어 있을 것을 요구하고, 술 취하는 것과 성령 충만을 대비시키고 있다(눅 21:34-36; 엡 5:18). 술 취하는 것은 방탕하게 하고 결과적으로 시간과 에너지를 낭비하게 만든다는 점에서, 게으름의 대표적인 예로 볼 수 있다. 술 취하는 것은 중추신경을 마비시켜 판단력과 판별력을 상실하게 한다. 술에 취한 상태에서는 성령의 지배가 아닌 술의 지배를 받게 되어, 성령의 일이 아닌 육체의 일을 생각하게 되고 육체의 일을 행한다(롬 8:5-6; 고전 6:19-20; 엡 5:15-21; 갈 5:16-24).

술취함과 성령 충만의 공통점은 각각 술과 성령의 지배를 받게 되어 '다른' 사람이 되는 것이고, 차이점은 '어떠한' 다른 사람이 되느냐이다(잠 23:20-21, 29-36). 술은 숙취와 후유증을 남기지만 성령 충만은 새 힘을 준다(사 40:27-31). 술취함과 성령 충만이 가져오는 결과와 그 차이점에 대해서는 각자 묵상해 보시길 바란다.

"육신을 따르는 자는 육신의 일을, 영을 따르는 자는 영의 일을 생각하나니 육신의 생각은 사망이요 영의 생각은 생명과 평안이니

라"(롬8:5-6)

"너희 몸은 너희가 하나님께로부터 받은바 너희 가운데 계신 성령의 전인 줄을 알지 못하느냐 너희는 너희의 것이 아니라 값으로 산 것이 되었으니 그런즉 너희 몸으로 하나님께 영광을 돌리라"(고전 6:19-20)

"그런즉 너희가 어떻게 행할지를 자세히 주의하여 지혜 없는 자같이 하지 말고 오직 지혜 있는 자같이 하여 세월을 아끼라 때가 악하니라 그러므로 어리석은 자가 되지 말고 오직 주의 뜻이 무엇인가 이해하라 술 취하지 말라 이는 방탕한 것이니 오직 성령으로 충만함을 받으라 시와 찬송과 신령한 노래들로 서로 화답하며 너희의 마음으로 주께 노래하며 찬송하며 범사에 우리 주 예수 그리스도의 이름으로 항상 아버지 하나님께 감사하며 그리스도를 경외함으로 피차 복종하라"(엡 5:15-21)

2절 - 게으름의 유형

1. 제1유형-행동이 느리고 움직이거나 일하기를 싫어하는 게으름

행동이 느리고 움직이거나 일하기를 싫어하여 주어진 시간과 기회를 허비하는 유형의 게으름은 이해에 큰 어려움이 없다.

"게으른 자는 길에 사자가 있다 거리에 사자가 있다 하느니라 문짝

이 돌쩌귀를 따라서 도는 것같이 게으른 자는 침상에서 도느니라 게으른 자는 그 손을 그릇에 넣고도 입으로 올리기를 괴로워하느니라 게으른 자는 사리에 맞게 대답하는 사람 일곱보다 자기를 지혜롭게 여기느니라"(잠 26:13-16)

2. 제2유형–열정적이기는 하나 하나님의 뜻을 분별하지 못하고, 행동이나 일의 방향을 잘못 설정하여 행하는 게으름

위와 같은 유형의 게으름은 무언가를 열심히 열정적으로 한다는 점에서 사전적 의미의 게으름에는 해당하지 않는다. 그러나 성경적으로는 하나님의 뜻을 분별하지 못하고 행동이나 일의 방향을 잘 못 설정하여 행하면, 아무리 일을 열심히 해도 이는 정작 해야 할 일을 가장 적극적으로 하지 않는 결과가 되는 것이라는 점에서 게으름으로 볼 수 있다.

위와 같은 유형의 게으름은 적극적으로 하나님의 뜻에 반하는 결과를 가져오는 것으로, 단순히 아무 일도 하지 않는 게으름보다 더 심각한 문제를 초래한다(전 4:6-8; 롬 12:1-2; 엡 5:15-21). 하나님의 뜻인지와 해야 할 일인지 여부는 하고자 하는 일의 중심에 탐심과 우상 숭배가 있는지, 아니면 하나님(말씀)과 사랑이 있는지로 판단하면 될 것이다.

"두 손에 가득하고 수고하며 바람을 잡는 것보다 한 손에만 가득하고 평온함이 더 나으니라 내가 또 다시 해 아래에서 헛된 것을 보았도다 어떤 사람은 아들도 없고 형제도 없이 홀로 있으나 그의 모든 수고에는 끝이 없도다 또 비록 그의 눈은 부요를 족하게 여기지 아니하면서 이르기를 내가 누구를 위하여 이같이 수고하고 나를 위하여는 행복을 누리지 못하게 하는가 하여도 이것도 헛되이 불행한 노고로다"(전 4:6-8)

"그러므로 형제들아 내가 하나님의 모든 자비하심으로 너희를 권하노니 너희 몸을 하나님이 기뻐하시는 거룩한 산 제물로 드리라 이는 너희가 드릴 영적 예배니라 너희는 이 세대를 본받지 말고 오직 마음을 새롭게 함으로 변화를 받아 하나님의 선하시고 기뻐하시고 온전하신 뜻이 무엇인지 분별하도록 하라"(롬 12:1-2)

3. 제3유형—은사와 재능을 성실하게 활용하지 아니하는 게으름

하나님이 주신 은사와 재능을 하나님이 주신 목적대로 성실하게 활용하지 않는 것도 게으름이다. 하나님은 은사와 재능을 공동체의 유익을 위하여 사용하는 것을 요구하신다(고전 12:4, 7, 11). 성경은 자신에게 주어진 은사와 재능을 성실하게 활용한 사람을 착하고 충성된 종이라 하고, 성실하게 활용하지 않은 사람을 악하고 게으른 종이라 한다(마 25:21, 23, 26).

"그 주인이 이르되 잘하였도다 착하고 충성된 종아 네가 적은 일에 충성하였도다 내가 많은 것을 네게 맡기리니 네 주인의 즐거움에 참여할지어다 하고"(마 25:21)

"각 사람에게 성령을 나타내심은 유익하게 하려 하심이라"(고전 12:7)

"이 모든 일은 같은 한 성령이 행하사 그의 뜻대로 각 사람에게 나누어 주시는 것이니라"(고전 12:11)

3절 – 게으름의 결과

1. 마음의 자유와 평안을 누리지 못한다

하나님 안에서 누리는 마음의 자유와 평안은 하나님의 뜻을 분별하여 하나님의 청지기 신분과 사명을 자각하고 순종할 때 가능하다. 청지기 사명에 기초한 부지런함은 마음의 자유와 평안을 위해서 필수적인 요소이다(잠 13:4; 벧전 4:10-11).

"게으른 자는 마음으로 원하여도 얻지 못하나 부지런한 자의 마음은 풍족함을 얻느니라"(잠 13:4)

2. 열매를 맺지 못하고, 그에 대한 심판이 따른다

게으른 자는 좋은 열매를 맺지 못하고 열매를 맺지 못하는 게으른 자에게는 하나님의 심판이 따른다(마 7:17, 19; 눅 12:45-48; 요 15:2, 6; 계 20:9-10). 제2유형의 게으름은 나름대로 열심히 산다는 점에서 재물과 사회적 지위(명예) 등이 따를 수 있다. 그러나 성경이 말하는 심판은 당장 눈에 보이는 심판도 있지만 정욕대로 더러움에 내버려 두거나 부끄러운 욕심에 내버려 두거나 상실한 마음대로 내버려 두는 심판도 있다는 점을 고려하면(요 3:18; 롬 1:24, 26, 28), 사회적 성공이라는 결과가 열매가 되지 못하고 오히려 하나님의 심판에 해당하는 경우일 수도 있다는 점에 유의해야 한다(신 8:16-18, 31:20; 잠 30:8-9; 전 4:6-8).

> "내가 그들의 조상들에게 맹세한 바 젖과 꿀이 흐르는 땅으로 그들을 인도하여 들인 후에 그들이 먹어 배부르고 살찌면 돌이켜 다른 신들을 섬기며 나를 멸시하여 내 언약을 어기리니"(신 31:20)
>
> "곧 헛된 것과 거짓말을 내게서 멀리 하옵시며 나를 가난하게도 마옵시고 부하게 마옵시고 오직 필요한 양식으로 나를 먹이시옵소서 혹 내가 배불러서 하나님을 모른다 여호와가 누구냐 할까 하오며 혹 내가 가난하여 도둑질하고 내 하나님의 이름을 욕되게 할까 두려워함이니이다"(잠 30:8-9)
>
> "이와 같이 좋은 나무마다 아름다운 열매를 맺고 못된 나무가 나쁜 열매를 맺나니 아름다운 열매를 맺지 아니하는 나무마다 찍혀 불에 던져지느니라"(마 7:17, 19)
>
> "그를 믿는 자는 심판을 받지 아니하는 것이요 믿지 아니하는 자는 하나님 독생자의 이름을 믿지 아니하므로 벌써 심판을 받은 것이니라"(요 3:18)
>
> "또한 그들이 마음에 하나님 두기를 싫어하매 하나님께서 그들을 그 상실한 마음대로 내버려 두사 합당하지 못한 일을 하게 하셨으니"(롬 1:28)

3. 교만이 싹트고 사회적 실패와 신앙적 실패가 따른다

게으름의 정신적인 기저(基底)에는 교만이 자리 잡고 있다. 교만과 게으름은 동전의 양면과 같은 것으로 게으름에서 교만이 교만에서 게으름이 나온다. 교만의 사전적 의미는 '잘난 체하는 태도로 겸손함이 없이 건방짐'이다. 성경이 말하는 교만은 '내 안에 하나님이 없어 하나님을 부인하고 하나님에 대한 겸손이 없는 것'이다. 이러한 교만에는 투기와 분쟁과 비방과 악한 생각이 따르게 되고, 결과적으로 사회적 실패와 신앙적 실패가 뒤따른다(잠 10:26, 15:19, 16:18, 21:25, 26:16; 딤전 6:3-5).

> "게으른 자의 길은 가시울타리 같으나 정직한 자의 길은 대로니라"(잠 15:19)
>
> "교만은 패망의 선봉이요 거만한 마음은 넘어짐의 앞잡이니라"(잠 16:18)
>
> "게으른 자는 사리에 맞게 대답하는 사람 일곱보다 자기를 지혜롭게 여기느니라"(잠 26:16)
>
> "누구든지 다른 교훈을 하며 바른 말 곧 우리 주 예수 그리스도의 말씀과 경건에 관한 교훈을 따르지 아니하면 그는 교만하여 아무 것도 알지 못하고 변론과 언쟁을 좋아하는 자니 이로써 투기와 분쟁과 비방과 악한 생각이 나며 마음이 부패하여지고 진리를 잃어버려 경건을 이익의 방도로 생각하는 자들의 다툼이 일어나느니라"(딤전 6:3-5)

4. 물질적인 궁핍과 염려가 따른다

게으름에는 물질적인 궁핍과 염려가 따른다(잠 6:10-11, 13:4, 19:15, 20:4, 21:5). 제2유형의 게으름의 경우에는 물질적인 궁핍은 없을 수 있지만 탐심에서 오는 염려와 근심과 불만족이 따른다(딤전 6:8-10).

> "좀더 자자, 좀더 졸자, 손을 모으고 좀더 누워 있자 하면 네 빈궁이 강도 같이 오며 네 곤핍이 군사 같이 이르리라"(잠 6:10-11)
>
> "게으른 자는 가을에 밭 갈지 아니하나니 그러므로 거둘 때에는 구걸할지라도 얻지 못하리라"(잠 20:4)
>
> "부지런한 자의 경영은 풍부함에 이를 것이나 조급한 자는 궁핍함에 이를 따름이니라"(잠 21:5)

4절 – 게으름의 해결

게으름을 해결할 수 있는 근본적인 방법은 하나님의 청지기 신분과 사명을 자각하는 것이다. 우리는 세상 만물의 관리자인 청지기로서 각자 합력하여 선을 이루기 위해 부르심을 받은 존재이다(창 1:26-28; 롬 8:28; 고전 4:1-5; 벧전 4:10-11). 우리는 단순히 돈 많이 벌어서 나와 내 가족만 잘 먹고 살다가 자식에게 돈을 물려주고 죽기 위해 태어난 것이 아니다.

예수님은 안식일에 병든 자를 고쳐주시면서 "내 아버지께서 이제까지 일하시니 나도 일한다"(요 5:17)라고 말씀하셨다. 하나님과 예수님이 일하시는데 정작 청지기인 우리가 일하지 않는 것은 주인이 땀 흘려 열심히 일하는데 종이 해야 할 일을 하지 않고 빈둥빈둥 노는 것과 같다.

우리는 하나님의 뜻을 이루기 위해 꼭 필요한 중요한 퍼즐 한 조각이다. 하나님은 전지전능한 분이시지만 우리가 꼭 퍼즐의 한 조각이 되어주길 바라신다. 요셉이 하나님의 이스라엘 민족 출애굽 프로젝트의 일부를 수행한 것처럼(창 45:5, 50:20), 우리도 현세에서 하나님의 프로젝트를 실현하기 위하여 나에게 주어진 임무에 충실해야 할 소명이 있고 소명으로 인해 게으름을 피울 수 없다.

우리는 하나님으로부터 여러 가지 은사와 은혜를 받은 선한 청지기로서 말하려면 하나님의 말씀을 하는 것 같이, 봉사하려면 하나님이 공급하시는 힘으로 하는 것 같이, 주 예수의 이름으로 주께 하듯 하여야 한다(골 3:17, 23; 벧전 4:9-11).

"당신들이 나를 이곳에 팔았다고 해서 근심하지 마소서 한탄하지 마소서 하나님이 생명을 구원하시려고 나를 당신들보다 먼저 보내셨나이다"(창 45:5)

"당신들이 나를 해하려 하였으나 하나님은 그것을 선으로 바꾸사 오늘과 같이 많은 백성의 생명을 구원하게 하시려 하셨나니"(창 50:20)

"우리가 알거니와 하나님을 사랑하는 자 곧 그의 뜻대로 부르심을

입은 자들에게는 모든 것이 합력하여 선을 이루느니라"(롬 8:28)

"또 무엇을 하든지 말에나 일에나 다 주 예수의 이름으로 하고 그를 힘입어 하나님 아버지께 감사하라"(골 3:17)

"무슨 일을 하든지 마음을 다하여 주께 하듯 하고 사람에게 하듯 하지 말라"(골 3:23)

"서로 대접하기를 원망 없이 하고 각각 은사를 받은 대로 하나님의 여러 가지 은혜를 받은 선한 청지기 같이 서로 봉사하라 만일 누가 말하려면 하나님의 말씀을 하는 것 같이 하고 누가 봉사하려면 하나님이 공급하시는 힘으로 하는 것 같이 하라 이는 범사에 예수 그리스도로 말미암아 하나님이 영광을 받으시게 하려함이니 그에게 영광과 권능이 세세에 무궁하도록 있느니라 아멘"(벧전 4:9-11)

게으름의 대표적인 원인은 삶의 목표 부재(상실), 스트레스, 걱정이나 두려움, 피로, 낮아진 자신감(자존감) 등을 들 수 있다. 위와 같은 게으름의 원인은 하나님에 대한 믿음 부족과 하나님과의 관계 단절(소원)로 인한 영적 침체의 결과이다.

영적 침체로 인한 게으름을 잘 보여 주는 성경 인물이 엘리야이다(왕상 19:1-4). 누구보다도 열심히 하나님의 일을 하였던 엘리야가 영적 침체로 인한 게으름에 빠진 이후에 게으름에서 벗어난 것은 하나님의 보살핌에 힘입어(왕상 19:5-7), 하나님의 인도하심을 따라 사십 주 사십 야에 걸쳐 힘든 몸을 이끌고 하나님의 산 호렙을 향해 가서(왕상 19:8), 하나님을 만나고(왕상 19:9-14), 하나님으로부터 임무를 받아 이를 수행하면서부터(왕상 19:15-21) 이다.

우리도 하나님이 하나님을 찾는 자에게 상 주시는 이심과 새 힘을 주시는 이심을 믿고 기도와 간구로 하나님을 찾아 나설 때(사 40:27-31, 55:6-13; 히 11:6), "너희 몸은 너희가 하나님께로부터 받은 바 너희 가운데 계신 성령의 전인 줄을 알지 못하느냐 너희는 너희 자신의 것이 아니라 값으로 산 것이 되었으니 그런즉 너희 몸으로 하나님께 영광을 돌리라"(고전 6:19-20)라는 사명을 자각하고 하나님 안에서 열심을 낼 때, 하나님이 주시는 새 힘을 얻어 영적 침체와 게으름을 해결할 수 있다

5장
기도의 습관을 들여라

신앙생활에서 가장 중요하고 필수적인 것이 올바른 기도의 습관이다(삼상 12:23-25; 단 6:10; 마 26:40-41; 살전 5:16-18). 기도는 하나님과의 대화(교제)로 하나님 안에 거하는 방법이고 하나님 안에 거한다는 중요한 증거이다. 부부간에 대화가 없으면 부부관계가 깨졌거나 심각한 위기 상황인 것처럼, 하나님과의 대화가 없으면 하나님에 대한 믿음이 없거나 하나님과의 관계에 이상이 생긴 것이다.

기도는 하나님의 명령이자 뜻이다(마 26:41; 살전 5:16-18). 기도는 해도 그만 안해도 그만인 것이 아니다. 기도하기를 쉬는 것은 죄이고 (삼상 12:23), 죄에 빠지게 한다(눅 22:31-32; 벧전 5:7-8). 예수님의 "시험에 들지 않게 깨어 기도하라"(마 26:41)라는 말씀은 우리에게 교훈하는 바가 크다. 인생은 매 순간이 선택의 순간이고 영적 싸움의 순간이다. 영적 싸움은 혈과 육을 상대하는 것이 아니라 어둠의 세상 주관자들과 악한 영들을 상대로 하는 것으로, 영적 싸움에서 이기는 것은 인간적인 힘과 능력으로는 불가능하고 오직 기도와 성령의 간구를 통해서만 가능하다(신 35:15-20; 단 10:12-14; 마 19:23-26; 막 9:28-29; 눅 22:31-32; 롬 8:26-27; 엡 6:10-18; 빌 4:4-7; 벧전 5:7-8).

"나는 너희를 위하여 기도하기를 쉬는 죄를 여호와 앞에 결단코 범하지 아니하고 선하고 의로운 길을 너희에게 가르칠 것인즉 너희는 여호와께서 너희를 위하여 행하신 그 큰 일을 생각하여 오직 그를 경외하며 너희의 마음을 다하여 진실히 섬기라 만일 너희가 여전히 악을 행하면 너희와 너희 왕이 다 멸망하리라"(삼상 12:23-25)

"다니엘이 이 조서에 왕의 도장이 찍힌 것을 알고도 자기 집에 돌아가서는 윗방에 올라가 예루살렘으로 향한 창문을 열고 전에 하던 대로 하루 세 번씩 무릎을 꿇고 기도하며 그의 하나님께 감사하였더라"(단 6:10)

"항상 기뻐하라 쉬지 말고 기도하라 범사에 감사하라 이것이 그리스도 예수 안에서 너희를 향하신 하나님의 뜻이니라"(살전 5:16-18)

"너희 염려를 다 주께 맡기라 이는 그가 너희를 돌보심이라 근신하라 깨어라 너희 대적 마귀가 우는 사자 같이 두루 다니며 삼킬 자를 찾나니"(벧전 5:7-8)

기도의 사전적 의미는 '신이나 절대적 존재에게 바라는 바가 이루어지기를 빎'이다. 기도의 사전적 의미로 인해 기도를 교회에서 나, 아니면 장소는 불문하나 하나님과 정적으로 대화(교제)하는 것으로 이해하는 경향이 있다. 그러나 기도는 하나님에게 아뢰는 것이고, 나아가 아뢴 것을 위해 간절하게 행동하는 것까지 포함한다.

예배의 본질이 특정한 장소나 특정한 방식에 있는 것이 아니라 내가 어느 곳에 있든지 어느 때나 영과 진리로 진정으로 하나님에게 존경과 영광을 돌리는 데 있는 것처럼, 기도도 어느 곳에서나 어느 때나 하는 것이다(삼상 12:23-25; 요 4:21, 24, 14:6, 16-17; 롬 12:1-2). 몸을 하나님이 기뻐하시는 거룩한 산 제물로 드리는 것, 마음을 새롭게 함으로 변화를 받는 것, 하님의 선하시고 기뻐하시고 온전하신 뜻을 분별하는 것, 무엇을 하든지 말에나 일에나 다 예수님의 이름으로 주께 하듯 하는 것이 바로 기도이다.

행함이 없는 믿음이 죽은 믿음인 것처럼 말에 그치는 기도는 주술이 될 위험성이 있다(약 2:14-26). 하나님은 때와 장소를 불문하고 영과 진리로 진정으로 드리는 기도를 들어주신다(마 6:5-8). 물론 시간과 장소를 정해놓고 하는 기도는 기도의 기본이고 필요하다(단 6:10; 마 26:41; 막 1:35; 눅 22:39).

시간과 장소에 얽매이지 아니하는 기도의 습관은 무엇을 하든지 하나님이 공급하시는 힘으로 하나님의 영광을 위해서 할 수 있게 하고, 말에나 일에나 예수님의 이름으로 주께 하듯 하는 것을 가능하게 한다(사 40:28-31; 골 3:17, 22-23, 4:1; 벧전 4:9-11).

나아가 매 순간순간이 예배의 시간이고 기도의 시간이라는 마음가짐은 우리로 하여금 항상 하나님과 예수님 안에 거할 수 있게 하고 영적 싸움에서 승리할 수 있게 한다(요 15:1-12; 엡 6:10-18; 벧전 5:7-8).

"너는 알지 못하였느냐 듣지 못하였느냐 영원하신 하나님 여호와, 땅 끝까지 창조하신 이는 피곤하지 않으시며 곤비하지 않으시며 명철이 한이 없으시며 피곤한 자에게는 능력을 주시며 무능한 자에게는 힘을 더하시나니 소년이라도 피곤하며 곤비하며 장정이라도 넘어지며 쓰러지되 오직 여호와를 앙망하는 자는 새힘을 얻으리니 독수리가 날개치며 올라감 같을 것이요 달음박질하여도 곤비하지 아니하겠고 걸어가도 피곤하지 아니하리로다"(사 40:28-31)

"또 너희는 기도할 때에 외식하는 자와 같이 하지 말라 그들은 사람에게 보이려고 회당과 큰 거리 어귀에 서서 기도하기를 좋아하느니라 내가 진실로 너희에게 이르노니 그들은 자기 상을 이미 받았느니라 너는 기도할 때에 네 골방에 들어가 문을 닫고 은밀한 중에 계신 네 아버지께 기도하라 은밀한 중에 보시는 네 아버지께서 갚으시리라 또 기도할 때에 이방인과 같이 중언부언하지 말라 그들은 말을 많이 하여야 들으실 줄 생각하느니라 그러므로 그들을 본받지 말라 구하기 전에 너희에게 있어야 할 것을 하나님 너희 아버지께서 아시느니라"(마 6:5-8)

"새벽 아직도 밝기 전에 예수께서 일어나 나가 한적한 곳으로 가사 거기서 기도하시더니"(막 1:35)

기도의 습관을 갖는데 있어서 큰 장애물은 기도 응답이 내가 원하는 때에 원하는 방법으로 이루어지지 않는다는 것이다. 성경은 "구하라 그리하면 너희에게 주실 것이요 찾으라 그리하면 찾아낼 것이요 문을 두드리라 그리하면 너희에게 열릴 것이니 구하는 이마다 받을 것이요 찾는 이마다 찾아낼 것이요 두드리는 이마다 열릴 것이니"(마 7:7-8)라고 기록하고 있지만, 현실은 위 성경 기록과 많은 차이가 있다.

아무런 기도 응답이 없는 것처럼 보이는 것은 "너희 중에 누구든지 지혜가 부족하거든 모든 사람에게 후히 주시고 꾸짖지 아니하시는 하나님께 구하라 그리하면 주시리라 오직 믿음으로 구하고 조금도 의심하지 말라 의심하는 자는 마치 바람에 밀려 요동하는 바다 물결 같으니 이런 사람은 무엇이든지 주께 얻기를 생각하지 말라 두 마음을 품어 모든 일에 정함이 없는 자로다"(약 1:5-8)와 "너희 중에 싸움이 어디로부터 다툼이 어디로부터 나느냐 너희 지체 중에서 싸우는 정욕으로부터 나는 것이 아니냐 너희는 욕심을 내어도 얻지 못하여 살인하며 시기하여도 능히 취하지 못하므로 다투고 싸우는도다 너희가 얻지 못함은 구하지 아니하기 때문이요 구하여도 받지 못함은 정욕으로 쓰려고 잘못 구하기 때문이라"(약 4:1-3)에 해당하는 경우이거나, 하나님의 때와 방법이 내가 생각하는 때와 방법과 차이가 있기 때문이다(시 139:17-18; 전 3:1, 11; 갈 6:9).

하나님은 분명 예수님의 이름으로, 의심하지 않고, 간절히 구하는 기도에 대하여 하나님의 때에 하나님의 방법으로 응답해 주신다

(겔 36:37-38; 마 6:30-33, 7:7-12; 막 11:22-25; 눅 18:1-8; 요 14:6, 13-14, 15:7, 16; 약 1:5-8, 4:1-3).

"하나님이여 주의 생각이 내게 어찌 그리 보배로우신지요 그 수가 어찌 그리 많은지요 내가 세려고 할지라도 그 수가 모래보다 많도소이다 내가 깰 때에도 여전히 주와 함께 있나이다"(시 139:17-18)
"범사에 기한이 있고 천하 만사가 다 때가 있나니"(전 3:1)
"하나님이 모든 것을 지으시되 때를 따라 아름답게 하셨고 또 사람들에게는 영원을 사모하는 마음을 주셨느니라 그러나 하나님이 하시는 일의 시종을 사람으로 측량할 수 없게 하셨도다"(전 3:11)

하나님은 예수님의 이름으로 의심하지 말고 간절히 구할 것을 요구하시지만, 우리는 필요할 때만 원하는 것을 구할 뿐이고 예수님의 이름으로 하나님 나라와 의를 구하는 것은 뒷전인 경우가 대부분이다. 하나님은 돈을 넣고 버튼만 누르면 물건이 나오는 자판기 같은 분이 아니다.

하나님이 우리의 기도에 응답해 주시는 중요한 기준 중의 하나는 우리가 하나님의 말씀을 듣고 이를 지켜 행하는 것인지와 탐욕이라는 우상에서 자유롭게 되었는지이다(약 4:1-3; 요일 3:21-24). 이는 우리가 복을 받을 만한 그릇이 준비되어 있을 때 복을 주어야만 그 복이 하나님이 주신 것임을 알게 되어 감사하며 기뻐할 수 있고(빌 4:4-7), 하나님이 우리에게 주신 복을 주신 목적에 맞게 하나님의 영광을 위하여 사용할 수 있게 되어(마 5:13-16; 눅 16:1-13, 19:1-9), 우리에게 해가 되지 않기 때문이다(잠 16:25; 전 5:13; 눅 12:13-21; 딤전 6:6-12).

　나아가 내가 어떠한 환경에 처해있을지라도 나를 하나님의 뜻에 맞게 조율해 가는 과정을 통해 탐심과 교만은 감사와 자족과 기쁨, 겸손과 사랑으로 변하여 세상이 주는 평안(행복)과는 차원이 다른 하나님이 주시는 평안(행복)을 누릴 수 있게 된다(시 16:1-11; 전 8:1; 마 11:28-30; 요 14:27; 빌 4:4-7, 11-13; 골 3:15; 약 1:2-4, 5:13). 기도의 목적과 내용이 하나님과의 긴밀한 교제(대화)와 하나님 나라와 의를 구하기 위한 것이 아니라, 나만의 필요를 위해 하나님에게 떼를 쓰거나 하나님과 담판을 짓기 위한 것은 아닌지 되돌아볼 필요가 있다.

　'예수님의 이름으로 기도합니다'라는 말은 하지만 기도의 내용이 하나님 영광이나 하나님 나라와 의에 상반되거나 자신이 간구하는 것의 이루어짐에 대한 문제조차도 염려와 의심에 가득 차 있다면, 이는 하나님 여호와의 이름을 망령되게 부르는 것에 해당한다(출 20:7; 약 1:5-8, 4:1-3). '예수님의 이름으로 기도합니다'의 의미에 대해서는 5편 17장에서 살펴본 바와 같다.

　끝이 보이지 않는 절망적인 상황에서도 감사의 기도와 찬양을 한 하박국의 "비록 무화과 나무가 무성하지 못하며 포도나무에 열매가 없으며 감람나무에 소출이 없으며 밭에 먹을 것이 없으며 우리에 양이 없으며 외양간에 소가 없을지라도 나는 여호와로 말미암아 즐거워하며 나의 구원의 하나님으로 말미암아 기뻐하리로다 주 여호와는 나의 힘이시라 나의 발을 사슴과 같게 하사 나를 나의 높은 곳으로 다니게 하시리로다"(합 3:17-19)라는 기도는 믿음과 감사가 없고 기복적인 내용이 기도의 대부분을 차지하는 우리의 기도와 관련하여 많은 교훈을 준다.

6장
마음⁽생각⁾과 말을 잘 관리하라

1절 – 들어가는 말

자기계발이나 성공 관련 책들의 대표적인 내용 중의 하나가 긍정적인 생각과 말이 좋은 결과를 가져온다는 긍정적인 생각과 말의 능력(힘)이다. 자기계발이나 성공 관련 책들은 긍정적인 생각과 말이 어떠한 원리로 좋은 결과를 가져오는지에 대해서는 명확하게 설명하지 못한다. 반면에 성경은 긍정적인 생각과 말이 좋은 결과를 가져오는 원리를 명확하게 설명한다.

2절 – 긍정적인 생각과 말이 가져오는 복의 원리

세상적으로는 재물이나 사회적 지위(명예)는 자신의 능력과 노력에 따라 획득하는 것으로 본다. 반면에 성경은 재물이나 사회적 지위(명예)는 물론이고 재물이나 사회적 지위(명예)를 얻을 능력도 하나님이 주시는 것임을 명확히 한다(창 12:1-4, 39:2-3, 21, 23; 출 35:30-31; 신 8:16-18, 28:1-6; 마 6:30-33).

성경의 긍정적인 생각은 '모든 것이 잘될 거야'라는 추상적이고 막연한 생각이 아니라, 전능하신 하나님 아버지에 대한 믿음과 믿음에 기초한 소망의 결과인 구체적이고 명확한 생각이다(잠 23:7; 마 12:33-35; 눅 6:45; 약 3:12). 사람은 마음속에 있는 생각을 말로 표현한다. 하나님은 우리의 말이 하나님의 귀에 들린 대로 행하실 것을 말씀하셨고(민 14:28), 하나님에 대한 믿음을 가지고 예수님의 이름으로 의심하지 않고 간절히 구하는 것을 반드시 주실 것을 약속하셨다(마 6:30-33, 7:7-12; 막 11:22-25; 약 1:5-8, 4:1-3).

우리는 우리의 필요를 아시고 필요를 채워주시는 하나님에 대한 믿음으로 하나님이 우리의 필요를 채워주실 것을 소망할 수 있고, 소망할 수 있기에 어떠한 상황에서도 감사와 긍정적인 생각과 말이 가능해진다(롬 5:1-5, 12:12; 빌 4:11-13). 하나님은 감사와 긍정적인 생각과 말에 대해 약속하신 대로 복을 선물로 주신다.

성경은 "사람은 입에서 나오는 열매로 말미암아 배부르게 되나니 곧 그의 입술에서 나오는 것으로 말미암아 만족하게 되느니라 죽고 사는 것이 혀의 힘에 달렸나니 혀를 쓰기 좋아하는 자는 혀의 열매를 먹으리라"(잠 18:20-21), "내가 너희에게 이르노니 사람이 무슨 무익한 말을 하든지 심판 날에 이에 대하여 심문을 받으리니 네 말로 의롭다 함을 받고 네 말로 정죄함을 받으리라"(마 12:36-37)라고 하여 생각과 말의 중요성을 강조하고 있다.

> "그들에게 이르기를 여호와의 말씀에 내 삶을 두고 맹세하노라 너희 말이 내 귀에 들린 대로 내가 너희에게 행하리니"(민 14:28)
>
> "대저 그 마음의 생각이 어떠하면 그 위인도 그러한즉"(잠 23:7)
>
> "나무도 좋고 열매도 좋다 하든지 나무도 좋지 않고 열매도 좋지 않다 하든지 하라 그 열매로 나무를 아느니라 독사의 자식들아 너희는 악하니 어떻게 선한 말을 할 수 있느냐 이는 마음에 가득한 것을 입으로 말함이라 선한 사람은 그 쌓은 선에서 선한 것을 내고 악한 사람은 그 쌓은 악에서 악한 것을 내느니라"(마 12:33-35)

3절 – 생명과 복을 가져오는 생각과 말

하나님은 우리의 말이 하나님의 귀에 들린 대로 행하실 것을 말씀하셨고, 마음의 생각이 그러하면 사람도 그러하고, 마음의 생각에 있는 것이 말과 행동으로 나온다(잠 23:7; 눅 6:45; 약 3:12). 우리가 생각과 말을 어떻게 다스리고 표현하느냐에 따라 생사화복이 결정되고, 생각과 말은 행동에, 행동은 생각과 말에 각 영향을 미치는 순환 구조를 이룬다(잠 4:23, 18:20-21; 약 3:2-6).

마음의 생각과 말과 행동의 내용을 무엇으로 채울 것인지가 중요하고, 마음의 생각과 말과 행동의 내용을 무엇으로 채우느냐에 따라 선순환과 악순환이 결정된다. 하나님은 생명과 복을 얻기 위해서는 마음의 생각은 하나님에 대한 믿음과 소망으로 채우고(막 9:23, 11:23-24; 롬 8:5-8, 10:10, 12:12; 빌 4:4-7; 골 3:15; 약 1:5-8), 말은 믿음을 고백하는 긍정적이고 선하고 살리는 말을(시 109:17-18; 롬 10:10; 엡 4:29, 31-32, 5:4; 골 4:6 등), 행동은 하나님의 영광을 위해 빛과 소금 같은 행동을(마 5:13-16; 엡 4:25-5:14; 골 3:15-17 등) 할 것을 요구하신다.

위와 같은 하나님의 요구에 부응하는 것은 영적 싸움을 수반하는 문제로, 바울의 "내가 원하는 바 선은 행하지 아니하고 도리어 원하지 아니하는 바 악을 행하는도다 만일 내가 원하지 아니하는 그것을 하면 이를 행하는 자는 내가 아니요 내 속에 거하는 죄니라 그러므로 내가 한 법을 깨달았노니 곧 선을 행하기 원하는 나에게 악이 함께 있는 것이로다 내 속사람으로는 하나님의 법을 즐거워하되 내 지체 속에서 한 다른 법이 내 마음의 법과 싸워 내 지체 속에 있는 죄의 법으로 나를 사로잡는 것을 보는도다 오호라 나는 곤고한 사람이로다 이 사망의 몸에서 누가 나를 건져내랴 우리 주 예수 그리스도로 말미암아 하나님께 감사하리로다 그런즉 내 자신이 마음으로는 하나님의 법을 육신으로는 죄의 법을 섬기노라"(롬 7:19-25)라는 고백과 같이 쉬운 일이 아니다. 오직 기도와 성령의 간구와 성령 충만(지배)을 통해서만 가능하다. 육신을 따르는 자는 육신의 일을, 영을 따르는 자는 영의 일을 생각한다. 육신의 생각은 사망이요 영의 생각은 생명과 평안이다(롬 8:5-8).

"그가 저주하기를 좋아하더니 그것이 자기에게 임하고 축복하기를 기뻐하지 아니하더니 복이 그를 멀리 떠났으며 또 저주하기를 옷 입듯 하더니 저주가 물 같이 그의 몸 속으로 들어가며 기름 같이 그의 뼈 속으로 들어갔나이다"(시 109:17-18)

"모든 지킬 만한 것 중에 더욱 네 마음을 지키라 생명의 근원이 이에서 남이니라"(잠 4:23)

"육신을 따르는 자는 육신의 일을, 영을 따르는 자는 영의 일을 생각하나니 육신의 생각은 사망이요 영의 생각은 생명과 평안이니라 육신의 생각은 하나님과 원수가 되나니 이는 하나님의 법에 굴복하지 아니할 뿐 아니라 할 수도 없음이라 육신에 있는 자들은 하나님을 기쁘시게 할 수 없느니라"(롬 8:5-8)

"무릇 더러운 말은 너희 입 밖에도 내지 말고 오직 덕을 세우는 데 소용되는 대로 선한 말을 하여 듣는 자들에게 은혜를 끼치게 하라"(엡 4:29)

"누추함과 어리석은 말이나 희롱의 말이 마땅치 아니하니 오히려 감사하는 말을 하라"(엡 5:4)

"너희 말을 항상 은혜 가운데서 소금으로 맛을 냄과 같이 하라 그리하면 각 사람에게 마땅히 대답할 것을 알리라"(골 4:6)

"우리가 다 실수가 많으니 만일 말에 실수가 없는 자라면 곧 온전한 사람이라 능히 온 몸도 굴레 씌우리라 우리가 말들의 입에 재갈 물리는 것은 우리에게 순종하게 하려고 그 온 몸을 제어하는 것이라 또 배를 보라 그렇게 크고 광풍에 밀려가는 것들을 지극히 작은 키로서 사공의 뜻대로 운행하나니 이와 같이 혀도 작은 지체로되 큰 것을 자랑하도다 보라 얼마나 작은 불이 얼마나 많은 나무를 태우는가 혀는 곧 불이요 불의의 세계라 혀는 우리 지체 중에서 온 몸을 더럽히고 삶의 수레바퀴를 불사르나니 그 사르는 것이 지옥 불에서 나느니라"(약 3:2-6)

7장
먼저 이해관계를 초월하여 즐거이 베풀어라

　세상적으로는 내가 베풀면 나에게 대가가 돌아오는지가 베푸는 것의 기준이다. 자기가 도움받을 만한 사람에게는 관대하고, 도움을 기대할 것이 없는 사람에게는 인색한 것이 현실이다. 반면에 성경에서 베푸는 것은 하나님 안에서 한 몸의 지체가 되어 서로 같이 돌보는 것으로(롬 12:3-13), 성경은 받기를 바라지 말고 자기가 베풀어도 갚을 능력이 없는 사람에게 베풀 것을 요구하고(잠 3:27-28; 눅 6:31-36, 14:12-14), 은밀하게 베풀 것을 요구한다(마 6:1, 4).

　"네가 이 세대에서 부한 자들을 명하여 마음을 높이지 말고 정함이 없는 재물에 소망을 두지 말고 오직 우리에게 모든 것을 후히 주사 누리게 하시는 하나님께 두며 선을 행하고 선한 사업을 많이 하고 나누어 주기를 좋아하며 너그러운 자가 되게 하라 이것이 장래에 자기를 위하여 좋은 터를 쌓아 참된 생명을 취하는 것이니라"(딤전 6:17-19)라는 말씀은 교훈하는 바가 크다.

이해관계를 초월하여 베푸는 것은 보물을 하늘에 쌓아 두는 것이고, 하나님은 조건 없이 은밀하게 베푸는 사람에게는 하나님의 때에 하나님의 방법으로 넘치도록 갚아 주신다(마 6:4, 20; 눅 6:38; 갈 6:9).

> "네 손이 선을 베풀 힘이 있거든 마땅히 받을 자에게 베풀기를 아끼지 말며 네게 있거든 이웃에게 이르기를 갔다가 다시 오라 내일 주겠노라 하지 말며"(잠 3:27-28)
>
> "사람에게 보이려고 그들 앞에서 너희 의를 행하지 않도록 주의하라 그리하지 아니하면 하늘에 계신 너희 아버지께 상을 받지 못하느니라"(마 6:1)
>
> "네 구제함을 은밀하게 하라 은밀한 중에 보시는 너의 아버지께서 갚으시리라"(마 6:4)
>
> "남에게 대접을 받고자 하는 대로 너희도 남을 대접하라 너희가 만일 너희를 사랑하는 자만을 사랑한다면 칭찬받을 것이 무엇이냐 죄인들도 사랑하는 자는 사랑하느니라 너희가 만일 선대하는 자만을 선대하면 칭찬 받을 것이 무엇이냐 죄인들도 이렇게 하느니라 너희가 받기를 바라고 사람들에게 꾸어 주면 칭찬 받을 것이 무엇이냐 죄인들도 그만큼 받고자 하여 죄인에게 꾸어 주느리라 오직 너희는 원수를 사랑하고 선대하여 아무것도 바라지 말고 꾸어 주라 그리하면 너희 상이 클 것이요 또 지극히 높으신 이의 아들이 되리니 그는

은혜를 모르는 자와 악한 자에게도 인자하시니라 너희 아버지의 자비로우심 같이 너희도 자비로운 자가 되라"(눅 6:31-36)

"주라 그리하면 너희에게 줄 것이니 곧 후히 되어 누르고 흔들어 넘치도록 하여 너희에게 안겨 주리라 너희가 헤아리는 그 헤아림으로 너희도 헤아림을 도로 받을 것이니라"(눅 6:38)

"또 자기를 청한 자에게 이르시되 네가 점심이나 저녁이나 베풀거든 벗이나 형제나 친척이나 부한 이웃을 청하지 말라 두렵건대 그 사람들이 너를 도로 청하여 네게 갚음이 될까 하노라 잔치를 베풀거든 차라리 가난한 자들과 몸 불편한자들과 저는 자들과 맹인들을 청하라 그리하면 그들이 갚을 것이 없으므로 네게 복이 되리니 이는 의인들의 부활시에 네가 갚음을 받겠음이라 하시더라"(눅 14:12-14)

8장
남을 평가하기 전에 먼저 자기를 살펴라

남을 비판하면 그 비판은 자기에게 돌아오고, 남을 헤아리면 자기도 헤아림을 받는다(마 7:2; 눅 6:37). 남을 비판하지 않고 헤아리는 방법은 "너는 하나님 앞에서 함부로 입을 열지 말며 급한 마음으로 말을 내지 말라 하나님은 하늘에 계시고 너는 땅에 있음이니라 그런즉 말을 적게 할 것이라 걱정이 많으면 꿈이 생기고 말이 많으면 우매한 자의 소리가 나타나느니라"(전 5:2-3), "어찌하여 형제의 눈 속에 있는 티는 보고 네 눈 속에 있는 들보는 깨닫지 못하느냐 보라 네 눈 속에 들보가 있는데 어찌하여 형제에게 말하기를 나로 네 눈 속에 있는 티를 빼게 하라 하겠느냐 외식하는 자여 먼저 네 눈 속에서 들보를 빼어라 그 후에야 밝히 보고 형제의 눈 속에서 티를 빼리라"(마 7:3-5), "내 사랑하는 형제들아 너희가 알지니 사람마다 듣기는 속히 하고 말하기는 더디 하며 성내기도 더디 하라 사람이 성내는 것이 하나님의 의를 이루지 못함이라 그러므로 모든 더러운 것과 넘치는 악을 내버리고 너희 영혼을 능히 구원할 바 마음에 심어진 말씀을 온유함으로 받으라"(약 1:19-21)라는 말씀과 같이 말을 아끼고 상대방의 말을 경청하는 것이다. 하나님은 우리가 우리를 낮추면 낮출수록 때에 맞게 우리를 높여주시고 우리와 함께해 주신다(눅 14:7-11; 약 4:6).

> "비판하지 말라 그리하면 너희가 비판을 받지 아니할 것이요 정죄하지 말라 그리하면 너희가 정죄를 받지 않을 것이요 용서하라 그리하면 너희가 용서를 받을것이요"(눅 6:37)
>
> "청함을 받은 사람들이 높은 자리 택함을 보시고 그들에게 비유로 말씀하여 이르시되 네가 누구에게나 혼인 잔치에 청함을 받았을 때에 높은 자리에 앉지 말라 그렇지 않으면 너보다 더 높은 사람이 청함을 받은 경우에 너와 그를 청한 자가 와서 너더러 이 사람에게 자리를 내주라 하리니 그 때에 네가 부끄러워 끝자리로 가게 되리라 청함을 받았을 때에 차라리 가서 끝자리에 앉으라 그러면 너를 청한 자가 와서 너더러 벗이여 올라 앉으라 하리니 그 때에야 함께 앉은 모든 사람 앞에서 영광이 있으리라 무릇 자기를 높이는 자는 낮아지고 자기를 낮추는 자는 높아지리라"(눅 14:7-11)

다른 사람을 칭찬하고 축복하는 것은 다른 사람을 적극적으로 헤아리는 방법이고 복을 받는 길이기도 하다. 성경은 다른 사람에 대한 축복은 축복으로 저주는 저주로 돌아오는 것을 명확히 하고 있다(창 12:3; 시 109:17-18; 마 7:12; 눅 6:37). 성경은 원수 갚는 것은 하나님의 진노하심에 맡기고 박해하는 자를 축복하고 악을 악으로 갚지 말고 모든 사람 앞에서 선한 일을 도모하고 화목하여 선으로 악을 이길 것을 요구한다(롬 12:14-21).

"너를 축복하는 자에게는 내가 복을 내리고 너를 저주하는 자에게는 내가 저주하리니 땅의 모든 족속이 너로 말미암아 복을 얻을 것이라 하신지라"(창 12:3)

9장
합력하여 선을 이루기 위해,
하나님의 뜻대로 부르심을 받은
존재라는 소명 의식을 가지고 살아라

우리는 하나님의 청지기로서 합력하여 선을 이루기 위해 하나님의 뜻대로 부르심을 받은 존재이다(창 1:26-28, 45:5, 50:20; 롬 8:28; 고전 4:1-5; 벧전 4:9-11). 우리의 소명을 다하기 위해서는 여러 가지 은사와 은혜를 받은 선한 청지기로서, 하나님의 영광을 위해 무엇을 하든지 말에나 일에나 주 예수님의 이름으로 주께 하듯 하고, 하나님이 공급하시는 힘으로 하는 것같이 하여야 한다(사 40:31; 골 3:17, 22-23, 4:1; 벧전 4:9-11).

"당신들이 나를 이 곳에 팔았다고 해서 근심하지 마소서 한탄하지 마소서 하나님이 생명을 구원하시려고 나를 당신들 보다 먼저 보내

셨나이다"(창 45:5)

"당신들은 나를 해하려 하였으나 하나님은 그것을 선으로 바꾸사 오늘과 같이 많은 백성의 생명을 구원하게 하시려 하셨나니"(창 50:20)

"우리가 알거니와 하나님을 사랑하는 자 곧 그의 뜻대로 부르심을 입은 자들에게는 모든 것이 합력하여 선을 이루느니라"(롬 8:28)

"사람이 마땅히 우리를 그리스도의 일꾼이요 하나님의 비밀을 맡은 자로 여길지어다 그리고 맡은 자들에게 구할 것은 충성이니라 너희에게나 다른 사람에게나 판단 받는 것이 내게는 매우 작은 일이라 나도 나를 판단하지 아니하노니 내가 자책할 아무 것도 깨닫지 못하나 이로 말미암아 의롭다 함을 얻지 못하노라 다만 나를 심판하실 이는 주시니라 그러므로 때가 이르기 전 곧 주께서 오시기까지 아무 것도 판단하지 말라 그가 어둠에 감추인 것들을 드러내고 마음의 뜻을 나타내시리니 그 때에 각 사람에게 하나님으로부터 칭찬이 있으리라"(고전 4:1-5)

"또 무엇을 하든지 말에나 일에나 다 주 예수의 이름으로 하고 그를 힘입어 하나님 아버지께 감사하라 무슨 일을 하든지 마음을 다하여 주께 하듯 하고 사람에게 하듯 하지 말라"(골 3:17, 23)

"서로 대접하기를 원망 없이 하고 각각 은사를 받은 대로 하나님의 여러 가지 은혜를 받은 대로 하나님의 여러 가지 은혜를 받은 선한 청지기 같이 서로 봉사하라 만일 누가 말하려면 하나님의 말씀을 하는 것 같이 하고 누가 봉사하려면 하나님이 공급하시는 힘으로 하는 것 같이 하라 이는 범사에 예수 그리스도를 말미암아 하나님이 영광을 받으시게 하려 함이니 그에게 영광과 권능이 세세에 무궁하도록 있느니라 아멘"(벧전 4:9-11)

각자에게 주어진 은사를 성실하게 활용하지 않은 사람은 악하고 게으른 청지기이다(마 25:26). 우리의 대표적인 사명은 우리의 착한 행실을 통해 이 땅에서 하나님이 거룩히 여김(영광)을 받으시게 하고(마 5:13-16, 6:9), 이 땅에 하나님의 나라가 임하고 하나님의 뜻이 이루어지게 하는 것이다(마 6:10; 요 6:38-40; 고전 1:18-21; 빌 4:4-7; 살전 5:16-18; 딤후 4:2-5).

"너희는 세상의 소금이니 소금이 만일 그 맛을 잃으면 무엇으로 짜게 하리요 후에는 아무 쓸 데 없어 다만 밖에 버려져 사람에게 밟힐 뿐이니라 너희는 세상의 빛이라 산 위에 있는 동네가 숨겨지지 못할 것이요 사람이 등불을 켜서 말 아래에 두지 아니하고 등경 위에 두나니 이러므로 집 안 모든 사람에게 비치느니라 이같이 너희 빛이 사람 앞에 비치게 하여 그들로 너희 착한 행실을 보고 하늘에 계신 너희 아버지께 영광을 돌리게 하라"(마 5:13-16)

"너는 말씀을 전파하라 때를 얻든지 못 얻든지 항상 힘쓰라 범사에 오래 참음과 가르침으로 경책하며 경계하며 권하라 때가 이르리니 사람이 바른 교훈을 받지 아니하며 귀가 가려워서 자기의 사욕을 따를 스승을 많이 두고 또 그 귀를 진리에서 돌이켜 허탄한 이야기를 따르리라 그러나 너는 모든 일에 신중하여 고난을 받으며 전도자의 일을 하며 네 직무를 다하라"(딤후 4:2-5)

우리는 복의 통로(근원)인 아브라함처럼(창 12:1-4), 하나님의 연단 과정을 거쳐 하나님이 주신 은총과 지혜로 애굽의 통치자가 되어 출애굽의 기초를 다진 요셉처럼(창 45:5, 50:20; 행 7:10), 80세의 나이에 하나님의 부르심을 받아 출애굽 사명을 감당한 모세처럼(출 7:7; 행 7:20-45), 하나님의 뜻을 잘 분별하여 하나님의 퍼즐을 완성하는데 꼭 필요한 퍼즐 한 조각이 되어야 한다.

10장
예수님과 같은 존재로 살다 가자

예수님은 인간을 죄에서 구원하기 위해 인간의 몸으로 오셨다(마 1:21; 요 1:14). 예수님이 인간의 몸으로 계신 33년 동안 하신 일은 묵묵히 하나님 나라를 전하고, 사랑을 실천하고, 사랑을 가르치다가 십자가에서 돌아가신 것이 전부이다(사 42:1-4, 53:2-3; 마 20:28; 빌 2:5-11). 예수님이 인간의 몸으로 살아 계실 때는 하나님 나라를 전하는 작은 나라 이스라엘의 청년에 불과하였고, 이스라엘의 일부 믿는 사람들만의 예수님이었다. 예수님은 오히려 돌아가신 후에는 우리 모두의 예수님이 되셨다.

우리도 생전에 누군가에게 세상적으로나 신앙적으로 선한 영향력을 끼치는 사람으로 생명의 씨앗에서 새싹이 움트고 꽃이 피어 씨앗을 흩트려 또 다른 생명을 낳는 것처럼 살아가면, 하나님과 예수님 안에 거할 수 있고 다른 사람의 마음에 남는 그러한 사람이 될 수 있을 것이다(마 20:25-28; 요 12:24-26). 하나님은 우리가 우리를 낮추면 낮출수록 때에 맞게 우리를 높여주시고 우리와 함께해 주신다(눅 14:7-11; 약 4:6).

우리는 그리스도인의 향기를 내는 삶을 살아가야 한다(전 8:1; 마 5:13-16; 고후 2:12-17; 엡 4:22-24, 5:2). 예수님과 같은 존재로 그리스도인의 향기를 내는 삶을 살아가는 것은 거창한 것이 아니다.

"내가 아버지의 계명을 지켜 그의 사랑 안에 거하는 것 같이 너희도 내 계명을 지키면 내 사랑 안에 거하리라"(요 15:10), "이에 의인들이 대답하여 이르되 주여 우리가 어느 때에 주께서 주리신 것을 보고 음식을 대접하였으며 목마르신 것을 보고 마시게 하였나이까 어느 때에 나그네 되신 것을 보고 영접하였으며 헐벗으신 것을 보고 옷 입혔나이까 어느 때에 병드신 것이나 옥에 갇히신 것을 보고 가서 뵈었나이까 하리니 임금이 대답하여 이르시되 내가 진실로 너희에게 이르노니 너희가 여기 내 형제 중에 지극히 작은 자 하나에게 한 것이 곧 내게 한 것이니라 하시고"(마 25:37-40)라는 말씀은 예수님과 같은 존재로 살아가는 것이 무엇인지 잘 설명해준다.

"예수께서 제자들을 불러다가 이르시되 이방인의 집권자들이 그들을 임의로 주관하고 그 고관들이 그들에게 권세를 부리는 줄을 너희가 알거니와 너희 중에는 그렇지 않아야 하나니 너희 중에 누구든지 크고자 하는 자는 너희를 섬기는 자가 되고 너희 중에 누구든지 으뜸이 되고자 하는 자는 너희의 종이 되어야 하리라 인자가 온 것은 섬김을 받으려 함이 아니라 도리어 섬기려 하고 자기 목숨을 많은 사람의 대속물로 주려 함이니라"(마 20:25-28)

"내가 진실로 진실로 너희에게 이르노니 한 알의 밀이 땅에 떨어져 죽지 아니하면 한 알 그대로 있고 죽으면 많은 열매를 맺느니라 자기의 생명을 사랑하는 자는 잃어버릴 것이요 이 세상에서 자기의 생명을 미워하는 자는 영생하도록 보전하리라 사람이 나를 섬기려면 나를 따르라 나 있는 곳에 나를 섬기는 자도 거기 있으리니 사람이 나를 섬기면 내 아버지께서 그를 귀히 여기시리라"(요 12:24-26)

11장
맺는말 – 내 삶이 형통할 때와 내 삶이 부정되는 것 같이 곤고할 때

1절 – 하나님은 형통함과 곤고함을 병행하신다

우리가 살다 보면 형통할 때가 있고 지금까지 살아온 내 삶이 부정되는 것과 같은 고난의 터널을 지날 때가 있다. 성경은 하나님이 형통함과 곤고함을 병행하신다는 것을 명확히 하고 있고, 형통한 날에는 기뻐하고 곤고한 날에는 되돌아볼 것을 요구한다(시 50:15; 전 7:14).

형통한 날에 기뻐함은 내가 내 힘으로 형통함을 얻었다는 것을 기뻐하는 것이 아니라, 하나님이 우리에게 형통함을 주신 것에 대한 감사의 기쁨이다(약 5:13). 무엇보다도 형통함 중에 감사가 아닌 탐심이 자리 잡지 못하게 하고 형통함을 통해 하나님의 영광을 나타내야 한다(마 5:13-16). 곤고한 날에 되돌아본다는 것은 고난에 숨겨진 하나님의 뜻이 무엇인지 분별하여 뒤에 있는 것은 잊어버리고 앞에 있는 푯대를 향해 달려가는 것이다(빌 3:12-14).

> "환난 날에 나를 부르라 내가 너를 건지리라 네가 나를 영화롭게 하리로다"(시 50:15)
>
> "형통한 날에는 기뻐하고 곤고한 날에는 되돌아 보아라 이 두 가지를 하나님이 병행하게 하사 사람이 그의 장래 일을 능히 헤아려 알지 못하게 하셨느니라"(전 7:14)
>
> "내가 이미 얻었다 함도 아니요 온전히 이루었다 함도 아니라 오직 내가 그리스도 예수께 잡힌 바 된 그것을 잡으려고 달려가노라 형제들아 나는 아직 내가 잡은 줄로 여기지 아니하고 오직 한 일 즉 뒤에 있는 것은 잊어버리고 앞에 있는 것을 잡으려고 푯대를 향하여 그리스도 예수 안에서 하나님이 위에서 부르신 부름의 상을 위하여 달려가노라"(빌 3:12-14)
>
> "너희 중에 고난 당하는 자가 있느냐 그는 기도할 것이요 즐거워하는 자가 있느냐 그는 찬송할지니라"(약 5:13)

나는 나름대로 하나님의 뜻에 따라 산다고 살았는데 현실은 지금까지의 내 삶이 부정되는 것과 같은 고난의 터널을 지날 때가 있다. 이에 해당하는 대표적인 성경 인물이 요셉과 모세이다. 세상적인 기준으로는 요셉과 모세가 누구보다 혹독하고 절망적인 시간을 보냈다고 할 수 있다.

요셉은 야곱의 사랑을 독차지한 귀한 아들이었고 모세는 애굽의 왕자로서 40년 동안 왕궁에서 살았다는 점을 고려하면, 두 사람이 겪어야만 했던 상실감이나 고통은 상상할 수 없을 정도였을 것이다(창 37:3-4; 행 7:23). 그렇지만 하나님은 요셉과 모세의 고난의 시간에 함께하셔서 요셉과 모세를 형통하게 하셨고(창 39:2-3, 21, 23; 출 3:12, 4:19), 그 결과 요셉과 모세는 하나님의 사명을 감당하기에까지 이르렀다(창 45:5, 50:20; 행 7:20-45).

2절 – 하나님은 사랑하시는 자를 연단하신다

하나님은 사랑하시는 자를 징계하고 시험하기도 하신다. 우리는 하나님의 징계가 없으면 하나님의 자녀가 아니고, 징계가 당시에는 즐거워 보이지 않고 슬퍼 보이나 징계로 말미암아 연단을 받은 후에는 의와 평강의 열매를 맺고 순금같이 되어 나온다(욥 23:10; 히 12:5-8).

무엇보다도 하나님은 우리가 감당할 시험만을 허락하시고, 시험당할 즈음에 또한 피할 길을 준비하셔서 우리로 능히 감당하게 하신다(고전 10:13). 위와 같은 이유로 우리는 환난 중에도 인내할 수 있고, 환난 중에 인내하면 인내는 우리를 연단하고, 연단이 된 우리는 환난 중에도 소망할 수 있게 된다(롬 5:3-5; 약 1:2-4).

부모의 자녀에 대한 연단은 하나님의 우리에 대한 연단을 이해하는데 있어 조금이나마 도움이 된다. 부모는 자녀의 올바른 성장을 위해 누구보다도 가슴 아파면서도 연단의 방법을 취한다. 부모는 자녀를 연단 함에 있어 첫걸음을 떼는 아이를 지켜보는 것처럼, 모든 관심이 자녀를 향하고 힘들어하는 자녀를 보면 누구보다도 마음 아파하지만, 자녀의 성장을 위해 정말 도움이 필요할 때 외에는 개입하지 않는다.

자녀는 누구보다도 가슴 아파하고 마음 졸이면서 지켜보는 부모를 이해할 수 없기에 무심한 부모라고 원망하기도 한다. 자녀의 부모에 대한 원망의 정도는 자녀가 부모의 뜻을 헤아리는 정도에 따라 달라지지만, 부모의 뜻을 어느 정도 헤아리는 자녀라도 부모가 자녀가 원하는 때에 원하는 방법으로 문제를 해결해 주지 않으면 부모를 원망한다.

하나님의 연단을 이해하는데 도움이 되는 대표적인 성경 인물이 요셉과 모세이다. 요셉과 모세도 하나님의 연단 과정을 거치기 전에는 우리와 같이 부족한 점이 많았다. 요셉은 애굽에 종으로 팔려가기 전에는 타인에 대한 사랑과 배려가 없는 교만한 사람이었다(창 37:2, 5-11). 모세는 이스라엘 사람의 원수를 갚기 위한 목적이 있기는 하였지만 좌우를 살펴 사람 없음을 보고 애굽 사람을 쳐죽여 모래 속에 감출 만큼 자신의 혈기를 다스리지 못하는 사람이었다(출 2:12).

하나님은 요셉과 모세의 연단을 위해 야곱의 아들 중 야곱이 가장 사랑하는 아들이었던 요셉을 애굽에 종으로 팔려가 2년 동안 억울한 옥살이를 하게 하셨고(창 37:28, 39:1, 41:1), 애굽의 왕자로 세상 누구보다도 호화롭게 살았던 모세는 나이 사십에 이스라엘 자손을 돌볼 생각이 나 애굽 사람으로부터 압제를 받는 이스라엘 자손을 위하여 원수를 갚기 위해 애굽 사람을 쳐죽였으나, 오히려 이 일로 인해 자신의 목숨을 구하기 위해 애굽 왕자의 자리를 버리고 미디안 광야로 도주하게 하여 광야에서 40년 동안 양 떼를 치게 하셨다.

하나님의 연단 과정을 거친 요셉은 하나님이 주신 은총과 지혜로 애굽의 통치자가 되어 출애굽의 기초를 다졌고(창 45:5, 50:20; 행 7:10), 모세는 모세의 나이 80세에 하나님의 부르심을 받아 출애굽 사명을 감당하고 하나님으로부터 온유하고 충성된 사람이라는 칭찬을 듣는 사람이 되었다(출 7:7; 민 12:3, 7; 행 7:20-45).

우리도 우리에게 주어진 고난의 시간을 요셉과 모세와 같이 연단의 시간으로 받아들이고, 고난에 숨겨진 하나님의 뜻을 잘 분별하여 뒤에 있는 것은 잊어버리고 앞에 있는 푯대를 향해 달려가면, 어느 순간 하나님의 상이 우리 앞에 주어질 것이다.

신명기는 하나님이 주시는 고난의 이유와 고난에 대한 해결책을 제시해 준다. 하나님이 주시는 고난의 이유는 "네 하나님 여호와께서 이 사십 년 동안에 네게 광야 길을 걷게 하신 것을 기억하라 이는 너를 낮추시며 너를 시험하사 네 마음이 어떠한지 그 명령을 지키는지 지키지 않는지 알려 하심이라"(신 8:2), "네 조상들도 알지 못하던 만나를 광야에서 네게 먹이셨나니 이는 다 너를 낮추시며 너를 시험하사 마침내 네게 복을 주려 하심이었느니라"(신 8:16)이고, 고난에 대한 해결책은 "너는 사람이 그 아들을 징계함 같이 네 하나님 여호와께서 너를 징계하시는 줄 마음에 생각하고 네 하나님 여호와의 명령을 지켜 그의 길을 따라가며 그를 경외할지니라"(신 8:5-6)이다.

요셉의 "당신이 나를 이곳에 팔았다고 해서 근심하지 마소서 한탄하지 마소서 하나님이 생명을 구원하시려고 나를 당신들보다 먼저 보내셨나이다"(창 45:5), "당신들은 나를 해하려 하였으나 하나님은 그것을 선으로 바꾸사 오늘과 같이 많은 백성의 생명을 구원하게 하시려 하셨나니"(창 50:20)라는 고백은 하나님이 주시는 고난과 관련하여 교훈하는 바가 크다.

> "다만 이뿐 아니라 우리가 환난 중에도 즐거워하나니 이는 환난은 인내를, 인내는 연단을, 연단은 소망을 이루는 줄 앎이로다 소망이 우리를 부끄럽게 하지 아니함은 우리에게 주신 성령으로 말미암아 하나님의 사랑이 우리 마음에 부은 바됨이니"(롬 5:3-5)
>
> "사람이 감당할 시험 밖에는 너희가 당한 것이 없나니 오직 하나님은 미쁘사 너희가 감당하지 못할 시험 당함을 허락하지 아니하시고 시험 당할 즈음에 또한 피할 길을 내사 너희로 능히 감당하게 하시느니라"(고전 10:13)
>
> "또 아들에게 권하는 것 같이 너희에게 권면하신 말씀도 잊었도다 일렀으되 내 아들아 주의 징계하심을 경히 여기지 말며 그에게 꾸지람을 받을 때에 낙심하지 말라 주께서 그 사랑하시는 자를 징계하시고 그가 받아들이시는 아들마다 채찍질하심이라 하였으니 너희가 참음은 징계를 받기 위함이라 하나님이 아들과 같이 너희를 대우하시나니 어찌 아버지가 징계하지 않은 아들이 있으리오 징계

는 다 받는 것이거늘 너희에게 없으면 사생자요 친아들이 아니니라"(히 12:5-8)

"내 형제들아 너희가 여러 가지 시험을 당하거든 온전히 기쁘게 여기라 이는 너희 믿음의 시련이 인내를 만들어 내는 줄 너희가 앎이라 인내를 온전히 이루라 이는 너희로 온전하고 구비하여 조금도 부족함이 없게 하려 함이라"(약 1:2-4)

제7편

새로운 세상으로 - 죽음에 대하여

1장
들어가는 말

인간은 일반적으로 죽음을 생각하면 육체적 죽음, 두려움, 피하고 싶은 것, 먼 미래의 일이라는 단어를 떠올린다. 그러나 기독교에서의 죽음은 육체적 죽음 외에도 영적 죽음을 포함하는 것으로 오히려 영적 죽음이 더 중요한 문제이고, 죽음을 어떻게 이해하고 준비하느냐에 따라 두려움이나 피하고 싶은 대상이 아닌 것이 될 수도 있고, 먼 미래의 문제가 아니라 지금 당장의 문제이다.

성경은 현세에서 영적으로 죽은 자들의 육체적 죽음 이후의 둘째 사망, 즉 하나님과의 영원한 단절을 명확히 하고 있다. 육체적 죽음 이후에는 심판이 있고, 심판에 따라 영벌과 영생이 결정된다(단 12:1-3; 마 25:46; 요 3:16; 11:25-26, 14:1-3; 롬 6:19-23; 고전 15:19-20, 50-57; 고후 5:1-5; 계 2:11, 20:6, 11-15, 21:6-8).

하나님은 하나님과 예수님을 믿음으로 다시 태어난 사람에게 영생을 약속하셨지만, 우리는 영생을 육체적 죽음 이후의 문제로 생각하는 것에 익숙해 있어 현세의 삶에서 누리는 영생의 문제는 생소한 것이 사실이고, 죽음 하면 육체적 죽음을 먼저 떠올린다. 육체적 죽음은 인간이 피할 수 없는 문제이고, 육체적 죽음과 관련해서 할 수 있는 것은 건강관리 잘해서 수명을 조금이나마 연장하는 정도이다. 그러나 영적 죽음은 살아가는 동안 하나님과 예수님에 대한 믿음과 순종으로 얼마든지 피할 수 있고, 영적 죽음에 대한 올바른 이해는 현세를 살아가는 삶의 자세와도 밀접하게 관련된다.

현세에서 영생의 삶을 살아가는지는 육체적 죽음 이후의 심판과 영생에 연결된다는 점에서, 현세에서의 영적 죽음의 문제는 육체적 죽음보다 더 현실적이고 중요한 문제이다(계 2:11, 20:6, 11-15, 21:6-8, 27, 22:14-15). 이하에서는 육체적 죽음보다 더 현실적이고 중요한 의미가 있는 영적 죽음의 문제에 대해 먼저 살펴보고, 다음으로 육체적 죽음의 의미와 육체적 죽음을 어떻게 받아들일 것인가에 대해서 살펴보기로 한다.

2장
영적 죽음에 대하여

1절 – 영적 죽음의 의미

현세에서의 영생은 하나님과 예수님을 믿음으로 다시 태어나 하나님의 자녀가 되어(요 1:12-13, 3:3-6; 롬 8:30; 고전 6:11), 하나님과 예수님 안에서 하나님이 약속하신 복을 누리고 열매 맺는 거룩한 삶을 살아가는 것이다(신 30:1-20; 시 1:1-6, 23:1-6; 마 5:3-12, 7:15-20; 요 1:12-13, 3:16, 5:39, 6:54-56, 8:31-32, 11:25-26, 14:27, 15:1-12, 17:3; 엡 2:1-6; 벧전 1:13-25; 요일 2:1-6, 4:11-16).

영적 죽음은 하나님 및 예수님과의 관계 단절이다(창 6:3). 하나님은 하나님과 단절된 삶을 살아가는 사람을 향해 "네가 살았다 하는 이름을 가졌으나 죽은 자로다"(계 3:1)라고 말씀하신다. 아담과 하와는 선악과를 따먹은 불순종의 결과 에덴 동산에서 쫓겨났고, 영적으로 하나님과 관계가 단절된 영적 죽음에 이르게 되었다(창 3:7-8, 23-24, 6:3; 요 15:4-5, 17:3; 롬 1:24, 28, 6:19-21).

> "여호와 하나님이 에덴 동산에서 그를 내보내어 그의 근원이 된 땅을 갈게 하시니라 이같이 하나님이 그 사람을 쫓아내시고 에덴 동산 동쪽에 그룹들과 두루도는 불 칼을 두어 생명 나무의 길을 지키게 하시니라"(창 3:23-24)
>
> "여호와께서 이르시되 나의 영이 영원히 사람과 함께 하지 아니하리니 이는 그들이 육신이 됨이라 그러나 그들의 날은 백이십 년이 되리라 하시니라"(창 6:3)
>
> "내 안에 거하라 나도 너희 안에 거하리라 가지가 포도나무에 붙어 있지 아니하면 스스로 열매를 맺을 수 없음 같이 너희도 내 안에 있지 아니하면 그러하리라 나는 포도나무요 너희는 가지라 그가 내 안에, 내가 그 안에 거하면 사람이 열매를 많이 맺나니 나를 떠나서는 너희가 아무 것도 할 수 없음이라"(요 15:4-5)
>
> "영생은 곧 유일하신 참 하나님과 그를 보내신 예수 그리스도를 아는 것이니라"(요 17:3)
>
> "또한 그들이 마음에 하나님 두기를 싫어하매 하나님께서 그들을 그 상실한 마음대로 내버려 두사 합당하지 못한 일을 하게 하셨으니"(롬 1:28)

2절 – 영적으로 죽은 자들의 삶

하나님 및 예수님과의 관계가 단절되어 영적으로 죽은 사람은 세상 풍조와 육체의 욕망에 끌려다니는 삶을 살게 된다(갈 5:16-26; 엡 5:1-14). 세상 풍조와 육체의 욕망에 끌려다니는 삶을 살아도 물질적 풍요와 세상적인 즐거움이 따르는 경우가 있어 그 문제점을 자각하지 못할 수 있지만, 세상 풍조와 육체의 욕망에 끌려다니는 삶 자체가 하나님 심판의 한 유형에 해당함을 알고 그 심각성을 깨달아야 한다(요 3:18; 롬 1:24, 28; 엡 2:2-3).

영적으로 죽은 사람들은 세상 풍조와 육체의 욕망에 끌려다니는 삶에 대해서는 심판이 따른다는 점을 알고도 자기만 행할 뿐 아니라 위와 같은 일을 행하는 자들을 옳다 하면서 살아간다(롬 1:32). 그리고 노아 시대에 하나님의 홍수심판 경고를 무시하고 120년에 걸쳐 방주를 만드는 노아를 비웃었던 당시의 사람들처럼, "이르되 주께서 강림하신다는 약속이 어디 있느냐 조상들이 잔 후로부터 만물이 처음 창조될 때와 같이 그냥 있다 하니"(벧후 3:4)라는 교만으로 살아간다. 열매로 그 사람을 알 수 있다(마 5:3-12, 7:16-18; 요 15:4-5). 나에게 믿음 생활로 인한 열매가 있는지 점검해 보고. 만일 열매가 없다면 나의 믿음 생활을 되돌아보는 시간을 가져볼 필요가 있다.

"그들의 열매로 그들을 알지니 가시나무에서 포도를, 또는 엉겅퀴에서 무화과를 따겠느냐 이와 같이 좋은 나무마다 아름다운 열매를 맺고 못된 나무가 나쁜 열매를 맺나니 좋은 나무가 나쁜 열매를 맺을 수 없고 못된 나무가 아름다운 열매를 맺을 수 없느니라"(마 7:16-18)

"그를 믿는 자는 심판을 받지 아니하는 것이요 믿지 아니하는 자는 하나님의 독생자의 이름을 믿지 아니하므로 벌써 심판을 받은 것이니라"(요 3:18)

"그들이 이같은 일을 행하는 자는 사형에 해당한다고 하나님께서 정하심을 알고도 자기들만 행할 뿐 아니라 또한 그런 일을 행하는 자들을 옳다 하느니라"(롬 1:32)

"그 때에 너희는 그 가운데서 행하여 이 세상 풍조를 따르고 공중의 권세 잡은자를 따랐으니 곧 지금 불순종의 아들들 가운데서 역사하는 영이라 전에는 우리도 다 그 가운데서 우리의 육체의 욕심을 따라 지내며 육체와 마음의 원하는 것을 하여 다른 이들과 같이 본질상 진노의 자녀이었더니"(엡 2:2-3)

3절 – 영적으로 죽은 자들에 대한 현세 및 육체적 죽음 이후의 심판

우리는 영적으로 죽은 자들에 대한 심판을 생각하면 병에 걸리거나 사업이 망하는 것 등 눈에 보이는 심판을 떠올린다. 그러나 성경이 말하는 영적으로 죽은 자들에 대한 심판은 눈에 보이는 심판 외에도 세상 풍조와 육체의 욕망에 끌려다니는 삶을 살도록 내버려두는 등의 눈에 보이지 않는 심판도 포함한다 (요 3:18; 롬 1:24-32). 눈에 보이지 않는 심판은 아무런 자각증상 없이 암세포가 자라나 나중에 증상이 나타났을 때는 치료를 포기해야 하는 결과가 되는 것처럼 회복할 수 없는 치명적인 결과를 가져오는 무서운 심판이다.

내가 하나님을 떠나 하나님 뜻을 분별하지 못하고 살아도 건강하고, 돈 잘 벌고, 높은 사회적 지위에 있다고 해서 좋아하기만 할 일은 아니다(시 37:1-40). 모든 육체는 풀과 같고 그 모든 영광은 풀의 꽃과 같아 풀은 마르고 꽃은 떨어지듯이 우리 육체는 순간이다. 이 시간 이후에 무슨 일이 일어날지 아무것도 모른다(시 39:3-7, 90:1-12; 전 3:11; 사 40:6-8; 마 24:36, 25:1-13; 눅 12:16-21; 약 4:13-14).

우리가 세상 풍조와 육체적 욕망에 끌려다니는 삶을 살다 보면, 육체적 죽음 이후를 준비하는 시간을 놓치고 나도 모르는 사이에 죽음을 맞이하게 된다. 내가 세상 풍조와 육체적 욕망에 끌려다니는 하나님과 단절된 삶을 살고 있는 것은 아닌지 진지하게 되돌아볼 필요가 있다(롬 6:19-21).

> "하나님이 모든 것을 지으시되 때를 따라 아름답게 하셨고 또 사람들에게는 영원을 사모하는 마음을 주셨느니라 그러나 하나님이 하시는 일의 시종을 사람으로 측량할 수 없게 하셨도다"(전 3:11)
> "너희 육신이 연약하므로 내가 사람의 예대로 말하노니 전에 너희가 너희 지체를 부정과 불법에 내주어 불법에 이른 것 같이 이제는 너희 지체를 의에게 종으로 내주어 거룩함에 이르라 너희가 죄의 종이 되었을 때에는 의에 대하여 자유로웠느니라 너희가 그 때에

무슨 열매를 얻었느냐 이제는 너희가 그 일을 부끄러워하나니 이는 그 마지막이 사망임이라"(롬 6:19-21)

성경은 현세에서 영적으로 죽은 자들의 육체적 죽음 이후의 둘째 사망, 즉 영원한 죽음을 명확히 하고 있다(마 25:41; 살후 1:9; 계 20:14-15, 21:8). 현세에서의 영적 죽음은 현세만의 문제가 아니라 육체적 죽음 이후의 심판과도 연결된다. 영적 죽음의 문제를 해결할 수 있는 시간은 오직 생전이다. 육체적 죽음의 때가 언제인지 이 시간 이후에 무슨 일이 일어날지 아무것도 모른다(전 3:11; 마 24:36, 25:1-13; 눅 12:16-21). 육체적 죽음 이후의 영생을 위해서는 지금 당장 믿어야 하고, 하루하루를 하나님이 주신 선물이자 마지막 날이라는 생각으로 살아가야 한다(시 39:3-7, 90:10-12).

"우리의 연수가 칠십이요 강건하면 팔십이라도 그 연수의 자랑은 수고와 슬픔뿐이요 신속히 가니 우리가 날아가나이다 누가 주의 노여움의 능력을 알며 누가 주의 진노의 두려움을 알리이까 우리에게 우리 날 계수함을 가르치사 지혜로운 마음을 얻게 하소서"(시 90:10-12)

"사망과 음부도 불못에 던져지니 이것은 둘째 사망 곧 불못이라 누구든지 생명책에 기록되지 못한 자는 불못에 던져지리라"(계 20:14-15)

"그러나 두려워하는 자들과 믿지 아니하는 자들과 흉악한 자들과 살인자들과 음행하는 자들과 점술가들과 우상 숭배자들과 거짓말하는 모든 자들은 불과 유황으로 타는 못에 던져지리니 이것이 둘

째 사망이라"(계 21:8)

우리가 살아서 믿지 않은 결과를 뼈저리게 느끼게 해주는 좋은 예가 '부자와 거지 나사로의 비유'(눅 16:19-31)이다. 영적으로 죽은 상태로 육체적 죽음을 맞이하면 죽음 이후에 아무리 발버둥을 쳐도 해결할 방법이 없다. 부자와 거지 나사로의 비유에서 음부에서 고통받는 죽은 부자가 "죽은 나사로가 자기 형제들에게 나타나서 음부에서 받는 고통을 증언하면 형제들이 회개할 것이다"라고 하면서 죽은 나사로를 자기 형제에게 보내줄 것을 부탁하지만, 아브라함은 "이르되 모세와 선지자들에게 듣지 아니하면 비록 죽은 자 가운데서 살아나는 자가 있을지라도 권함을 받지 아니하리라 하였다"(눅 16:31)라고 말하여 죽은 부자의 부탁을 냉정하게 거절한다. 죽은 부자와 아브라함의 대화는 현세를 살아가는 우리에게 많은 교훈을 준다.

우리도 현세에서 눈에 보이는 기적이나 성령 체험 등이 없으면 믿어지지 않고 믿을 수 없다는 생각으로 기도원이나 전국의 유명한 부흥회 등을 기웃거린다. 성경은 믿음의 선진(先進)들의 검증된 신앙 간증을 담고 있는 책이다. 성경에서 답을 찾지 않고 부흥회 등의 신앙 간증만 찾아 헤매는 것은 기복신앙으로 흐를 위험성이 있고 바람직하지 않다. 물론 기도원이나 부흥회가 의미 없다는 것은 아니니 오해 없으시길 바란다.

하나님 말씀(성경)이 우리에게 소중한 선물로 주어졌고, 천지 만물이 하나님을 증거하고 있다(요 5:39; 롬 1:20). 체험이 없어서 못 믿겠다는 것은 핑계이고, 이는 음부에서 고통받는 부자의 "이르되 그러면 아버지여 구하노니 나사로를 내 아버지의 집에 보내소서 내 형제 다섯이 있으니 그에게 증언하게 하여 그들로 이 고통 받는 곳에 오지 않게 하소서"(눅 16:27-28)라는 말과 같은 수준의 신앙생활이다. 우리는 음부에서 고통받는 부자와 같은 신앙생활을 하지 말아야 한다. 성경과 천지 만물이 우리 눈앞에 있는 이상 핑계 대지 말고 바로 믿어야 한다. 예수님이 예수님의 부활을 믿지 못하는 도마에게 "너는 나를 본고로 믿느냐 보지 못하고 믿는 자들은 복되도다"(요 20:29)라고 하신 말씀은 우리에게 많은 교훈을 준다.

> "너희가 성경에서 영생을 얻는 줄 생각하고 성경을 연구하거니와 이 성경이 곧 내게 대하여 증언하는 것이니라"(요 5:39)
>
> "창세로부터 그의 보이지 아니하는 것들 곧 그의 영원하신 능력과 신성이 그가 만드신 만물에 분명히 보여 알려졌나니 그러므로 그들이 핑계하지 못할지니라"(롬 1:20)

4절 – 영적 죽음의 해결

영적 죽음을 해결할 수 있는 유일한 방법은 하나님과 예수님을 믿음으로 하나님의 자녀로 다시 태어나 하나님과 예수님 안에서 살아가는 것이다(요 1:12-13, 3:3-6, 6:53-56, 15:1-12, 17:3; 엡 2:1-6; 요일 4:11-16). 성경 창세기 4장부터 요한계시록 20장까지는 단절된 하나님과의 관계 및 상실한 에덴 동산의 회복을 위한 하나님의 역사(役事)와 회복의 방법을 주요 내용으로 한다(창 2:17, 3:6, 22-24, 6:3; 히 11:1-40; 계 21:1-8, 22:14-15).

이기는 자(계 21:7)와 자기 두루마기를 빠는 자(계 22:14)가 회복된 에덴 동산에 출입할 수 있고 하나님과 영원한 교제를 할 수 있다. 하나님과의 관계가 단절된 삶의 현실, 하나님이 하나님에게로 돌아오기를 얼마나 간절히 바라시는지와 돌아왔을 때 얼마나 기뻐하시는지를 단적으로 잘 보여 주는 예가 '잃은 아들을 되찾은 아버지 비유'(눅 15:11-24)이다.

> "영접하는 자 그 이름을 믿는 자들에게는 하나님의 자녀가 되는 권세를 주셨으니 이는 혈통으로나 육정으로나 사람의 뜻으로 나지 아니하고 오직 하나님께로부터 난 자들이니라"(요 1:12-13)
>
> "예수께서 대답하여 이르시되 진실로 진실로 네게 이르노니 사람이 거듭나지 아니하면 하나님의 나라를 볼 수 없느니라 니고데모가 이르되 사람이 늙으면 어떻게 날 수 있사옵나이까 두 번째 모태에 들어갔다가 날 수 있사옵나이까 예수께서 대답하시되 진실로 진실로 네게 이르노니 사람이 물과 성령으로 나지 아니하면 하나님의 나라에 들어갈 수 없느니라 육으로 난 것은 육이요 영으로 난 것은 영이니"(요 3:3-6)

"그는 허물과 죄로 죽었던 너희를 살리셨도다 그 때에 너희는 그 가운데서 행하여 이 세상 풍조를 따르고 공중의 권세 잡은 자를 따랐으니 곧 지금 불순종의 아들들 가운데서 역사하는 영이라 전에는 우리도 다 그 가운데서 우리 육체의 욕심을 따라 지내며 육체와 마음의 원하는 것을 하여 다른 이들과 같이 본질상 진노의 자녀이었더니 긍휼이 풍성하신 하나님이 우리를 사랑하신 그 큰 사랑을 인하여 허물로 죽은 우리를 그리스도와 함께 살리셨고(너희는 은혜로 구원을 받은것이라) 또 함께 일으키사 그리스도 예수 안에서 함께 하늘에 앉히시니"(엡 2:1-6)

5절 – 영생의 복

우리가 하나님과 예수님을 믿음으로 다시 태어나 새로운 피조물인 하나님의 자녀가 되어 하나님과 예수님 안에 거하면, 지금 살아가는 바로 이곳도 환경이 그대로일지라도 하나님의 나라인 새 하늘 새 땅이 된다(창 28:15-17; 요 1:12-13; 고후 5:17; 계 21:1-22:5, 22:14, 17).

"바리새인들이 하나님의 나라가 어느 때에 임하나이까 묻거늘 예수께서 대답하여 이르시되 하나님의 나라는 볼 수 있게 임하는 것이 아니요 또 여기 있다 저기 있다고도 못하리니 하나님의 나라는 너희 안에 있느니라"(눅 17:20-21)라는 말씀은 현세에서의 하나님 나라와 영생을 이해하는데 도움이 된다.

현세에서 영생의 삶을 살아가면 육체적 죽음 이후 신령하고 새로운 온전한 생명의 몸을 덧입고 둘째 사망의 심판을 받지 않는 영생의 복을 누린다(마 25:46; 요 3:16, 11:25-26, 14:1-3; 롬 6:19-23; 고전 15:19-20, 50-57; 고후 5:1-5; 계 2:11, 20:6, 11-15, 21:6-8). 육체적 죽음 이후의 영생은 예수님 재림 이전의 낙원과 음부와 관련된다(눅 16:22-24, 23:43; 고후 12:2, 4). 나아가 낙원과 음부는 예수님 재림 이후의 천국과 지옥과 관련된다(마 5:22, 18:8-9; 막 9:43-49; 계 20:10, 13-15, 21:1-27).

"내가 너와 함께 있어 네가 어디로 가든지 너를 지키며 너를 이끌어 이 땅으로 돌아오게 할지라 내가 네게 허락한 것을 다 이루기까지 너를 떠나지 아니하리라 하신지라 야곱이 잠이 깨어 이르되 여호와께서 과연 여기 계시거늘 내가 알지 못하였도다 이에 두려워하여 이르되 두렵도다 이 곳이여 이것은 다름 아닌 하나님의 집이요 이는 하늘의 문이로다 하고"(창 28:15-17)

"하나님이 세상을 이처럼 사랑하사 독생자를 주셨으니 이는 그를 믿는 자마다 멸망하지 않고 영생을 얻게 하려 하심이라"(요 3:16)

"만일 그리스도 안에서 우리가 바라는 것이 다만 이 세상의 삶뿐이면 모든 사람 가운데 우리가 더욱 불쌍한 자이리라 그러나 이제 그리스도께서 죽은 자 가운데서 다시 살아나사 잠자는 자들의 첫 열매가 되셨도다"(고전 15:19-20)

"그런즉 누구든지 그리스도 안에 있으면 새로운 피조물이라 이전 것은 지나갔으니 보라 새 것이 되었도다"(고후 5:17)

6절 – 영생의 열매

하나님과 예수님 안에서 누리는 영생은 4편 5장 2절에서 살펴본 바와 같이, 감사와 자족과 기쁨, 마음의 자유와 평안, 형통 등의 열매가 있고, 영생의 열매가 있는지에 따라 현세에서 영생의 삶을 살아가고 있는지 가늠해 볼 수 있다(마 7:16-18; 요 15:4-5).

> "그들의 열매로 그들을 알지니 가시나무에서 포도를, 또는 엉겅퀴에서 무화과를 따겠느냐 이와 같이 좋은 나무마다 아름다운 열매를 맺고 못된 나무가 나쁜 열매를 맺나니 좋은 나무가 나쁜 열매를 맺을 수 없고 못된 나무가 아름다운 열매를 맺을 수 없느니라"(마 7:16-18)
> "내 안에 거하라 나도 너희 안에 거하리라 가지가 포도나무에 붙어 있지 아니하면 스스로 열매를 맺을 수 없음 같이 너희도 내 안에 있지 아니하면 그러하리라 나는 포도나무요 너희는 가지라 그가 내 안에, 내가 그 안에 거하면 사람이 열매를 많이 맺나니 나를 떠나서는 너희가 아무 것도 할 수 없음이라"(요 15:4-5)

3장
육체적 죽음에 대하여

1절 – 육체적 죽음에 대한 각 종교의 입장

인간에게 육체적 죽음은 피할 수 없는 문제로서 모든 인연을 뒤로 하고 경험 해보지 못한 미지의 세계로 간다는 점에서 두려움의 대상이다. 육체적 죽음과 죽음 이후의 문제에 대하여 어떤 시각을 가지느냐는 현세를 어떻게 살아갈 것인지에 큰 영향을 주는 중요한 문제이다.

  육체적 죽음과 죽음 이후의 문제와 관련하여 고려할 수 있는 종교는 샤머니즘, 유교, 불교, 기독교이다. 유교나 샤머니즘은 현세에 중점을 두고 있어 육체적 죽음 이후의 문제에 대해서는 직접적이고 구체적으로 다루지는 않는다. 기독교는 육체적 죽음을 단절이나 끝이 아니라 장막 집(육신)이 무너지고 신령하고 새로운 온전한 생명의 몸을 '덧입는' 것으로 이해한다(고전 15:35-57; 고후 5:1-5).

불교에서 윤회를 인정할 것인지에 대해 다툼이 있다. 윤회를 인정한다면 불교는 육체적 죽음과 죽음 이후의 문제에 대해 다루고 있는 종교로 볼 수 있다. 그러나 윤회란 "인간이 죽으면 그 번뇌와 업(業)에 따라 육도(六道)[지옥도(地獄道), 아귀도(餓鬼道), 축생도(畜生道), 아수라도(阿修羅道), 인도(人道), 천도(天道)]의 세상에서 생사를 거듭한다"라는 것으로, 윤회를 인정하여도 인간의 시작과 사후의 문제에 대해서는 '인간은 윤회 과정에서 현세에 인간으로 태어났고, 수행을 열심히 하다 죽으면 육도(六道) 중 하나로 환생하지만 무엇으로 환생할지 모르고, 다만 성불하면 윤회의 사슬에서 벗어나 영원한 극락에 들어간다'라는 정도의 설명만이 가능하다.

불교는 윤회의 전제가 되는 인간과 천지 만물의 시작은 설명하지 못하고, 죽음 이후의 문제를 다루고는 있지만 정작 죽어서 육도(六道) 중 어떤 것으로 환생하게 될지 모르는 상태에서 죽음을 맞이하게 되고, 죽음 이후의 문제를 누가 어떠한 내용으로 주관하는지에 대한 구체적인 답은 주지 못한다.

"만일 땅에 있는 우리의 장막 집이 무너지면 하나님께서 지으신 집 곧 손으로 지은 것이 아니요 하늘에 있는 영원한 집이 우리에게 있는 줄 아느니라 참으로 우리가 여기 있어 탄식하며 하늘로부터 오는 우리 처소로 덧입기를 간절히 사모하노라 이렇게 입음은 우리가 벗은 자들로 발견되지 않으려 함이라 참으로 이 장막에 있는 우리가 짐진 것같이 탄식하는 것은 벗고자 함이 아니요 오히려 덧입고자 함이니 죽을 것이 생명에 삼킨 바 되게 하려 함이라 곧 이것을 우리에게 이루게 하시고 보증으로 성령을 우리에게 주신 이는 하나님이시니라"(고후 5:1-5)

현세에서 하나님과 예수님을 알고 믿음으로 다시 태어난 사람은 하나님의 자녀가 되어, 육체적 죽음 이후 둘째 사망의 심판을 받지 않고 신령하고 새로운 온전한 생명의 몸으로 천국 영생을 누린다(마 25:46; 요 1:12-13, 3:16, 6:53-56, 11:25-26, 14:1-3; 롬 6:19-23; 고전 13:12, 15:1-58; 계 20:6, 11-15, 21:1-22:5). 하나님은 이해되거나 경험한 것만을 믿으려고 하는 인간을 위해 예수님의 십자가 죽음과 부활을 통해 영생을 확증하여 주셨다(마 28:1-10; 막 16:1-8; 눅 24:1-12; 요 20:1-10; 행 1:2-9; 고전 15:19-20).

"하나님이 세상을 이처럼 사랑하사 독생자를 주셨으니 이는 그를 믿는 자마다 멸망하지 않고 영생을 얻게 하려 하심이라"(요 3:16)
"예수께서 이르시되 나는 부활이요 생명이니 나를 믿는 자는 죽어도 살겠고 무릇 살아서 나를 믿는 자는 영원히 죽지 아니하리니 이것을 네가 믿느냐"(요 11:25-26)
"우리가 지금은 거울로 보는 것 같이 희미하나 그 때에는 얼굴과 얼굴을 대하여 볼 것이요 지금은 내가 부분적으로 아나 그 때에는 주

께서 나를 아신 것 같이 내가 온전히 알리라"(고전 13:12)

"만일 그리스도 안에서 우리가 바라는 것이 다만 이 세상의 삶뿐이면 모든 사람 가운데 우리가 더욱 불쌍한 자이리라 그러나 이제 그리스도께서 죽은 자 가운데서 다시 살아나사 잠자는 자들의 첫 열매가 되셨도다"(고전 15:19-20)

"이 첫째 부활에 참여하는 자들은 복이 있고 거룩하도다 둘째 사망이 그들을 다스리는 권세가 없고 도리어 그들이 하나님과 그리스도의 제사장이 되어 천 년 동안 그리스도와 더불어 왕 노릇 하리라"(계 20:6)

"또 내게 말씀하시되 이루었도다 나는 알파와 오메가요 처음과 마지막이라 내가 생명수 샘물을 목마른 자에게 값없이 주리니 이기는 자는 이것들을 상속으로 받으리라 나는 그의 하나님이 되고 그는 내 아들이 되리라 그러나 두려워하는 자들과 믿지 아니하는 자들과 흉악한 자들과 살인자들과 음행하는 자들과 점술가들과 우상 숭배자들과 거짓말하는 모든 자들은 불과 유황으로 타는 못에 던져지리니 이것이 둘째 사망이라"(계 21:6-8)

2절 – 기독교의 육체적 죽음과 신령하고 새로운 온전한 생명의 몸

1. 육체적 죽음의 의미

1) 성경은 육체적 죽음을 장막 집(육신)이 무너지고 신령하고 새

로운 온전한 생명의 몸을 '덧입는' 것으로 본다(고전 15:35-57; 고후 5:1-5). 육체적 죽음은 영과 육의 분리일 뿐 단절이나 끝이 아니다. 다른 존재로 새롭게 태어나는 다른 형태의 삶으로의 변화이자 새로운 만남의 시작이다. 육체적 죽음의 의미를 제대로 알고 주어진 날을 계수(計數)하는 마음으로 살아가는 것이 지혜로운 삶이다(시 90:12; 눅 12:16-21, 16:19-31).

> "우리에게 우리 날 계수함을 가르치사 지혜로운 마음을 얻게 하소서"(시 90:12)
>
> "육의 몸으로 심고 신령한 몸으로 다시 살아나나니 육의 몸이 있은즉 또 영의 몸도 있느니라"(고전 15:44)

큰 사고 등으로 인해 죽음의 문턱을 넘었다 살아 돌아온 근사체험자를 연구한 엘리자베스 퀴블러 로스(Elisaveth Kübler-Ross)는 죽음을 '나비가 고치(육신)에서 벗어나는 것'으로 비유한다. 고치(몸)가 제 역할을 다해 회복 불능의 상태가 되어야 비로소 나비(영혼)가 되어 날아가는 것이다. 이는 고치(몸)가 죽었다는 것을 의미한다고 보기보다는 고치가 더는 기능을 하지 않는다는 것을 의미하고, 고치가 더는 기능을 하지 않아야 나비가 되어 날아갈 수 있는 것이다.

근사체험자들은 "죽음의 순간 일시적인 거주지였던 육체로부터 영혼이 분리되는 것을 경험하게 되고, 영혼이 몸을 떠날 때 공포나 불안은 없고, 나이가 많든 적든 간에 죽어가는 환자들 주위에서 보호해주고 도와주는 영적인 존재들이 있는 것을 경험하였다"라고 한다. 그리고 "영혼이 분리되는 순간은 터널이나 문을 통과하는 것이나 다리를 건너는 것과 같은데 터널이나 문을 통과하거나 다리를 건넌 후에는 말로 표현할 수 없는 장엄하고 사랑이 가득한 밝은 빛에 에워싸이고 그 빛을 본 후에는 아무도 다시 세상으로 돌아가기를 원하지 않을 정도로 황홀한 경험이었다"라고 한다. 근사체험자들은 체험 이후에는 세상적인 욕심 대신 사람을 살리고 사랑을 실천하는 것에 관심을 가지고 하늘에 있는 더 나은 본향을 사모하는 나그네처럼 살아가려고 노력한다.

위와 같은 근사체험자들의 경험은 "그들 앞에서 변형되사 그 얼굴이 해 같이 빛나며 옷이 빛과 같이 희어졌더라"(마 17:2), "말할 때에 홀연히 빛난 구름이 그들을 덮으며"(마 17:5), "삼가 이 작은 자 중의 하나도 업신 여기지 말라 너희에게 말하노니 그들의 천사들이 하늘에서 하늘에 계신 내 아버지의 얼굴을 항상 뵈옵느니라"(마 18:10), "이에 그 거지가 죽어 천사들에게 받들려 아브라함의 품에 들어가고 부자도 죽어 장사되매"(눅 16:22), "그 안에 생명이 있었으니 이 생명은 사람들의 빛이라"(요 1:4), "왕이여 정오가 되어 길에서 보니 하늘로부터 해보다 더 밝은 빛이 나와 내 동행들을 둘러 비추는지라"(행 26:13), "그가 낙원으로 이끌려 가서 말로 표현할 수 없는 말을 들었으니 사람이 가히 이르지 못할 말이로다"(고후 12:4), "모든 천사들은 섬기는 영으로서 구원받을 상속자들을 위하여 섬기라고 보내심이 아니냐"(히 1:14), "이 사람들은 다 믿음을 따라 죽었으며 약속을 받지 못하였으되 그것들을 멀리서 보고 환영하며 또 땅에서 외국인과 나그네임을 증언하였으니"(히 11:13), "그들이 이제는 너 나은 본향을 사모하니 곧 하늘에 있는 것이라 이러므로 하나님이 그들의 하나님이라 일컬음을 받으심을 부끄러워하지 아니하시고 그들을 위하여 한 성을 예비하셨느니라"(히 11:16), "하나님의 영광이 있어 그 성의 빛이 지극히 귀한 보석 같고 벽옥과 수정 같이 맑더라"(계 21:11), "그 성은 해나 달의 비침이 쓸 데 없으니 이는 하나님의 영광이 비치고 어린 양이 그 등불이 되심이라 만국이 그 빛 가운데로 다니고 땅의 왕들이 자기 영광을 가지고 그리로 들어가리라"(계 21:23), "다시 밤이 없겠고 등불과 햇빛이 쓸 데 없으니 이는 주 하나님이 그들에게 비치심이라 그들이 세세토록 왕 노릇 하리라"(계 22:5) 등의 말씀에서 연관성을 찾을 수 있다.

2) 육체적 죽음은 사랑 그 자체이고 전지전능한 신랑(예수님)과의 결혼(거룩한 교제)을 위해 하나님이 준비하신 새 하늘 새 땅으로 떠나는 여정으로 볼 수 있다(계 19:6-10, 21:1-22:17). 육체적 죽음이 현세의 인연을 뒤로한다는 점에서 떠나보내는 사람도 떠나는 사람도 아쉬움은 있지만 슬퍼하기만 할 일은 아니다. 결혼을 앞둔 신부가 그동안 키워주신 부모님과 떨어져서 살아간다는 점에서는 슬프지만, 한편으로는 결혼식 전날이 설렘에 잠 못 이루는 날이기도 한 것처럼 말이다. 죽음을 마주함에 있어 중요한 것은 내가 신부의 자격을 갖추고 죽음을 맞이하느냐이다(계 19:7-8).

"우리가 즐거워하고 크게 기뻐하며 그에게 영광을 돌리세 어린 양의 혼인 기약이 이르렀고 그의 아내가 자신을 준비하였으므로 그에게 빛나고 깨끗한 세마포 옷을 입도록 허락하셨으니 이 세마포 옷은 성도들의 옳은 행실이로다 하더라"(계 19:7-8)

3) 고인의 생전에는 고인을 직접 눈으로 보고 목소리를 들을 수 있지만 시·공간의 제약을 받는다. 반면 사후에는 시·공간을 초월하여 마음으로 듣고 볼 수 있다. 고인의 생전에는 고인을 부분적으로 알았다면 오히려 사후에는 온전히 알게 되고, 얼굴과 목소리에 대한 기억은 희미해지지만 마음의 눈과 마음의 기억은 생전보다 더 선명해진다.

우리가 예수님의 십자가 죽음에 슬퍼만 하지 아니하고 감사하고 기뻐할 수 있는 것은 예수님이 부활하셔서 영생을 확증하여 주셨고 다시 오실 것을 약속하셨기 때문이다(요 14:2-3, 28; 행 1:10-11). 영생에 대한 믿음이 있다면 고인의 죽음을 예수님의 죽음과 같은 차원에서 이해할 수 있다. 죽음은 끝이 아니라 새로운 출발이자 새로운 만남의 시작이다.

가나안 혼인 잔치의 돌 항아리 물이 포도주로 변하여 자칫 망칠 수 있었던 결핍의 혼인 잔치가 더 성대한 기쁨의 혼인 잔치로 마무리된 것처럼, 하나님의 영생 약속을 믿고 이를 소망한다면 고인의 죽음이 슬퍼하기만 할 일은 아니다(요 2:1-11; 살전 4:13-14). 오히려 고인이 천국에서, 스데반의 순교를 안타까운 마음으로 서서 지켜보시던 예수님처럼, 영적 싸움이 치열한 현세에서 살아가는 유족을 안타까운 마음으로 서서 지켜보고 계실지도 모른다(행 7:55-56).

> "스데반이 성령 충만하여 하늘을 우러러 주목하여 하나님의 영광과 및 예수께서 하나님 우편에 서신 것을 보고 말하되 보라 하늘이 열리고 인자가 하나님 우편에 서신 것을 보노라 한대"(행 7:55-56)
> "형제들아 자는 자들에 관하여는 너희가 알지 못함을 우리가 원하지 아니하노니 이는 소망 없는 다른 이와 같이 슬퍼하지 않게 하려 함이라 우리가 예수께서 죽으셨다가 다시 살아나심을 믿을진대 이와 같이 예수 안에서 자는 자들도 하나님이 그와 함께 데리고 오시리라"(살전 4:13-14)

2. 시간과 공간을 초월하는 신령하고 새로운 온전한 생명의 몸

육체적 죽음 이후의 모습은, "그 날 환난 후에 즉시 해가 어두워지며 달이 빛을 내지 아니하며 별들이 하늘에서 떨어지며 하늘의 권능들이 흔들리리라 그 때에 인자의 징조가 하늘에서 보이겠고 그 때에 땅의 모든 족속들이 통곡하며 그들이 인자가 구름을 타고 능력과 큰 영광으로 오는 것을 보리라 그가 큰 나팔소리와 함께 천사들을 보내리니 그들이 그의 택하신 자들을 하늘 이 끝에서 저 끝까지 사방에서 모으리라"(마 24:29-31), "진실로 진실로 너희에게 이르노니 죽은 자들이 하나님의 아들의 음성을 들을 때가 오나니 곧 이 때라 듣는 자는 살아나리라 아버지께서 자기 속에 생명이 있음 같이 아들에게도 생명을 주어 그 속에 있게 하셨고 또 인자됨으로 말미암아 심판하는 권한을 주셨느니라 이를 놀랍게 여기지 말라 무덤 속에 있는 자가 다 그의 음성을 들을 때가 오나니 선한 일을 행한 자는 생명의 부활로, 악한 일을 행한 자는 심판의 부활로 나오리라"(요 5:25-29), "형제들아 내가 이것을 말하노니 혈과 육은 하나님 나라를 이어 받을 수 없고 또한 썩는 것은 썩지 아니하는 것을 유업으로 받지 못하느니라 보라 내가 너희에게 비밀을 말하노니 우리가 다 잠 잘 것이 아니요 마지막 나팔에 순식간에 홀연히 다 변화되리니 나팔 소리가 나매 죽은 자들이 썩지 아니할 것으로 다시 살아나고 우리도 변화되리라 이 썩을 것이 반드시 썩지 아니할 것을 입겠고 이 죽을 것이 죽지 아니함을 입으리로다 이 썩을 것이 썩지 아니함을 입고 이 죽을 것이 죽지 아니함을 입을 때에는 사망을 삼키고 이기리라고 기록된 말씀이 이루어지리라"(고전 15:50-54), "우리가 예수께서 죽으셨다가 다시 살아나심을 믿을진대 이와 같이 예수 안에서 자는 자들도 하나님이 그와 함께 데리고 오시리라 우리가 주의 말씀으로 너희에게 이것을 말하노니 주께서 강림하실 때까지 우리 살아 남아 있는 자도 자는 자보다 결코 앞서지 못하리라 주께서 호령과 천사장의 소리와 하나님의 나팔 소리로 친히 하늘로부터 강림하시리니 그리스도 안에서 죽은 자들이 먼저 일어나고 그 후에 우리 살아 남은 자들도 그들과 함께 구름 속으로 끌어 올려 공중에서 주를 영접하게 하시리니 그리하여 우리가 항상 주와 함께 있으리라"(살전 4:14-17), "이 첫째 부활에 참여하는 자들은 복이 있고 거룩하도다 둘째 사망이 그들을 다스리는 권세가 없고 도리어 그들이 하나님과 그리스도의 제사장이 되어 천 년 동안 그리스도와 더불어 왕 노릇 하리라"(계 20:6), "그러나 두려워하는 자들과 믿지 아니하는 자들과 흉악한 자들과 살인자들과 음행하는 자들과 점술가들과 우상 숭배자들과 거짓말하는 모든 자들은 불과 유황으로 타는 못에 던져지리니 이것이 둘째 사망이라"(계 21:8)라는 말씀을 종합하여 볼 때, 예수님 재림 이전의 모습과 예수님 재림 이후의 모습이 서로 다르다.

3차원의 세계에서 살아가고 있는 인간의 지식과 사고 수준으로는 육체적 죽음 이후의 예수님 재림 이전 모습과 예수님 재림 이후 모습의 차이를 정확히 알기는 어렵다. 다만, 육체적 죽음 이후 새로이 덧입게 되는 신령하고 새로운 온전한 생명의 몸이 무엇인지는 관련 성경 기록을 통해 어느 정도 가늠해 볼 수 있다.

1) 시간과 공간을 초월하는 신령하고 '새로운' 온전한 생명의 몸이다

변화 산 사건에서 변형된 예수님과 함께 등장하는 모세와 엘리야(마 17:3), "부활 때에는 장가도 아니 가고 시집도 아니 가고 하늘에 있는 천사들과 같으니라"(마 22:30), 제자들이 예수님의 무덤에 갔을 때 무덤에 시체가 없었고 예수님을 쌌던 수건과 세마포가 그대로 놓여 있었다는 점(요 20:6-7), 예수님이 장사 지내진 무덤에 앉아있었던 두 천사(요 20:12), 안식 후 첫날 저녁때 제자들이 모인 곳의 문들이 닫혀 있었음에도 예수님이 제자들 앞에 나타나셨다는 점(요 20:19-20,

27), 예수님이 하늘로 올려져 가실 때의 모습과 흰 옷 입은 두 사람(행 1:10) 등을 고려하면, 죽음 이후의 몸은 시간과 공간을 초월하는 '새로운' 몸으로 볼 수 있다.

2) 시간과 공간을 초월하는 신령하고 새로운 '온전한' 생명의 몸이다

예수님이 부활하신 후 무덤에서 나와 제자들이 모인 곳에서 제자들에게 십자가에서 입은 손과 옆구리의 상처를 보여 주신 장면을 근거로(요 20:20, 27), 예수님 재림 시 이미 죽은 자는 죽을 때의 몸 상태로, 살아있는 자는 휴거 될 때의 몸 상태로 부활한다는 견해가 있다.

그러나 예수님 재림 시 육체적으로는 썩을 몸이 썩지 아니할 신령한 영의 몸으로 다시 살아난다는 점(요 5:28-29, 6:39-40; 고전 15:35-57; 빌 3:21; 살전 4:14-17), 예수님이 부활하시고 마리아와 제자들에게 나타나셨을 때 예수님을 알아보지 못했다는 점(눅 24:13-16, 36-43; 요 20:14, 21:4), "부활 때에는 장가도 아니 가고 시집도 아니 가고 하늘에 있는 천사들과 같으니라"(마 22:30)라는 말씀 등을 고려하면, 부활 후의 몸은 신령하고 새로운 '온전한' 몸이라 할 수 있다.

> "누가 묻기를 죽은 자들이 어떻게 다시 살아나며 어떠한 몸으로 오느냐 하리니"(고전 15:35)
>
> "죽은 자의 부활도 그와 같으니 썩을 것으로 심고 썩지 아니할 것으로 다시 살아나며 욕된 것으로 심고 영광스러운 것으로 다시 살아나며 약한 것으로 심고 강한 것으로 다시 살아나며 육의 몸으로 심

고 신령한 몸으로 다시 살아나나니 육의 몸이 있은즉 또 영의 몸도 있느니라"(고전 15:42-44)

3절 - 육체적 죽음과 말세

성경은 현세에서 영적으로 죽은 자들의 육체적 죽음 이후의 둘째 사망, 즉 하나님과의 영원한 단절을 명확히 하고 있다. 육체적 죽음 이후에 심판이 있고, 심판에 따라 영벌과 영생이 결정된다(단 12:1-3; 마 25:46; 요 3:16, 11:25-26, 14:1-3; 롬 6:19-23; 고전 15:19-20, 50-57; 고후 5:1-5; 계 2:11, 20:6, 11-15, 21:6-8).

우리가 육체적 죽음 이후의 삶을 준비할 수 있는 시간은 육체적 생명이 있는 때이고, 육체적 죽음은 단순한 생물학적 죽음 이상의 의미가 있다(눅 12:16-21, 16:19-31). 모든 육체는 순간이고 육체적 죽음의 때가 언제인지 아무도 모른다는 점에서(시 39:3-7, 90:1-12; 전 3:11; 사 40:6-8; 마 24:32-51, 25:1-13; 눅 12:16-21; 살전 5:2-3; 약 4:13-14), 개개인에게 중요한 것은 예수님이 언제 재림하시는지 세상 끝이 언제이고 그 징조가 무엇인지가 아니고 지금 당장 하나님과 예수님을 믿는 것이다. 바로 지금이 하나님과 예수님을 믿고 구원받을 수 있는 마지막 때이다. 만일 살아있는 동안 하나님과 예수님을 믿지 않고 육체적 죽음을 맞이한다면, 개개인에게는 죽는 그때가 바로 말세이고 육체적 죽음 이후에 이루어지는 영벌의 심판을 피할 방법이 없다(계 20:11-15,

21:6-8). 지금 당장 믿다가 죽기 전에 전 지구적인 종말이 오면 맞으면 되고, 전 지구적인 종말이 오기 전에 육체적 죽음의 때가 임하면 그대로 맞이하면 된다.

우리는 지금 당장 믿어야 하고, 하나님과 예수님 안에서 하루하루를 마지막 날이라는 생각으로 현재에 충실하면서 즐겁고 떨리는 마음으로 살아가야 한다. 우리는 재물과 사회적 지위(명예)가 평안을 준다는 잘못된 생각으로, 영원히 살 것처럼 재물과 사회적 지위(명예)만 사랑하다가 갑자기 육체적 죽음을 맞이하는 어리석은 삶을 살지 말아야 한다(눅 12:16-21, 16:19-31; 딤전 6:6-12; 약 4:13-14). 우리가 살아서 믿지 않은 결과를 뼈저리게 느끼게 해주는 좋은 예가 '부자와 거지 나사로의 비유'(눅 16:19-31)이다. 영적으로 죽은 상태로 육체적 죽음을 맞이한다면, 죽음 이후에 아무리 발버둥을 쳐도 영벌의 심판을 피할 방법이 없다.

"또 비유로 그들에게 말하여 이르시되 한 부자가 그 밭에 소출이 풍성하매 심중에 생각하여 이르되 내가 곡식 쌓아 둘 곳이 없으니 어찌할까 하고 또 이르되 내가 이렇게 하리라 내 곳간을 헐고 더 크게 짓고 내 모든 곡식과 물건을 거기 쌓아 두리라 또 내가 내 영혼에게 이르되 영혼아 여러 해 쓸 물건을 많이 쌓아 두었으니 평안히 쉬고 먹고 마시고 즐거워하자 하리라 하되 하나님은 이르시되 어리석은 자여 오늘 밤에 네 영혼을 도로 찾으리니 그러면 네 준비한 것이 누구의 것이 되겠느냐 하셨으니 자기를 위하여 재물을 쌓아 두고 하

나님께 대하여 부요하지 못한 자가 이와 같으니라"(눅 12:16-21)

"그러나 자족하는 마음이 있으면 경건은 큰 이익이 되느니라 우리가 세상에 아무 것도 가지고 온 것이 없으매 또한 아무 것도 가지고 가지 못하리니 우리가 먹을 것과 입을 것이 있은즉 족한 줄로 알 것이니라 부하려 하는 자들은 시험과 올무와 여러 가지 어리석고 해로운 욕심에 떨어지나니 곧 사람으로 파멸과 멸망에 빠지게 하는 것이라 돈을 사랑함이 일만 악의 뿌리가 되나니 이것을 탐내는 자들은 미혹을 받아 믿음에서 떠나 많은 근심으로써 자기를 찔렀도다 오직 너 하나님의 사람아 이것들을 피하고 의와 경건과 믿음과 사랑과 인내와 온유를 따르며 믿음의 선한 싸움을 싸우라 영생을 취하라 이를 위하여 네가 부르심을 받았고 많은 증인 앞에서 선한 증언을 하였도다"(딤전 6:6-12)

"들으라 너희 중에 말하기를 오늘이나 내일이나 우리가 어떤 도시에 가서 거기서 일 년을 머물며 장사하여 이익을 보리라 하는 자들아 내일 일을 너희가 알지 못하는도다 너희 생명이 무엇이냐 너희는 잠깐 보이다가 없어지는 안개니라"(약 4:13-14)

4절 – 육체적 죽음에 임하는 자세

우리가 육체적 죽음에 대해 두려움과 깊은 허무감에 빠지는 것은 죽음에 대한 지식의 부족, 영원히 살 것 같은 착각으로 인한 죽음에 대한 준비 부족, 현세의 삶을 전부로 여기는 세속적인 삶 때문이다. 우리가 육체적 죽음에 임하는 자세에 대해 살펴보면 다음과 같다.

1. 육체적 죽음의 의미에 대해서는 '2절 1. 육체적 죽음의 의미'에서 살펴본 바와 같다

2. 영원히 살 것 같은 착각으로 인한 죽음에 대한 준비 부족과 현세의 삶을 전부로 여기는 세속적인 삶의 해결

모든 육체는 풀과 같고 그 모든 영광은 풀의 꽃과 같다. 풀은 마르고 꽃은 떨어지듯이 육체는 유한하고 순간이다(시 39:3-7, 90:1-12; 사 40:6-8). 우리는 이 시간 이후에 무슨 일이 일어날지 아무것도 모른다(전 3:11; 마 25:1-13).

"주여 주는 대대에 우리의 거처가 되셨나이다 산이 생기기 전, 땅과 세계도 주께서 조성하시기 전 곧 영원부터 영원까지 주는 하나님이시니이다 주께서 사람을 티끌로 돌아가게 하시고 말씀하시기를 너희 인생들은 돌아가라 하셨사오니 주의 목전에는 천 년이 지나간 어제 같으며 밤의 한 순간 같을 뿐임이니이다 주께서 그들을 홍수처럼 쓸어가시나이다 그들은 잠깐 자는 것 같으며 아침에 돋는 풀 같으니이다 풀은 아침에 꽃이 피어 자라다가 저녁에는 시들어 마르나이다 우리는 주의 노에 소멸되며 주의 분내심에 놀라나이다 주께서 우리의 죄악을 주의 앞에 놓으시며 우리의 은밀한 죄를 주의 얼

굴 빛 가운데에 두셨사오니 우리의 모든 날이 주의 분노 중에 지나가며 우리의 평생이 순식간에 다하였나이다 우리의 연수가 칠십이요 강건하면 팔십이라도 그 연수의 자랑은 수고와 슬픔뿐이요 신속히 가니 우리가 날아가나이다 누가 주의 노여움의 능력을 알며 누가 주의 진노의 두려움을 알리이까 우리에게 우리 날 계수함을 가르치사 지혜로운 마음을 얻게 하소서"(시 90:1-12)

"하나님이 모든 것을 지으시되 때를 따라 아름답게 하셨고 또 사람들에게는 영원을 사모하는 마음을 주셨느니라 그러나 하나님이 하시는 일의 시종을 사람으로 측량할 수 없게 하셨도다"(전 3:11)

영원히 살 것 같은 착각으로 인한 죽음에 대한 준비 부족과 현세의 삶을 전부로 여기는 세속적인 삶을 해결하기 위해서는, 우리에게 남겨진 시간이 유한하고 매 순간순간이 하나님이 선물로 주신 시간임을 명심하여야 한다. 우리에게 남겨진 시간이 유한하고 매 순간순간이 하나님이 선물로 주신 시간임을 깨달으면, 우리의 날을 계수(計數)하는 마음으로, 현세의 삶을 하늘에 있는 더 나은 본향을 사모하면서, 하나님과 동행하는 나그네처럼 살아갈 수 있다(시 39:12, 90:1-12; 전 2:10-11; 히 11:9-10, 13-16, 13:14; 계 21:1-27).

"여호와여 나의 기도를 들으시며 나의 부르짖음에 귀를 기울이소서 내가 눈물 흘릴 때에 잠잠하지 마옵소서 나는 주와 함께 있는 나그네이며 나의 모든 조상들처럼 떠도나이다"(시 39:12)

"무엇이든지 내 눈이 원하는 것을 내가 금하지 아니하며 무엇이든지 내 마음이 즐거워하는 것을 내가 막지 아니하였으니 이는 나의 모든 수고를 내 마음이 기뻐하였음이라 이것이 나의 모든 수고로 말미암아 얻은 몫이로다 그 후에 내가 생각해 본즉 내 손으로 한 모든 일과 내가 수고한 모든 것이 다 헛되어 바람을 잡는 것이며 해 아래에서 무익한 것이로다"(전 2:10-11).

"이 사람들은 다 믿음을 따라 죽었으며 약속을 받지 못하였으되 그것들을 멀리서 보고 환영하며 또 땅에서는 외국인과 나그네임을 증언하였으니 그들이 이같이 말하는 것은 자기들이 본향 찾는 자임을 나타냄이라 그들이 나온 바 본향을 생각하였더라면 돌아갈 기회가 있거니와 그들이 이제는 더 나은 본향을 사모하니 곧 하늘에 있는 것이라 이러므로 하나님이 그들의 하나님이라 일컬음 받으심을 부끄러워하지 아니하시고 그들을 위하여 한 성을 예비하셨느니라"(히 11:13-16).

하나님과 예수님 안에서 매 순간순간 범사에 기뻐하고 감사하는 마음으로 영생의 삶을 살다가 육체적 죽음의 때가 오면 하나님이 우리를 위해 준비하신 천국 영생을 누리면 된다(살전 5:16-18).

바울의 "형제들아 내가 그리스도 예수 우리 주 안에서 가진 바 너희에 대한 나의 자랑을 두고 단언하노니 나는 날마다 죽노라 내가 사람의 방법으로 에베소에서 맹수와 더불어 싸웠다면 내게 무슨 유익이 있으리요 죽은 자가 다시 살아나지 못한다면 내일 죽을 터이니 먹고 마시자 하리라(고전 15:31-32), "우리가 담대하여 원하는 바는 차라리 몸을 떠나 주와 함께 있는 그것이라 그런즉 우리는 몸으로 있든지 떠나든지 주를 기쁘시게 하는 자가 되기를 힘쓰노라 이는 우리가 다 반드시 그리스도의 심판대 앞에 나타나게 되어 각각 선악 간에 그 몸으로 행한 것을 따라 받으려 함이라"(고후 5:8-10)라는 고백처럼 부활과 영생에 소망을 가지고 날마다 죽는 삶을 살아간다면, 십자가에서 "다 이루었다"라는 말씀을 하신 예수님처럼(요 19:30), '다 이루었다'라는 말을 하면서 평안하게 죽음을 맞이할 수 있을 것이다.

> "예수께서 신 포도주를 받으신 후에 이르시되 다 이루었다 하시고 머리를 숙이니 영혼이 떠나가시니라"(요 19:30)

인생을 설명할 때 가장 많이 등장하는 비유가 여행이다. 여행의 유형이 다양하듯 인생이라는 여행의 유형도 다양하다. 기독교에서의 인생은 동행하는 가이드(하나님, 예수님, 성령)가 있는 여행이다. 가이드는 동행을 거부하지 않는 한 여행에 끝까지 함께하고 걸음마를 떼는 아이를 지켜보는 부모처럼 항상 지켜보고 보호해 준다. 가이드는 여행의 자유를 최대한 보장 해주고, 긴박하거나 도움 요청이 없는 한 여행에 개입하지 않는다(마 11:28-30; 요 14:6; 시 23:1-6). 다만 여행이 실패하지 않도록 나아갈 방향은 제시하고 일용할 양식은 제공한다(시 119:105; 잠 6:23; 마 6:11, 32). 여행을 마치고 목적지에 도달하면 홀로 외로이 빈집에 들어가는 것이 아니라, 가이드가 준비한 처소에서 성

대한 환영 행사가 있는 여행이다(계 19:6-9, 21:1-22:17).

"여호와는 나의 목자시니 내게 부족함이 없으리로다 그가 나를 푸른 풀밭에 누이시며 쉴 만한 물 가로 인도하시는도다 내 영혼을 소생시키시고 자기 이름을 위하여 의의 길로 인도하시는도다 내가 사망의 음침한 골짜기로 다닐지라도 해를 두려워하지 않을 것은 주께서 나와 함께 하심이라 주의 지팡이와 막대기가 나를 안위하시나이다 주께서 내 원수의 목전에서 내게 상을 차려 주시고 기름을 내 머리에 부으셨으니 내 잔이 넘치나이다 내 평생에 선하심과 인자하심이 반드시 나를 따르리니 내가 여호와의 집에 영원히 살리로다"(시 23:1-6)

"대저 명령은 등불이요 법은 빛이요 훈계의 책망은 곧 생명의 길이라"(잠 6:23)

"수고하고 무거운 짐 진 자들아 다 내게로 오라 내가 너희를 쉬게 하리라 나는 마음이 온유하고 겸손하니 나의 멍에를 메고 내게 배우라 그리하면 너희 마음이 쉼을 얻으리니 이는 내 멍에는 쉽고 내 짐은 가벼움이라 하시니라"(마 11:28-30)

"예수께서 이르시되 내가 곧 길이요 진리요 생명이니 나로 말미암지 않고는 아버지께로 올 자가 없느니라"(요 14:6)

가이드가 있는 여행에서는 가이드와 끝까지 함께하는 것이 중요하고, 여행길에서 만나는 사람들과 가이드에게 좋은 이웃이 되어 주면 된다(마 22:37-40; 눅 10:25-37). 여행에서 일어나는 다양한 일은 가이드가 주는 지혜와 가이드의 보호로 얼마든지 헤쳐 나갈 수 있으므로, 의미 있고 즐거운 여행이 되도록 가이드에 대한 믿음을 가지고 여행에 집중하면 된다(시 23:1-6; 빌 4:4-7; 살전 5:16-18).

> "예수께서 이르시되 네 마음을 다하고 목숨을 다하고 뜻을 다하여 주 너희 하나님을 사랑하라 하셨으니 이것이 크고 첫째 되는 계명이요 둘째도 그와 같으니 네 이웃을 네 자신 같이 사랑하라 하셨으니 이 두 계명이 온 율법과 선지자의 강령이니라"(마 22:37-40)

인간은 인생 여행의 동반자로 배우자, 가족, 연인, 친구를 꼽는다. 물론 배우자, 가족, 연인, 친구 모두 훌륭한 인생 여행의 동반자이고 소중한 존재이다. 하지만 죽음의 순간에는 그 누구도 함께하지 못한다. 죽음조차도 갈라놓지 못하는 것은 하나님의 우리에 대한 사랑뿐이다(롬 8:37-39). 실패한 인생 여행은 내가 가야 할 방향도 알지 못한 채 홀로 나아가고, 자신은 소중하다고 생각하지만 정작 아무 의미도 없는 여행의 짐만 늘리느라 시간과 노력을 낭비하여, 결국 돌고 돌다가 목적지에 도달하지 못한 채 포기하는 여행이다. 성공한 인생 여행의 비결은 하나님을 경외하면서 하나님과 동행하는 것이다(전 12:13-14).

> "일의 결국을 다 들었으니 하나님을 경외하고 그의 명령들을 지킬

지어다 이것이 모든 사람의 본분이니라 하나님은 모든 행위와 모든 은밀한 일을 선악 간에 심판하시리라"(전 12:13-14)

"그러나 이 모든 일에 우리를 사랑하시는 이로 말미암아 우리가 넉넉히 이기느니라 내가 확신하노니 사망이나 생명이나 천사들이나 권세자들이나 현재 일이나 장래 일이나 능력이나 높음이나 깊음이나 다른 어떤 피조물이라도 우리를 우리 주 그리스도 예수 안에 있는 하나님의 사랑에서 끊을 수 없으리라"(롬 8:37-39)

3. 스데반의 죽음에서 얻는 죽음에 대한 지혜

스데반의 순교 장면은 어떻게 하면 평안하게 죽음을 맞이할 수 있는가에 대해 많은 깨달음을 준다. 죽음을 앞둔 스데반의 얼굴은 죽음에 대한 두려움으로 일그러진 얼굴이 아니라 천사의 얼굴이었다(행 6:15). 스데반이 죽음을 앞둔 상황에서 마주한 것은 죽음에 대한 두려움이 아니라 하나님의 영광과 예수께서 하나님 우편에 서신 것이었다(행 7:55-56). 성경은 스데반의 죽음을 잔다고 표현하고 있다(행 7:60). 스데반이 죽음을 앞둔 고통의 순간에 평안하게 죽음을 맞이할 수 있었던 비결은 성령 충만과 지혜이다(행 6:10, 7:55).

"스데반이 지혜와 성령으로 말함을 그들이 능히 당하지 못하여"(행 6:10)

"공회 중에 앉은 사람들이 다 스데반을 주목하여 보니 그 얼굴이 천사의 얼굴과 같더라"(행 6:15)

> "스데반이 성령 충만하여 하늘을 우러러 주목하여 하나님의 영광과 및 예수께서 하나님 우편에 서신 것을 보고 말하되 보라 하늘이 열리고 인자가 하나님 우편에 서신 것을 보노라 한대"(행 7:55-56)
>
> "무릎을 꿇고 크게 불러 이르되 주여 이 죄를 그들에게 돌리지 마옵소서 이 말을 하고 자니라"(행 7:60)

성령 충만은 내 안에 내가 아닌 성령이 거하고 성령의 지배를 받는 것이다. 하나님을 경외하는 것이 지혜의 근본이다(시 111:10; 잠 9:10; 전 12:13). 하나님을 경외하는 것은 하나님의 천지창조와 하나님이 생사화복을 주관하시는 만유의 주재이심을 믿을 때 가능하다. 지혜는 성령 충만의 결과이고, 의심하지 않고 믿음으로 구할 때 성령의 간구로 하나님이 은혜로 주신다(잠 2:6-7; 요14:17, 26, 16:13; 롬 8:26-27; 고전 6:19-20; 약 1:5-8). 지혜는 하나님을 경외함에서 오는 마음의 자유와 평안으로 인해 사람의 얼굴에 광채가 나게 하고 얼굴의 사나운 것이 변하게 한다(출 34:29; 전 8:1).

> "여호와를 경외함이 지혜의 근본이라 그의 계명을 지키는 자는 다 훌륭한 지각을 가진 자이니 여호와를 찬양함이 영원히 계속되리로다"(시 111:10)
>
> "누가 지혜자와 같으며 누가 사물의 이치를 아는 자이냐 사람의 지혜는 그의 얼굴에 광채가 나게 하나니 그의 얼굴의 사나운 것이 변하느니라"(전 8:1)

하나님을 경외하면 하나님이 인간을 창조하시고 인간의 생사를 주관하시는 것을 믿을 수 있고, 죽음의 순간에도 모든 것을 하나님에게 내어 맡길 수 있다. 만일 우리가 죽음의 순간에 모든 것을 하나님에게 내어 맡길 수 없다면 하나님에 대한 경외가 없는 경우이다.

우리가 창조주 하나님을 경외한다면 하나님을 공경하고 하나님 말씀의 권위를 인정하여 믿음으로 순종하고 사랑하는 것은 지극히 자연스럽고 당연한 일이다. 하나님은 하나님을 사랑하는 사람의 죽음의 순간에 아이를 품에 안고 잠을 재우는 어머니처럼 사랑으로 포근하게 감싸안아 주신다(시 131:1-3; 롬 8:37-39). 성령 충만과 지혜가 있다면 죽음의 순간에 사랑으로 맞이해 주시는 하나님과 예수님을 볼 수 있고, 평안한 마음으로 천사의 얼굴을 하면서 죽음을 맞이할 수 있을 것이다. "좋은 이름이 좋은 기름보다 낫고 죽는 날이 출생하는 날보다 나으며"(전 7:1)라는 말씀에 아멘 할 수 있는 하나님의 은혜가 우리 모두에게 충만하길 기도합니다.

> "여호와여 내 마음이 교만하지 아니하고 내 눈이 오만하지 아니하오며 내가 큰 일과 감당하지 못할 놀라운 일을 하려고 힘쓰지 아니하나이다 실로 내가 내 영혼으로 고요하고 평온하게 하기를 젖 뗀 아이가 그의 어머니 품에 있음 같게 하였나니 내 영혼이 젖 뗀 아이와 같도다 이스라엘아 지금부터 영원까지 여호와를 바랄지어다"(시 131:1-3)

4장
맺는말

　기독교에서 육체적 죽음은 장막 집(육신)이 무너지고 신령하고 새로운 온전한 생명의 몸을 덧입는 것이다. 육체적 죽음은 영과 육의 분리일 뿐 단절이나 끝이 아니고, 다른 존재로 새롭게 태어나는 다른 형태의 삶으로의 변화이다.

　육체적 죽음과 관련하여 중요한 것은 육체적 죽음을 언제 어떻게 준비하느냐이다. 육체적 죽음 이후에 심판이 있고, 심판에 따라 영벌과 영생이 결정된다. 모든 육체는 풀과 같고 그 모든 영광은 풀의 꽃과 같아 풀은 마르고 꽃은 떨어지듯이 우리 육체는 유한하고 순간이다. 우리는 이 시간 이후에 무슨 일이 일어날지, 육체적 죽음의 때가 언제인지 아무것도 모른다. 우리가 육체적 죽음과 그 이후의 삶을 준비할 수 있는 시간은 육체적 생명이 있는 바로 지금이다.

바로 지금이 믿고 구원받을 수 있는 마지막 때이다.

현세에서 육체적 죽음을 준비하는 유일한 방법은 하나님과 예수님을 알고 믿어 하나님과 예수님 안에 거하는 것이다. 하나님은 누구보다도 우리가 하나님에게로 돌아오기를 간절히 원하고 계신다. 우리가 하나님과 예수님 안에 거하여 성령이 충만한 삶을 살아간다면, 죽음의 순간에 사랑으로 맞이해 주시는 하나님과 예수님을 볼 수 있고, 스데반처럼 평안한 마음으로 천사의 얼굴을 하면서 죽음을 맞이할 수 있을 것이다.

다윗의 "내 마음이 내 속에서 뜨거워서 작은 소리로 읊조릴 때에 불이 붙으니 나의 혀로 말하기를 여호와여 나의 종말과 연한이 언제까지인지 알게 하사 내가 나의 연약함을 알게 하소서 주께서 나의 날을 한 뼘 길이만큼 되게 하시매 나의 일생이 주 앞에는 없는 것 같사오니 사람은 그가 든든히 서 있는 때에도 진실로 모두가 허사뿐이니이다 (셀라) 진실로 각 사람은 그림자 같이 다니고 헛된 일로 소란하며 재물을 쌓으나 누가 거둘는지 알지 못하나이다 주여 이제 내가 무엇을 바라리요 나의 소망은 주께 있나이다"(시 39:3-7)라는 고백이, 우리 모두의 고백이 되기를 바란다.

제8편

맺으면서

태초에 하나님이 인간과 천지 만물을 창조하셨다. 인간과 천지 만물이 단순히 진화의 결과라면 인간은 원숭이보다 조금 더 진화된 존재에 불과하다. 하나님은 분명히 인간을 하나님의 형상대로 영적인 존재로 창조하시고, 종류대로 생물을 창조하여 인간과 생물을 다른 차원의 존재로 창조하셨다.

하나님은 인간에게만 영원을 사모하는 마음을 주셨다. 인간이 다른 생물들보다 조금 더 진화된 것에 불과하고 죽음으로 모든 것이 끝나는 단순한 생명체인지, 아니면 하나님의 형상대로 창조된 인격적인 영적 존재인지 각자 판단해 보시길 바란다.

"하나님이 모든 것을 지으시되 때를 따라 아름답게 하셨고 또 사람들에게는 영원을 사모하는 마음을 주셨느니라 그러나 하나님이 하시는 일의 시종을 사람으로 측량할 수 없게 하셨도다"(전 3:11)

"하나님의 진노가 불의로 진리를 막는 사람들의 모든 경건치 않음과 불의에 대하여 하늘로부터 나타나나니 이는 하나님을 알 만한 것이 그들 속에 보임이라 하나님께서 이를 그들에게 보이셨느니라 창세로부터 그의 보이지 아니하는 것들 곧 그의 영원하신 능력과 신성이 그가 만드신 만물에 분명히 보여 알려졌나니 그러므로 그들이 핑계하지 못할지니라"(롬 1:18-20)

내가 내 능력과 노력으로 무엇이든지 할 수 있다는 생각을 가지고 각자도생(各自圖生)의 정신으로 앞만 보고 살았지만, 현재 내가 얻은 것은 진정 무엇인가?

"내가 또 다시 해 아래에서 헛된 것을 보았도다 어떤 사람은 아들도 없고 형제도 없이 홀로 있으나 그의 모든 수고에는 끝이 없도다 또 비록 그의 눈은 부요를 족하게 여기지 아니하면서 이르기를 내가 누구를 위하여는 이같이 수고하고 나를 위하여는 행복을 누리지 못하게 하는가 하여도 이것도 헛되어 불행한 노고로다"(전 4:7-8)
"또 비유로 그들에게 말하여 이르시되 한 부자가 그 밭에 소출이 풍성하매 심중에 생각하여 이르되 내가 곡식 쌓아 둘 곳이 없으니 어찌할까 하고 또 이르되 내가 이렇게 하리라 내 곳간을 헐고 더 크게 짓고 내 모든 곡식과 물건을 거기 쌓아 두리라 또 내가 내 영혼에게 이르되 영혼아 여러 해 쓸 물건을 많이 쌓아 두었으니 평안히 쉬고 먹고 마시고 즐거워하자 하리라 하되 하나님은 이르시되 어리석은 자여 오늘 밤에 네 영혼을 도로 찾으리니 그러면 네 준비한 것이 누구의 것이 되겠느냐 하셨으니 자기를 위하여 재물을 쌓아 두고 하나님께 대하여 부요하지 못한 자가 이와 같으니라"(눅 12:16-21)

"너희가 너희 지체를 부정과 불법에 내주어 불법에 이른 것 같이 이제는 너희 지체를 의에게 종으로 내주어 거룩함에 이르라 너희가 죄의 종이 되었을 때에는 의에 대하여 자유로웠느니라 너희가 그 때에 무슨 열매를 얻었느냐 이제는 너희가 그 일을 부끄러워하나니 이는 그 마지막이 사망임이라 그러나 이제는 너희가 죄로부터 해방되고 하나님께 종이 되어 거룩함에 이르는 열매를 맺었으니 그 마지막은 영생이라 죄의 삯은 사망이요 하나님의 은사는 그리스도 예수 우리 주 안에 있는 영생이니라"(롬 6:19-23)

하나님과 예수님과 천국을 믿었는데 혹시 하나님과 예수님과 천국이 없을 것 같아서 걱정되나? 솔직히 하나님과 예수님을 믿는다고 해서 내 마음대로 살지 못하는 것 말고는 손해 보는 것이 없지 않은가? 하나님과 예수님이 없으면 다행이지만, 불행하게도 하나님과 예수님이 있고, 하나님과 예수님을 믿지 않아서 천국 영생의 삶을 살지 못한다면, 이보다 더 크고 심각한 문제가 없지 않은가? 설령 천국이 없다고 하여도 천국이 있다고 믿고 천국에 간다는 생각을 가지고 평안하게 현세를 살다가, 천국에 대한 믿음과 소망으로 평안하게 죽음을 맞이할 수 있다면 이것만으로도 충분하지 않은가? 인간이 인간의 교만으로 하나님과 예수님의 개입이 귀찮아 하나님과 예수님과 천국이 없다고 믿고 싶을 뿐이지 하나님과 예수님과 천국은 분명히 존재한다.

"내가 너와 함께 있어 네가 어디로 가든지 너를 지키며 너를 이끌어 이 땅으로 돌아오게 할지라 내가 네게 허락한 것을 다 이루기까지 너를 떠나지 아니하리라 하신지라 야곱이 잠이 깨어 가로되 여호와께서 과연 여기 계시거늘 내가 알지 못하였도다. 이에 두려워하여 가로되 두렵도다 이곳이여 다른 것이 아니라 이는 하나님의 전이요 이는 하늘의 문이로다 하고"(창 28:15-17)

"바리새인들이 하나님의 나라가 어느 때에 임하나이까 묻거늘 예수께서 대답하여 이르시되 하나님의 나라는 볼 수 있게 임하는 것이 아니요 또 여기 있다 저기 있다고도 못하리니 하나님의 나라는 너희 안에 있느니라"(눅 17:20-21)

"그리스도께서 죽은 자 가운데서 다시 살아나셨다 전파되었거늘 너희 중에서 어떤 사람들은 어찌하여 죽은 자 가운데서 부활이 없다 하느냐 만일 죽은 자의 부활이 없으면 그리스도도 다시 살아나지 못하셨으리라 그리스도께서 만일 다시 살아나지 못하셨으면 우리가 전파하는 것도 헛것이요 또 너희 믿음도 헛것이며 또 우리가 하나님의 거짓 증인으로 발견되리니 우리가 하나님이 그리스도를 다시 살리셨다고 증언하였음이라 만일 죽은 자가 다시 살아나는 일이 없으면 하나님이 그리스도를 다시 살리지 아니하셨으리라 만일 죽은 자가 다시 살아나는 일이 없으면 그리스도도 다시 살아나신 일이 없었을 터이요 그리스도께서 다시 살아나신 일이 없으면 너희의 믿음도 헛되고 너희가 여전히 죄 가운데 있을 것이요 또한 그리스도 안에서 잠자는 자도 망하였으리니 만일 그리스도 안에서 우리의 바라는 것이 다만 이 세상의 삶뿐이면 모든 사람 가운데 우리가 더욱 불쌍한 자이리라 그러나 이제 그리스도께서 죽은 자 가운데서 다시 살아나사 잠자는 자들의 첫 열매가 되셨도다 사망이 한 사람으로 말미암았으니 죽은 자의 부활도 한 사람으로 말미암는도다 아담 안에서 모든 사람이 죽은 것 같이 그리스도 안에서 모든 사람이 삶을 얻으리라"(고전 15:12-22)

내가 어디에서 왔는지도 모르고 잠시 머물다가는 먼지와 같은 존재로, 고아처럼 외로이 머물다가, 어디로 가는지 모르고 가는 삶이 좋은가? 내가 죽으면 무엇으로 환생할지 궁금해하고 두려워하며 죽는 것이 좋은가?

내가 죽을 만큼 힘들 때나 실제로 죽음을 맞이할 때, 부모님을 포함한 어느 인간도 매 순간 나와 함께 해주거나 문제를 해결해 줄 수 없다. 오로지 각자 자신이 감당해야 한다. 그렇지만 하나님은 내가 홀로 감당해야 하는 매 순간순간, 특히 죽음의 순간에도 항상 나와 함께 하시고 나의 가장 든든한 사랑의 아버지가 되어 주신다.

"그러나 이 모든 일에 우리를 사랑하시는 이로 말미암아 우리가 넉넉히 이기느니라 내가 확신하노니 사망이나 생명이나 천사들이나 권세자들이나 현재 일이나 장래 일이나 능력이나 높음이나 깊음이나 다른 어떤 피조물이라도 우리를 우리 주 그리스도 예수 안에 있는 하나님의 사랑에서 끊을 수 없으리라"(롬 8:37-39)

하나님은 하나님이 하시는 일의 시종을 사람이 측량할 수 없게 하셨다. 사람은 육체적 죽음의 때가 언제인지 아무것도 모른다. 우리가 하나님과 예수님에 대한 믿음을 결단할 수 있는 시간은 바로 지금뿐이다. 각자 한 번 정도는 내가 어디에서 와서 어디로 가는지, 나의 삶과 죽음의 문제를 해결해 주는 것이 진정 무엇인지 진지하게 묵상해보는 시간을 가져보시길 바란다.

출애굽의 목적지인 가나안에 들어가지 못함에도 요단강 건너편에서 더 나은 본향을 소망하면서 감사의 찬양을 한 모세처럼, 십자가 죽음을 앞두고 우리를 위해 중보기도를 하신 예수님처럼, 끝이 보이지 않는 절망적인 상황에서 감사의 기도와 찬양을 한 하박국처럼 탐심과 교만 대신 감사와 기쁨의 찬양과 기도가 우리 모두에게 함께하기를 기도하면서 글을 마칩니다.

"태초에 하나님이 천지를 창조하시니라"(창 1:1)

"선악을 알게 하는 나무의 열매는 먹지 말라 네가 먹는 날에는 반드시 죽으리라 하시니라"(창 2:17)

"여자가 그 나무를 본즉 먹음직도 하고 보암직도 하고 지혜롭게 할 만큼 탐스럽기도 한 나무인지라 여자가 그 열매를 따 먹고 자기와 함께 있는 남편에게도 주매 그도 먹은지라"(창 3:6)

"여호와 하나님이 에덴 동산에서 그를 내보내어 그의 근원이 된 땅을 갈게 하시니라 이같이 하나님이 그 사람을 쫓아내시고 에덴 동산 동쪽에 그룹들과 두루 도는 불 칼을 두어 생명 나무의 길을 지키게 하시니라"(창 3:23-24)

"여호와께서 이르시되 나의 영이 영원히 사람과 함께 하지 아니하리니 이는 그들이 육신이 됨이라 그러나 그들의 날은 백이십 년이 되리라 하시니라"(창 6:3)

"주의 말씀은 내 발에 등이요 내 길에 빛이니이다"(시 119:105)

"일의 결국을 다 들었으니 하나님을 경외하고 그의 명령들을 지킬지어다 이것이 모든 사람의 본분이니라 하나님은 모든 행위와 모든 은밀한 일을 선악 간에 심판하시리라"(전 12:13-14)

"아들을 낳으리니 이름을 예수라 하라 이는 그가 자기 백성을 그들의 죄에서 구원할 자이심이라 하니라"(마 1:21)

"사람이 떡으로만 살 것이 아니요 하나님의 입으로부터 나오는 모든 말씀으로 살 것이라 하였느니라"(마 4:4)

"이같이 너희 빛이 사람 앞에 비치게 하여 그들로 너희 착한 행실을 보고 하늘에 계신 너희 아버지께 영광을 돌리게 하라"(마 5:16)

"예수께서 이르시되 네 마음을 다하고 목숨을 다하고 뜻을 다하여 주 너희 하나님을 사랑하라 하셨으니 이것이 크고 첫째 되는 계명이요 둘째도 그와 같으니 네 이웃을 네 자신 같이 사랑하라 하셨으니 이 두 계명이 온 율법과 선지자의 강령이니라"(마 22:37-40)

"영접하는 자 곧 그 이름을 믿는 자들에게는 하나님의 자녀가 되는 권세를 주셨으니 이는 혈통으로나 육정으로나 사람의 뜻으로 나지 아니하고 오직 하나님께로부터 난 자들이니라"(요 1:12-13)

"하나님이 세상을 이처럼 사랑하사 독생자를 주셨으니 이는 그를 믿는 자마다 멸망하지 않고 영생을 얻게 하려 하심이라"(요 3:16)

"평안을 너희에게 끼치노니 곧 나의 평안을 너희에게 주노라 내가 너희에게 주는 것은 세상이 주는 것과 같지 아니하니라 너희는 마음에 근심하지도 말고 두려워하지도 말라"(요 14:27)

"창세로부터 그의 보이지 아니하는 것들 곧 그의 영원하신 능력과 신성이 그가 만드신 만물에 분명히 보여 알려졌나니 그러므로 그들이 핑계하지 못할지니라"(롬 1:20)

"우리가 알거니와 하나님을 사랑하는 자 곧 그의 뜻대로 부르심을 입은 자들에게는 모든 것이 합력하여 선을 이루느니라"(롬 8:28)

"믿음은 들음에서 나며 들음은 그리스도의 말씀으로 말미암았느니라"(롬 10:17)

"그러므로 형제들아 내가 하나님의 모든 자비하심으로 너희를 권하노니 너희 몸을 하나님이 기뻐하시는 거룩한 산 제물로 드리라 이는 너희가 드릴 영적 예배니라 너희는 이 세대를 본받지 말고 오직 마음을 새롭게 함으로 변화를 받아 하나님의 선하시고 기뻐하시고 온전하신 뜻이 무엇인지 분별하도록 하라"(롬 12:1-2)

"하나님의 말씀은 살아 있고 활력이 있어 좌우에 날선 어떤 검보다 예리하며 혼과 영과 및 관절과 골수를 찔러 쪼개기까지 하며 또 마음과 생각과 뜻을 판단하나니"(히 4:12)

"믿음 없이는 하나님을 기쁘시게 하지 못하나니 하나님께 나아가는 자는 반드시 그가 계신 것과 그가 자기를 찾는 자들에게 상 주시는 이심을 믿어야 할지니라"(히 11:6)

"귀 있는 자는 성령이 교회들에게 하시는 말씀을 들을지어다 이기는 자는 둘째 사망의 해를 받지 아니하리라"(계 2:11)

"자기 두루마기를 빠는 자들은 복이 있으니 이는 그들이 생명나무에 나아가며 문들을 통하여 성에 들어갈 권세를 받으려 함이로다"(계 22:14)

"이것들을 증언하신 이가 이르시되 내가 진실로 속히 오리라 하시거늘 아멘 주 예수여 오시옵소서"(계 22:20)

"주 예수의 은혜가 모든 자들에게 있을지어다 아멘"(계 22:21)